Ralf Zerback

Einigkeit und Recht und Freiheit

Das Leben des Robert Blum

Lehmstedt

www.lehmstedt.de

Die erste Ausgabe erschien 2007
unter dem Titel »Robert Blum. Eine Biografie«.

Gestaltung und Satz: Mathias Bertram, Berlin
Druck und Bindung: Westermann Druck, Zwickau

ISBN 978-3-95797-147-0

ER UND WIR

Einst war Blum ein Idol. Er galt als Genie, als Held, als Heiliger. Blum-Gedichte überfluteten Deutschland, Blum-Bücher, Blum-Schmuckblätter, Blum-Porträts, Blum-Büsten; es gab Blum-Kartenspiele und Blum-Pfeifenköpfe. Bereits vor seinem Tod war er der populärste Politiker der 48er Revolution. Nach seiner Erschießung begann ein Mythos zu wuchern, das zweite Leben des Robert Blum.

Heute ist Blum vergessen. Dabei hat er weit in die Zukunft geblickt: in unsere Gegenwart. Er hatte Ideen von Deutschland und Europa, die erst einhundert Jahre nach seinem Tod Gemeingut wurden. Chronologisch bilden Krieg und Diktatur unsere unmittelbare Vorgeschichte, doch ideell ist die erste Hälfte des 19. Jahrhunderts unsere Gründerzeit, die schwarz-rot-goldene Urgeschichte, die Pubertätsphase der deutschen Demokratie. Es gibt eine seltsame Ignoranz in Deutschland gegen diese Urgeschichte. Das hat viele Gründe. Bedauerlich bleibt es allemal.

Robert Blum ist ein treuer Gefährte durch die Epoche, die Epoche des Vormärz und der Revolution von 1848. Er hat in einer Zeit, in der sich ständische Reglementierungen gerade erst auflösten, viele berufliche Regionen durchschritten, war Handwerker, Handelsreisender, Theatermann, Schriftsteller, Journalist, Vereinsgründer, Politiker und Verleger. Und er verkörpert eine Eigenart jener Tage, die der Epoche wie ihren Menschen einen wundersamen Charme verleiht, eine Art von Grazie: der Glaube an die Zukunft. »Die Zeit, in der wir leben, ist eine der schönsten und größten, die es je gegeben [...] Alles will mit Kraft vorwärts«, so formulierte es ein Freund Blums.[1] Es war ein Glaube, der aus der europäischen Gegenwart längst entschwunden ist.

Die Biografie Robert Blums gibt auch Auskunft über das Leben der einfachen Menschen in Deutschland, jener Menschen, welche die Geschichte bisweilen übersieht. Blum kam im Gegensatz zu den meisten politischen Gefährten in der Paulskirche aus kleinen Verhältnissen, geprägt von Not und Armut. Nur kurz konnte er die Schule besuchen. Gewiss ist Blum nicht der typische Repräsentant dieser Schichten, weil ihn seine Karriere weit über den Stand seiner Herkunft gehoben hat. Und doch blieb er immer auch dieser Herkunft verhaftet, seiner Kindheit in den dunklen Gassen der Kölner Altstadt, eingezwängt zwischen Kirche und Fischkaufhaus.

Mit Blums Herkunft ist manche Schwierigkeit der Quellenlage verbunden. Die Blums waren nicht die Brentanos oder die Eschenburgs. Nicht nur die materielle Lage, auch das Kultivieren der familienbiografischen Tradition unterschied einfache Häuser von wohlhabenden. Oft reichte die Erinnerung gerade bis zu den Großeltern. Es fehlt an Quellendichte und -tiefe, an Bestätigung des Erzählten. Nachdem Blum berühmt geworden war, erst recht nach seinem Tod, musste eilends eine Tradition gestiftet werden, und die Angehörigen lieferten Anekdoten. Hieraus wurde dann eine Erzählung gezimmert. Blum selbst hat noch den ersten Grundstein gelegt, als er in den 1840er Jahren eine kleine Autobiografie verfasste.

Wie die Anfänge seines Lebens im Unklaren verschwimmen, so ist sein gewaltsames Ende von Nebel umgeben. Die Zeitgenossen wollten Blum zum Heiligen machen. Legenden und Fabeln überwucherten die Fakten. Legenden und Fabeln sind zugleich aber auch Teil einer höheren historischen Wahrheit, denn nicht allein die Person Blum, auch der Mythos Blum gehört zur deutschen Geschichte. Es ist der einzige echte schwarz-rot-goldene Mythos, den diese Geschichte bereithält.

»Was bleibet aber, stiften die Dichter«, heißt es bei Hölderlin. Auch Historiker stiften, »was bleibet«, auch Journalisten, auch jeder Einzelne. Blum hat es verdient zu bleiben – bei uns, seinen geistigen Enkeln.

IM SCHATTEN
(1807–1830)

Das politische Deutschland um 1800 war gespalten. Viele Adlige blickten in die Vergangenheit, hoffend, der Spuk der Französischen Revolution werde bald vorüber sein. Andere, bürgerliche Kreise sahen im Umbruch Chancen. Sie schmiedeten Pläne für eine neue Gesellschaft, einen modernen Staat, eine vernünftige Welt, waren fasziniert vom Voranschreiten der Wissenschaft und begeisterten sich für die junge Freiheit der Kunst. Selten zuvor und danach war der Glaube an ein kommendes Glück größer als um und nach 1800. Zukunft wurde erfunden. Dass nichts bleibt, wie es ist, war die Erfahrung jedes Zeitgenossen, und dass es besser und immer besser werde, die Hoffnung von vielen. Aufbruch und Wandel lauteten die Stichworte der Zeit, Revolution und Explosion. Eine »Revolution im guten Sinn« forderte selbst der preußische Erste Minister Karl August von Hardenberg 1807, dem Geburtsjahr Robert Blums, »gerade hinführend zu dem Zwecke der Veredelung der Menschheit«.[2]

Seit 1789 wurden auf dem Kontinent Monarchen gestürzt und Staaten durcheinandergewirbelt. Europa stand *am Wendepunkt zweier scharfgeschiedenen Zeitepochen*, wie Robert Blum später einmal über diese Ära sagte.[3] In England brach sich mit der Industrialisierung eine Wirtschaftsrevolution Bahn, die zugleich die Gesellschaft neu sortierte. Eisenbrücken, Dampfmaschinen, mechanische Webstühle, dann Eisenbahnen, Dampfschiffe, Telegrafen – wie aus einem unsichtbaren Füllhorn quollen technische Errungenschaften auf die staunende Bevölkerung nieder. Malerei und Theater lösten sich von ihrer engen Bindung an den fürstlichen Hof und entwarfen sich in stolzer Autonomie ihre eigenen Maßstäbe. In seiner »Phänomenologie des Geistes« lehrte Georg Wilhelm Friedrich Hegel, ebenfalls 1807, dass das menschliche Bewusstsein sich zu immer neuen Höhen emporschwingen werde, bis es an sein Ziel gelangt sei. Damit stiftete er den wahren Glauben der Epoche, während zugleich die Überzeugung wuchs, dass Religion ein Aberglaube der Vergangenheit sei.

Doch nicht nur Staat und Gesellschaft, Wirtschaft und Wissenschaft sollten sich emporschwingen. Auch der Einzelne sollte Anlagen und Begabung fortbilden. Der Gedanke der Bildung hat zwei, drei Generationen so sehr in ihren Bann gezogen, dass sie kaum anderes zu denken vermochten. Die Idee entstammte dem Bürgertum und war durchaus gegen den Adel gerichtet. Bildung und Leistung, und als Ergebnis dieser beiden: der Besitz, sollten dem Geburtsvorrecht des Adligen entgegengestellt werden, jenem Vorrecht, das dem Angehörigen dieses Standes auch dann Privilegien garantierte, wenn er, wie es ein Zeitgenosse formulierte, von »thierischer Unwissenheit und Dummheit«[4] gezeichnet war.

Freilich: Bildung war nicht allein Sache des Einzelnen. Wieder waren es Staat und Gesellschaft, die fördernd und formend eingreifen sollten – mit Schulen und materieller Hilfe. Dem Bürger jene Bildung zu geben, die seiner geistigen Mitgift entsprach, dies war der Auftrag auch an die Öffentlichkeit. *Wie die Sonne für Jeden da ist, der hinaustreten und sich ihrer erfreuen will, so muß das Licht des Geistes, welches die Bildung fördert und ausbreitet, Jedem zugänglich sein*, schrieb Robert Blum in seinem letzten Lebensjahr.[5] Dieser Auftrag ist lange nicht eingelöst worden, und ganz wird er es wohl nie werden. Die Begabung von Kindern aus einfachen Verhältnissen konnte meist erkannt, doch selten gefördert werden. Ein Gymnasiums-, gar Universitätsbesuch war teuer. Die Forderung Wilhelm von Humboldts, »auch der Ärmste« solle eine »vollständige Menschenbildung« erhalten, blieb einstweilen Programm. Das Wirken im Kreis des väterlichen Horizonts war die Regel, das Dilemma zwischen guter Anlage und geringer Chance der Alltag.

Hunger

Am 10. November 1807 wurde Robert Blum in Köln geboren. Auch sein Leben war gezeichnet vom Dilemma zwischen Begabung und geringen Chancen – lange Jahre hat es gedauert, bis er sich aus eigener Kraft einen Weg bahnen konnte. Seine Aufgewecktheit war allen rasch ersichtlich, doch die Not im Elternhaus erlaubte keine Förderung. Es war ein karges Milieu, das ihn umgab – zugleich eine Kindheit in aufgewühlter Zeit. In seinem Geburtsjahr hieß seine Mutterstadt »Cologne« und gehörte zum Departement Roer (Rur), dessen Hauptstadt Aachen war. Dieses wiederum gehörte zum Kaiserreich Frankreich, jenem gefräßigen Gebilde, das Napoleon bis nach Lübeck und Barcelona, bis Rom und Rijeka ausweitete. Der Länderappetit des europäischen Hegemons war enorm. Ein Jahr vor Blums Geburt hatte Napoleon Preußen besiegt. Er stand im Zenit seiner Macht.

Der Übergang Kölns vom altehrwürdigen Reich zum jugendlichen, revolutionären Frankreich im Jahr 1794 war der Stoß in ein neues Zeitalter gewesen. Hier das etwas wunderlich gewordene, tausend Jahre alte Heilige Römische Reich Deutscher Nation – dort die junge tatendurstige Republik. Hier ein ächzendes Sammelsurium aus Hunderten von Fürstentümern, Kleinstaaten und Städtchen – dort das von der Pariser Zentrale dirigierte Kraftbündel. Das Alte Reich – seine Idee und seine Symbolik – war auch vielen Deutschen kaum mehr verständlich. Im Jahr 1745 brach selbst Maria Theresia in heftiges Lachen aus, als ihr Gemahl bei der Krönung Reichsapfel, Zepter und »die wundersamen Handschuh« vorzeigte – so jedenfalls ist es dem jungen Goethe von den Älteren erzählt worden.[6]

Doch trotz Muff und Mummenschanz: Die Bürger Kölns waren durchaus der Meinung, dass sie in einem guten Staat gelebt hatten, bevor die Franzosen gekommen waren, nämlich in ihrer alten freien Reichsstadt. Das Reich war nur ein lockerer Rahmen gewesen, innerhalb dessen sich die einzelnen Territorien fast souverän hatten entfalten können. Die meisten mit einem Fürsten an der Spitze, die Reichsstädte jedoch mit Bürgermeister und Stadtrat. Zwar war die Stadt wirtschaftlich im Niedergang, das schmale Territorium eingeklemmt zwischen aufstrebenden fürstlichen Ländern. Doch als die Revolutionstruppen anrückten, baten die Kölner um den »Erhalt unserer republikanischen Verfassung«.[7] Man war traditionsstolz, aber durchaus flexibel, und die Ratsherren fügten sich rasch dem frischen Wind aus Westen – voran die Reformfraktion. Von radikalen Demokraten dagegen, den rheinischen »Jakobinern«, distanzierten sich die Besatzer nach einem frühen Flirt; eine eigenständige »Cisrhenanische« Schwesterrepublik wurde von Paris nicht mehr gewünscht. Im Abseits schließlich verharrten die kleineren Bürger der Zünfte, die Bäcker- und Schlossermeister, denen der alte Stadtbürgerstolz genommen wurde. Vor- und Nachteile der französischen Zeit bildeten ein komplexes Gewebe; da gab es neue Absatzmärkte im Westen, aber der Rhein war nun Zollgrenze und durchschnitt alte Bindungen ins Bergische Land und nach Düsseldorf.[8] Die Franzosen brachten Reformen nach Köln und verschleppten Kölner Kunstschätze nach Paris.

Das freilich sind allgemeine Kategorien, abstrakt und blass. Sie bilden nicht die Buntheit der einzelnen Schicksale in französischer Zeit ab. Jeden Einwohner traf es auf seine Weise, als die Heimatstadt unter eine neue Fahne geriet. So auch Engelbert Blum, den Vater Roberts. Er entstammte einer Fassbinderfamilie mit ordentlichem Auskommen, die ihr Haus am Fischmarkt 1490 hatte, der heutigen Mauthgasse 5, dort, wo Köln am kölnischsten war, wo die Häuser sich aneinanderzwängten wie nirgends sonst, in den engen Altstadtgassen um Groß Sankt Martin. Engelbert war der älteste Sohn, doch wegen seiner Schwächlichkeit sollte er nicht den väterlichen Betrieb erben, sondern wurde für eine theologische Laufbahn bestimmt. Er absolvierte fünf Gymnasialjahre, geriet aber bald in Konflikt mit der kirchlichen Schulleitung, da er – wie viele Altersgenossen – Sympathie für aufgeklärte Ideen bezeugt hatte. Unsicher, ob er den Weg weiter beschreiten solle, wurde ihm die Entscheidung abgenommen: Die Franzosen schlossen das Gymnasium – wie übrigens 1798 auch die Universität, die ihre besten Tage ohnehin längst gesehen hatte.[9]

Engelbert Blum sah sich auf die Tätigkeit des Vaters zurückgeworfen. Der Fassbinderberuf, andernorts als Böttcher, Schäffler oder Küfer geläufig, gehörte zu den körperlich härtesten Handwerken. Die Arbeit bestand im Herstellen von Holzfässern, und das Zurechtbiegen der einzelnen Bretter, der Dauben, erforderte Kraft – Kraft, die Engelbert Blum auf Dauer nicht aufbringen konnte. Der jüngere und robustere Bruder Heinrich übernahm das väterliche Geschäft und wurde damit ein wohlhabender Mann. Engelbert Blum versuchte es als Schreiber in einem Lagerhaus, bevor er Aufseher in einer Stecknadelfabrik wurde. Dort hatte er die Arbeitskräfte zu überwachen: Kinder. Kinder waren billiger als Erwachsene und ihre kleinen Hände für feine Tätigkeiten besser geeignet. Von einem Verbot der Kinderarbeit war man weit entfernt; in Preußen wurde erst 1839 geregelt, dass Kinder unter zwölf Jahren in Fabriken nicht mehr beschäftigt werden durften.

In dieser Zeit, im Jahr 1804 oder 1805, lernte Engelbert Blum seine zukünftige Frau kennen. Maria Katharina Brabender, damals zwanzig Jahre alt, war als Dienstmädchen in einer gutsituierten Fassbinderfamilie namens Wolff angestellt. Ihr Enkel Hans beschrieb sie später als »über ihren Stand gebildet, etwas romantisch veranlagt, aber voll tüchtigen Selbstgefühls«.[10] Die Verbindung wurde von Engelbert Blums Eltern kritisch beäugt, aber auch von den Wolffs – das Dienstpersonal erfuhr Dinge von der Herrschaft, die nicht für die Ohren anderer Familien bestimmt waren. Das Paar setzte sich durch und heiratete im Februar 1807. Nach allem, was an Zeugnissen überliefert ist, muss es bis zum Ende, bis zum Tod Engelbert Blums, eine glückliche Ehe geblieben sein. Die junge Familie wohnte im Haus der Blum-Eltern, die sich bald mit ihrer Schwiegertochter anfreundeten. In diesem materiell bedrängten, aber emotional zunächst noch stabilen Milieu wuchs Robert auf.

Ein erster Schock widerfuhr dem Jungen im Alter von drei Jahren. Er war an Masern erkrankt und in der Folge erblindet. Die heutige Medizin spricht von Xerophthalmie, hervorgerufen durch einen bei Masern häufigen Vitamin-A-Mangel. Drei lange Vierteljahre konnte er nichts sehen, dann kam das Augenlicht zurück.

Ein Glückskind war er nicht. Engelbert Blum, der Vater, ein gebrechlicher Mann, ewig kränkelnd und hustend, starb bald an Tuberkulose, im Alter von 34 Jahren. Das war 1815. Die Witwe war dreißig, Robert sieben Jahre alt. Schon bislang hatte es nie so recht ausgereicht. Nun türmten sich neue Sorgen, die kleine fünfköpfige Familie – Roberts Großmutter lebte noch, außerdem hatte er zwei jüngere Geschwister, Johannes und Gretchen – musste sich recht und schlecht durchschlagen. Dem Ältesten wurde einiges an Verantwortung aufgebürdet. Er hütete Bruder und Schwester und hielt den Kontakt mit den Kunden der Mutter, die Näharbeiten machte.

Das Jahr 1815 war auch für Köln ein weiterer Einschnitt. Napoleons Ordnung war gestürzt, der Kaiser saß als Verbannter auf Sankt Helena. Und Köln, das immer nach Westen geblickt hatte, kam zu Preußen, einem Land, dessen Stern weit im Osten aufgegangen war. Es war ein Wechsel, dem viele Kölner zutiefst misstrauten. Wie die meisten deutschen Länder war auch Preußen ein Teil des Deutschen Bundes, eines lockeren Vereins souveräner Staaten, gegründet 1815. Dieser Bund war janusköpfig: Die eine Seite blickte in die Zukunft, versprach allerlei Reformen, Handelseinheit, Verfassungen und Parlamente in allen deutschen Landen, ein Mehr an nationaler Einheit. Die Enttäuschung war groß, als sich herausstellte, dass es sich dabei lediglich um Ankündigungen handelte, die nicht umgesetzt wurden. Stattdessen wurde das zweite Gesicht des Bundes sichtbar: Einheit ja, aber die Einheit von Zensur und Polizei, Handelseinheit ja, aber nicht von Bundes, sondern von preußischen Gnaden, Verfassungen ja, aber nur, falls es dem jeweiligen Herrscher beliebte.

So wurde Deutschland ein Land eigener Art, ein Reich der Träume. Zuerst der zerstobenen, der getäuschten Hoffnung auf eine Nation der freien Bürger. Und dann der Zukunftsträume, die noch so bunt und leuchtend waren wie bei Kindern. Aber auch wieder ein Reich von schlafseligen Träumern, von vielen, vielen, die vor sich hin dämmerten, die Ruhe wollten nach all den Jahren des Krieges und des Steuerdrucks, die Welt mit Bratwurst und Bratenrock schätzten, in Waldeinsamkeit und stiller Zweisamkeit. *O, Michel, Michel an allen Ecken*, stöhnte Blum 1843.[11] Es war eine weiche Epoche. Einem Zeitgenossen des 21. Jahrhunderts, der in den Vormärz katapultiert würde, fiele der samtene Ton auf, gefühlsselig und träumerisch, verzärtelt, infantil und effeminiert. Die Sprache war umrankt von Rosen und Veilchen. Man trug gern Tränen, tappte halbblind durch die Zeit, zeigte sein Innerstes, beschrieb es empfindungsreich in Briefen. Es war viel von holden Mägdelein und reinen Herzelein die Rede; der Mond schien silbern, der Strom glitzerte ebenso, und die Auen waren so grün wie die Hoffnung. Das kämpferische Geschrei und forsche Getöse der Umbruchs- und Kriegszeit um 1800 war gewichen, man liebte das Leise, Innerliche, und bisweilen erblickten die Deutschen ihre Umwelt wie durch einen Weichzeichner. »Immerdar durch Tränen sehe / Ich der Sonne liebes Licht«, dichtete der Weltflüchtling und Graslieger Eduard Mörike.

Robert empfand es gewiss als befreiend, wenn er vor die Tür gehen durfte und »der Sonne liebes Licht« erblickte, auf den *Plätzen, wo der frohe Knabe spielte*, wie er sich später erinnerte.[12] Die handtuchschmalen Häuschen am Fischmarkt, von denen die Blums eines bewohnten, waren auf einstigem Klosterterrain für Handwerker gebaut worden. Nach vorne zu, über die enge Gasse, blickten die Blums auf das Fischkaufhaus und das später angebaute Schlachthaus. Unmittelbar hinter dem Blum-Haus erhob sich der romanische Bau von Groß Sankt Martin steil in die Wolken, etwas drückend, fast drohend der mächtige Vierungsturm, die beiden schlanken Ecktürme reckten sich wie Zeigefinger.[13] Nur einen Steinwurf dahinter stand die gigantische Bauruine des Doms, ein imposanter und zugleich trauriger Anblick; zwei riesige Steingebirge irritierten schon von weitem den Besucher; vom Turmstumpf ragte seit Jahrhunderten ein einsamer Kran schräg in den Himmel. Man hatte den Bau im Jahr 1560 halbfertig stehen lassen; es fehlte das Geld, und es fehlte der Glaube. Lief Robert ein paar Schritte in die andere Richtung, hinunter nach Osten, durch den Dunst von Fisch und Teer und Kot, stand er am Rhein. Der Kontrast zum engen schwarzen Gassengewimmel konnte nicht größer sein: Der breite Strom mit seinen *silberhellen, / Spielend-hüpfenden, krystall'nen Wellen* schuf ein heiteres Bild, gemustert mit den leuchtenden Drei- und Vierecken der Segler. Hier roch die Luft nach Freiheit, nach Handel und Europa und Welt, fast glaubte man, schon die See zu atmen: *Früher hab' ich oft von deinem Strande / Mich zum fernen unbekannten Lande / In die weite Welt hinaus gesehnt.*[14]

Im Haus war es eng und dunkel. Die Mutter blieb nach dem Tod von Roberts Vater zwar nicht lang allein, aber es waren wohl vor allem wirtschaftliche Gründe, die sie in die zweite Ehe trieben, im November 1815. Auserkoren wurde ein Schifferknecht, der in seiner rauen und ungehobelten Art ganz anders war als Roberts Vater. Kaspar Georg Schilder arbeitete auf der »Schalte«, einer Fähre, die zwischen Köln und dem rechtsrheinischen Deutz verkehrte.[15] Er hatte einiges von der Welt gesehen, ohne dass sich hieraus eine besondere Verfeinerung der Sitten ergeben hätte. Zunächst hatte er sich mit Schmuggelei durchgebracht, bevor er als Soldat Napoleons nach Spanien ging und am Feldzug 1807/08 teilnahm – einem Feldzug, dessen Grausamkeit Francisco de Goya zu seiner Radierungsfolge »Desastres de la Guerra« inspiriert hat: Krieg, Besatzung und Partisanenkampf als ein einziger düsterer Reigen aus Panik und Entsetzen, Plünderung, Vergewaltigung und Folter, Verstümmelungen und Hinrichtungen. Schilder war bis zum Ende der napoleonischen Herrschaft in Spanien gewesen und wird hier wohl manche Prägung erfahren haben.

Sollte sich Maria Blum von ihrer zweiten Ehe jedenfalls eine Linderung der Not erhofft haben, so ging sie fehl. Zwar hatte Schilder einiges an Geld aus dem Krieg heimgebracht, doch entpuppte er sich bald als Trinker. Die Ehe sei nicht glücklich gewesen, schreibt Robert Blum rückblickend. Seine Mutter – *in ihrer Kränklichkeit launig und empfindlich* – habe nicht zu Schilder gepasst, zumal sie die erste Ehe mit einem *Anfluge von Bildung* ausgestattet hatte.[16] Schlimmer noch war, dass sich die Familie vergrößerte: Ihr neuer Mann brachte nämlich drei Schwestern und seine Mutter in den Haushalt mit, »völlig ungebildete, rohe und zanksüchtige Menschen«.[17] Im Haus verbreitete sich eine giftige Atmosphäre. Schilders kärglicher Lohn musste auf vier weitere Köpfe verteilt werden, und Roberts Stiefvater war im Grunde wohl zu konfliktscheu, das Regiment abzumildern, das seine Familie über die Blums ausübte. Doch Maria zeigte Charakter. Sie verlangte von ihrem Mann die Entfernung der Sippe, ansonsten sei es mit der Ehe vorbei. Schilder gab nach.

Der Hunger blieb. *Die Noth endete fast nie und erreichte in dem Hungerjahre 1816 zu 1817 einen wahrhaft entsetzlichen Höhepunkt.*[18] Der Sommer 1816 fiel nass und kalt aus, die Ernte war kümmerlich. Die moderne Meteorologiegeschichte führt das extreme Klima auf den Ausbruch des indonesischen Vulkans Mount Tambora im Jahr 1815 zurück. Auch 1817 blieb die Ernte unter dem Durchschnitt. Binnen kurzer Zeit kostete Getreide das Doppelte; in einigen Gegenden Deutschlands stieg der Preis auf das Dreifache und mehr.[19] Robert Blum hat als Erwachsener rückblickend die Lage der Familie in dieser Zeit vorgerechnet: Sein Stiefvater verdiente täglich 40 Stüber. Die Familie musste sich überwiegend von Brot ernähren, von dem sie täglich sieben Pfund benötigt hätte. Diese Menge allein hätte 48 Stüber gekostet, doch nach Abzug der übrigen Kosten blieben nur 24 Stüber übrig. *Um dieses Brot zu erlangen, musste B. im Winter um 5 Uhr Morgens aufstehen und am Bäckerladen Reihe machen, drei Stunden lang. Dann erhielt er gegen acht Uhr das klosähnliche, ganz heiße Brot, und musste sich glücklich schätzen, wenn er seine Beute durch das furchtbare Gedränge mit Lebensgefahr nach Hause schaffen konnte. Nicht selten geschah es, dass Erwachsene – wahrscheinlich noch viel Ärmere! – dem Knaben das Brot entrissen, und dann musste die Familie hungern, B. noch obendrein Schläge in den Kauf nehmen.*[20] Köln war ein Zentrum der Armut, das Elend der Familie Schilder-Blum war keine Ausnahme. In der Krise 1816/17 waren von den 45 000 Einwohnern 18 000 bis 19 000 Empfänger von täglichen Almosen.[21]

In diese Zeit fiel auch der Tod des Bruders Johannes, so dass Robert nur noch Gretchen blieb, die jüngere Schwester Margarete, der er bis zu seinem Tod sehr nahe stand. Robert sei ihr »mehr als Vater und Mutter« gewesen, schrieb sie viele Jahrzehnte später: »Er war der Schutzgeist meiner Kindheit, mein Führer und Lehrer in der Jugend.«[22] In ihrer zweiten Ehe hatte Maria Blum vier Fehlgeburten, was wohl auf die materiell und psychisch drückende Lage zurückzuführen war.

Robert Blum hat in seinen autobiografischen Aufzeichnungen dieses frühe Elend eindrücklich geschildert. Einmal in der Weihnachtszeit habe er seinen vermögenden Großonkel aufgesucht, habe wortgewandt von der häuslichen Misere berichtet und so das Herz des alten Knickers erweichen können. *Die zufällige gute Laune des Greises machte den Knaben zutraulich, so dass er die Noth des Hauses in schlichten Worten erzählte. Dies wirkte auffallend. Der Geizige gab ein reichliches Gericht Erbsen, etwas Kartoffeln, ein Stück geräuchertes Schweinefleisch und sechs Stüber.*[23] Robert sei mit seinen Schätzen gerade rechtzeitig nach Hause gekommen, um die dort herrschende Atmosphäre des Streits in friedliche Festtagsstimmung zu verwandeln. Mit solchen etwas freundlicheren Episoden in der ansonsten düsteren Lebensgeschichte gelingt es Blum, die Not seiner Jugendjahre noch plastischer hervortreten zu lassen. Übrigens zeigt die Geschichte manche Parallele zu Charles Dickens berühmter »Weihnachtsgeschichte«, die 1844 erstmals auf Deutsch in einem Leipziger Verlag erschienen war, ein Jahr bevor Blum seine Autobiografie verfasste. Dem Vielleser Blum, der damals in Leipzig wohnte, dürfte die Novelle um den Geizhals Ebenezer Scrooge nicht entgangen sein, und vielleicht hat sie ihm dabei geholfen, seine Erinnerung etwas »anzureichern«. Blum berichtet zudem von seiner frühen Neigung, Freunde mit erfundenen *Gespenster- und Teufelsgeschichten* zu unterhalten.[24] Dieses Faible dürfte seine Neugier an Dickens' Geschichte erhöht haben, da Ebenezer Scrooge vor seiner Bekehrung von Geistern heimgesucht wird. In jedem Fall zeigt sich Blums Geschick, bei aller Authentizität des persönlichen Zeugnisses seine Autobiografie zu literarisieren.

Bildungsbrosamen

Robert war begabt, das sahen die Eltern bald. Er erfasste die Dinge rasch, konnte sich gut ausdrücken, hatte Freude an Büchern. Oft knurrte der Magen, doch noch größer war der Bildungshunger. Der leibliche Vater hatte ihn Lesen, Schreiben und Rechnen gelehrt, in ihm hatte der Junge noch einen Anwalt seiner Interessen gefunden. Das änderte sich mit dem Eintritt der Schilder-Familie ins Haus der Blums. Vom grobschlächtigen Stiefvater war wenig Anregung und Fürsprache zu erhoffen. Eine Schulpflicht gab es in Frankreich erst von 1882 an. 1815 kam Köln zwar zu Preußen und damit zu einem Land, dessen König Friedrich Wilhelm I. bereits 1717 die Eltern zum Schulbesuch der Kinder aufgefordert hatte. Doch dem Edikt mangelte es an Durchsetzungskraft. 1816 besuchte im Rheinland lediglich jedes zweite Kind eine Schule.[25] In jedem Fall war Robert als Arbeitskraft nicht entbehrlich, ein Schulbesuch war in den Notjahren 1815/16 undenkbar.

Von Erziehung in einem bürgerlichen Sinn, einem Konzept, das die Anlagen des Kindes mit allgemeinen Werten zu verbinden suchte, konnte keine Rede sein. Es waren willkürliche Eindrücke, die dem Sprössling zuteilwurden, Bildungsfetzen. Sein bescheidenes Curriculum wurde von niemandem entworfen, von niemandem gesteuert. Es folgte allein dem geistigen Jagdglück des frühreifen Jungen. Robert musste sich selbst bilden, zunächst tastend und halbbewusst, später ganz zielgerichtet. Noch der Erwachsene füllte jede freie Minute mit Lektüre. Früchte dieser Selbstbildung waren ein früh geformter starker Wille und eigene Maßstäbe, wie die Familie des Stiefvaters bald sehen musste. Als von Robert verlangt wurde, betteln zu gehen, weigerte er sich. Nichts konnte den Heranwachsenden von seiner Entscheidung abbringen, und das Gefühl, in diesem ungleichen Kampf Sieger geblieben zu sein, dürfte ihm eine glückliche Lektion fürs Leben gewesen sein.[26]

Von 1817 an besserte sich die Lage; die schlimmste Hungerzeit war überstanden. *Als der Vater eines Tages nach Hause kam, fand er auf dem Tische zum ersten Male nach langer Zeit wieder eine Schüssel Gemüse – Brennesseln.*[27] Roberts Eltern brachten den Neunjährigen nun zu einem Elementarlehrer. Doch die verblüffendste Wendung kam noch im selben Jahr: Robert stand auf einmal selbst vor einer Klasse.[28] Der Zehnjährige unterrichtete an einer Elementar-, also Grundschule im Rechnen. Es war die Schule der Jesuitenpfarrei, an der Roberts Tante Agnes zunächst die kranke Lehrerin gepflegt und nach deren Tod ihre Stelle gleichsam geerbt hatte. Agnes Blum besaß für die Tätigkeit als Lehrerin keine Ausbildung und hatte ursprünglich auch keine Ambitionen in diese Richtung. Sie war zuvor lediglich als Pflegerin tätig gewesen und durch einen Erbfall zu einem gewissen Vermögen gelangt. Da sie sich im Rechnen wenig versiert glaubte, übertrug sie Robert gegen eine kleine Bezahlung diesen Unterricht, und er kam nun viermal wöchentlich je eine Stunde nachmittags dieser neuen Pflicht nach.

Nach seiner Kommunion – den Anzug hatte er mit Tante Agnes' Lohn für den Unterricht bezahlt – trat er als Messdiener in die traditionsreiche Pfarrkirche Groß Sankt Martin ein, die direkt hinter dem Blum-Haus lag. Dieses kleine Amt erbrachte ein paar Groschen aus dem Geld, das die Gemeindemitglieder bei Hochzeiten oder Beerdigungen den jungen Helfern spendierten. Und endlich konnte er seinen Bildungshunger stillen: Er erhielt Unterricht in der Pfarrschule, in einem stickigen, dunklen Raum,[29] der für ihn freilich heller leuchtete als der gleißendste Spiegelsaal.

Er dürfte ein frommer Junge gewesen sein, als er Messdiener wurde. Das ist so wenig verwunderlich wie der Widerwille, der sich einem intelligenten Kind beim Kennenlernen der kirchlichen Ordnung aufdrängte. Ein Teil der für die Messjungen bestimmten Gelder wurde abgezwackt, wie er mit Staunen sah. Er wies dies mit Aufzeichnungen nach – noch der Erwachsene liebte Listen und Tabellen –, und mit Hilfe der Mutter sorgte der Küster für Gerechtigkeit.

Bald jedoch wurde er von einer regelrechten Krise erfasst – einer Krise nicht aus materieller Not, sondern geistiger Natur. In einsamen Reflexionen geriet er in Zweifel über die Geheimnisse der Transsubstantiationslehre. Sie besagt, dass sich während der Abendmahlsfeier Brot und Wein in den Leib und das Blut Christi verwandeln – eine in der Tat schwer verständliche und komplexe theologische Lehre, die dem Kind Robert unverständlich blieb. Wie sollte man sich vorstellen, dass die äußerlich unverwandelte Hostie der Leib Christi ist?

Roberts Zweifel wuchsen zu einer Skepsis gegen den Glauben insgesamt. Mit Argwohn und wachem Auge beobachtete er nun das Verhalten der Geistlichen, das selten den Normen folgte. Er wollte sich aussprechen über diese ungereimten Dinge, und offenbarte seine Zweifel mehreren Geistlichen in der Beichte. *Statt aber die erwartete Beruhigung zu empfangen, musste er sehen, wie der Priester zurückschreckte, als ob ihm eine Schlange entgegenzische, und die Absolution kurzweg verweigerte.* Blum berichtet weiter, er sei bald darauf vor eine Gruppe von Geistlichen, *ein völliges geistliches Gericht*, geladen worden. *Da war der Kaplan, dem er gebeichtet hatte, noch ein anderer Kaplan, der Pfarrer und der Küster, während der Viceküster die Thür hütete.*[30] Sie machten ihm deutlich, dass seine gebeichteten Zweifel allen Anwesenden bekannt seien. Dies muss für den Jungen eine herbe Enttäuschung gewesen sein, schließlich war das Beichtgeheimnis unantastbar. Robert zeigte sich störrisch. *Der kolossal gebaute Pfarrer stürzte sich wüthend auf den Knaben, dieser nahm instinktmäßig Reißaus, setzte den Viceküster, der den Weg versperren wollte, unsanft auf die Treppe und flüchtete nach Hause.*[31]

Robert wurde als Messdiener entlassen und die Mutter über die Verdorbenheit des Sohnes aufgeklärt. Doch die Situation entspannte sich rasch. Ein älterer Pfarrer, welcher der Familie gut bekannt war, wurde zu Rate gezogen. Robert war ihm einst aufgefallen, als er ihm mit vier Jahren die – vom Vater beigebrachte – lateinische Messe auswendig aufsagen konnte. Nun erteilte er die Absolution und befreite Robert und seine Mutter von der Seelenqual. Der Junge konnte weiter auf die Pfarrschule gehen. Doch seine Distanz zur Kirche dürfte sich gefestigt haben.

1819 eröffnete ein Lehrer von Sankt Martin der Mutter, Robert sei das begabteste Kind, das ihm in 35 Jahren Unterricht begegnet sei.[32] Er empfahl den Besuch des Gymnasiums mit Hilfe einer Stiftung. Ein Gymnasiumsbesuch bedeutete Kosten für Bücher, Kleidung und Schulgeld. Die Eltern versuchten dies zunächst ohne öffentliche Unterstützung zu finanzieren. Blum bezog 1819 das Jesuiten-, heute Marzellengymnasium, ein ehrwürdiges Institut. Er tat sich rasch hervor und bekam am Ende der Sexta – der heutigen fünften Klasse – als bester Schüler der Klasse das »Goldene Buch«. Erhalten ist das letzte Vierteljahreszeugnis dieser Stufe, in dem es heißt: »Betragen gegen Mitschüler gut, gegen Vorgesetzte lobenswerth. Fleiß lobenswert in allen Fächern; der häusliche Fleiß sehr groß, und mit dem besten Erfolge. Fortschritte vorzüglich in allen Fächern. Abwesend und zu spät gekommen – vacat.« »Mit Freuden gesehen von Caspar Georg Schilder« schrieb der Stiefvater darunter.[33]

Die Freude währte nicht lange, das Geld wurde wieder knapp. Maria Blum klapperte die Stiftungen ab, wurde vertröstet. Ein Stipendium sei frühestens in anderthalb Jahren zu erwarten. Immerhin gab es noch die Verwandtschaft. Von Robert Blums großväterlicher Seite her war die Familie nicht unvermögend. Alle Verwandten, die von Maria Blum angefragt wurden, verwiesen aber auf Roberts Tante Agnes, die ihn ja bereits als »Rechenlehrer« beschäftigt hatte. Doch sie weigerte sich. Damit war Roberts erfolgreiche Gymnasialkarriere bereits in der Quinta, der heutigen sechsten Klasse, zu Ende. Ein Leben lang hat Blum unter diesem traurigen Ende der Schulzeit gelitten. Das freie Planen der Biografie, wie es eine höhere Schuldbildung erlaubt hätte, das autonome Entscheiden für oder wider einen Weg, die Souveränität bei der Berufswahl – kurz: die Voraussetzungen, die dem Aufbruch ins Leben Farbe und Freude geben, sie waren verloren.

Der steinige Boden des Handwerks

Das Handwerk hatte vom Mittelalter bis zum 18. Jahrhundert einen eigenen gesellschaftlichen Kosmos gebildet, ein Universum mit besonderen Werten und Maßstäben. Der Handwerker hatte ehrbar zu arbeiten und zu leben, er musste von »ehrlicher« Abstammung sein, durfte als Lehrling nicht wie ein Geselle, als Geselle nicht wie ein Meister handeln. In der Zunft waren die Meister einer Stadt und eines Berufs zusammengeschlossen. Sie überwachte das Wirtschaften und das Leben der Angehörigen, sie lieferte den Rahmen für Freizeit und

Beruf. Die Zunft war Identitätsstifter und Sozialagentur, Geselligkeitsverein und Wirtschaftsgenossenschaft. Wer sich in dieser Welt bewegte, dessen Biografie wurde stark von dem vorgegebenen Ablauf einer Handwerkerkarriere geprägt. Auf die Lehrlingsjahre – meist drei oder vier, mitunter acht – folgte die Gesellenzeit. Sie teilte sich in die noch immer üblichen Wander- und die sogenannten Muthjahre, während derer der Geselle an einem Ort blieb. Danach konnte er Meister werden.[34]

In den Jahrzehnten nach 1800 geriet das Handwerk in eine wirtschaftliche Krise, die zugleich eine mentale war. Die rasch sich wandelnde Umwelt forderte Flexibilität, innovative Produkte und Suche nach neuen Kunden. Zugleich aber war das Handwerk ein gesellschaftlich-kultureller Bezirk, der dem Alten, alten Werten und Traditionen, verpflichtet blieb. Aus diesem Gegensatz ergaben sich ganz unterschiedliche Wege. Während ein Handwerksmeister Chancen erkannte, ergriff und Erfolg hatte, verlor sein Nachbar den Boden unter den Füßen. Manche Einzelhandwerke hatten Konjunktur, andere sanken mit der einsetzenden Industrialisierung und Mechanisierung dem Untergang entgegen. Nur selten war zu sehen, welche Tätigkeit durch moderne Fabrikarbeit abgelöst würde und welche nicht. Erst im Nachhinein erschließen sich innere Logik und Gesetze des Umbruchs. Zudem machte jeder deutsche Staat seine eigene Wirtschaftspolitik, hier liberal, dort protektionistisch.

Diese Welt des Handwerks, in der es vornehmlich um physisches Geschick, Kunstfertigkeit und alltagspraktisches Wissen ging, betrat Robert Blum 1821, im Alter von 14 Jahren. Er hatte sich für das Goldschmiedehandwerk entschieden, ein Gewerbe, dessen Ruf, Status und meist auch Verdienstmöglichkeiten über dem Schnitt lagen. In Köln allerdings war die Blütezeit lange vergangen, sie war im Mittelalter gewesen, der Zeit der Reliquiare und großen Schreine, bei deren Herstellung Kölns Meister in Deutschland führend waren. Bis heute zeugt der Dreikönigsschrein im Dom davon. In der Folge freilich wurden die Kölner Goldschmiede von Zunftgenossen im Süden abgelöst, und bald hatten die Augsburger unbestritten den besten Ruf weit und breit.

Die Stellung eines Lehrlings war schwach, der Ton rau, das Leben karg. So ging es auch in der Werkstatt von Robert Blums Lehrmeister Gereon Asthöver zu. Die Goldschmiedekunst hatte für den jungen Stift keinen goldenen Boden. Er war wie viele seiner Schicksalsgenossen ein willkommener Hausdiener, statt zu schmieden, musste er Kinder hüten. Über Monate lernte er nichts. Als er dies der Mutter offenbarte, ging sie zu Asthöver, um zu erfahren, wie die Dinge standen. Der Meister meinte nur, der Junge tauge nicht zum Goldschmied. Womit er recht hatte, denn Robert war, wegen seiner schwachen Augen, für die feine Arbeit wenig geeignet. Um dies festzustellen, hatte Asthöver freilich ein Dreivierteljahr benötigt, in dem er den Jungen als kostenlose Arbeitskraft benutzte. Gelernt hat Blum nichts.

Er ging erneut auf die Suche und fand eine Stelle bei einem Gürtler. Ungeachtet des Namens ist der Gürtler kein Leder-, sondern wie der Goldschmied ein Metallberuf. Er macht Gürtelschnallen, Beschläge für Schränke, Türen, für Mützen, Bücher, Fenster und dergleichen, auch Ketten und Fassungen für Lampen und Laternen.[35] Blum hatte wieder Pech. Er geriet erneut an einen dubiosen Meister. Dieser war ein halbes Jahr nach Blums Einstand plötzlich verschwunden – auf der Flucht vor den Behörden, da er sich wohl einiges hatte zuschulden kommen lassen. Dass der junge Blum binnen kurzer Zeit zweimal enttäuscht worden war, hing auch mit den Zeitumständen zusammen. Die Abschaffung der Zünfte brachte zwar Freiheiten und Chancen für gewiefte Handwerker, doch fand sich auch manch zwielichtige Gestalt im vormals ehrbaren Gewerbe.

Wacker startete Robert Blum den dritten Versuch, diesmal bei einem Gelbgießer. Dieses Handwerk ist eng mit dem

Gürtlerhandwerk verwandt. Die Arbeiten waren dieselben – nur dass der Gelbgießer anders als der Gürtler ausschließlich mit Messing arbeitet.[36] Roberts neuer Meister, Peter Räder, war kurz zuvor von Düsseldorf nach Köln gezogen. Man munkelte, er habe durch sein barsches Wesen seine Frau früh ins Grab gebracht und sei vor seiner Schwiegerfamilie geflüchtet. Der Beruf war öde, der Meister ein Raubein. Blum wollte es nicht auf einen vierten Versuch ankommen lassen, doch er quälte sich durch die langen Jahre. Wenn er vor seinen Messingknöpfen stand, träumte er von der Schule, von Büchern – wohl auch von einem Stück Braten mit Soße. *Der geizige Meister gab ihm die schlechteste Kost, und verwendete ihn fast ausschließlich zu den niedrigsten häuslichen Arbeiten; unaufhörliche Schimpfreden vom frühen Morgen bis zum späten Abend bildeten die Zuthat*, schrieb er später.[37]

Am 1. Mai 1825 gab ihm Räder schließlich sein Zeugnis, in dem es heißt, »Robert Blom« habe bei ihm »drei Jahr in der Lehr gestanden«, danach noch drei Monate bei ihm gearbeitet »und sich die Zeit treu und fleißig betragen«.[38]

Es folgten die üblichen Wanderjahre. Sie wurden in früheren Zeiten als »Hochschule des Handwerks« verklärt, und in der Tat boten sie die Chance, Kenntnisse zu erweitern und den regional sehr unterschiedlichen Erfahrungsschatz zu nutzen. Sie gaben überdies dem Gesellen nach der lästigen Lehrlingszeit neue Freiheiten. Doch nach Ansicht heutiger Wirtschaftshistoriker hatte die Wanderzeit im traditionellen Handwerk vor allem die Funktion, die Zeit bis zur Meisterschaft möglichst lang auszudehnen, um Konkurrenz zu verhindern.[39]

Für die Jahre 1825 bis 1827 wissen wir wenig über Blums Lebensweg. Im November 1826 hat der 19-Jährige begonnen, ein Reisetagebuch zu führen, in dem er penibel Datum, Aufenthaltsort und zurückgelegte Meilen vermerkte und diese Angaben mit seinen Impressionen anreicherte.[40] Doch dürfte die Wanderzeit früher begonnen haben. Räder hatte ihm sein Zeugnis 1825 ausgestellt, zudem gibt es zwei weitere Arbeitszeugnisse, in denen Meister in Elberfeld und Barmen für dasselbe Jahr eine Tätigkeit von jeweils einigen Wochen bescheinigen.[41] Dies müssen bereits die ersten Stationen der Wanderzeit gewesen sein. Da zwischen dem letzten Zeugnis, dem aus Barmen vom 12. September 1825, und dem Reisejournal ein Zeitraum von über 14 Monaten liegt, klafft eine beachtliche Lücke ohne jedes Lebenszeugnis. Möglicherweise hatte Robert Blum in dieser langen Zeit keine oder wenig Arbeit. Vielleicht hat er sie im Elternhaus in Köln verbracht. Oder er hat sich von Werkstatt zu Werkstatt gehangelt, möglicherweise auch schlechte Zeugnisse bekommen und diese vernichtet. Robert Blum nennt in seiner »Selbstbiographie« für diese Zeit keine Jahreszahl.

Noch eine andere Interpretation ist freilich denkbar. Vielleicht hat Blum bereits 1826 oder sogar schon 1825 Arbeit beim Laternenfabrikanten Johann Wilhelm Schmitz gefunden. Gewöhnlich wird Blums Eintritt in dieses Geschäft mit dem Juni 1827 datiert, beruhend auf den Angaben in Hans Blums Biografie. Doch im Zeugnis, das Robert Blum 1830 von Schmitz erhält, wird bescheinigt, er sei »seit sechs Jahren« bei ihm als Mitarbeiter gewesen. Stimmte dies, müsste Blum sogar schon spätestens 1825 eingestellt worden sein. Dies kann ein Versehen von Schmitz gewesen sein oder auf eine Schönung des Lebenslaufs hindeuten, die möglicherweise von Blum erbeten wurde. Oder aber die Angaben von Hans Blum sind schlicht falsch. Dafür spräche auch das Reisejournal, das von Beginn an, also von November 1826 an, eher Handlungsreisen als die Wanderungen eines Handwerkers zu beschreiben scheint.[42]

Wie auch immer: Wir müssen annehmen, dass Blum im Jahr 1825, noch als Handwerker, von Köln aus ins Bergische Land aufbrach. Auf der Suche nach Arbeit hatte er sich eine gewerbereiche und dynamische Region ausgesucht. Das Tal der Wupper, in dem Elberfeld und Barmen lagen, hatte etwas Insulares, Abgeschiedenes. Es war umgeben von einer weich gezogenen Mittelgebirgslandschaft, deren Lieblichkeit freilich unter den Wucherungen der Industrialisierung zu leiden begann. Aber Blum berichtet noch nichts von den trüben Seiten der modernen Fabrikarbeit, als er eineinhalb Jahre später – inzwischen führte er das Tagebuch – erneut in Elberfeld war. Dagegen hat zwölf weitere Jahre darauf der 19-jährige Barmener Fabrikantensohn Friedrich Engels beschrieben, wie die Türkisch-Rot-Färbereien die Wupper purpurn färbten und dem Arbeiter wenig anderes blieb, als sein ärmliches Los in Branntwein oder Pietismus zu ersticken. Entweder waren die Folgen der Fabrikindustrie Mitte der 1820er Jahre noch kaum sichtbar, oder Blum hat sie nicht wahrgenommen. *Die Einwohner ernähren sich größtentheils von Fabrikarbeit,* schreibt er Ende 1826, *und ihr Fleiß und ihre Arbeitsamkeit sind bewundernswerth und fast beispiellos.* In verborgenen Tälern klappern *unaufhörlich die Hämmer der zahlreichen Eisenwerke*, und von *unwirthbaren Bergspitzen* tönen nicht selten *aus einer einzelnen Hütte das Knarren der Webstühle* oder die *einförmigen Schläge einer Schmiede.*[43]

Ende der dreißiger Jahre sah dann auch der politisch gereifte Blum die Stadt anders; nun fand er dort *Mystiker- und Muckerwesen*, das *bis zu einer unglaublichen Tollheit ausgeartet* sei.[44] Auch wenn ihm in den zwanziger Jahren die sozialen Probleme noch nicht aufgefallen waren, hatten die Zustände in den Elberfelder Fabriken doch bereits in französischer Zeit erste Kinderschutzvorschriften provoziert.[45] Und selbst Goethe schrieb 1828, zum Zeitpunkt, als Blum das dritte Mal in Elberfeld weilte, die Vorträge des auch als Schriftsteller bekannten und populären Pfarrers Friedrich Wilhelm Krummacher seien »narkotische Predigten«, um die Menschen über ihre »Unbilden [...] in Schlaf zu lullen«.[46] Jahre später hat Blum ihn einen *mystischen Zeloten* genannt.[47]

Mit dem Reisetagebuch werden Blums Zeugnisse farbiger. Die erste dokumentierte Tour führt ihn den Rhein entlang, damals – neben der Schweiz und Italien – bereits ein populäres Ziel der Touristen, vor allem aus England. Es geht den

Fluss aufwärts, über Bonn, Koblenz und am Mittelrhein entlang. Und auch er genießt die Landschaft, obwohl es schon November ist, als er aufbricht, ganz als Tourist: Die Festung Ehrenbreitstein bei Koblenz nennt er das *deutsche Gibraltar*, danach werde *die Gegend immer wilder und romantischer. Gigantische, jeder Vegetation unfähige Felsenmassen, deren Gipfel mit den Denkmälern grauer Vorzeit und deutschen Heldenmuths gekrönt sind, wechseln mit lieblich grünenden Weinbergen; der stolze Fluß, in enge Schlünde zusammengedrängt, bahnt sich in mäandrischen Krümmungen den Weg durch das Felsenlabyrinth und scheint oft mit dem Donnern und Brausen seiner Wogen das ganze Bett sprengen zu wollen*[48] – fast so, wie Blums Adjektivkaskaden den Satz sprengen, möchte man ergänzen.

Bei Bingen, wo der Mittelrhein an den sanfteren Rheingau grenzt, verlässt Blum den Strom, wendet sich nach Westen, reist noch ein Stück die Nahe hinauf bis Bad Kreuznach und kehrt dann wieder auf demselben Weg zurück nach Köln. Von dort bricht er Richtung Elberfeld auf, wo er sich rund ein halbes Jahr, vom 12. Dezember 1826 bis 6. Juni 1827 aufhält. Zu diesem Zeitpunkt arbeitet er möglicherweise schon für Schmitz, den Laternenfabrikanten, und auch die Tour am Rhein könnte bereits in dessen Auftrag erfolgt sein. Hans Blum indes rechnet diese Phase noch zur – missglückten – Wanderzeit.[49]

In jedem Fall hat Blum bald gemerkt, dass er in seinem erlernten Beruf nicht weiterkommt. Dauerhafte Arbeit hat er als Handwerker nicht gefunden. Einer seiner Brotherrn soll ihn einen »Federfuchser« genannt haben.[50] Nähren konnte ihn diese Leidenschaft, das Schreiben, freilich nicht.

Blums Schicksal ist gekennzeichnet vom Geist der Zeit. Die Gewissheiten früherer Epochen waren verflogen, das Wirken im Kreis der Vorväter, diktiert von ständischen Regeln, wurde altmodisch, das lebenslange Verharren in einem Beruf seltener. Der wirtschaftliche Umbruch, durch Technik und Industrialisierung forciert, sortierte alte Tätigkeiten aus und brachte neue hervor. Das schuf Reiz und Risiko der neuen bürgerlichen Gesellschaft. Was sich in einer Technikgeschichte als Fortschritt liest, zeigt sich in einer Sozialgeschichte als neues Schichtengefüge, in einer Mentalitätsgeschichte als Unsicherheit und in einer Biografie als Flickwerk. Letztlich hat Blum richtig entschieden – nicht nur aus einer persönlichen Perspektive heraus, nach Lust und Neigung, sondern auch ganz nüchtern mit Blick auf die weitere Entwicklung der Konjunktur. Denn bei allen regionalen und sektoralen Unterschieden: insgesamt sollte sich die Lage des Handwerks in der Phase nach 1830 noch einmal verschlechtern.[51]

Robert Blum, der über fünf Jahre im Metallhandwerk gelernt und gearbeitet, der mit Gold und Messing zu tun gehabt hatte, wurde nun Spezialist für künstliches Licht.

Mehr Licht

Die Aufklärer wollten nicht nur den Geist erhellen. Auch die Städte sollten nach dem Zeitgeschmack des ausgehenden 18. Jahrhunderts heller werden, befreit von mittelalterlicher Enge, gotischer Düsternis und verwinkeltem Muff. Die wuchtigen Festungsmauern wurden funktionslos, man riss sie ab und sprengte so die Fesseln der Stadt. Sie lag nun frei im Raum, ihre Grenzen wurden fließend und luftig; wuchernd wie ein Organismus fraß sie sich ins Land. Die neuen Stadtteile jenseits der alten Mauern wurden sogleich mit breiten, hellen und geraden Achsen konzipiert.

Wie die drückende Architektur beseitigt werden sollte, so auch das Dunkel der Nacht. Schon im 18. Jahrhundert führten die ersten Städte eine durchgehende Straßenbeleuchtung ein. Das 19. Jahrhundert aber war geradezu süchtig nach Licht. Die wachsende Nachfrage nach künstlicher Helligkeit provozierte ein flottes Innovationstempo, und in drei großen Schritten wurde der Weg zu modernen Lichtquellen vollendet. Zunächst wurde die alte Öllampe perfektioniert. Der französische Chemiker François Ami Argand hatte bereits 1783 den Docht so verbessert, dass die Flamme mehr Luft bekam und heller brannte. Zudem umhüllte er das Licht mit einem Glaszylinder, so brannte es ruhiger.[52] Der zweite Schritt, besonders prägend für die Epoche, führte zum Gaslicht, *eines der größten Wunder der neuern Erfindungen*, wie Blum 1829 schrieb.[53] Im Ausgang des Jahrhunderts begann dann das elektrische Licht seinen Siegeszug.

Die Menschen waren begeistert von den immer helleren Lichtquellen. Blum verglich die neuen Gassysteme mit Wasserleitungen: *Wer sollte vor einigen Jahren der Beschreibung eines Reisenden geglaubt haben, der von einer Stadt gesprochen hätte, wo eben so, wie das Wasser aus einer Quelle durch Röhren in alle Springbrunnen geführt wird, auch das Licht in den Straßen-Laternen und in den Wohnungen durch unterirdische Leitungen hervorquillt.*[54] Wenn Egon Friedell in seiner »Kulturgeschichte der Neuzeit« das »künstliche« Gaslicht als »hässlich« bezeichnet, so schreibt er das als romantisierender Connaisseur einer zivilisationsmüden und neon-überreizten Zeit, kaum als Kenner des Vormärz. Es kam zwar zu mutwilligen Zerstörungen von Laternen. Doch hatte dies wenig mit dem Gas zu tun. Vielmehr galten die Lichtquellen als Symbol des Obrigkeits- und Schnüffelstaats. Gewiss: Wie es immer Furcht vor neuer Technik gibt, so vor dem Gas – Furcht vor Explosion und Vergiftung. Auch mancher Feingeist hielt sich die Hand vor die Augen: »Zu rein für das menschliche Auge«, scherzte Ludwig Börne.[55] Doch den meisten Bürgern war das helle und nicht flackernde Licht ein Genuss. Auf der Straße wurde es nicht als »kalt«, sondern als freundlich und angenehm empfunden. Allein in privaten Innenräumen mochte man es nicht so gern, da galt es als zu ungemütlich. Außerdem machte es oft einen schweren Kopf, wie mancher Besucher der hell erleuchteten Theater bemerkte: Die Gasflammen verbrauchten ungleich mehr Sauerstoff als die alten Ölleuchten.

Am 8. Juni 1827 trat Robert Blum in das prosperierende Geschäft mit der künstlichen Helligkeit ein. Nach seiner erfolglosen Handwerkerlaufbahn habe er, so berichtet der Sohn Hans Blum in seiner Biografie des Vaters, die Annonce eines Johann Wilhelm Schmitz entdeckt, der mit dem modernen Gewerbe gutes Geld machte.[56] Schmitz war Teilhaber der »Gesellschaft zur Beleuchtung der Städte«, die rund sechzig Orte vor allem in den Niederlanden, am Rhein und an der Ostsee versorgte, darunter Rotterdam, Leiden, Köln, Elberfeld, Düsseldorf, Rostock und Königsberg.[57] Schmitz suchte in Köln »einen jungen Mann mit hinlänglichen Schulkenntnissen, der in Arbeiten mit Metallen erfahren und geneigt sei, Arbeiten zu beaufsichtigen und selbst mitzuarbeiten.«[58] Als Blum sich bewarb, wurde er engagiert. Die Produkte des Unternehmens waren gas- wie öltauglich, doch blieb die Gesellschaft noch weitgehend dem Ölzeitalter verhaftet. Deutschland und der übrige Kontinent hatten hier einen erheblichen Rückstand gegenüber England. In der englischen Hauptstadt war die erste Gasanstalt schon 1814 gegründet worden. Es entbrannte ein Konkurrenzkampf zwischen Öl und Gas.

Die »Gesellschaft zur Beleuchtung der Städte« bot den Kunden alles ums Licht aus einer Hand. Man installierte Probelaternen, entwarf ein Beleuchtungskonzept für die Stadt: wo Laternen zu errichten seien und wann sie zu brennen hätten, baute die Lichtquellen auf, sorgte für den Unterhalt. Die Stadtverwaltungen waren froh, wenn sie sich nicht mit dem komplizierten Thema herumschlagen mussten. Die Gesellschaft versicherte, für ihre Öllaternen »alle bisher gemachten Verbesserungen und Erfahrungen zu vereinigen«[59] und so die modernsten Systeme anbieten zu können. Die Schmitz-Laterne war heller als ältere Modelle, weil in ihr nur eine große Flamme brannte. Zuvor befanden sich in den Laternen mehrere kleine Flämmchen – zwei, vier oder noch mehr –, weil man dem irrigen Glauben anhing, dies werde die Leuchtkraft erhöhen.[60] Das Festhalten an der Öl-Technik entsprang durchaus einer realistischen Einschätzung des Markts; die teuren Investitionen in ein Gassystem waren nicht überall möglich. Die vom Erfinder William Congreve geleitete englische »Gesellschaft für Gasbeleuchtung« hatte dies bei ihrem Gang auf den Kontinent schmerzlich erfahren müssen. Sie wollte die Städte mit Preisargumenten ködern, weg vom Öl und hin zum Gas, ging aber bei ihrem Kostenvergleich vom alten Londoner Ölsystem aus, wo freilich, wie Blum vorrechnete, *Oel und Arbeitslohn theurer* waren als in Deutschland.[61] Bald seien die Congreve-Aktien abgestürzt, berichtet Blum weiter.[62]

Schmitz war ein Unternehmer neuen Typs, und sein Horizont überstieg das, was im traditionsverhafteten Handwerk üblich war. Das Kalkül des Kaufmanns mit der Risikofreude eines Abenteurers verbindend, stand er für jenen etwas leichtfertig jonglierenden Geschäftsmann, der in allen Boomphasen auftaucht. Von der im alten Handwerk üblichen Sesshaftigkeit konnte bei ihm keine Rede sein. Er war aus den Niederlanden nach Köln gezogen, um sich auf die Beleuchtung der rheinischen Städte zu konzentrieren. Kurze Zeit darauf verlegte er den Sitz seiner Fabrik in die aufstrebende Industriestadt Elberfeld, später einen Teil des Geschäfts nach Berlin. Halb Tausendsassa, halb Taugenichts, überall und nirgends zu Hause, war er einer jener ungezählten »Projektemacher«, die seit den Zeiten der Aufklärung das innovationslüsterne Europa bevölkerten: »Ich weiß schon – Was dahinter steckt / Und was denn weiter? – Ein Projekt«, lässt Erzskeptiker Goethe die Menge im zweiten Teil des »Faust« murmeln, geschrieben just 1827.

Dazu entpuppte sich Schmitz als wahrer Weltverbesserer, er verfasste unzählige Bücher zu allen Spezialgebieten. In einer Studie über den »Bund der Völker für Handel und Industrie« entfaltete er seine Welthandelstheorie, gefolgt von einer »Theorie der Politik«, die eine Prognostik politischen Geschehens ermöglichen sollte. In einer »Abhandlung über Eisenbahnen und Dampftransport« entwarf er die Vision eines europäischen Eisenbahnnetzes, und in seiner »Ursache aller Bewegungen der Natur« erstrebte er nichts Geringeres, als Newtons Theorie der Schwerkraft zu widerlegen.[63] Fast schien es, als bildete diese letztere Obsession den theoretischen Unterbau für seine unstete und rastlose Unternehmerexistenz. In jedem Fall war es eine schillernde und lebendige, vielfach interessierte und interessante Persönlichkeit, an die Blum da geraten war, faszinierender als alle, die er im Handwerker-Milieu erlebt hatte. Das gepflegte Konversieren mit Schmitz hat ihn wach gemacht und angespornt, wie er später resümierte. Er las Buch um Buch in seiner Freizeit, wurde zum fanatischen Autodidakten, gewissermaßen sein zweiter Bildungsweg.

Derweilen pilgerte er durch Deutschland als eine Art Handlungsreisender, sollte für die Laterne werben, mit potenziellen Auftraggebern verhandeln oder Arbeiten überwachen. Blum genoss das Reisen. Bisher war er stets zu Fuß unterwegs gewesen, immer bestimmt vom Zwang, sich einen Unterhalt sichern zu müssen. Nun lernte er die deutschen Städte auf halbwegs bequeme Weise, in der Kutsche reisend, kennen. Manchmal war Schmitz dabei, ein guter Unterhalter. Blum hat diese Zeit als eine seiner glücklichsten in Erinnerung behalten. Er vertiefte sich in die neue Materie und schrieb selbst eine *Kurze Abhandlung über die Straßen-Beleuchtung*, eine 36-seitige Broschüre, die 1829 in Berlin erschien, sein erstes gedrucktes Werk. Zugleich setzte er seine Reiseaufzeichnungen fort, übte den Blick für Architektur und Landschaft. Er erlaubte sich nun den einen oder andern weltläufigen Zug und machte die Entdeckung, dass eine karge Jugend nicht den Genuss an Kunst und Philosophie verdirbt.

Im Sommer 1827 ging es nach Süden. Am 9. Juni saß er zusammen mit Schmitz im Reisewagen. Es ging durch die Landstriche an Rhein, Main und Neckar, altes Weinland, gemeinhin als »heiter« bezeichnet, dem Kölner Blum nicht unvertraut. Etwas von einem Eichendorffschen Idyll lag in der Luft, als sie abfuhren, von Frühling und Goldammer, von Landstraße und ›rechter Gunst‹. Am folgenden Tag langten sie in Mainz an, der alten erzbischöflichen Schwesterstadt von Köln, mittlerweile freilich von Darmstadt aus regiert. Am 12. Juni erreichten sie Frankfurt am Main, eine Freie Stadt noch immer wie einst auch Köln. Hier befand sich neben Elberfeld und Berlin ein drittes Hauptkontor der Gesellschaft, und die beiden nahmen sich etwas Zeit für die *große, schön gebaute Stadt mit geraden, regelmäßigen Straßen und Plätzen*, wie Blum notierte.[64] Noch wirken seine Eintragungen recht steif, bisweilen etwas baedekerhaft, doch bald schon traut er sich eine freiere Feder zu. Von Frankfurt reisten sie nach Darmstadt, der Hauptstadt des Großherzogtums Hessen. Überall wurden die Residenzstädte herausgeputzt, nach klassizistischem Geschmack umgeformt. In Darmstadt hatte der Weinbrenner-Schüler Georg Moller den Ausbau mit Alleen, dem Hoftheater und der pantheonartigen Ludwigskirche fortgesetzt. Auf der Bergstraße ging es weiter nach Heidelberg, die alte Universitätsstadt und kurpfälzische Residenz, die mittlerweile zweimal eingemeindet worden war: erst ins Großherzogtum Baden, dann ins Reich romantischer Verklärung. Dann fuhren sie über die Grenze ins Württembergische nach Heilbronn und Ludwigsburg, in dessen Umgebung besonders die *Bergfestung Hohenasberg* sehenswert war, *zur Strafanstalt eingerichtet*, wie Blum trocken und emotionslos vermerkt, genau ein halbes Jahrhundert, nachdem der Dichter Christian Friedrich Daniel Schubart dort für grausame zehn Jahre eingekerkert worden war. Von der Festung habe man *Aussicht auf Marbach, Geburtsort unseres unsterblichen Schillers.*[65] Weiter ging es in die nahe Residenzstadt Stuttgart, auch sie inmitten eines ehrgeizigen Bauprogramms, und beschenkt mit *wahrhaft paradiesischen Umgebungen.*[66]

Friedliche Provinzen, harmlose Zeiten, mit manchem politischen Streit und sozialen Gegensätzen zwar, aber doch abgemildert durch Verfassungen und Ständeversammlungen, durch »vernünftiges« Regieren. Die Großherzogtümer und

Königreiche des Südwestens waren irgendwo zwischen Duodez und Mittelmacht stecken geblieben, sie waren mittelgroß in ihrem Zuschnitt und gewiss auch mittelmäßig in manch anderer Hinsicht, aber doch liebenswert in ihrer beschaulichen Biederkeit. Viele Jahre später schrieb Blum einmal, er möchte am liebsten *in irgendeinem Tale des südlichen Deutschlands eine Mühle [...] kaufen und nie wieder in die Welt zurückkehren.*[67]

Immerhin waren diese Länder wegen ihrer Verfassungen politische Vorreiter und wurden von den 1830er Jahren an zu Hochburgen des Freiheitskampfes. Jung im Hinblick auf ihre geografische Ausdehnung, die Napoleon diktiert hatte, waren sie nach Gesichtspunkten der französischen Strategie geschnitten, nicht nach solchen der regionalen Tradition oder irgendeiner Stammeszugehörigkeit. Der Glanz dieser frisch gezimmerten Fürstentümer war bereits ein abendlicher, die Länder waren zu klein, um in Europa eine eigenständige Rolle spielen zu können, zumal in einer nationalen Zukunft – und das Provinz-Monarchische wirkte auf viele Bürger nur noch befremdend.

Über Esslingen, Göppingen und Ulm fuhren Schmitz und Blum nach Bayern, und über Günzburg und Augsburg kamen sie ans Ziel der Reise: München. Blum blieb dort bis November, über fünf Monate. Er sollte das Installieren der Laternenbeleuchtung in den königlichen Schlossbauten leiten. König Ludwig I. war dabei, seine Residenz auszubauen und seinen ausufernden Ideen von monarchischer Pracht anzupassen. Während Blums Aufenthalt entstand der neue Trakt des Königsbaus.[68] Blum soll in seiner Funktion auch eine kurze Begegnung mit dem Herrscher gehabt haben, über deren Verlauf wir aber nichts wissen.

Er hatte Zeit in der Stadt, viel Muße. Oft marschierte er in die Bibliothek, las wild und querbeet. Hinzu kam die stimulierende Atmosphäre einer Stadt, die sich mächtig aufpumpte, sich in einer hoffinanzierten Kraftanstrengung von einer Residenz mittleren Gewichts zu einer Kunstmetropole emporschwang. Kunst und Architektur dienten der Profilierung vor der Nation, sollten aus Bayern ein Kulturkönigreich schmieden und die göttliche Glorie der Kunst über dem Monarchenhaupt erstrahlen lassen. Blum konnte das 1823 nach einem Brand wieder aufgebaute Hoftheater besichtigen, die Ludwigstraße war im Entstehen, die Glyptothek kurz vor der Fertigstellung, desgleichen die Alte Pinakothek. Die ganze nördliche Stadt war eine Baustelle. Sie glich einem Falter, der soeben seinen Kokon gesprengt hatte. Denn das Vergrößern und Verschönern folgte dem Niederlegen der Festungsmauern, das die Stadt seit den 1780er Jahren Stück um Stück von dem überall zwackenden Rüstungskorsett befreite. Die Dynamik war immens, in den letzten dreißig Jahren hatte sich die Einwohnerzahl auf 70 000 Menschen verdoppelt. München war zum Magneten für Künstler, insbesondere Maler, aber auch Literaten aufgestiegen. Selbst Heinrich Heine erträumte sich eine Professur in der bayerischen Hauptstadt. Der Klerus wusste das zu verhindern.

Die Politisierung begann wie vielerorts erst 1830. Ludwig, 1827 erst seit zwei Jahren König, gerierte sich noch liberal. Armut und Not waren nicht so drückend wie andernorts, denn im Gegensatz zum etwa gleich großen Köln war München ein Gewinner des Umbruchs um 1800. Die Stadt war Hauptstadt eines Königreichs geworden und zog immer weitere Zentralfunktionen an sich: den Sitz des Erzbistums München-Freising 1821, die Universität 1825. Ein Bedeutungsgewinn, dem materieller Gewinn folgte: Nachfrage und Geld. Und die Kulturhochburg war auch schon ein beliebtes Ziel von Touristen.

Blum tauchte ein in die inspirierende Atmosphäre der Stadt, besuchte Theater und Museen, erwarb Geschmack und Urteil. Im November 1827 war der Aufenthalt beendet. Er reiste bis Dezember zurück nach Köln, brach von dort aber sogleich in den neuen Firmensitz nach Elberfeld auf. Dort arbeitete er ein Dreivierteljahr als Kontorist von Schmitz. Kleinere Geschäftsreisen führten ihn in die Umgebung und erneut den Rhein entlang, bis er 1828 ein neues Ziel für seinen Hunger nach großstädtischem Leben fand.

Berlin

Im November 1828 fuhr Blum nach Osten, in Schmitz' Auftrag reiste er durch ihm noch unbekanntes Land nach Berlin. Die Tour war das Pendant zur eineinhalb Jahre zuvor begonnenen Fahrt durch den Südwesten und Süden, eine Winterreise durch Landschaften von eher herbem Reiz, wobei er allerdings die Route weit nach Süden, ins Thüringische, abknickte. Über Iserlohn und Paderborn ging es nach Kassel, von dort nach Mühlhausen, wo bereits ein Vertrag mit Schmitz bestand, und über Langensalza, Gotha, Erfurt, Weimar weiter nach Naumburg. Dort blieb er vier Tage, denn die Stadt war ebenfalls Kunde von Schmitz. Durch Merseburg, Halle und Wittenberg ging es schließlich nach Berlin. Knapp zwei Jahre, vom 23. Dezember 1828 bis zum bis 10. August 1830 wohnt er nun hier.

»Es ist hier ungemein viel geselliges Leben, aber es ist in lauter Fetzen zerrissen« – so hat Heinrich Heine acht Jahre vor Blums Ankunft die Berliner Szene beschrieben.[69] Berlin war wie München eine Residenzstadt, doch trat hier der bündelnde Einfluss des Hofes vor den voranstürmenden bürgerlichen Kräften schon zurück. Die Stellung des Monarchen in seiner Stadt hing von der Zahl der Einwohner ab, und Residenzstädtlein wie Bückeburg oder Meiningen blieben selbst um 1900 noch stark vom Hof geprägt. Berlin dagegen zählte 1830 bereits 250 000 Menschen. Hier war schon im Vormärz abzulesen, was in München erst in der zweiten Jahrhunderthälfte sichtbar wurde: Das Bürgertum gewann die Oberhand. Aus der königlichen Residenzstadt wurde die Hauptstadt aller Preußen. Friedrich Saß beobachtete 1846: »Lange Zeit war

Berlin nur die Residenz der Hohenzollern, jetzt ist es ganz und gar eine moderne Stadt geworden.«[70] Und die Stadt profitierte von der Dynamik der preußischen Wirtschaft, die mit Schwung in die kommende Ära von Eisenbahn und Zollfreiheit hinüberschritt.

Es war die Zeit, da Berlin erstmalig großstädtisch glänzte und zugleich in weiten Bezirken bereits von den hässlichen Narben der Moderne entstellt war. Blum interessierte sich vor allem für das »schöne« Berlin, das Berlin der großen Bauten, der Prachtstraßen, Denkmäler und Parks. Soziales Elend, das ihn später so beschäftigte, fand in seinem Reisejournal noch keinen Niederschlag. Dabei waren die Schrecknisse städtischer Verelendung vielerorts schon zu sehen, freilich vor allem außerhalb der inneren Stadt. So trieb Geldgier den Kammerherrn Baron Otto von Wülcknitz in den 1820er Jahren zum Bau von großen Wohnanlagen, die so etwas wie frühe Mietskasernen waren. Auf engem Raum entstanden in der Oranienburger Vorstadt sieben Häuser mit insgesamt 426 Einheiten. Hatten die ersten noch neben einer Stube eine Küche, verzichtete der Bauherr bei den späteren Projekten auch hierauf, um Kosten zu sparen. Die Zimmer von etwa 14 Quadratmetern waren von einer, bisweilen von zwei oder drei Familien bewohnt, so dass in Einzelfällen 15 und im Schnitt fünf Personen in einem solchen Raum hausten. Für die 2200 Bewohner des Komplexes gab es zwei Brunnen, 20 Aborte für Erwachsene und 28 für Kinder.[71] Es kam regelmäßig zu Konflikten zwischen Eigentümer und Behörden. Die schlimmsten Zustände wurden freilich erst in den 1830er und 1840er Jahren erreicht, als Blum nicht mehr in der Stadt war. Doch die große Zahl der Bettler war bereits vor 1820 nicht zu übersehen, und die kommunalen Behörden behandelten sie noch lange unter dem Gesichtspunkt der öffentlichen Ordnung, nicht der Fürsorge.

Blum blickte auf die Säulenseite der preußischen Residenzstadt; sie war für ihn *ohnstreitig die schönste in Deutschland*, mit *regelmäßigen Straßen*, *prächtigen Plätzen* und *unzähligen*

Merkwürdigkeiten.[72] Die Kohlensäure der Berliner Szene, das Quirlige und Vorwitzige, allzeit zu Neuem Bereite und nach Neuem Gierende, dürfte ihn erfrischt haben. Ein schlichter Handwerksmann aus dem Schwäbischen, der zur damaligen Zeit in Berlin lebte, hat in seinen Memoiren die Berliner als lebenslustig geschildert, die Frauen seien »vergnügungssüchtig und schwatzhaft«, die Männer »Lebemänner ohne festen Charakter«.[73] Frivol und munter und so gar nicht preußisch ging es zu in der Stadt, wie ein anderer Zeitgenosse Mitte der 1840er Jahre beobachtete.[74]

Endlich war der Mann Blum dort angekommen, wo der Junge sich in Kölns Altstadtgassen immer hingeträumt hatte: in der Universität. Blum besuchte Vorlesungen. Er profitierte von einer neuen, zum Wintersemester 1829/30 getroffenen Regelung, die Nichtstudenten den Besuch erlaubte. Auch begann er Verse zu schreiben, und alsbald gelang es ihm, einiges in der »Berliner Schnellpost für Litteratur, Theater und Geselligkeit« unterzubringen. Die renommierte Zeitschrift wurde von Moritz Gottlieb Saphir geleitet, der ein stichelnder Kritiker war, eine Feuilleton-Legende, ein literarischer Alleskönner und Allesmacher – und ein Meister der Beleidigung empfindsamer Kulturhandwerker, dank seines *schlagfertigen und boshaften Humors,* wie sich Blum später mit Achtung erinnerte.[75] Einige Verse aus dem Jahr 1829 sind erhalten; es ist ein zeittypisches Gedicht über die Zeit: *Du veränderst und wechselst nur jede Gestalt, / Die im Staub sich erzeugte vom Staube; / Doch dem Geiste droht nie der Zerstörung Gewalt, / Er wird nie der Verwesung zum Raube! / Er fliehet, wenn modernd die Hülle vergeht, / Dahin, wo der Hauch der Unsterblichkeit weht! / Nun so brause nur immer, verheerende Flut, / Weil's gebietet der ewige Wille, / Und verrichte mit nimmer gesättigter Wuth; / Du verschlingest von mir nur die Hülle / Zerstöre Du nur ohne Ende und Ruh' – / Ein Theil meines Wesens ist ewig, wie Du!*[76]

Du veränderst jede Gestalt – das galt zuerst für die Gestalt der Metropole, durch deren Kulturlabyrinth Blum sich tastete. Sie war, gut protestantisch, stärker als München vom Literarischen, von Wissenschaft und Philosophie, weniger von der bildenden Kunst geprägt. Zu Beginn des Jahrhunderts hatte Madame de Staël die Stadt einen »Brennpunkt der Aufklärung und des Lichts« genannt, die »wahre Hauptstadt des neuen, des aufgeklärten Deutschlands«. Die Naturwissenschaften, damals noch Naturforschung genannt, entfalteten sich hier in allem Glanz, mit aller Kraft. Die neuhumanistische Bildungsreligion wies ihnen den zweiten Rang hinter den geistigen Wissenschaften an, gleichwohl galten sie als ungemein modern. Ihr Oberhaupt war Alexander von Humboldt, dessen populäre Privatvorlesungen 1827/28 im neuen Gebäude der Singakademie zu hören waren – tausend Zuhörer kamen, Hochadlige wie Handwerker, natürlich waren auch viele Damen dabei. Kurz vor Blums Ankunft wurde die berühmte Siebente Versammlung der deutschen Naturforscher und Ärzte abgehalten. Auch die Philosophie bot Lockendes. Der Pontifex des deutschen Idealismus, Georg Wilhelm Friedrich Hegel predigte hier seit 1818 in knorzigem Schwäbisch über den »Wältgaischt«. Vielleicht hat sich einmal auch Blum unter die Zuhörer geschmuggelt ...

Auch wurde Berlin wieder einmal umgebaut. Als oberster Architekt fungierte Karl Friedrich Schinkel. Der Alten Wache (1816–18) folgte das Schauspielhaus (1818–21), dem Alten Museum (1824–30) die Bauakademie (1832). Wie alle großen Klassizisten hatte Schinkel noch das Ensemble, das Stadtplanerische und Konzeptionelle im Sinn, die egomanische Fixierung des modernen Architekten auf das solitäre Baukunstwerk war ihm fremd. Davon profitierte Berlins Boulevard Unter den Linden, den Schinkel nach seinem Gesamtkonzept umformte. Blum hebt allerdings nicht die Linden, sondern die Friedrichstraße – *fast vier Meilen lang* – hervor,[77] wahrscheinlich, weil es da mehr Vergnügen gab. Schinkel gestaltete auch Bühnenbilder, nicht nur die »Zauberflöte« mit der berühmten Sternenkuppel, auch Spontinis »Olimpia« bebilderte er kongenial. Die Uraufführung dieser begeistert aufgenommenen Oper im Jahr 1821 zeugte vom Aufschwung des Musiktheaters. Kurze Zeit danach war die Metropole erst recht aus dem Häuschen: Carl Maria von Webers »Freischütz« wurde bejubelt. Heine klagte, dass er in Berlin keinen Schritt mehr gehen konnte, ohne von den Gassenhauern der Erfolgsoper, gesungen oder gepfiffen, verfolgt zu werden.[78] Während Blums Aufenthalt blickte wieder ganz Deutschland auf das Musik-Berlin: Am 11. März 1829 gab man die Wiederaufführung der lange verschollen geglaubten Matthäuspassion von Bach, dirigiert von Felix Mendelssohn Bartholdy.

Was immer Blum davon mitnahm – eher mehr als weniger –, das Ende dieser behaglichen Zeit kam plötzlich. Schicksalsschlägen begegnete er meist stoisch. Doch als er im März 1830 zum Wehrdienst in die preußische Armee berufen wurde, verfiel er in eine düstere Stimmung. Er wurde nach Prenzlau in die Uckermark befohlen, zum 24. Infanterieregiment (dessen Geschichte Fontane in seinen »Wanderungen durch die Mark Brandenburg« einen eigenen Abschnitt widmete). Zu Fuß marschierte der künftige Infanterist in drei Tagesmärschen Ende März 1830 die rund einhundert Kilometer in das nordbrandenburgische Provinzstädtchen. In Oranienburg notierte er in sein Reisetagebuch: *Die Gegend ist sandig, traurig und einförmig, kurz: preußisch.*[79] Die allgemeine Wehrpflicht war mit den preußischen Reformen 1813/14 eingeführt worden, im Zeichen eines modernen Staats, der sich auf seine Bürger stützt. Dennoch wurde sie auch von fortschrittlicher Seite kritisiert. Als »Grab aller Kultur, der Wissenschaften und Gewerbe, der bürgerlichen Freiheit, und aller menschlichen Glückseligkeit« hat sie der preußische Reformer Friedrich Ludwig Freiherr von Vincke bezeichnet.[80] Dem hätte Blum damals wohl kaum widersprochen. Kaserne und Kommandogeschrei waren seine Sache nicht. Er fand einen Ausweg; nach sechs Wochen wurde er entlassen. In vielen Biografien des 19. Jahrhunderts ist zu lesen, dies sei wegen seiner schlechten Augen geschehen. Wahrscheinlicher ist wohl die Variante, dass er den Militärarzt bestochen hat, damit er »Bluthusten« diagnostiziert.[81] Am 17. Mai 1830 war er wieder in Berlin.

Dort allerdings erwarteten ihn neue Sorgen. Schmitz war in Schwierigkeiten geraten. Immer mehr Unternehmen drängten in das lukrative Beleuchtungsgeschäft, mehrere englische Gesellschaften versuchten den kontinentalen Markt aufzurollen. Die größeren Städte wurden vom Ehrgeiz gepackt, nun doch die teure Investition in ein Gas-System zu wagen: Noch vor 1830 entschlossen sich neben Berlin auch Hannover, Dresden und Frankfurt am Main dazu. Schmitz und Blum war es nicht gelungen, die Metropole für ihre Laternen zu erwärmen. Vielleicht hatten sie auf ein mögliches Auslaufen des Vertrags spekuliert, der zwischen dem preußischen Innenministerium und der Londoner »Imperial-Continental-Association« geschlossen worden war. Darin hatten beide Seiten 1825 festgehalten, dass die Gesellschaft bis Ende 1828 die Stadt innerhalb der Ringmauer mit Gas oder Öl zu beleuchten habe. Die Behörden waren wohl zufrieden mit den Fortschritten, und Blum hat in der langen Berliner Zeit offenbar kaum einen Auftrag für die Schmitzschen Öllampen an Land ziehen können. Unter den Linden flanierte man bereits 1829 komplett im Gaslicht,[82] und schon 1826, als die ersten neuen Laternen aufgestellt wurden, hatte die »Vossische Zeitung« geschrieben: »Heller haben wir selbst bei glänzender Illumination die Linden nicht gesehen«, eine »grosse Menge Neugieriger« sei »durch dieses Schauspiel herbeigelockt« worden.[83]

Überdies waren die Schmitz-Produkte wohl nicht so perfekt, wie die vollmundige Werbung verhieß. In Naumburg etwa beschwerten sich die Bürger über die »Mangelhaftigkeit« der Beleuchtung. Die Stadt ließ ein Gutachten in Auftrag geben, das die schlechte Qualität bestätigte.[84] Später stellte sich heraus, dass Schmitz zu einem Zeitpunkt den Vertrag mit Naumburg geschlossen hatte, als er schon gar nicht mehr Teilhaber der Gesellschaft war.[85] Mit Erschrecken bemerkte die Stadt, dass sie Vertragspartner eines windigen Luftikus geworden war. Doch Schmitz projektierte unverdrossen weiter. Nachdem er sich 1830 in Elberfeld aus dem Staub gemacht hatte, versuchte er sich in Köln erfolglos als Zeitschriftenherausgeber,[86] stürzte sich alsbald in den aufkommenden Eisenbahn-Boom, forcierte zunächst 1833 in Kassel die Gründung einer Aktiengesellschaft zum Bahnbau und plante später Ähnliches in Leipzig – zu einem Zeitpunkt übrigens, als Blum bereits dort war. Über ein Wiedersehen ist aber nichts bekannt.[87]

Blum hatte indessen zu spüren bekommen, dass mit dem Unternehmen etwas nicht stimmte: Seine Bezahlung ließ nämlich auf sich warten – insgesamt blieb Schmitz 16 Monate im Rückstand. Es folgte ein unerquicklicher Briefwechsel. Blum, der in Berlin für seine Miete aufkommen musste, schrieb, man benötige gewiss keine großen logischen Kenntnisse, um zu wissen, *daß der Lebensunterhalt, den Sie als eine nicht bemerkenswerthe Nebensache zu betrachten scheinen, zum Fortbestehen durchaus nothwendig ist.*[88] Daraufhin kündigte Schmitz kurzerhand seinem treuen Mitarbeiter; der Bruch war vollzogen. Schmitz hatte das Fiasko der Gesellschaft zu verschulden, doch hat er Blum gewiss auch in die Seele geblickt, als er ihm vorhielt, »dass Sie, wie man es oft in der Jugend findet, glauben, ein beßeres Loos wär Ihnen bescheert«.[89] In dieser Hinsicht allerdings blieb Blum »jugendlich« sein Leben lang.

Mit einer abschließenden Zahlung, die nur einen Teil der Blumschen Forderung ausmachte, war seine Laufbahn als Öllaternen-Kaufmann beendet. Er erhielt von einem Schmitz-Vertrauten in Berlin 36 Taler, die den ausstehenden Lohn und die Reisekosten zurück ins Rheinische begleichen sollten.[90] Schmitz besaß übrigens die Chuzpe, trotz dieses unschönen Endes den »lieben Blum« im Januar 1831 erneut anwerben zu wollen: als Sekretär der Kölner Filiale seines Zeitschriften-Projekts.[91]

Zwischen dem 10. und dem 22. August 1830 unternahm der junge Stellungslose eine *mühseelige kummervolle Fußreise* nach

Köln ins Haus der Eltern.[92] Sollte er im Sommer 1830 eine Bilanz gezogen haben, dürfte sie ernüchternd ausgefallen sein. Wie ein Blatt im Wind hatte es ihn hin und her geweht, nirgends war Halt. Die längste Phase, die Lehrlingszeit, war die ungeliebteste gewesen, abgesehen vielleicht vom Militärdienst. Der feste Platz, den er sich in Schmitz' Firma eingerichtet hatte, war binnen kurzer Zeit zerstört worden. Die anregenden Reisen, die heiteren Monate in München, die muntere Berliner Zeit, dazu ein leidliches Auskommen – all das war vorbei. Gewiss, er hatte sein ehrgeiziges autodidaktisches Programm fortgesetzt, hatte an seinem Schreibtalent gearbeitet, seine Kenntnis in Kunst, Philosophie, Geschichte und Naturwissenschaft erweitert. Das aber war jenes sogenannte »zweckfreie« Sich-Bilden, das nicht für einen Beruf qualifizierte – ein verwertbarer Abschluss war mit dem Besuch der Berliner Hochschulvorlesungen selbstredend nicht verbunden. Doch dort, wo Blum ein »Patent« besaß, im Handwerk, kam eine Arbeit für ihn nicht mehr in Frage. Er blieb ratlos – und es war ein Zufall, der sein Leben in neue Bahnen lenkte.

THEATERMANN, KÜNSTLER, BONVIVANT (1830–1840)

Die dreißiger Jahre werden für Blum zu einer zweiten Lehrzeit: Er experimentiert, lebt spielerisch, probierend, genießend, leidend, erobernd, duldend, er dilettiert und räsoniert. Er spürt, dass er vieles kann, die Politik ist nur eine Facette, er probiert sich mit der Feder aus, schreibt große Dramen und kleine Feuilletons, stürzt sich in die Theaterszene, entdeckt seine Talente als Redner und Frauenheld, vergrößert den Freundeskreis, wird Freimaurer. Meist langsam tastend, dann wieder stürmisch bahnt er sich seinen Weg, dessen Ziel ihm nur halb bewusst ist. Doch am Ende des Jahrzehnts ist er endgültig angekommen in seiner Zeit, in seinem Leben: in der Politik.

Die Generation Juli

Für Blums Generation war sie so etwas wie ein politischer Urknall: die Pariser Julirevolution von 1830. Sie war die frischeste, die jugendlichste aller Revolutionen im 19. Jahrhundert und hat den Glauben an ein fortgesetztes revolutionäres Zeitalter überhaupt erst gestiftet. In Frankreich wurde das reaktionäre Regime Karls X., des jüngsten Bruders Ludwigs XVI., weggefegt. Es war ein Priester- und Aristokratenparadies gewesen, ein Reich des Staubs, des Muffs und der Tumbheit. Stendhal hat die Atmosphäre jener Jahre in »Rot und Schwarz« geschildert: »Man fürchtet den Verlust der Stelle. [...] Die Langeweile nimmt überhand [...] Die einzigen Genüsse die bleiben, sind Bücher und Landwirtschaft.«[93] In den Pariser Salons gärte es lange schon. Die Regierung flüchtete in außenpolitische Abenteuer, nach Algerien. Dann, im Sommer 1830, war der Spuk vorbei. Erstmals seit 1789 erlebte Europas heimliche Hauptstadt wieder eine Revolution, getragen von einem Bündnis radikaler Kleinbürger mit liberalen Bürgern. Karl dankte ab.

Eine Welle der Begeisterung überschwemmte den Kontinent. Die Erinnerung an die Große Revolution wurde wach. Sollte sich jetzt alles wiederholen – stürzende Throne, Revolutionsarmeen, junge Republiken, der Abstieg der Privilegierten, neue Chancen für herandrängende Generationen und Schichten? »Der gallische Hahn hat jetzt zum zweitenmal gekräht, und auch in Deutschland wird es Tag«, schrieb ein aufgekratzter Heinrich Heine.[94] Europa blickte gebannt nach der französischen Metropole, und selbst die Badegäste auf Helgoland bekamen den »Pariser Sonnenstich«, wie Heine beobachtete.[95] »Ich gestehe, dass ich zwei Monate vor der Julirevolution keinen Begriff von europäischer Politik hatte [...] Ich [...] nahm zum ersten Male eine Zeitung vors Gesicht«, bekannte Karl Gutzkow.[96] Richard Wagner erinnerte sich, wie er als Siebzehnjähriger sein Juli-Erlebnis hatte: »Die geschichtliche Welt begann für mich von diesem Tage an«.[97] Und Heinrich Laube hatte vor der Revolution die Zeitungen gähnend durchgeblättert, »da kam die Julirevolution [...], da kamen Thatsachen, Donnerschlag auf Donnerschlag, das wurde dramatisch, das weckte meine Aufmerksamkeit«.[98]

Thaten sind in Monatsfrist geschehen, / Die sonst ein Jahrhundert kaum gereift!, so begrüßte Blum das neue Jahr 1831.[99] Und in seiner Freiheitshymne *Grochow* schmetterte er: *Juble auf, Europa! Jauchze unterdrückte Völkerschaar / Sieh, der Freiheit gold'ner Morgen brach heran im neuen Jahr / Freiheit! braust es donnerähnlich durch die neuerwachte Welt / Und die Tyrannei erzittert auf dem morschen Thron und – fällt.*[100] Selbst dem 81-jährigen Goethe in Weimar, der zunächst gelangweilt tat,[101] gab der Juli 1830 den entscheidenden Anstoß zur Vollendung des »Faust«.

Und tatsächlich: Die französischen Revolutionäre blieben nicht allein. Die Polen fochten gegen die russische Herrschaft,

Belgien löste sich von den Niederlanden, in Mittelitalien standen die Bürger gegen das alte Regime auf, in London ging eine Million Menschen für ein neues Wahlrecht auf die Straße. In Deutschland indes kam es zu einer Handvoll Revolutiönchen, nicht zu einer großen Revolution. Immerhin: In vier Ländern – Hannover, Sachsen, Kurhessen, Braunschweig – erzwangen Unruhen moderne Verfassungen. Metternich versuchte mit Hilfe des Deutschen Bundes die unheimliche Woge zu glätten, doch sie wuchs und schwappte weiter. In den Folgejahren erschienen ungezählte revolutionäre Schriften; Pfälzer Demokraten gründeten im Januar 1832 einen »Deutschen Preß- und Vaterlandsverein«, der gegen Zensur kämpfte und sich rasch nach Südwesten und Mitteldeutschland ausbreitete.[102] Höhepunkt der Bewegung war das Hambacher Fest im Mai 1832, eine gewaltige Freiheitsfeier in der Pfalz, mit rund 30000 Teilnehmern, darunter Gäste aus Polen und Frankreich. Geplant und geleitet wurde es von den Journalisten Johann Georg August Wirth und Philipp Jakob Siebenpfeiffer.[103] *Deutsche! Eilt in hehrer Stunde / Zu dem großen Völker-Bunde*, forderte Blum in seinem Gedicht *Einladung zum deutschen Maifeste 1832.*[104] »Skandal!« schrillte es aus Metternichs Wien, »Chaos!« aus Frankfurt am Main, dem Ort der Bundesversammlung.

Doch die Revolution von 1830 war nicht allein eine politische und soziale, sie war ganz entschieden auch eine kulturelle – in mehrfacher Hinsicht. Während Wirth und Siebenpfeiffer als Hambacher Organisatoren so etwas wie die Handwerker der Revolution waren, gab es noch ein zweites Doppelgestirn, das die Ereignisse in Europa literarisch formte, keine Politiker, keine eigentlichen Akteure der Aufstände, doch die Leitgestirne innerhalb des deutschen Sprachraums: Heinrich Heine und Ludwig Börne.

Von Paris aus schleuderten sie ihre literarischen Blitze nach Osten, ihre Kommentare waren die spitzesten und feurigsten, die härtesten und subtilsten – und sie trafen immer ins Schwarze. Die große Tat der Franzosen, schrieb Heine im August, noch in Deutschland, spreche deutlich »zu allen Völkern und allen Intelligenzen, den höchsten und den niedrigsten, und in den Steppen der Baschkiren werden die Gemüter eben so tief erschüttert werden, wie auf den Höhen Andalusiens. Ich sehe schon, wie dem Neapolitaner der Makkaroni und dem Irländer seine Kartoffel im Munde stecken bleibt, wenn die Nachricht bei ihnen anlangt.«[105] Und doch kannten sie beide auch die Skepsis, den Mollakkord des Zweifels und der Furcht. Börne ging im September über den Rhein nach Westen, da funkelte ihm die Trikolore entgegen: »Die Fahne stand mitten auf der Brücke, mit der Stange in Frankreichs Erde wurzelnd, aber ein Teil des Tuches flatterte in deutscher Luft. [...] Es war nur der rote Farbenstreif [...]. Das wird auch die einzige Farbe sein, die uns zuteil werden wird von Frankreichs Freiheit. Not, Blut, Blut [...]«.[106]

Heine und Börne sind die Tête für eine Handvoll neuer Schriftsteller, junge Wilde, denen die Revolution den Anlass für eine politische Literatur liefert: das »Junge Deutschland« nennen sie sich selbst, eine Aufbruchsbewegung, zu deren Leitworten »Moderne« und »Emanzipation« werden. Die Abkehr von traditionellen Formen verbinden sie mit politischen Inhalten. Man sei damals noch frei gewesen von »Sonntagsnachmittagslyrik mit Goldschnitt für Geheimeratstöchter«, schreibt einer von ihnen, Karl Gutzkow, zwanzig Jahre später.[107] Sie spürten, dass das Juligewitter nur ein Bote war für den großen Klimawandel. »Der Zeitgeist zuckt, dröhnt, zieht, wirbelt und hambachert in mir; er pfeift in mir hell wie eine Wachtel, spielt die Kriegstrompete auf mir, singt die Marseillaise in all meinen Eingeweiden, und donnert mir in Lunge und Leber mit der Pauke des Aufruhrs herum«, schrieb der junge Theodor Mundt.[108]

Es war ein prägender Augenblick. Die 1830 jung genug waren, vergaßen nie ihr Auf- und Ausbruchserlebnis. Es war die Generation, die später in der Revolution von 1848 die Weichen stellte, doch anders als 1848 hatte es nach 1830 nie den

Moment gegeben, war nie der Eindruck entstanden, nun sei die Sache vorbei und entschieden. Die Szene blieb bewegt, fiebrig, die Unruhe hielt an, selbst in den stilleren Jahren nach 1834 folgte bald der Konflikt um die Göttinger Sieben 1837, und von 1840 an wurde es politisch lebhaft wie nie. Überspitzt ließe sich sagen, die Julirevolution reichte bis zum Februar 1848.

Zu jener Generation, der Juli-Generation, gehörte auch Robert Blum, 22 Jahre jung. Er war in den Tagen des heißen Juli wieder mal auf Wanderschaft gewesen: von Berlin zurück nach Köln. Doch so abgeschlagen er sich fühlte, die Nachrichten aus Paris begeisterten auch ihn: *Freiheitshelden! Stolz der Zeitgenossen! / Edles Volk! O, wer kann Worte finden / Jene Thaten [...] würdig zu verkünden,* reimte er *Den Parisern.*[109] Es war in seiner Lage mehr als ein Trost. Die Ereignisse in Paris gaben neue Hoffnung: *Ringet kühn für Recht und Freiheit. / Jauchzet: Hoch, die freie Welt!*[110]

Theater

Ließ die neue Zeit in Deutschland auch noch etwas auf sich warten – eine neue Stelle, die hatte er endlich. Am 1. Oktober 1830 trat er sie an, nach über einem Monat Suche. Er wurde Theaterdiener in Köln: Wiederum etwas völlig Neues, ein neuer Beruf in einem anderen Milieu, einem Milieu, das Glanz verhieß und Freiheit versprach. Doch davon nahm er zunächst nicht viel wahr. Blum wurde zum Mädchen für alles: Botendienste, das Ansagen von Vorstellungen, Dienst an der Kasse, kleine Erledigungen für die Schauspieler oder den Direktor. Wahrlich nicht unbedingt ein Traumberuf. Blum war *Ableiter für den Zorn der gesammten theatralischen Welt,*[111] statt Bühnenzauber gab es viel täglichen Zank und Eifersüchteleien. Er musste *dem überstolzen Schauspieler die Grobheiten des Directors, dem zweiten Liebhaber die Ungezogenheiten des drit-*

ten Bösewichts hinterbringen, bald der Primadonna den Hund bewachen, bald einer anderen Dame einen andern Dienst besorgen.[112] Das Monatsgehalt lag bei acht Talern (was heute einer Kaufkraft von rund 250 Euro entspricht). Von Dezember an sollte er zwei Taler mehr erhalten. Er wohnte weiter bei den Eltern, denen er regelmäßig ein paar Münzen zusteckte.

Direktor am Kölner Stadttheater war in jenen Tagen Friedrich Sebald Ringelhardt, ein engagierter und umtriebiger Hansdampf, der die Intendanz 1822 übernommen hatte, nachdem das Haus durch eine wirre Phase wechselnder Direktionen gegangen war.[113] »Stadttheater« hieß im damaligen Deutschland eine Privatunternehmung auf Rechnung des Intendanten, verbunden mit einer Pacht des Hauses, bisweilen waren Aktionäre mit an Bord. An ein aus dem städtischen Haushalt finanziertes oder auch nur gefördertes Kulturinstitut war nicht zu denken. Eine der wenigen Ausnahmen war Mannheim, wo die Stadt sogar in der Hoftheaterzeit einen Zuschuss leistete.[114] Meist aber wollten die Städte Geld sehen; sie erhofften sich von einem gut gehenden Theater üppige Gewerbesteuer.[115] Das Scheitern der Theaterunternehmer war die Norm – aus städtischer Sicht keine Katastrophe, denn der nächste Bewerber für die Konzession klopfte schon an die Rathaustür. In Köln kam noch hinzu, dass auch Aktionäre nach Gewinn schielten. 1828 hatten sie in einen Neubau für gut 1500 Personen investiert.[116] Nun konnten sie ihre Idee von ›Freiheit‹ der Kunst diktieren. Man sei in Köln der *Willkür und Gewinnsucht* einiger weniger Aktionäre *preisgegeben*, schrieb Blum später.[117]

Ringelhardt war der Typ des Unternehmer-Direktors – weniger das künstlerische Profil als der Profit stand im Zentrum. In Köln war er also am rechten Ort. 1785 in Ostrau bei Halle geboren, hatte er Jura studiert, sich aber von der Bühnenwelt so sehr faszinieren lassen, dass er ins Mimenfach gewechselt war und bald Spieltruppen übernommen hatte. Das Theater leitete er als Pächter auf eigene Rechnung und hatte auf die Kasse zu achten, sie war *das A und Omega jeder Privatunterneh-*

mung, wie Blum es einmal ausdrückte.[118] Der Spielplan an den Stadttheatern bewegte sich zwischen Klassikerverehrung und wirtschaftlichem Zwang. Da sich die Kulturszene verbürgerlichte, schien hierin kein Dilemma zu liegen. Die Bürger verehrten die klassischen Autoren, voran Schiller. Und das Theater wurde dem Bürgertum zum Fokus seiner Ideale, zum Forum der Selbstvergewisserung, zur Projektionsfläche von Aufbruchsidee und Zukunftshoffnung. Schon seit dem Ausgang des 18. Jahrhunderts knüpften sich an die Schaubühne enorme Erwartungen. Gerade in Deutschland war sie einer der wenigen Orte der Öffentlichkeit, wurde überfrachtet mit Ansprüchen, sollte eine »moralische Anstalt« (Schiller) sein, sollte erziehen, erbauen, politisch belehren, die Entfaltung der bürgerlichen Gesellschaft zugleich begleiten, forcieren, spiegeln und vergolden.[119]

Das war viel, zu viel, wie sich bald an den Spielplänen zeigte. Denn ganz so ernst und weihevoll ging es dann doch nicht zu in deutschen Stadttheatern. August von Kotzebue, der erfolgreichste Bühnenautor der Goethe-Zeit, kannte sein Publikum. Er mokierte sich über den berühmtesten aller Theaterdirektoren: »Was hat nicht Goethe versucht! Und wie klein ist in Weimar dasjenige Publikum, welches sich in solchen Vorstellungen nicht gelangweilt hat!« Das Theater wirke über die Sinne, nicht den Intellekt, konstatiert Kotzebue: »Sobald ein Schauspiel den *Geist* mehr beschäftigt als die Einbildungskraft, so wird es nimmermehr ein großes Publikum haben.« Das Publikum »erziehen« zu wollen, hieße, die »Vergnügungen der Einbildungskraft« denen des »Geistes« unterzuordnen. »Das kann Gott selbst nicht, so wie er die Menschen nun einmal geschaffen hat.«[120] Ludwig Börne knurrte über das Niveau des deutschen Theaters und schrieb von der »Unnationalität der Deutschen«.[121] Blum knurrte mit, schimpfte über die *unwürdige Antheillosigkeit* der Zuschauer. *Wohin werden wir noch gerathen, wenn es mit der Bühne so fortgeht! Gewiß bald dahin, dass ein Stück, welches Geist und Wahrheit in sich faßt, hierdurch allein dem Untergange geweiht ist.*[122] Mit Sarkasmus benannte er einmal den Grund für den mangelnden *Effect* einer Oper – es handelte sich um »Die Braut« des französischen Komponisten Auber – : *es kommen keine Pferde und kein Hanswurst vor und daher ist die Oper schlecht, grundschlecht.*[123]

Gewiss gab es Liebhaber des Klassischen, Genießer, die nicht genug Goethe und Lessing sehen konnten, Heinrich Brockhaus etwa, den Verlagsmagnaten, der begeistert war, als in Leipzig 1829 der »Faust« gegeben wurde, die »kolossale Schöpfung«, die aber, so seine Worte, »leider« auch den »Unwert dessen« verdeutliche, »was man uns gewöhnlich auftischt«.[124] 1841, als Kleists »Prinz von Homburg« zu sehen war, schrieb er: »Endlich einmal ein echter Hochgenuß im Theater. Wie ist doch von Philistern aller Arten [...] gegen dieses Stück geeifert worden [...] Ich lasse mir nichts von dem Stück nehmen, ich will nichts dazuhaben, so, wie es ist, ist es mir klar.«[125]

Doch »Hochkultur« blieb ein Minderheitenprogramm, wie Blum bald einsehen musste. Es war just jenes Problem, von dem die Literatur und der Buchmarkt insgesamt gezeichnet waren: Noch bevor der staatliche Zensurdruck nachließ, wurde der wirtschaftliche Druck spürbar, dominierten Zeitgeschmack und »Eintagsliteratur«.

Publikumsbeschimpfung war Ringelhardts Sache nicht. Er gab, was man sehen wollte, konzentrierte sich mithin auf die leichte Muse, auf Lustspiele und Possen, auf Iffland und Kotzebue, dann auf Nestroy, um nur die anspruchsvolleren zu nennen. Er habe den »Lumpazivagabundus« von Nestroy 23 Mal bei ausverkauftem Haus gegeben, schrieb er später in Leipzig, dagegen Goethes »Tasso« nur einmal: mit einer Bruttoeinnahme von 50 Talern.[126] Als eine »Braut von Messina«-Aufführung – wie von ihm befürchtet – schlechte Kasse machte, soll er gesagt haben: »Na ja, da haben wir den Herrn Schiller! Und der Goethe ist auch so ein Schweinehund!«[127]

Stücke der »Schweinehunde« gab er also ungern, stattdessen wurden munter die Stücke des Tages abgespult und rasch verschlissen. Mit aller Macht versuchte er das Theater wirtschaftlich nach oben zu bringen, auch wenn ihm der Ruhm des Künstlers nicht fremd war: Er »opfert Alles nur dem Ehrgeitz wie dem Stolze«, klagte seine Frau, die getrennt von ihm lebte und gern bei Blum ihr Herz ausschüttete.[128] Doch die Lage des Pächters blieb prekär. Das hat auch Blum rasch gesehen. Er verteidigte das Ringelhardt-Theater, obwohl es nicht seinem Kunstideal entsprach. Hier zeigte sich, ganz im Kleinen, erstmals seine Fähigkeit, einen festen Standpunkt mit Pragmatismus zu verbinden. Später, 1848, kam ihm diese Kunst in der Politik gelegen. Zwar schätzte, ja liebte er die Klassiker über alles, doch ahnte er, dass nur die Ringelhardt-Philosophie das wirtschaftliche Überleben garantierte, und bereits 1839 stand sein Urteil über das fiskalische Talent seines Direktors fest: Trotz aller Schwierigkeiten gebe es *keinen bessern Bühnenökonomen in Deutschland.*[129]

Blum kam auf die Idee, mit seinen begrenzten Mitteln Abhilfe zu schaffen, und lieh seine Feder den Anliegen des Direktors. In einem anonym publizierten Aufsatz *Ein Wort zu seiner Zeit* setzte er sich ohne Wissen Ringelhardts mit den katastrophalen Rahmenbedingungen des Kölner Theaters auseinander. Der Intendant hatte ein Zehntel der Bruttoeinnahmen als Armenabgabe an die Stadt zu entrichten. Pro Abend musste eine Miete von 20 Talern bezahlt werden. Außerdem waren Freibillets zu spendieren.

Blums Artikel erwies sich als Coup – kaum im Hinblick auf eine bessere Stellung des Theaters, wohl aber des Autors. Denn Ringelhardt, dem der Artikel nicht verborgen geblieben war, erfuhr auch bald den Namen des Verfassers. Damit hatte sich der Theaterdiener in den Augen seines Direktors um ihn und das Haus verdient gemacht. Ringelhardt gewährte ihm Zugang zur Theaterbibliothek.[130] Der Vielleser Blum nutzte es weidlich. Er hatte ständig ein Buch zur Hand, las gern auch im Gehen, wobei er manchmal über die eigenen Beine fiel.[131] Es war die Zeit, in der er selbst begann, Stücke zu schreiben.

Die finanziellen Schwierigkeiten indes wurden immer größer, das Aktienkomitee maulte, die Stadt ließ von den Abgaben nichts nach. Die Konstruktion blieb für den Direktor waghalsig, das ewige Dreinreden der Aktionäre, ihre *Anmaßung, Unkenntniß und Protectionsansprüche* verdarben die Theaterlust.[132] Letztlich ging es stets darum, wie eine Zeitgenossin bemerkte, die Direktoren einer Zitrone gleich auszupressen und sie dann wegzuwerfen.[133] Was dabei herauskam, bilanzierte Blum einige Jahre später: Köln habe *die schlechteste Theaterunternehmung unter allen Städten dieses Ranges.*[134]

Als daher in Leipzig im Februar 1831 ein neuer Leiter für das Theater gesucht wurde, wagte Ringelhardt den Sprung. Gegen fünf Konkurrenten setzte er sich durch. Die Entscheidung blieb wohl lange in der Schwebe, so dass es für Blum im Juni zu einer bösen Überraschung kam: Ringelhardt entließ ihn zur Spielpause im Sommer.[135] Offensichtlich sah der Prinzipal sich aus wirtschaftlicher Not dazu gezwungen, solange er keine Sicherheit über seine Zukunft hatte. Blum nahm eine Stelle als Schreiber bei einem Gerichtsvollzieher an, doch wurde er bereits zum 15. September wieder eingestellt, zunächst noch in Köln. Dabei spielte wohl auch die Fürsprache von Ringelhardts Frau eine Rolle, die, wie sie Blum einmal schrieb, »das, was Sie sind, und zu leisten vermögen, früh [...] erkannt« zu haben meinte.[136] Ringelhardt wechselte zum Ende der Saison 1831/32 nach Leipzig. Blum folgte im Juli.

Leipzig

Ringelhardt bot ihm nun eine Position als »Theatersecretair, Bibliothekar und Cassen-Assistent« mit einem Gehalt von 180 Talern jährlich an, das später auf 200 Taler erhöht werden sollte.[137] 1842 bekam er weitere 100 Taler zusätzlich.[138] Mit den ungeliebten Pflichten eines Theaterdieners hatte er nun nichts mehr zu tun. Blums Bezahlung lag etwa beim Doppelten der am schlechtesten bezahlten Ensemblemitglieder, der Chorsänger. Es blieb ein Einkommen, das ihn materiell in die unteren Schichten verbannte. Noch später konnte er allerdings eine weitere Erhöhung auf 500 Taler durchsetzen, wie aus einer Liste hervorgeht.[139] Die Solisten bekamen zwischen 600 und 1000 Taler, in einem Fall, dem ersten Tenor, bezahlte Ringelhardt 1800 Taler. Blum sollte die kompletten Büroarbeiten – Korrespondenz, Rechnungen, Rollenausschreibungen – und das Kassengeschäft in seine Regie nehmen.[140] Im Theateralltag übernahm er bald auch manche Aufgabe eines Dramaturgen, sprach ein gewichtiges Wort mit, wenn Stücke beurteilt und bearbeitet wurden.

Als er im Sommer 1832 nach Leipzig zog, tat er dies im Schatten einer unheimlichen Bedrohung: In Deutschland grassierte seit 1831 die Cholera. Panisch suchte man in den Zeitungen, welche Stadt und welche Region von der Epidemie gerade erobert wurde. Es war die erste Cholerawelle in Europa, die Menschen wussten fast nichts von der »asiatischen Hydra«. Zur Angst vor dem raschen Tod gesellte sich die Furcht vor dem Unbekannten. »Die Cholera kommt immer näher und kann uns bald erreichen«, schrieb der Leipziger Verleger Heinrich Brockhaus am 3. September 1831 in sein Tagebuch. »Viele Leute flüchten […]. Das Absperren und die Reden dabei sind das Schlimmste.«[141] Der fürsorgliche Ringelhardt erarbeitete für Blum eine Route um die Hauptherde herum, er solle Frankfurt am Main, Thüringen, Merseburg und Halle meiden.[142] Blum fuhr über Berlin nach Leipzig, um einer Quarantäne bei der Einreise nach Sachsen zu entgehen. Berlin hatte das Wüten der neuen Pest schon hinter sich; das prominenteste Opfer der Stadt war im November 1831 Hegel gewesen. Unbeschadet erreichte Blum Ende Juli 1832 seine neue Heimat.

Leipzig! Vom »Zentrum Deutschlands« schrieb der österreichische Konsul Alexander Hübner 1844.[143] Die alte Bürgerstadt lag nicht nur geografisch in der Mitte des Deutschen Bundes, sie war als Stadt der Bücher, Verlage und Schriftsteller, der Messen und Kaufleute ein Ort von großer geistig-kultureller und kommerzieller Anziehungskraft. Dabei besaß die kleine Metropole mit ihren 40 000 Einwohnern ungeachtet des Messetrubels, der ihre Gassen dreimal im Jahr überströmte, durchaus beschauliche Seiten, war noch, wie Heinrich Laube rückblickend resümierte, »klein und still«,[144] geprägt zugleich von Biedermeiergeist und Aufbruchslust.

Denn obwohl die Befestigungsanlagen nach 1770 geschleift worden waren, schmiegte sich die Stadt zu Beginn der 1830er Jahre noch eng in den alten Ring. Dies sollte sich in den folgenden Jahren in einem dramatischen Tempo ändern; die Stadt eroberte sich mit Marien- und Friedrichstadt Neuland. Schlag auf Schlag wandelte sich ihr Gesicht: Klassizistische Eleganz kehrte ein. 1834 wurden das Schützenhaus gebaut und das alte Grimmaische Tor abgebrochen und 1835 der Bau des noblen »Café français« fertiggestellt, 1836 war der prachtvolle Neubau der Buchhändlerbörse zu bestaunen, im selben Jahr erstrahlte die Universität neu mit dem Augusteum, bald folgte das majestätische Hauptpostgebäude. Die Paulinerkirche wurde 1838 renoviert, 1839 die Zweite Bürgerschule gebaut. Der Leipziger »Schinkel« hieß Albert Geutebrück; sein stilsicherer Klassizismus formte das neue Leipzig, auch wenn er für die Fassade des Augusteums den Rat Schinkels einzuholen hatte.[145] Mit Interesse dürfte Experte Blum auch beobachtet haben, wie von 1838 an in den Straßen die alten Öllampen – sie leuchteten bereits seit Heiligabend 1701[146] – durch schicke Gaslaternen ersetzt wurden.

Den entscheidenden Durchbruch auf dem Weg zur modernen Stadt brachte aber ein anderes Ereignis, ein Ereignis, das schon den Zeitgenossen als Stoß in eine neue Epoche erschien: der Bau der Eisenbahn.[147] Bereits am 24. April 1837 war eine erste Teilstrecke – bis zum Dorf Althen – fertiggestellt: »Täglich sah man jetzt ganze Züge nach diesem Platze fahren, um des Nachmittags eine Schale Kaffee in dem dort erbauten Salon einzunehmen.«[148] Vom 7. April 1839 an konnte man bis

Dresden fahren, das »großartige Nationalunternehmen«,[149] die erste Ferneisenbahn auf dem europäischen Kontinent, war vollendet. »Heute war der Tag, der vielleicht für Jahrhunderte hin in den Annalen der Stadt Leipzig Epoche machen wird«, schrieb Heinrich Brockhaus am 24. April 1837, und zwei Jahre später beobachtete er bei der Zeitungslektüre: »Alles ist voll von der Eisenbahn, man weiß kaum, was noch wird gesprochen werden, wenn dies vorbei ist. Allerdings ist es ein Ereigniß, das für die Stadt bedeutender genannt werden mag als die Schlacht von 1813.«[150]

Das neue Verkehrsmittel wurde sofort angenommen. Ab 1840 konnten die Leipziger nach Halle fahren, ab 1842 nach Altenburg. Die sächsische Metropole besaß nun bereits drei Bahnhöfe, nebeneinander gelegen, und im selben Jahr folgerte ein Stadthistoriker, »dass wir das innere und äußere Leipzig nach einem Decennium kaum wieder erkennen«.[151] Die Vorstädte verschmolzen mit der inneren Stadt, und gegen Ende des Jahrhunderts, 1895, zählte man an die 400 000 Einwohner.

Doch schon vor der Eröffnung der Eisenbahn besaß Leipzig einen Horizont, der weit über die Stadtgrenzen reichte. Denn die Messen brachten den Einheimischen in Kontakt mit der Welt des internationalen Handels. Die Straßen und Plätze standen dann voll mit den Schaubuden, in denen die Händler aus Europa – viele aus dem Osten, aus dem Polnischen und aus dem Russischen – ihre Waren anboten: Konfektion, Blumen, Gold- und Silberwaren, Mützen, Leder, Strümpfe, Wolle, Krawatten, Taschentücher, Weißwaren, Tischdecken, Teppiche, Tuche, Rauchwaren, Spielzeug, Instrumente, Marmor, Glas, Gemälde, Obst, Trödelware und vieles mehr. Die Messe war nicht nur Geschäft, sie war Vergnügen und bot Unterhaltung. Der Messereisende wollte etwas erleben. Da gab es Musikanten, Theatertruppen, Gaukeleien und gern auch ein paar Liebeleien. Die Stadt, mit 32 Bewohnern je Haus ohnehin schon die am dichtesten bevölkerte in Deutschland,[152] war überlaufen, »alle Quartiere [...] doppelt und dreifach belegt«.[153] Vom Ende der dreißiger Jahre an vergrößerte die junge Eisenbahn noch den Zustrom.

Das Gewerbe, das den Ruf der Stadt am stärksten prägte, ihr Bild formte und ihr Klima bestimmte, war der Buchhandel. Leipzig war die Nummer Eins in Deutschland. 1840 besaß die Stadt 113 Buchhandlungen, während das sechsmal größere Berlin lediglich 108 vorweisen konnte, in Wien zählte man gerade 52.[154] »Einem Kontinent vergleichbar« nennt ein Kenner die Leipziger Verlagslandschaft der Epoche.[155] Das Geschäft hat die Stadt auch geistig geprägt und ließ ein stimulierend-spritziges Fluidum entstehen, so günstig für intellektuelle Debatten wie für das Leben der Boheme. Schriftsteller aus ganz Deutschland zogen hierher, mancher gab eine literarische Zeitschrift heraus. Ein freier, der Freiheit bedürftiger Geist bestimmte das geistige Leben der Stadt, nicht zuletzt das der traditionsreichen Universität, einer der größten in Deutschland. Metternich indes, der allgegenwärtige Wiener Staatskanzler, witterte hier zu Recht den liberalen Sumpf. Er erkannte in Leipzig den »Focus der schlechten Presse«,[156] und Konsul Hübner berichtete an den Fürsten, die Universität sei »eine wahre Acropolis der schlechten Tendenzen der Zeit geworden: sie ist eine Pflanzschule des seichtesten Rationalismus, die Herberge aller fahrenden Literaten, die alma mater [der] dach- und fachlosen Brodschriftstellerei«.[157]

Als Ringelhardt 1832 in Leipzig den Theaterbetrieb übernahm, war noch die goldene Ära des Intendanten Karl Theodor Küstner in lebendiger Erinnerung. Küstner war wie Ringelhardt von Haus aus Jurist; er hatte die Leipziger Bühne von 1817 bis 1828 geleitet und konnte das Publikum trotz eines hohen Anspruchs lange Jahre bei Laune halten. Doch auch er geriet schließlich in Geldnot. Nach ihm war das Theater in die Verwaltung des königlich-sächsischen Hofes in Dresden genommen worden. Bald wuchs sich das Defizit so gewaltig aus, dass der Hof 1831 seinen Rückzug für das Folgejahr ankündigte. Bisweilen wird als weiterer oder eigentlicher Grund für diesen Schritt auch die Bestrafung der Leipziger Einwohner genannt, die sich bei den Unruhen von 1830 besonders hervorgetan hatten. Jedenfalls mussten Stadt und Bürgerschaft nun wieder ohne finanzielle Hilfe aus Dresden auskommen. Sollte die Angelegenheit nicht zu teuer werden, war ein unternehmerisch denkender Intendant gefragt: Die Wahl fiel auf Ringelhardt.

Der Vertrag mit der Stadt gestaltete sich nicht eben günstig, doch verschonten ihn hier wenigstens die »rücksichtslosen Aktionäre«,[158] die den Intendanten in Köln so bedrängt hatten. Vielmehr war die Stadt selbst Hauptaktionärin des Neubaus von 1817, der, *freundlich und schön, an einem der angenehmsten Plätze der Promenade* lag,[159] auf der Ranstädter Bastei. Die Pacht an die Stadt betrug 1000 Taler; die Einnahme aus dem Theater-Buffet war ebenfalls an die Gemeinde abzuführen. Dafür erhielt das Theater während der Messe zusätzliches Geld. Die Stadt stellte ferner die Theaterdekoration und erwarb das Inventar vom vormaligen Hoftheater für 3310 Taler.[160]

Ringelhardts Ensemble hatte einen guten Ruf. Den galt es zu bewahren, schließlich mussten Abend für Abend 1300 Sitzplätze verkauft werden. Vor allem drei Dinge waren gefragt: erstens Musik, zweitens Musik, und drittens: Musik. Das Publikum war musiksüchtig. Ringelhardt gab lieber – teurere – Opern als Schauspiele, weil er wusste, dies werde sich rechnen. Aber auch das Schauspiel wurde gern mit Musik angereichert; dem Publikum waren Aufführungen ohne solche Einlagen wie auch allerlei Possen und Faxen nicht zuzumuten. Man müsse *einige Flausen* machen, berichtete Blum 1843 dem Leiter der »Abend-Zeitung«, *z.B. wenn wir den armen alten Shakespeare in seinem Sommernachtstraum von Mendelssohn und unsern Tanzbälgern an den Haaren über die Scene schleppen lassen.*[161] Als »Unterhaltungstheater für den behaglichen, genießerischen Philister des Biedermeiertums« hat der Historiker Friedrich Schulze das Ringelhardtsche Programm umrissen.[162]

Blum klagte einmal über den Erfolg einer aufwändigen Produktion, sie sei *ein trauriges Gemisch von musik[alischer] Coulissenreißerei und übertriebener Pracht; danach rennt der Pöbel (besonders der noble) wie rasend und des Jubels ist kein Ende. Wann werden wir zum Culminationspunkte gelangen mit diesem Unsinn?*[163] Bisweilen, sehr selten, rang er sich ein Lob des Publikums ab: *Am Dienstag – Fastnacht – ging eine Hampelmanniade über die Bretter,* schrieb er 1837 an Freund Winkler nach Dresden, *aber das Publikum, welches keine Fastnacht kennt und ihm keine Freiheiten gestattet, gab wieder einen Beweis dafür, dass sein Geschmack noch nicht ganz verdorben sey; die – wirklich sehr fade – Posse missfiel gänzlich und wurde mit Eclat zu Grabe getrommelt.*[164]

Dazu war Abwechslung gefragt, es musste ständig Neues geboten werden, denn gerade die leichteren Stücke waren nur allzu schnell durch. Unter den Augen eines neuerungssüchtigen Publikums entstand eine Art von Wegwerftheater, ein Stücke-Karussell, dessen Tempo sich gut in die Entwicklung anderer gesellschaftlicher Bereiche fügte. Bei den 233 Vorstellungen des Jahres 1834 wurden 124 verschiedene Stücke gegeben, darunter 42 Opern und 47 Lustspiele. Bald ging die Ware aus, *mit den Opern sind wir etwas in Schwulität, es ist nichts von Bedeutung vorhanden*, klagte Blum 1836.[165] Die Produktion der deutschen Komponisten reichte bei Weitem nicht aus, um die Ringelhardtsche Nachfrage zufriedenzustellen. Er hat insgesamt 30 neue Opern von Hérold, Bellini, Auber, Halévy, Adam und Donizetti auf die Bühne gebracht und war dabei oftmals in Deutschland der erste. Auch hier ergab sich das Problem, dass die anspruchsvolleren Werke nicht ›liefen‹. »Außer dem Don Juan macht hier keine Mozartsche Oper viel her«, schrieb der in Leipzig tätige Albert Lortzing. »Die Musik gefällt ihnen wohl, allein das Haus bleibt leer.«[166] Lortzing gehörte damals zum Ensemble des Theaters. Unter Ringelhardt war er als Schauspieler, Sänger und Komponist, später als Kapellmeister tätig. Seine Produktivität in dieser Zeit war enorm, zu den in Leipzig uraufgeführten Stücken gehörten »Die beiden Schützen« (1837), »Zar und Zimmermann« (1837), »Caramo oder das Fischerstechen« (1839), »Hans Sachs« (1840), »Casanova« (1841) und »Der Wildschütz« (1842). Wie Ringelhardt vertrat er die Auffassung, dass man dem Publikum entgegenkommen müsse – doch ein harmloser Biedermeier-Komponist, wie bisweilen behauptet, war er ganz gewiss nicht. Lortzing bekannte sich als Liberaler, ja als Demokrat und schrieb mit »Regina« 1848 eine veritable Revolutionsoper, in der streikende Arbeiter auf der Bühne agieren. Mit Blum war er eng befreundet, und wie Blum führte er ein unstetes, materiell oft ungesichertes Leben. Für seine nie aufgeführte Oper *Die Schatzkammer des Ynka* schrieb Blum das Libretto. Lortzings Theater war ein Bürgertheater – das bürgerliche Publikum fand hier einen Spiegel. Entsprechend liebte es Lortzing – und ärgerte sich bisweilen auch ein wenig über ihn.

Wie in Köln so dominierte auch in Leipzig beim Schauspiel die leichtere Kost. Zwar waren immerhin zwölf der 35 Stücke des Jahres 1834 von Schiller, Goethe, Lessing, Kleist und Grillparzer, gleichwohl wurden ihre Dichtungen weit seltener gegeben als die Schauspiele von Raupach, Scribe, Iffland oder der allgegenwärtigen Charlotte Birch-Pfeiffer, deren Rührstücke die Theater überschwemmten. Blum stöhnte 1836 über ein neues *gebirchpfeiffertes Lustspiel* »Onkel und Nichte«: *Ist die gute Dame doch entsetzlich genug im Drama; will sie nun auch noch ins Lustspiel.*[167]

Es erwies sich nicht immer als leicht, die guten Kräfte zu halten, wie etwa den trefflichen Friedrich Wilhelm Porth, mit dem Blum Freundschaft schloss. Obwohl Porth sich in Leipzig wohlfühlte, erlag er bereits 1833 der Versuchung, nach Dresden zu wechseln. An den Hoftheatern gab es feste Engagements, die wirtschaftliche Unsicherheit, an den Stadttheatern Alltag, war dort geringer. Immer wieder wurden die Besten in die Residenzstädte gelockt, auch wenn Porth wenige Jahre darauf an Blum schrieb, er habe die »stinkigen Hoftheater« satt.[168]

Die meisten Mitglieder des Ensembles indes waren für Ringelhardt ersetzbar. Nur Blum blieb ihm über alles kostbar. Er wurde zur »Seele der [...] Theaterleitung«[169] und rutschte zunehmend in die Rolle eines Vizedirektors. Blum berichtet, wie in der oft mehrwöchigen Abwesenheit Ringelhardts – ironisch nannte er ihn *Herzvater* – die Geschäfte an ihm hingen. 1836 kam es einmal zu einem Gespräch zwischen Ringelhardt und Porth über Blum. Der Direktor meinte, man könne sich auf Blum verlassen, er habe sich »recht herausgemacht«. Ein großes Wort aus dem Mund Ringelhardts, denn der ging »kärglich [...] mit dem Lobe um«, wie Porth wusste.[170] »Sich-Recht-Herausmachen«: Damit hatte der Direktor das Blumsche Streben nach Perfektion gut getroffen. Und obwohl Ringelhardt gewiss kein leichter Vorgesetzter war, fand Blum kein böses Wort über ihn. Der Intendant habe sich *in der ganzen Bühnenwelt den Ruf des thätigsten, redlichsten, kenntnißreichsten und tüchtigsten Geschäftsmannes erworben und ihn verdient.*[171]

Blum bewies seine Unentbehrlichkeit einmal mehr 1835 in einem Konflikt, der sich an den vielerlei Nöten des Theaters entzündete, den finanziellen Problemen, den Schwierigkeiten mit dem Ensemble, der Rücksicht auf das Publikum. Der Streit trug die Züge einer Posse, nicht unähnlich denen, die auf der Bühne vom Publikum so geliebt wurden. Die Zanksucht an den Theatern war sprichwörtlich, die Mixtur aus kleinen Eitelkeiten und großen Finanznöten schuf häufig eine angespannte Atmosphäre. Es hatte mit einer massiven Kritik an der Leipziger Theaterleitung begonnen, vorgebracht vom Schriftsteller Ludwig von Alvensleben, der später das Hoftheater in Meiningen leitete. Alvensleben, ein verkrachter Jurist, versuchte in Leipzig nach dem Muster der Pariser »Agences théatrales« ein Agenturbüro für Dramentexte und Schauspieler zu betreiben.[172] In seiner Kritik nun hatte er die Qualität der Bühne in Zweifel gezogen und das Abwandern der besten Kräfte moniert. Die Antwort – erschienen in einer Extrabeilage des »Leipziger Tageblatts«[173] – verfasste vermutlich Blum für Ringelhardt unter dessen Namen.[174] Er warf Alvensleben unlautere Motive vor, er habe aus Rache gehandelt, weil ein von ihm geschriebenes Lustspiel von Ringelhardt abgelehnt worden war. Alvensleben habe dann Ende 1833 Leipzig vorübergehend verlassen, nicht ohne zwei noch vertraglich verpflichtete Ballettmädchen als Gespielinnen mitzunehmen. Im Frühjahr 1835 sei er schließlich an Ringelhardt herangetreten und habe ihm einen Pakt vorgeschlagen: Er werde sich als Redakteur der Theater-Chronik gehässiger Ausfälle enthalten, wenn er ein Freibillet bekomme; vor allem aber solle das Leipziger Theater den Bedarf an Stücken und Personal über sein »Theater-Geschäfts-Bureau« beziehen. Auf die erneute Zurückweisung durch Ringelhardt habe Alvensleben neue Rachepläne entwickelt.

So weit die Posse. Doch Blum ging auch auf Alvenslebens Kritik ein. Den notorischen Vorwurf, dass Ringelhardt sich für Geld statt Kunst interessiere, konterte Blum damit, dass an deutschen Theatern *ein Director nach dem andern zugrundegeht*, weil die wirtschaftliche Seite zu wenig berücksichtigt werde. *Das Neue, was gut war, habe ich immer und sobald als möglich gekauft*, schrieb Blum-Ringelhardt weiter in der Replik. Alvensleben solle ein anderes Theater nennen, *welches verhältnißmäßig mehr Neuigkeiten auf das Repertoir gebracht hat als das Leipziger in den letzten drei Jahren*. Das Personal habe sich an der Leipziger Bühne immer wohlgefühlt, allein die finanziellen Aussichten der Hoftheater hätten das Abwandern zu verlockend gemacht. Man könne den Schauspielern keine höheren Gagen bezahlen, *weil das Publicum am Schauspiel zu wenig Antheil nimmt*. Und bilanzierend verteidigten Ringelhardt und Blum die Position ihres Theaters, stellvertretend für alle städtischen Bühnen: Leipzig werde stets *eine Pflanzschule für die größeren Hoftheater* bleiben, so lange die äußeren Bedingungen derart schwierig seien. Gerade die Tatsache, dass zahlreiche ehemalige Leipziger nun an Hoftheatern glänzten, belege, dass sich die Arbeit der Stadttheater nicht zu verstecken brauche.

Die kleine Affäre erlosch rasch. Doch bei all dem Enthusiasmus, mit dem Blum sich in die Schlacht geworfen hatte: Die Theatermacherei blieb ein verdrussreiches Geschäft. Anders als Ringelhardt setzte er nicht seine ganzes Lebensglück mit dem Theatererfolg gleich, ging er nicht auf in seiner Funktion als Sekretär. Er hatte mittlerweile neue Leidenschaften entwickelt, die ihm den bisweilen mühseligen Arbeitsalltag versüßten: Dichtung, Politik und Liebschaften.

Der Dichter

Zur erstrebten Bildung gehörte auch das Dilettieren. Man musizierte, man aquarellierte ein wenig auf Reisen, man dichtete am Abend. Es diente der Geselligkeit und förderte die Verdauung. Der eine oder die andere nahm es aber auch durchaus ernst – und manchmal wurde aus dem Zeitvertreib gar Profession. Wenn Blum also viel Ehrgeiz in sein Dichten steckte, dann war er keine Ausnahme.

In der frühen Leipziger Zeit schrieb er Drama auf Drama. Allein der zeitliche Aufwand dürfte ihm enorme Kraft abverlangt haben, und vermutlich hat er etliche Nachtschichten eingelegt. In den 1840er Jahren, als die Fülle der Aufgaben noch weiter zunahm, stand er bisweilen zwischen zwei und drei Uhr auf.[175] *Weit entfernt pecuniäre Vortheile zu beabsichtigen, ist es vielmehr mein einziges Ziel in die literarische Welt eingeführt und genannt zu werden*, schrieb er im August 1834 an den Verleger Robert Friese.[176] Kein Zweifel: Seine Ambitionen gingen über das Dilettieren hinaus. Es war wohl sein heimlicher Wunsch, Schriftsteller zu werden, natürlich ein berühmter. Die Qualität seiner Stücke indes entsprach nicht der investierten Mühe. Es sind die Stücke eines Politikers, nicht die eines Dichters. Wir spüren in ihnen, in welcher Verkleidung auch immer, den politischen Geist der Zeit, den Geist Heines und Börnes, den Geist des Jungen Deutschland. Und über allem den Geist des Mannes, den Blum zeit seines Lebens wohl am meisten verehrt hat: Friedrich Schiller.

Zum Druck hat er seine Dramen nie gebracht – mit einer Ausnahme: *Die Befreiung von Candia.* Es erschien 1836 bei C.H.F. Hartmann in Leipzig. Aufgeführt wurde es nie. Das Schauspiel behandelt eine Episode aus dem griechischen Befreiungskampf von 1822 gegen die türkische Herrschaft. Blum reihte sich damit – etwas verspätet[177] – in die Bewunderer des »Griechentums« ein. Der Freiheitskampf der Hellenen gegen die zerfallende osmanische Herrschaft hatte halb Europa begeistert. Unter dem Namen »Philhellenen« bildete sich in den 1820er Jahren eine Sympathisantenbewegung, die einer etwas kruden Mixtur aus Antikeverehrung und aktuellen politischen Zielen anhing.[178] Man organisierte Unterstützungsvereine, führende Intellektuelle leisteten ideologische Hilfe, und mancher, wie der englische Dichter George Byron, begab sich selbst an die Front.

Die Bewegung hatte ihren Ausgang und ihr Zentrum auf dem Peloponnes, doch erwählte sich Blum für sein Drama eine Episode auf Kreta, wo die Chancen der Aufständischen wegen fehlender Waffen und wegen des großen türkischen Bevölkerungsanteils von vornherein gering gewesen waren. Die Insel war Mitte der dreißiger Jahre noch unbefreit, obwohl sie als ein griechisches Kernland galt. *Das hohe Interesse, welches der griechische Freiheitskampf allen gebildeten Völkern gewährt, verbunden mit dem Antheile und der Aufmerksamkeit, die ganz Europa noch in diesem Augenblicke dem fortwährend gährenden Lande, besonders aber dem der peinlichsten Ungewissheit preisgegebenen Creta widmet, lässt mich glauben, daß die Wahl des Stoffes keine unglückliche sey und sich die Theilnahme des Publikums wohl gewinnen dürfte*, so pries Blum sein Werk 1834 dem Verleger Robert Friese an, bei dem er es aber nicht unterbringen konnte.[179]

Von klassischem Geist ist in Blums Drama wenig zu finden. Es ist ein recht krachledernes Stück, in dem ein geiler osmanischer Gouverneur in der Stadt Rhetymnon die Tochter des orthodoxen Primaten raubt und sich in allerlei Grausamkeiten ergeht. Originell war die Idee nicht. Freund Lortzing hatte bereits 1821, zu Beginn des griechischen Befreiungskampfs, seinen Opernerstling »Ali Pascha von Janina« geschrieben, ebenfalls mit obligatorischer Frauenbefreiung aus den Klauen eines türkischen Wüstlings. Bei Blum wie Lortzing sind Freund und Feind klar benannt, die für die Aufklärung typische Wandlung des Herrschers – etwa nach dem Muster von Mozarts »Entführung aus dem Serail« – findet nicht statt. Der unerbittliche Gegensatz zwischen Tyrannei und Freiheitsdurst, zwischen Gewalt und Recht, ist ein Motiv, das sich durch das gesamte politische Denken Blums zieht. Zwangsläufig wird aber auch die Frage nach der Rechtmäßigkeit von Gewalt gegen die Unrechtsherrschaft, also von Gewalt gegen Gewalt, zum Thema. Eine im letzten unlösbare Frage, die Blum noch mehrfach in seinem Leben ganz persönlich zu beantworten haben sollte.

Zugleich wird die damals sprichwörtliche Uneinigkeit der Griechen im Befreiungskampf gezeigt; der Wink an die Deutschen ist überdeutlich. Der Zusammenhang von Einigkeit und Freiheit bleibt denn auch die moralische Botschaft des Stücks, das mit dem Aufruf endet: *Seyd einig, Griechen! Wenn Ihr einig seyd, / Dann seyd Ihr frei und keine Macht der Erde / Vermag es, Euch die Freiheit zu entreißen. / Ein einig Volk ist stark, unüberwindlich! / Und wenn Tyrannenmacht sich tausendfach / Im blut'gen Kampfe ihm entgegen stellt, / Wenn es die Freiheit will, vereinigt will, / So wird es frei! O, werdet einig, Griechen!*[180]

Im Übrigen appellierten sie alle damals an die nationale Einheit, ob Franzosen, Polen oder Italiener. Auch Blum wandte sich direkt an seine Landsleute, in seinem Gedicht *An Germania: Deutsche! Nutzt die hehren Stunden / – / Laßt das große Völkerringen / Etwas wenigstens uns bringen / Werdet eins!*

dann sind wir – frei![181] Zum Türkenfresser hat ihn seine Griechenliebe dennoch nicht gemacht. Schon wenige Jahre später schrieb er, dass *Constantinopel der europäischen Civilisation mit Riesenschritten entgegen* eile.[182]

Blum blieb, bei allem deutschen Pathos, Kosmopolit. Das zeigt sich auch an seinem ehrgeizigsten – wenngleich unvollendeten – dramatischen Projekt. In seinem »*Historisch-dramatischen Gedicht*« *Thaddaeus Kosciuszko* ließ er sich von der polnischen Freiheitsbewegung inspirieren. Sein Titelheld Tadeusz Kosciuszko (1746–1817) galt – und gilt – als der polnische Nationalheld schlechthin. Er war 1776 nach Amerika emigriert und hat sich durch seine Teilnahme am Unabhängigkeitskampf als Oberstingenieur und zeitweiliger Adjutant George Washingtons einen Platz auch in den amerikanischen Geschichtsbüchern erobert. Im Rang eines US-Brigadegenerals war Kosciuszko 1784 nach Polen zurückgekehrt. Dort mobilisierte er das Volk für den militärischen Widerstand gegen die mächtigen Nachbarn, die Polen gerade ein zweites Mal geteilt hatten, und setzte 1794 die Bauernbefreiung durch. In der Verbindung von Nationalkampf und Volksbefreiung bot Kosciuszko eine ideale Identifikationsfigur für die geteilte und leidgeprüfte polnische Nation im 19. Jahrhundert.

Mit seiner Sympathie für den Freiheitskampf der Polen blieb Blum zunächst ganz zeitverhaftet, denn der Aufstand gegen die russische Herrschaft 1830 hatte Europa wieder an die polnische Misere erinnert. Verglichen mit der großen Schar derer, welche die griechische Freiheitsbewegung unterstützte, blieb die Zahl der Polenfreunde in Westeuropa geringer. Der Strom polnischer Emigranten brachte dieses politische Milieu in direkten Kontakt mit den Feinden und Opfern der russischen Zwangsherrschaft. Leipzig zählte zu den wichtigsten Zufluchtsstätten für die Verfolgten, die alten sächsisch-polnischen Bande waren nicht vergessen. Blum hat mit seiner auch noch 1848 vertretenen propolnischen Haltung schon früh eine konsequent »linke« Position bezogen.

In seinem Drama zeichnet er allerdings wieder recht schablonenhaft, dem Bild des hehren Griechen entspricht nun das des edlen Polen. Polen erscheint als Opfer der Weltgeschichte, das seit den polnischen Teilungen der Machtgier und Willkür der stärkeren Nachbarn ausgesetzt ist. Der gigantische Zyklus von vier Teilen sollte das Schicksal der polnischen Nation in der Titelfigur abbilden. In einer Art militärisch-politischem Bildungsdrama wird Kosciuszko über die Stufen des *Jünglings*, des *Kriegers* und des *Feldherrn* bis zum *Helden* gezeigt. Als Reinfassung sind nur die beiden ersten Teile erhalten. Das erste Werk, *Der Jüngling und seine Liebe*, spielt vor und nach der Ersten Polnischen Teilung von 1772. In politischen Diskussionen mit seinem Onkel und mit Freunden entfaltet Thaddaeus seine Grundsätze, in denen Recht und Freiheit und die polnische Nation als heilige Werte gefeiert, Königtum, Adel und die Brutalität der Nachbarmächte angeprangert werden. Die Handlung ist verwoben mit der Liebe zu Louise, der Tochter des Marschalls von Litauen und Vize-Kronfeldherrn. Thaddäus findet zwar Louises Gegenliebe, als einfacher Hauptmann und Angehöriger der Szlachta, des niederen Adels, aber nicht die Billigung von Louises hochadligem Vater – übrigens eine historisch verbürgte Episode. Nach einer gescheiterten Entführung und der Liebe entsagt, beschließt Thaddaeus zum Ende des Stücks, nach Amerika zu emigrieren: *Die Freiheit, der Europa nicht mehr wert ist / Flieht in die Wälder von Amerika / Und schaffet Wilde dort zu Helden um.* Das Ringen um Amerikas Freiheit ist gleichwohl als Probe für den europäischen Kampf gedacht: *So wendet denn, bis einst auch Polen ruft / Zum letzten Kampfe für sein heil'ges Recht / Den Blick hinüber nach Amerika.*[183]

Anders als in der *Befreiung von Candia*, wo der Gewaltherrscher einem ferneren Kulturkreis entstammt, bietet die polnische Situation die Chance, die Heilige Allianz der europäischen Monarchien frontal anzugehen – besonders markant ausgeführt zu Ende des ersten Akts im *Jüngling*, wo Thaddaeus'

Onkel Stanislaus verkündet: *Am Throne blüht kein Glück und keine Tugend; / Der Same alles Edlen, alles Großen / Verfault im Schlamm der Unterthänigkeit / Nur Giftgewächse können dort gedeih'n.*[184] Der Zyklus spiegelt zugleich die Globalisierung des Freiheitskampfs, denn im zweiten Teil streitet Kosciuszko an der Seite George Washingtons im nordamerikanischen Befreiungskrieg gegen die britischen Truppen; auch hier konstruiert Blum den Rahmen der Handlung aus den historischen Fakten und gestaltet nur die Details nach seiner poetischen Fantasie. Der Kampf *für die Freiheit der Welt,*[185] wie es in einer Novelle Blums heißt, war seit dem ausgehenden 18. Jahrhundert zur gemeinsamen Perspektive von Liberalen und Demokraten geworden. Aber es waren auch die bereits versunkenen frühneuzeitlichen Fantasien einer irgendwo auf dem Planeten anzusiedelnden utopischen Gesellschaft, die nun in dem neuen Amerika einen realen Ort gefunden hatten. »Die Europamüden« heißt ein zeitgenössischer Roman, in dem die Amerikabegeisterung den Grundton bildet – »Ich bin frei, zum ersten Male, seit ich mir des Lebens bewusst geworden«[186] –, und fast zum selben Zeitpunkt publizierte der Franzose Alexis de Tocqueville seine Schrift »Über die Demokratie in Amerika«, in welcher der Glaube begründet wurde, die (freilich nicht rundum rosig gesehene) Zukunft Europas lasse sich an der Gegenwart Amerikas ablesen.[187] *Das Leben hier hat keinen Reiz für mich,* / stöhnt Blums Kosciuszko vor seiner Amerikafahrt, *Ich bin so einerlei, so stumpf, phlegmatisch.*[188]

Mit dem französischen General Lafayette baute Blum im zweiten Teil des Stücks eine historische Figur ein, die nicht nur beide Kontinente, sondern auch zwei revolutionäre Epochen in sich vereint. Lafayette war ein Mann dreier Revolutionen: Als Zwanzigjähriger kämpfte er im Amerikanischen Unabhängigkeitskrieg, war 1789 Kommandeur der Nationalgarde und befehligte sie nochmals in der Julirevolution 1830, mit fast 73 Jahren. Nach siegreichem Kampf in Amerika verabschiedet er sich in Blums Drama von Washington mit den Worten: *Dieß*

Land zu sehen stark und groß und frei / Das ist die schönste Hoffnung, die ich nähre.[189]

Nach dem zweiten Teil des *Kosciuszko* folgen nur noch Rohfassungen, Skizzen und Fragmente. Blum gab das Gigantenwerk auf – für ihn gewiss eine bittere Entscheidung. Er spürte wohl die eher höfliche Begeisterung, wenn er die Manuskripte herumgehen ließ. Der Enthusiasmus für Polen und seine Freiheit blieb ihm erhalten.

Weniger kritisch hat er seine kleineren Stückchen gesehen: Gelegenheitsgedichte, allerlei Komödiantisches und Amüsantes, Kurioses, bisweilen Furioses. Manches davon hat seinen Schwung bewahrt. Einige Arbeiten hatte er bereits während der Berliner Zeit in der »Schnellpost« untergebracht; später waren es vor allem Literaturzeitschriften wie die »Elegante Welt« und die »Abend-Zeitung«, der »Komet«, der »Planet« und die »Rosen«. Bisweilen stolpern die Versfüßchen ein wenig, doch mit Witz kommentierte er in einer *Litterarischen Anzeige* die internationale Regie bei der griechischen Staatsgründung von 1830, bei der ein Miniatur-Hellas herauskam, für das man sich erst noch auf die Suche nach einem passenden König begeben musste: *Im Jahre ein Tausend acht Hundert und dreißig / Erschien, nachdem man erst lange und fleißig / Zu London daran war, mit Drucken und Pressen, – / Auch hat man es nicht zu beschneiden vergessen – / Ein Werkchen betitelt: Neugriechischer Staat, / In einem sehr niedlichen Taschenformat. / Dasselbe ist ganz nach der neuesten Mode, / So zierlich wie möglich, und kurz, die Methode / Nach der man zu Werk ging, ist eigener Art, / Und überall Ordnung mit Schönheit gepaart. / Zwar wagte der Neid schon von manchen Gebrechen / Und Fehlern, die d'rinnen sein sollen, zu sprechen; / Doch können dies höchstens nur Druckfehler sein, / Und diese sind dann um so mehr zu verzeih'n, / Da mehrere Setzer am Werkchen gezimmert, / Und Niemand um die Correctur sich gekümmert. / Man suchet nun Jemanden, der den Verlag / Des Werkchens gleich zu übernehmen vermag / Denn der, dem man's Anfangs schon an hat ge-*

tragen / Hat nun sich entschlossen, der Ehr' zu entsagen; / Wer's jetzt übernehmen will, melde sich schnell / Zu London beim Drucker, Herrn Wingtonell.[190]

Am hellsten sprüht sein Wortwitz, wenn er ganz seiner Lust am Fabulieren frönt. Originell und recht lustig war etwa eine Fluchkanonade, gerichtet *An den Mond*, mit der er ein Gedicht beginnen ließ: *Liebling aller tollen Schwärmer, / Noe und Phöbus Zwittersohn; / Schlechter Leuchter, schlecht'rer Wärmer / Aller Narren Schutzpatron! // Gaunerleuchte, Diebeshehler, / Aller Schufte Spießkumpan; / Aller Schleicher, Schmuggler, Stehler / Und Betrüger Großsultan! // Schutzgott aller Geistesblöden, / Die Dein toller Lauf regiert; / Sinnbild hässlich-alter Spröden, / Die noch nie ein Mann berührt! // Sinnverdreher, falscher Tauscher, / Gaukler ohne Unterschied; / Freudenstörer, frecher Lauscher, / Broddieb, Neidhart, Störenfried. // Schnüffler, vorwitziger Junge, / Naseweiser Ignorant; / Zwischenträger, Doppelzunge, / Zankanstifter, Intrigant! [...]* Erst in den folgenden Strophen offenbart der Autor den Grund seines Zorns: der Mond hat die schlafwandelnde Geliebte von zu Hause weggelockt, und der bedauernswerte Casanova sieht sich um sein Schäferstündchen betrogen.[191] Eine unromantische Mondbeschimpfung in romantischer Absicht: das hat ihm gewiss keiner nachgemacht.

Unter den ernsteren Gedichten findet sich viel Erbauliches über Wein, Weib und Vaterland – für den heutigen Leser meist schwer verdaulich. Vieles war freilich an einen Zweck gebunden und dürfte diesen voll erfüllt haben – Dichtungen aus Anlass von politischen oder privaten Feiern. Nicht selten gab es ein Honorar. Einmal hat sich Blum, wie erwähnt, auch an ein Libretto für Lortzing herangewagt. Die romantische Oper *Die Schatzkammer des Ynka* ist als Handschrift erhalten,[192] Lortzings Noten aber sind verloren. Das Stück hat es nie auf die Bühne geschafft, lediglich ein Festmarsch daraus wurde im Leipziger Stadttheater am 3. August 1837 gespielt. Wieder rankt Blum die Handlung um eine historische Begebenheit, die Ermordung des Inkakönigs Atahualpa durch den spanischen Eroberer Francisco Pizarro 1533. Obwohl der Inka Unmengen Gold herbeischaffen ließ, wurde er von den Spaniern entgegen ihrem Versprechen getötet. Das Stück liefert mit seinem Kontrast zwischen edlen Indios und gierigen Europäern erneut ein klares Tableau, allein der Spanier Francisco, Atahualpas Tochter Cora in Liebe verbunden, durchbricht das Schema. Das Werk schließt mit einem gewaltigen, etwas gewagten Happy End. Der *Ynka* ist nicht schlechter als die meisten Libretti der Zeit; dem Text kommt wohl zugute, dass Blum hier eine literarische Vorlage – von Carl Adolph Wachsmann – benutzt hat.

Dennoch wurde der *Ynka* nicht gegeben. Lortzing wagte es nach seinem Erfolg im komischen Metier vorerst nicht mehr, »mit einer durchgängig ernsten Komposition vor das Publikum zu treten«.[193] Gewiss war das Werk auch politisch nicht opportun; so wird etwa der Repräsentant der Kirche, Pater Antonio, in eine Reihe mit den goldgierigen Conquistadores gestellt, urteilt er doch über Atahualpa: *An seinem Seelenheil ist mir zwar viel gelegen, / Doch auch sein Gold verschmäht die Kirche nicht.*[194] Und auch beim *Ynka* spielte wieder die Weltpolitik hinein, hatten die südamerikanischen Länder doch noch wenige Jahre zuvor im Unabhängigkeitskampf gegen Spanien und Portugal gestanden. 1830 schrieb Blum ergriffen eine Totenklage auf den Freiheitskämpfer Simón Bolívar: *Bolivar ist nicht mehr! Klagte der Glockenton / Bolivar ist nicht mehr! Brauste der Ocean, / Und von den Andes rückhallte die Klage / Über den Erdball. // […] Wandelt vereinigt denn, in der Unsterblichkeit / Hainen, Ihr Bolivar, Franklin und Washington! / Heiliges Kleeblatt der neuen Welt! Richter / Uns'res Jahrtausends.*[195]

Das Dramenschreiben brachte nur Enttäuschungen. Blum schrieb und schrieb, ließ Manuskripte herumgehen, ja wusste sie *in großer Anzahl durch dritte Hand bei seinem Director einzuschmuggeln*:[196] ein Durchbruch wollte nicht gelingen. Doch nach all den Jahren am Theater war er immerhin ein Bühnenexperte geworden und kannte diese Welt bis in die feinsten Verästelungen. So entwickelte er gemeinsam mit den Leipziger Schriftstellern Karl Herloßsohn und Hermann Marggraff eine ambitionierte Idee: eine Enzyklopädie rund ums Theater, mit Artikeln zu Schauspielern, Autoren, Spielstätten, zu Theatergeschichte, Theatertheorie und -technik. *Das Werk*, schrieb er an Freund Winkler nach Dresden, *soll ein Handbuch werden, welches dem Schauspieler in jedem einzelnen Falle Rath und Andeutung giebt und ihn auf die Quellen hinweist, wo er Erschöpfendes über seinen Gegenstand findet; zugleich soll es den Bühnenfreunden und namentlich den Bühnennarren als unerschöpflicher Weisheitsborn dienen, wo sie sich für ihre schiefen Urtheile falsche oder richtige Motive suchen und sie dann für Sprüche ausgeben können.*[197]

Diesmal hatte er Erfolg. Die Verleger Carl Heymann in Berlin und Heinrich August Pierer in Altenburg waren bereit, gemeinsam das Wagnis zu tragen. 1839 erschien der erste Band des *Theater-Lexikons oder Encyklopädie alles Wissenswerthen für Bühnenkünstler, Dilettanten und Theaterfreunde*, zu dem Blum nicht weniger als 77 Artikel beigesteuert hat. In den rasch folgenden weiteren sechs Bänden wurde Blums Anteil geringer. Das Lexikon war eine Knochenarbeit, denn die Korrespondenz mit den zahlreichen Mitautoren verschlang endlose Stunden. Die Mühe wurde durch Nachfrage belohnt, und bereits 1846 erschien eine zweite Auflage. Es war das erste Lexikon seiner Art – zahlreiche Konkurrenten folgten –, und es ist bis heute eine erstrangige Quelle für das Theaterleben des 19. Jahrhunderts geblieben.

Blums eigene Artikel spiegeln seinen weiten Horizont, im ersten Band behandelt er das *Auspfeiffen* eben so wie *Baskische Schauspiele*. Besonders häufig – auch in den folgenden sechs Bänden – schreibt er über zeitgenössische Schauspieler oder Spielstätten, durchaus auch an für den deutschen Zeitgenossen eher exotischen Orten wie Algier, Bukarest, Konstantinopel, Odessa oder Philadelphia. Überhaupt scheint ihn Fremdes und Fernes gereizt zu haben, verfasste er doch Beiträge über das *Japanische*, das *Amerikanische* oder das *Arabische Theater*, ja über *Eskimos*. Am europäischen Theater hat ihn – neben dem deutschen – vor allem der romanische Raum interessiert, wie Artikel über *Französisches* oder *Portugiesisches Theater*, über Paris, Lissabon und Mailand bezeugen, Städte, die er nie gesehen hat.

Geselligkeit und Politik

Die stille Schreibklause konnte Blum nicht genügen. In den 1830er Jahren trat sein aktives, bisweilen aktivistisches und aktionistisches Wesen zunehmend pointierter hervor. Immer neue geheime Energiequellen schien er anzuzapfen, steigerte von Jahr zu Jahr sein Arbeitspensum. Neigte er in jungen Jahren bisweilen noch zur Trägheit – als »dicker, behäbiger Bursche« habe er ihn 1832 kennengelernt, schreibt ein Anonymus nach seinem Tod[198] –, glich er später einem wandelnden Kraftwerk, rund um die Uhr arbeitend, stets auf Hochtouren, wurde er zu jenem »kraft- und lebenstrotzenden Gefährten«, als den ihn Ludwig Bamberger charakterisierte.[199] Ungeduld, das Kennzeichen der Ehrgeizigen und Aufsteigenden, erfasste ihn, sein Puls schlug schneller als der der Zeit, die wieder zäher floss in den Jahren nach 1834, einer Zeit, die *einen eselsgrauen Schlafrock* zu tragen schien, wie er einmal meinte.[200] Mit Schmitz und Ringelhardt hatte er zwei Männer kennengelernt, denen etwas gemein war, bei allem Unterschied: Rastlosigkeit, Ideenreichtum, Aufstiegswille.

Doch so ehrgeizig er war, so narzisstisch oft auch – seine Ego-Energie suchte immer den anderen, suchte immer die Gesellschaft, den Mitmenschen; legendär war seine fast manische Bereitschaft zur Hilfe. Blum tat sich um nach Verbündeten und traf auf seinem Weg in die Politik zuerst auf – die Freimaurer. In den Logen versammelten sich »Brüder«, die eine humanitäre Haltung leben und das menschliche Miteinander perfektionieren wollten. Edelmut war Pflicht. Die Gegnerschaft zu ständischem Dünkel und kirchlicher Bigotterie musste den jungen Robert Blum anziehen. Solchen Idealen hatte er schon früh gehuldigt. Seine Schwester erzählt, wie er sie in der Zeit zwischen Berlin und Leipzig, also den beiden Kölner Jahren 1830 bis 1832, »von der mir anerzogenen religiösen Engherzigkeit zu befreien« und ihr »allgemeine Menschenliebe, Wohlwollen und edeln Sinn einzupflanzen« gesucht habe. Einmal sei sie von ihm zu einem Spaziergang eingeladen worden. »Der Abend war wundervoll. Der volle Mond machte den Rhein bezaubernd schön. Silbern glitzerten und rauschten die Wasser und Robert, der von Naturschönheiten stets mächtig ergriffen wurde, hieß mich die Macht und Größe des Schöpfers in der Natur zu studiren. [...] An dem Abende kam er auch auf Schiller zu sprechen (dem er bekanntlich stets große Verehrung gezollt). Ich hörte ihm aufmerksam zu, konnte aber die Frage nicht unterdrücken, ob Schiller katholisch gewesen sei. Da nahm er diese Veranlassung, mir klar zu machen, dass die Würde des Menschen nicht darin bestehe, katholisch zu sein, sondern vor Allem Mensch zu sein, ein mitfühlendes Herz zu haben für die Freuden und Leiden seiner Mitmenschen, fähig zu sein, dem Wohle der Menschheit und dem Vaterlande Opfer zu bringen, nöthigenfalls sich selbst.«[201]

Ein Mann also für die Freimaurer (auch wenn der schwesterliche Blick zurück in Liebe manche Stilisierung eingetragen haben mag). Freund Lortzing war bereits passionierter Logengänger und hat ihm vielleicht auch den Beitritt schmackhaft gemacht. Man kannte den Theatersekretär in Leipzig gut; er war ein unkomplizierter und gut gelaunter Geselle, jovial, gesprächig und gesellig, »gemütlich«. Am ersten Weihnachtstag 1835 ersuchte er bei der Leipziger Loge »Balduin zur Linde« um Aufnahme und schrieb hierfür eine *Biographische Skizze*, das früheste erhaltene autobiografische Dokument.[202] Der 28-Jährige stellt zunächst seinen Bildungsweg in den Mittelpunkt, die frühen geistigen Entbehrungen und seine Versuche des Nachholens. Die *Frühlingssonne der Kindheit* sei mit dem Tod des Vaters bereits durch trübe Wolken verdunkelt worden. Sein Bildungsgang sei durch ein widriges Schicksal gehemmt worden. *Der Durst nach Wissen, vom 12ten bis 18ten Jahre unterdrückt durch Mühen und Arbeit, erwachte erst dann wieder, als es zu spät war, die mangelnden Grundelemente in die Seele zu legen, und nur mit großer Mühe und anhaltendem Fleiße ist es mir gelungen, das Versäumte einigermaßen nachzuholen.* Er erhoffe sich nun durch den Bund weitere *geistige und sittliche Vervollkommnung.* Der Fokus liegt stark auf der Bildung von Persönlichkeit und Charakter, mithin auf der Formung des Einzelnen, doch dann äußert sich Blum auch zu gesellschaftlichen Fragen.

Im Freimaurerbund, fährt er fort, solle die *Sonderung der Stände* aufgehoben sein. Und es folgt ein Satz, der in seiner Bravheit ein wenig verblüfft: Jene *Sonderung der Stände* sei im Leben außerhalb des Bundes zwar *dem Herzen drückend*, doch zugleich *nothwendig.* Der spätere Demokrat gibt sich Weihnachten 1835 noch als lammfrommes Glied der Gesellschaft. Überhaupt scheint er sich den Bund als eine Veranstaltung immerwährender Harmonie gewünscht zu haben, da er es als *Vergehen* bezeichnet, wenn die *Conflicte der Meinungen und Ansichten* aus dem Alltag in den Bund getragen würden. Blums politisches Denken war gewiss noch nicht ausgereift, doch sprach aus ihm wohl auch diplomatische Zurückhaltung. Er plädierte für Freiheit und Gleichheit, nicht aber für jene Freiheit, *die auf den Trümmern der vernichteten sozialen Zustände [...] allen Menschen [...] gleiches Elend* bereite, sondern für eine Freiheit als *Kind [...] des Lichtes und des Rechtes, der Ruhe und des Friedens.* Dieses etwas süßliche Ideal war wohl auch der Sicht der Freimaurer geschuldet. Im letzten Punkt, dem Abschnitt über Religion, wird der spätere Blum schon deutlicher sichtbar. Er sieht die Freimaurer in religiöser Hinsicht auf dem rechten Weg, und den Beweis erblickt er darin, dass sie immer dann verfolgt wurden, wenn Religion *zur Sklavin der Tyrannei* geworden sei und *Despotismus* die Tugend vernichten wollte.

Viele Jahre danach distanzierte er sich allerdings deutlich von der Praxis der Freimaurer. Zeugnis für diesen Meinungswandel ist der Artikel in dem von ihm 1848 herausgegeben Staatslexikon. *Die Aufhebung jedes Unterschiedes in den Logen ist nicht wahr*, heißt es dort. Man nenne sich zwar Bruder, doch behielten *Stand, Rang und Geld* ihre Bedeutung.[203]

Er hat gewiss am eigenen Leib gespürt, dass seine Herkunft eine Schranke war. Es ging aber nicht nur um persönliche Erfahrungen, er kritisierte auch, dass in vielen Logen Juden ausgeschlossen würden, was nicht zur vorgeblichen Toleranz in religiöser Hinsicht passe. Auch mit den zum Teil bizarren Ritualen der Logen konnte der rational Denkende wenig anfangen, im Staatslexikon ist von *Geheimnißkrämerei* die Rede und von *leerer Spielerei, eines denkenden Menschen unwürdig*. So hat Blum eine Erfahrung wiederholt, die Gotthold Ephraim Lessing bereits sechzig Jahre zuvor gemacht und in »Ernst und Falk« verarbeitet hat. Ausgetreten ist er freilich nie; noch 1847 entrichtete er seinen Beitrag,[204] und durch regelmäßige Zahlungen an die Logenkasse erwarb er sich sogar eine kleine Rente, die dann seiner Witwe zugute kam. Ein Austritt wäre auch gegen seine sonstige Gepflogenheit gewesen, möglichst lang an Mitgliedschaften und Organisationen festzuhalten, auch wenn die ursprüngliche Erwartung nicht erfüllt wurde.

Größeren Erfolg auf der Suche nach kultivierter Geselligkeit, nach Weggefährten, fand Blum in weniger etablierten Kreisen, Kreisen am Rand der starren gesellschaftlichen Hierarchie: bei Schriftstellern oder Studenten. In der Leipziger Literatenszene ging er bald ein und aus. Da gab es veritable Schriftstellergrößen und noch viel mehr Kleinmeister, allerlei Demi-Mondäne und Dreigroschendichter, Halbstudiosi und Dreiviertelliteraten. Von *uns schriftstellerischem Lumpengesin-*

del schrieb er einmal an Freund Carl Todt, den Landtagsabgeordneten.[205] Das Gros der Bekanntschaften war politisch gefärbt, etliche huldigten den Ideen des »Jungen Deutschland«. Zu seinen bekannteren Freunden zählten die Schriftsteller Karl Herloßsohn und Hermann Marggraff, mit denen er das Theaterlexikon herausgab. Auch Albert Lortzing gehörte zum Kreis. In diesem Milieu lernte Blum seine spätere Frau Jenny kennen, sie war die Schwester des Schriftstellers und Journalisten Georg Günther. Die Bekanntschaft mit Dichtern und Literaten öffnete ihm zugleich neue Publikationswege, denn mancher fungierte als Herausgeber von Journalen.

Eine besonders enge Verbindung knüpfte er nach Dresden, wo der Dramaturg am Hoftheater Carl Theodor Winkler zum väterlichen Freund und Förderer wurde. Winkler war unter dem Namen Theodor Hell zugleich Autor von Romanen und Theaterstücken und gab seit 1817 die »Abend-Zeitung« heraus, eine ambitionierte Zeitschrift nach dem Muster der in Leipzig erscheinenden »Zeitung für die elegante Welt«. Gleich im September 1832 wandte sich Blum an ihn, der damals im 57. Lebensjahr stand. Er sandte ihm von Leipzig aus einige *Proben* seiner *poetischen Versuche* und trug dick auf: Winkler möge entschuldigen, dass er es wage, sich *der wahrscheinlich unzählichen Schaar von Dichterlingen anzuschließen, die Ew. Hochwohlgeboren mit ihren Geisteswerken belästigen.* Die Hoffnung auf *Aufnahme in das beste und ausgearbeitetste belletristische Blatt Deutschlands* habe ihn dazu verführt, zudem die *Aussicht, mit einem Manne in einige Verbindung zu treten, dessen literarische Verdienste ihm mit Recht einen so glänzenden Ruf erworben haben.*[206]

Es wurde eine sehr herzliche Freundschaft – und dazu eine fruchtbare Geschäftspartnerschaft, denn während Blum Rezensionen und Artikel in der »Abend-Zeitung« unterbringen konnte, sandte Winkler-Hell seine Stücke an Blum für das Leipziger Theater. Natürlich erzählten sie sich auch gegenseitig den aktuellen Klatsch der Bühnenwelt. Aus dem *Hochwohl-*

geborenen Hochzuverehrenden Herrn wurde bald *Ew. Hochwohlgeboren*, gefolgt vom *Verehrtesten Herrn Hofrath* und dem *Hochgeehrten Herrn Hofrath*. Vom Oktober 1834 an war Winkler für Blum ein *Hochverehrter Herr*, dann ein *Hochgeehrter Herr*, und ein Jahr später bereits ein *Hochverehrter Freund*, darauf ein *Verehrtester Freund*, ein *Verehrter Freund*, und schließlich, im Dezember 1842, *Mein Verehrter Freund*.[207]

Früh auch gelangte er in politisch gestimmte studentische Zirkel. Die Leipziger Burschenschaft hatte sich nach dem Frankfurter Wachensturm von 1833 auflösen müssen, doch blieben inoffizielle Kreise bestehen, zu denen Blum Zugang fand. Als im August 1839 die offizielle Wiedergründung stattfand, wurde Blum zum Ehrenmitglied ernannt – ein Zeichen, dass er schon länger Kontakte hierhin hatte. Aus den Burschenschaftern sonderte sich eine Gruppe politisch besonders Aktiver aus, die sich nach einem Lokal »Kochei« nannte. Bei ihnen war Blum oft zu Gast.[208]

Es folgten Auftritte in der Öffentlichkeit, vor Publikum, zaghafte, unspektakuläre Schritte. 1837 boten sich gleich zwei Anlässe. In Lützen wurde das Denkmal für den schwedischen König Gustav Adolf eingeweiht. Anlass war der 205. Todestag: am 6. November 1632 war der König in der Schlacht bei Lützen im Kampf gegen Wallensteins Truppen gefallen. Bis 1837 erinnerte nur ein unbehauener dreieckiger Stein an sein Grab, den ein Reitknecht des Königs gemeinsam mit Bauern an den Fundort des Toten gerollt haben soll. Nun wurde ein gusseiserner, von Schinkel gestalteter Baldachin über dem Stein errichtet. Außerdem wurde das Denkmal um einen Park ergänzt, für den protestantische Gemeinden aus ganz Deutschland gespendet hatten. Während der Einweihungsfeier gab Blum einen Trinkspruch aus. Sein Engagement für dieses Fest kam einer Abkehr von seiner katholischen Konfession gleich, der Blum formell noch immer angehörte. Denn Gustav Adolf, der während des Dreißigjährigen Krieges als Retter der deutschen Protestanten aufgetreten war, wurde noch im 19. Jahrhundert im evangelischen Deutschland als Heros verehrt. Blum hatte – durch den Mund des Katholiken Kosciuszko – in seiner Dichtung bereits Martin Luther gepriesen: *Ein kühner Held, der seinem Volk die Freiheit des Glaubens gab.*[209]

Während Blum auf der Lützener Feier durch die Masse schlenderte, machte er eine Beobachtung, die ihn tief bewegte. Er erblickte den 59-jährigen Friedrich Ludwig Jahn. Der »Turnvater« erschien ihm wie ein Geist aus einer anderen Epoche. Jahn war mit Arndt und Fichte der Kopf des antifranzösischen Widerstands während der Befreiungskriege von 1812/13 gewesen und hatte patriotische Gesänge angestimmt, die oft in fanatisches nationalistisches Geschrei umgeschlagen waren, mit Kraftsprüchen gegen Franzosen, Polen und Juden. Andererseits sahen sich Demokraten und Liberale als Erben jener Tage, hatte man damals doch viel von Volk und Verfassung gesprochen. Auf dem Markte *war plötzlich ein graues Denkmal zu erblicken, ein wanderndes, ein verwittertes Monument vergangener Zeit: der alte, biedere, viel verketzerte, vielgekränkte, aber gewiß ehrwürdige Jahn.*[210] Blums Zerrissenheit ist zu spüren. Er weiß, dass Jahns Franzosenhass komisch geworden ist. Was war seitdem geschehen! Das Ende Napoleons, die Gründung des Deutschen Bundes, der Bruch des preußischen Verfassungsversprechens, das Wartburgfest, die Karlsbader Beschlüsse, Julirevolution, Hambacher Fest, die Reaktion des Bundes, Verbote, Verbote, Verbote ... *Sein silberweißes Bart- und Haupthaar* habe zerstreut im Wind geflattert wie die Hoffnungen von 1813. *Lacht nicht über diese Ruine, Zeitgenossen!* Und es folgt eine Reflexion, die die zweifelnde, weiche Seite des Aktivisten Blum offenlegt: *Wer weiß, ob nicht auch wir stereotyp werden mit unseren Träumen künftiger Weltgestaltungen, ob wir nicht fortphantasieren und an der Spekulation hängen bleiben, wenn das Leben erwacht ist zur That.*

Dass seine Ideen über ihn hinweggehen würden, davor hat Blum sein früher Tod bewahrt. Doch dass der Kreislauf der politischen Mode sehr rasch wieder das Vorgestrige propagieren konnte, das hat er nur drei Jahre später erlebt. In der Rheinkrise war der Franzosenhass plötzlich wieder da – nicht zum letzten Mal im langen 19. Jahrhundert. Und die *Ruine* Jahn war nicht nur 1837 auf der Lützener Feier anwesend, er sollte elf Jahre später mit Blum in die Frankfurter Paulskirche einziehen – und diesen um vier Jahre überleben.

Gewiss weniger irritierend für Blum war ein Auftritt kurze Zeit später, der ihn für einen kleinen Moment in die erste Reihe auf der politischen Bühne rückte. Es ging um die Göttinger Sieben, einen Fall, der das Zusammenwachsen des politischen Deutschland zeigte. Denn war die Affäre zunächst nur eine Angelegenheit des Königreichs Hannover gewesen, so mischte sich bald ganz Deutschland ein. Dass ein König in seinem Ländchen behaglich vor sich hin tyrannisieren konnte, war unter den Bedingungen einer nationsweiten Öffentlichkeit kaum mehr möglich.

Im Jahr 1837 hatte König Ernst August die Regierung angetreten. Sein Vorgänger war zugleich englischer König gewesen. Nun trennten sich die Wege Großbritanniens und Hannovers, denn die neue englische Königin Viktoria konnte wegen des männlichen Thronfolgerechts nicht den hannoverschen Thron besteigen. Ernst August wollte einen Kurswechsel. Er sah sich als Souverän von Gottes Gnaden und hielt moderne Konstitutionen für Schnickschnack. Also hob er kurzerhand die Verfassung auf, die 1833 im Gefolge der Julirevolution verabschiedet worden war. Ein typischer Konflikt der Epoche: Konservative glaubten, der König stehe über der Verfassung, und wenn er eine bewilligt habe, könne er sie auch wieder aufheben. Liberale beharrten auf der Ansicht, die Verfassung stehe über dem König und definiere seine Rechte. Im hannoverschen Fall ließ der König nun Wahlen nach der 1819 verabschiedeten, längst vergilbten Verfassung abhalten, in der die gewählte Versammlung nach vormodernem ständischen Muster gebildet wurde.

Der Protest blieb nicht aus: Zunächst verwahrten sich sieben Professoren der Universität Göttingen – darunter sehr renommierte wie Wilhelm und Jacob Grimm, Friedrich Christoph Dahlmann und Georg Gottfried Gervinus – gegen das Vorgehen des Monarchen. Danach reagierte die deutsche Öffentlichkeit und stellte sich hinter die Professoren. Deren Protestschrift kursierte zu Tausenden in Deutschland, nachdem sie von Studenten vervielfältigt und verbreitet worden war. Ernst August blieb eisern. Er entließ die Professoren, drei wurden des Landes verwiesen, die anderen gingen freiwillig. Deutschland hatte sieben Helden mehr. Journalisten ereiferten sich über Wochen, hitzige Versammlungen folgten, sogenannte »Göttinger Vereine« wurden gegründet, die mit Spenden die brotlos gewordenen Professoren unterstützten. »Es kocht einem das Blut in den Adern, wenn man sich vergegenwärtigt, was hier siegt, was unterliegt«, schrieb der sonst so bedächtige Heinrich Brockhaus, der in einer englischen Zeitung las, der König »habe jedes Verbrechen auf sich geladen, das ein Mensch begehen könne, nur eines fehle noch, und dieses möge er zum Heil seines Volkes recht bald begehen: Selbstmord.«[211]

Es war einer der für den Vormärz so bezeichnenden emotionalen Ausbrüche der politischen Opposition, in der ein konkreter Fall lediglich den Anlass bot, die allgemeine Unzufriedenheit zu artikulieren. Der Hass richtete sich generell gegen eine Form der politischen Herrschaft, die sich seit 1789 überholt hatte. Die Universität Göttingen hat sich übrigens lange nicht erholt von diesem Schlag. Die Studentenzahl sank um fast die Hälfte. Kein Gelehrter wollte die Schmach auf sich nehmen, die Nachfolge der Entlassenen anzutreten.

Der junge Blum, noch keine dreißig Jahre alt, wurde von den Altvorderen für die Göttinger Bewegung geworben. Wenige Jahre später wäre er bei ähnlichem Anlass selbst die treibende Kraft gewesen. Nun gehörte er immerhin zu den ersten Unterzeichnern einer Leipziger Initiative, die Geld für die Sieben sammelte.[212] Über dieses Engagement dürfte er sich dem

Verleger Karl Reimer sowie den beteiligten vogtländischen Landtagsabgeordneten Carl Todt und Julius von Dieskau für Höheres empfohlen haben. In diesem Zusammenhang trat Blum nun auch erstmals als öffentlicher Redner auf. Anlass war die Ankunft Dahlmanns in Leipzig, der nach seiner Ausweisung die sächsische Metropole als Zufluchtsort gewählt hatte. Die vormärzliche politische Festkultur entfaltete hier einmal mehr ihren Charme, immer im Schatten freilich der überwachungslüsternen Behörden. Mehrere hundert Menschen empfingen am 20. Dezember 1837 den Heros, Karl Reimer überbrachte im Namen des Komitees die gesammelten Gelder – 2000 Taler, rund 60 000 Euro. Während dieser Übergabe hatte Blum seinen Auftritt; die Rede ist leider nicht erhalten geblieben.[213] Vielleicht erfuhr Metternich schon damals von dem frechen Theatersekretär, jedenfalls kam kurze Zeit darauf Protest aus der Wiener Staatskanzlei, adressiert an die Regierung in Dresden.[214] Es sollte nicht das letzte Mal gewesen sein, dass der Fürst in Wien von dem Mann in Leipzig hörte.

»Glück mit Weibern« – Unglück mit Adelheid

Doch vorerst blieb Blum am Theater. Bei aller Arbeit, die ihm aufgebürdet war, bei allen Intrigen und Krächen, bei all der Kränkung seines literarischen Ehrgeizes, die er erfahren musste – er liebte diese Welt und verbrachte hier gewiss mehr Zeit als in der Burgstraße, wo er zunächst, bis 1838, wohnte. Er liebte die Bühne und die Bühne hinter den Kulissen. Und er liebte die Frauen, die Tänzerinnen, Sängerinnen, die Schauspielkünstlerinnen. »Ich glaube, Sie haben dort ein Leben wie ein Sultan in seinem Harem«, schrieb ihm ein Bekannter aus Berliner Zeit, der Sprachlehrer Friedrich Wilhelm Gieseler, im Dezember 1832. Er sei ja am Theater »umrungen von den reizendsten weiblichen Gestalten«, und es sei kein Wunder,

»wenn man Feuer fängt [...] und knistert und Liebesfunken sprüht, daß es grenzenloses Unglück schaffen könnte, wenn man Sie einem Pulverthurm nahe brächte«.[215] Blum hatte von einer neuen Freundin ungarischer Provenienz berichtet, die wohl rasch der Vorgängerin gefolgt war, denn Gieseler wollte wissen, was denn nun seine »andere Prinzessin« sagen werde.

In diesen Jahren hat er sich gern mit Freunden über derartige »Abenteuer« ausgetauscht, man kultivierte den männlich-jungen Erobererton, und selbstredend war immer eine ordentliche Portion Renommisterei dabei. »Wie geschlafen, mein Dicker?«, das war so der Stil, in diesem Fall von Julius Stein, dem späteren Abgeordneten der preußischen Nationalversammlung, »hast Du die Nacht in den Armen einer zur Wollust lockenden Nymphe zugebracht? Oder warst Du bei einer Schönen, die treue Liebe von Dir St. Simonisten erwartet?«[216] Offensichtlich hatte Blum sich als Anhänger des gerade sehr modischen Frühsozialisten Henri de Saint-Simon zu erkennen gegeben, von dessen Schülern mancher die »freie Liebe« propagierte.

»Sie haben Glück mit Weibern, da kann es Ihnen nicht fehlen«, bekam Blum auch von einem weiteren Freund, dem Schauspieler Friedrich Wilhelm Porth, im November 1837 bestätigt.[217] Blum galt seinen Zeitgenossen zweifellos als hässlich, auch wenn sein Sohn später den rührenden Versuch unternahm, den Vater zum Adonis umzudichten.[218] Alexander Hübner, ausgestattet mit dem scharfen Auge des Gegners, beschrieb ihn so: »Ein großer Kopf, unregelmäßige um nicht zu sagen häßliche Züge, ein durchdringender Blick, das abstoßende Gesicht eingerahmt von blondem Haar und Vollbart« – immerhin: »der Nacken des Stieres und die breiten Schultern zeugten von physischer Kraft, von Selbstvertrauen, von Intelligenz [...], von wilder und unbezähmbarer Thatkraft«.[219] Am unbestechlichsten sind wohl die Zeugnisse, die von Verehrung für Blum strotzen, und doch sein wenig einnehmendes Äußeres nicht leugnen. In einem Porträt im »Leipziger Reibeisen« vom September 1848 wird Blum als »Genie« bezeichnet und zugleich begutachtet: »Im ganzen Gesicht« finde sich »auch nicht eine Schönheitslinie« – »fabelhaft häßliche Nase, unbeholfene, dicke Mittelfigur, kleines graues Auge«.[220] Den Schriftsteller Rudolf Gottschall erinnerte das Äußere an das eines »behaglichen Bierpolitikers«. Nach dem Genuss mehrerer Gläser Wein pflegte sich Blums Nase rot zu färben; Gottschall nannte sie den »Constitutionellen Leuchtthurm Sachsens«.[221] Hugo Wesendonck, Mitglied der Paulskirche, schrieb über ihn: »Ein Sokrates von Gesicht und Gestalt; aber breiter, stämmiger, mit hervortretenden Schultern und gewölbter Brust. [...] die Frauen insbesondere verehrten ihn trotz seiner Hässlichkeit. Er war mit all' seinem gediegenen Streben ein Ladies' man«.[222]

Eine gewinnende Erscheinung war also kaum die Ursache für Blums Erfolg bei Frauen. Markant war aber seine klare und ausdrucksvolle Baritonstimme. Im Einklang mit seinem Redetalent und seiner Gabe zur Unterhaltung hat sie wohl manche Wirkung erzielt. Und natürlich kam ihm das freiere Theatermilieu entgegen. Später, 1848 in Frankfurt, gab er nach den Leipziger Lehrjahren einen prächtigen Salonlöwen ab.

Blums neuerdings recht schwungvoller Lebensstil brachte allerdings manch bösen Ärger mit sich. So hatte er 1833 mit einer Ehemaligen zu kämpfen, die sich einen Spaß daraus machte, seine Liebesbriefe überall herumzuzeigen, möglicherweise aus Rache – *sehr kleinlich und undelicat,* wie er ihr vorhielt, ein *unredlicher Mißbrauch des Vertrauens.* Darin hatte er wohl allerlei über andere Personen preisgegeben, so dass die Affäre nicht ungefährlich war. Sie zeigt, wie leichtfertig Blum damals noch handelte und dachte. Mit Drohen und Umgarnen versuchte er die alte Flamme zu einem Austausch der gemeinsamen Briefe zu bewegen. *Alles Andere* werde ihm *ewig theuer* bleiben, *weil es mich nicht an die jetzige, sondern an eine meinem Herzen süße und unvergeßliche Zeit erinnert, die – leider! – für immer entschwunden ist.*[223] Über den Erfolg seines

Versuchs wissen wir nichts. Doch war dies ein vergleichsweise harmloser Fall. Eine andere Geliebte wurde von ihm schwanger. Blum brach die Beziehung bald darauf ab. Er habe aber seine Pflicht gegen die Mutter erfüllt, schrieb er später, was sich wohl auf eine materielle Unterstützung beziehen dürfte.[224] Die Quellen sind hier sehr schweigsam, und der sonst äußerst plauderfreudige Sohn Hans spart dieses Thema in seiner Biografie des Vaters weiträumig aus.

Im Juni 1835 leistete Blum sich einen einwöchigen Urlaub in der Sächsischen Schweiz.[225] Binnen kurzer Zeit warf er den Alltag ab: *HINTER MIR lag ein anstrengendes, mich stets belastendes Geschäftsleben, das drei Jahre wie ein ehernes Joch auf meinen Schultern geruht hatte, ohne mir nur einen einzigen Tage der Erholung zu gönnen; IN MIR wallte das seelige Bewußtseyn, dass ich diesem Joche auf volle acht Tage entronnen sey und mich frei ergehen könne in der freien Natur; VOR MIR der Kreis der ersehnten Berge, eingehüllt in einen grauen Schlafrock und den Dampf ihrer riesigen Morgenpfeife in dichten Nebelwolken gegen Himmel sendend; ÜBER MIR der halb heitere, halb bewölkte Himmel, dem man's ansah, dass er nur von dem armen Sterblichen gebeten seyn wollte, um augenblicklich freundliche Zusicherung zu geben, dass er seine Schleusen für heute und die nächsten Tage verschließen wolle; NEBEN MIR auf beiden Seiten herrliche Natur, aussehend wie eine dreißigjährige wohlerhaltene Schönheit, oder wie – nun, der Leser kann hundertmal im Heine finden, wie die Natur aussieht und besser, weit besser, als ich zu sagen vermöchte.* Von Dresden ging es nach Pillnitz, dort stieg er in die Fähre, *den Wanderstab in der Hand, die grüne Reisetasche wie ein Botaniker umhängend.*

Er schmückte seinen Bericht mit amüsanten Erlebnissen, etwa der Begegnung mit einem englischen Touristen, damals gern karikierte Reisegefährten. *Ein rasch fortschreitender Mann, hoch, stark, und recht martialisch aussehend, einen dichten Schnurrbart über der trotzig aufgeworfenen Oberlippe, tausend Donnerwetter auf der Stirne und wenigstens ein volles*

Drittheil der Unzufriedenheit, die bei dem kalkulirenden Inselvolke, dem er seiner Kleidung nach anzugehören schien, so ganz heimisch ist, in den Mienen tragend, begegnete uns. [...] Bei uns angelangt, grüßte er mit einer Handbewegung und stieß dann das Wort hervor »Schweiz?« Bevor ich noch irgend eine passende Antwort auf die kurze vieldeutige Frage fand, fuhr der Frager fort: »Schon mehrmals dagewesen?« Nein. »Umkehren! Lumperei!« stotterte er noch heraus, grüßte stumm wie zuvor und rannte weiter. Ich sah dem Menschen verwundert nach, warf dann einen fragenden Blick auf den lächelnden Führer und glaubte – der gute Mann möge mir verzeihen, wenn ich ihm Unrecht thu – in seinen halb spöttischen halb verdrießlichen Zügen deutlich die Worte zu lesen: »Mein lieber Herr ist ein Esel.«

Trotz seiner Freude an Natur und Menschen sind Blums Aufzeichnungen von Melancholie durchzogen: Voll schwärmerischer Begeisterung für die Landschaft, voll Dankbarkeit für acht Junitage Freiheit und Lebensfreude, doch zugleich fühlte er sich einsam. *Es ist nicht gut, dass der Mensch allein sei [...] Und ich war ganz allein, allein mit meiner Freude und meiner Sehnsucht nach den vielgepriesenen Gegenden, die ich jetzt betreten sollte.* Zwar fand er die Gesellschaft eines einheimischen Schneiders, mit dem er durch die Berge wanderte. Aber lieber noch wäre ihm gewiss weibliche Begleitung gewesen – und zwar eine ganz bestimmte.

Robert Blum hatte die Bekanntschaft eines Mädchens gemacht, für das er in Flammen stand. Schon glaubte er Auguste auf Dauer erobert, sah sich als Bräutigam. *Augustchen* nannte er sie im Gedicht, was sie ihm verbot, worauf er sofort ein neues Poem schrieb: *Ich darf ihren Namen nicht nennen.*[226] Irgendwann im Sommer 1836 muss sie ihm einen Korb gegeben haben.[227] *Einen andern hat ihr Herz erkoren*, ist in einem der unzähligen tränennassen Ergüsse zu lesen, mit denen er sein *finsteres Geschick* verarbeitete. Immer wieder kommt in dieser Herzschmerz-Bewältigungspoesie eine Szene vor, in der sie neben ihm sitzt, *salzige Thränen* vergießend, ihre *milchweiße*

Hand in seine legend, und dabei wohl die Trennung – oder besser: die Nicht-Bindung – verkündend.[228] Eine Szene, die so stattgefunden haben mag, bei deren lyrischer Verarbeitung ihm aber vielleicht auch eine literarische Vorlage – Heinrich Heines »Am Meer« – ein paar Stichworte geliefert hat: »Ich hab von deiner weißen Hand / Die Tränen fortgetrunken …«

Zeitweise war ihm nach Ende zumute, wie er im Poem *Abschied* andeutet: *[…] Und durch die düstre ungeheure Leere, / Die wild erbrausend rings Verderben droht, / Starrt hin der Schiffer in des Ostens Ferne, / Als sucht' er dort nach einem Rettungssterne. // […] Erglänzt ihm einst das Licht mit seinem Segen / Es findet einen morschen, müden Mann; / Und mag der Hafen in der Ferne winken, / Er wird ihn sehen, aber untersinken.*[229] – Hätte er sechzig Jahre früher gelebt, hätte er womöglich Werther-Kleidung angelegt und sich erschossen. Doch für ein solch dramatisches Finale war er mit seinen achtundzwanzig Jahren ohnehin etwas zu alt.

Und letztlich auch zu gefestigt. Er fand Trost in der Arbeit und bald auch wieder in neuen Liebeleien. Seine psychische Robustheit half ihm weiter, sie hat aber auch sein Künstlertum geschmälert und verengt. Er war zu gesund für die Rolle des feingeistigen Literaten. Vielleicht hat er dies geahnt, und seine Schmerzlust in einer romantischen Anwandlung künstlich und künstlerisch übersteigert. Jedenfalls gratulierte Freund Porth aus Dresden im Jahr nach der Auguste-Krise zu seiner jüngsten Eroberung und vergaß auch nicht, Blums Fantasie in Feuer zu setzen. Da seine neue Bekanntschaft mit zwei Dienerinnen reise, müsse sie »entweder eine Edeldame oder eines reichen Gutsbesitzers oder Kaufmanns Tochter« sein. Sie habe eine falsche Identität angegeben, so stachelte er Blums romantischen Trieb halb ironisch an, die Dame sei »irgendwo ausgewiesen.«[230]

Doch schon hatte der Frauenfreund im Frühjahr 1837 eine Andere gefunden – wieder war es etwas »Ernstes«. Die knapp 19-jährige Adelheid Mey war ein »Naturkind, schlicht, offen in allen Empfindungen und Gedanken« – so schildert Blums Sohn die Freundin. Blum wurde von der Jugend und ›Unfertigkeit‹ Adelheids angezogen. Sie sei *einfach und still erzogen,*[231] dazu *gesund, üppig und blühend, wie es ein 19jähriges Weib nur seyn kann.*[232] Es ist unverkennbar, dass Adelheid nicht nur seine männlichen, sondern auch gewisse pädagogische Instinkte in ihm, dem zwölf Jahre älteren geweckt hat.

Adelheid, oder Adelaide, wie sie sich abwechselnd nannte, war in den Augen der Zeitgenossen nicht gerade eine Partie. Die Eltern waren Leipziger Kleinbürger, nicht arm, nicht reich. Großer Widerstand war von dieser Seite kaum zu befürchten, da zwar auch Blum keine Reichtümer vorweisen, aber doch in seiner halbwegs gesicherten Stellung einen »häuslichen Herd gründen« konnte.

Adelheid hatte er rasch für sich gewonnen, und dennoch durfte er sie noch nicht heiraten. Denn er war kein Leipziger Bürger, kein Sachse, er war als Rheinpreuße Ausländer. Voraussetzung für die Hochzeit war aber das Bürgerrecht der Stadt oder wenigstens der Status als »Schutzverwandter«, eine Art kleines Bürgerrecht. Die Aufnahme in diese Rechte gewährte die Stadtgemeinde nach staatlichen Rechtsvorschriften. Sie achtete auf einen gewissen Status, verlangte, dass der Neubürger wirtschaftlich gesichert war. In insgesamt sechs Eingaben hat Blum versucht, den begehrten Status als Schutzverwandter zu erlangen, wurde aber stets abschlägig beschieden. Er verwies auf seine sichere Stellung am Theater, reichte das Zeugnis von Schmitz ein und Gutachten von Zeitungsredaktionen, für die er schrieb. Nachdem er mehrfach abgelehnt worden war, argumentierte er auch juristisch und berief sich auf das Gesetz über die Niederlassung von Ausländern vom 13. Dezember 1831. Danach, schrieb Blum, solle die rechte Mitte zwischen *den für die Continentalpolitik nicht zuträglichen liberalen Grundsätzen Amerika's gegen Einwanderer* und *der ängstlichen Furcht der Machthaber des himmlischen Reiches China vor allen fremden Eindringlingen* gewahrt bleiben. Doch auch diese weltmännische Sicht der Dinge machte keinen Eindruck auf den Stadtrat.

Blum fand einen anderen Weg zum Ziel: er kaufte sich für 126 Taler und 6 Groschen ein kleines Häuschen außerhalb Leipzigs, in Crostewitz, eine »Bretterbude«, wie sein Sohn Hans Blum schreibt. Mit dieser Immobilie war er Sachse geworden und hatte damit Anspruch auf den Leipziger Schutzverwandtenstatus. *Das wundervolle Heimathsgesetz [...] hat mich dergestalt malträtiert, dass Polizei, Kreisdirection, Advokaten und dergl. den 10fachen Betrag meiner ersehnten Lustreise verschlungen haben und ich am Ende doch genöthiget war, mir ein kleines Grundstück auf dem Lande zu kaufen, um heirathen zu können.*[233] Am 3. Februar 1838 empfahlen sich Adelaide Mey und Robert Blum als Verlobte im »Leipziger Tageblatt« und in der »Leipziger Zeitung«, die Hochzeit folgte am 21. Mai.[234] Das Paar bezog ein Nebenhaus von Adelheids Eltern in der Dresdner Straße am Rabensteinplatz.

Blum liebte seine Gattin maßlos – und erzog sie. Zuvor sei Adelheids Alltag *dumpfes bewusstloses Hinbrüten* gewesen, mit der Ehe habe sie – *als sie zu höherer Erkenntnis desselben kam* – den Reiz des Lebens entdeckt.[235] *Es war mir vorbehalten, sie jeden dieser Schritte zu führen und ihr freudiges Erwachen zu einer höhern Erkenntniß, zu einem geistigern Lebensgenuße war mein süßester Lohn. [...] Ich sah sie gedeihen unter meiner Leitung wie eine sorgsam gepflegte Blume und freute mich so innig an ihrer immer reicheren Entfaltung.*[236] Blum war damals in die Arbeit am Theaterlexikon vertieft, und die Verleger baten ihn im Juli, auf Kosten des Hauses nach Berlin zu reisen, um weitere Details zu besprechen. Adelheid, sie war bereits schwanger, hatte keine Lust, allein zu Hause zu bleiben, und wollte ihn begleiten. Ihr Gemahl sah hierfür zunächst keine finanziellen Möglichkeiten, doch bekam er kurzfristig einen gut bezahlten Auftrag, den er in Nachtarbeit innerhalb einer Woche erledigte. Er erhielt dafür vierzig Taler, das entspricht einer Kaufkraft von etwa eintausend Euro. So konnte sich das junge Paar eine kleine Hochzeitsreise in Preußens Hauptstadt leisten.

Am 20. August fuhren die beiden ab. *Adelheid hatte eine unendliche Freude, als sie die pompöse riesige Stadt sah.*[237] Der Dienstag und der Mittwoch vergingen ohne Komplikationen, am Donnerstag erbrach sich Adelaide leicht, am Freitag war ihr unwohl. Ein Arzt sprach von Magenüberlastung, er verwies auf das verzehrte Eis und den genossenen Champagner. Am Samstagabend kam das Paar wieder in Leipzig an. Die Krankheit verschlimmerte sich. Fieber kam hinzu. Eine Besserung trat nach der Konsultation mehrerer Ärzte ein. Am Mittwochabend darauf hatte Adelheid eine Fehlgeburt. Blum sprach mit Hofrat Jörg, der als bester Geburtshelfer Sachsens galt. Er äußerte sich stirnrunzelnd und blieb in der Nacht auf den 30. August bis ein Uhr. Blum, der drei Nächte nicht geschlafen hatte, legte sich aufs Sofa, um kurz darauf von der Wartefrau geweckt zu werden. Adelheid hatte Fieber und Herzklopfen. Nochmals kamen die Ärzte, nochmals dieses Pülverchen und jener Saft. Ein Todeskampf begann. Adelheid Blum starb am Morgen des 30. August 1838 gegen sieben Uhr.[238] Genau 102 Tage hatte ihre Ehe mit Robert gedauert. *Unser Leben wird ein Maitag sein*, hatte Blum seiner *herzlich geliebten Adelaide zu ihrem 19ten Geburtstage am 1ten Mai*, kurz vor der Hochzeit, gedichtet.[239]

Der Witwer war verzweifelt: *Das Schicksal hat uns fürchterlich betrogen.* Gewöhnlich hart im Nehmen, war er nun wie vernichtet. Lange konnte er nichts tun, von einer Ablenkung durch Arbeit oder Dichten war keine Rede. Der Tod Adelheids rührte seine Theaterkollegen so, dass sie in großer Zahl zur Beerdigung kamen, *Sarg und Träger vermochten kaum die Kränze zu fassen.* Doch Blum hat nach eigenen Angaben davon kaum etwas mitbekommen. Er wolle nicht jammern, schrieb er an die Eltern nach Köln, und konnte doch nicht an sich halten. *Von allen Aussichten, von allen Glücksträumen, die ich mir mit so vielen Mühen, Sorgen und Kosten erworben hatte, ist mir nichts geblieben als ein dreimonatliches Embryo in Spiritus.* Ein bitterer Brief, laut Blum selbst *der bitterste*, den er in seinem Leben geschrieben hat. Und natürlich drängte sich immer wieder das Bild der Verstorbenen in den Sinn. *Sie war so jung, so blühend, so voller Ansprüche an das Leben und seine Freuden.*[240]

Der Dreißigjährige drohte in einen wahnhaft-depressiven Zustand zu verfallen. In einer Art spiritistischer Vision erschien ihm die Verstorbene zwei Mal und führte mit ihm einen Dialog. Blum hat ihn getreulich aufgezeichnet. »Adelheid, endlich sehe ich Dich wieder!«, so sein Ausruf im Traum. Er könne sie nur »selten und immer seltener« sehen, lautete die Antwort der Geliebten. »Du musst mich vergessen.« Auf die Frage, wann er sie wiedersehe, träumte ihm die Antwort: »Du wirst mich ganz von dir stoßen, Robert. Deiner Frage liegt kein Verlangen mich zu sehen zum Grunde.« Warum ihr Kuss so eisig sei? »Du hast es so gewollt«, so die etwas verrätselte Antwort. Er solle sich abwenden von einer Zeit, »die nun einmal ganz vollendet ist«.

Blum schreibt, dass er sich beim Erwachen nachts um ein Uhr *sitzend und mit nassen Augen* im Bett fand.[241] Ihn plagten wohl Schuldgefühle, wie die beiden letzten »Antworten« der Toten nahelegen. Er hatte sich in der kurzen Ehe ja oft mehr als Lehrer denn als Liebender aufgeführt. Etwas irritierend erscheint die Tatsache, dass Blum die Visionen am 24. September und am 1. Oktober hatte, die Aufzeichnung aber erst *in der Nacht* vom 11. auf den 12. November, kurz nach seinem 31. Geburtstag, erfolgte. Dies deutet auf ein anhaltendes, vielleicht systematisches Verarbeiten seines Schmerzes hin. Möglicherweise hat er auch die zunächst als Zumutung empfundene Aufforderung zu vergessen jetzt als tröstlichen Wink genommen. Die grausame Erfahrung hat in jedem Fall seine Reife befördert. Mit zeitlichem Abstand zeigte sich, dass er nicht das war, was man »gebrochen« nennt: *O, die Zeit ist ein köstliches Linderungsmittel.*[242]

»Nach Amerika gehen wir nicht« – Jenny Günther

Zögernd wagte er erneut den Sprung zurück ins Leben. Seine neue Liebe entsprang keinem stürmischen Gefühlsüberschwang. Es war ein eher langsames Kennen- und Schätzenlernen. Eugenie Günther war bereits bei seiner ersten Hochzeit unter den Gästen. Jenny, wie sie meist genannt wurde, war die jüngere Schwester seines Freundes Georg Günther, der mit Blum viele politischen Ansichten teilte und als Verleger, Journalist und Schriftsteller tätig war. Die Günther-Geschwister hatten einen Selfmademan zum Vater gehabt, der sich in Prag zu einem nicht unvermögenden Kattunfabrikanten hochgearbeitet hatte. Doch nach seinem Tod 1834 war es mit der Firma rasch bergab gegangen. Georg übersiedelte mit Jenny und einer weiteren Schwester nach Leipzig.

Der Witwer Blum schaute des Öfteren bei Günthers vorbei und begann wohl in dieser Zeit, Jenny in anderem Licht zu sehen. Eugenie selbst hat dagegen gesagt, sie habe bereits bei der ersten Hochzeit ihres späteren Mannes ein flaues Gefühl gehabt. Sie war von Blum irritiert, wie sie einmal ihrem Bruder gestand. Vielleicht geriet sie in seinen Bann, ohne es wahrhaben zu wollen. Als sie ihn zum ersten Mal hörte, glaubte sie die Stimme längst zu kennen, schrieb sie später.[243]

Jenny war patent und vif und ihrem Zukünftigen geistig ebenbürtig. Von ihrem Sohn Hans wird sie als »nicht groß, leidlich gebaut, lebhaft und anmuthig in ihren Bewegungen« geschildert.[244] Sie war einige Jahre älter als Adelheid, der Abstand zu Blum betrug nur drei Jahre. Politisches war ihr von zu Hause geläufig, sie war belesen und kulturell informiert. In einem Gedicht zeichnet sie ihre Vergangenheit als quirlige und burschikose Schülerin: »In der Schule nur wurd' ich ›Jenn'rich‹ genannt / Weil ich so wild wie ein Bube / Es hielt an mir kein Kleid, kein Band. / Nie litt mich's in der Stube«.[245]

Jenny, das war Blum rasch klar, würde anders als Adelheid

kein liebes Frauchen, sondern eine selbstbewusste Partnerin sein. Jenny wiederum dürfte Blums aktives und abwechslungsreiches Leben gereizt haben. Blum lebte damals noch bei seinen Schwiegereltern, die ihn zwar als trauernden Witwer schätzten, seine neuen amourösen Umtriebe allerdings mit Unbehagen verfolgten. Vor allem Adelheids Mutter reagierte aggressiv und schrieb ihm Briefe mit wüsten Vorhaltungen. Sie verlangte die Kleidungsstücke ihrer Tochter und sämtliche Hochzeitsgeschenke zurück. »Denn da Sie nun eine große mariage mit der Tochter eines Faktor's eingehen, so glaube ich kaum, daß diese die Sachen meiner Tochter brauchen wird.« Möglicherweise erfuhr sie auch von manch anderem Affärchen, jedenfalls beschimpfte sie Blum in einem weiteren Brief als »lügenhaften Menschen« und »Mörder meines Kindes«: »Das Maaß der Schändlichkeit ist voll gewesen, darum kommt immer noch mehr vor meine Ohren«. Sie drohte dunkel mit Enthüllungen: »So sollen sie es auch in Cöln erfahren«.[246]

Blum wollte die Beziehung zu Jenny nicht gefährden und schlug seinem Freund vor, die Schwester vorerst von Leipzig weg zu bringen. Bereits im Winter 1838/39 hatte er Georg von seiner Zuneigung zu Eugenie erzählt.[247] Dieser sorgte dann dafür, dass Jenny im Mai 1839 verreiste und den Sommer bei ihrem Schwager im damals noch selbständigen Kappel bei Chemnitz verbrachte. In diesem halben Jahr – Jenny kam kurz vor Weihnachten zurück – schrieben sich die beiden zahllose Briefe, die das intimste Zeugnis aus Blums Leben sind. Blum gab, trotz seiner trüben Erfahrung mit späterhin missbrauchten Liebesbriefen, offen seine Sicht auf sich selbst und seine Umgebung preis, und auch Jenny hielt sich mit ihren Gefühlen und Meinungen nicht zurück.

Es sind herrliche Briefe! Sie schillern in allen Farbtönen, von pastell getönten Komplimenten bis zu glühendroten Liebeshymnen, bisweilen mit ein wenig schwarzem Humor und grellgelbem Scherz durchsetzt, dann folgen bunt leuchtende Zukunftspläne. Die Anrede ist zunächst Freund und

Freundin, und noch bevor Blum seinen schriftlichen Antrag macht – am 14. Juni –, schlägt Jenny dem »lieben Robert« ihrerseits vor, gemeinsam nach Amerika, »dem gelobten Lande der Freiheit«, auszuwandern: »Unter einem wilden Himmel, in einer schönen Natur unter guten freien Menschen« werde sich sein Herz wieder »der Freude, der Heiterkeit« öffnen.[248] *Nein, liebe Jenny, nach Amerika gehen wir nicht*, schreibt Blum zurück, doch im selben Brief stellt er nun endlich die Frage, auf die sie gewiss schon lange gewartet hat. Dass er mit seinem Antrag so zögert, hängt nicht zuletzt mit seinem unehelichen Kind zusammen. Dies zu verschweigen, scheint ihm unerträglich, und seine Wortwahl spiegelt die rigiden Moralvorstellungen der Zeit. Er müsse sich eines *Verbrechens, wenn Sie mild seyn wollen eines Vergehens* anklagen: *Ich habe ein Kind, die Frucht einer sinnberauschten verblendeten Stunde.* Er harre nun ihrer Entscheidung. *Sagen Sie nein, so thuns Sies kurz, ohne Gründe, ohne Bedauern.*[249]

Die Antwort fällt in Blums Sinn aus. »Und ich sollte nein sagen? – Wie wenig kennt mich doch mein Robert.« Sie sei von je gewohnt, anderer Fehler zu entschuldigen und zu vergessen.[250] Sich nun ihrer gegenseitig sicher, fangen die beiden ein Spiel übermütiger Neckereien an. Blum berichtet von seinem Kopfschmerz, *soll ich aufrichtig bekennen – in Folge zu vielen Biergenußes*,[251] bittet Eugenie, *nimmer wieder vernünftig zu werden, denn deine Narrheit plaudert so süß, so innig, so herzerwärmend von Liebe, daß ich ihr mit Entzücken lausche.*[252] Dann wieder persifliert er die verzopfte Hof- und Kanzleisprache, bezeichnet sich als *dritten großen Manne, der am 10. November geboren* sei – nach Luther und Schiller –, und versichert, *daß ich Euer Liebden samt den Eurigen mit Huld und gnädigstem Willen beigethan bleibe – Robert I.*[253]

Jenny ihrerseits macht sich über seinen Ärger lustig, den er wegen einer, wie er glaubte, Säumnis der Briefantwort empfindet. »Du bist also mit meiner Entschuldigung hinsichtlich meines langen Schweigens noch nicht zufrieden gestellt? Wie verlangst du sie eigentlich du schlimmer Mann? Doch nicht mit Eid und Amtssiegel, oder auf Stempelbogen?« Zur Strafe werde sie kein Wort der Entschuldigung mehr äußern. »Du siehst, dass aus der Sclavin eine Frau geworden.« Und dass sie in politicis bewandert ist, beweist sie sogleich mit neuer Neckerei: »Wenns mir nur aber nicht auch so geht, wie unseren Bürgern mit ihrer Constitution, trotz welcher sie noch immer unmündig und abhängig sind. – Doch sei's! Bist du doch mein Souverain, giebt's da wohl was für mich zu fürchten?«[254]

Er hat eine diebische Freude daran, sich selbst als alten Raunzer zu präsentieren; mal nennt er sich einen *alten Wittmann*, der *ein griesgrämiges Gesicht* und eine *griesgrämige Seele* zu bieten habe,[255] mal bezeichnet er sich als *Schiffbrüchigen*, dann wieder – *mögen Sie den Vergleich arrogant finden* – als *Blume, die dasteht auf dem ausgedörrten rauhen Boden der Zeit und des Lebens, versengt von den brennenden Strahlen schwerer Schicksalsschläge und welk geweht von den Stürmen unserer Verhältnisse*. Er fordert, kurz vor dem eigentlichen Werbebrief, Jenny auf, den *labenden Thau*, das *erquickende Wasser* zu spenden.[256]

Leichtblütiger zeigt er sich, wenn es um die Konventionen geht. *Dein Geist hat sich längst darüber erhoben, den Abschluß der Ehe in irgend einer gesetzlichen oder kirchlichen Formel zu suchen; wenn man sich auch diesen der Convenienz wegen unterwerfen muß*. Die Ehe sei vielmehr *das Erkennen und Anschließen der Herzen, das gegebene und empfangene Wort*, und damit sei die ihre nun geschlossen.[257] Blum amüsiert sich über den Zeittrend hin zum Züchtigen und wettert gegen *Prüderie* und *Hypercultur*. Die Mädchen weihten ohne Bedenken dem Geliebten *ihre ganze Seele [...], aber das Äußerlichste, das Hinfälligste, das Unbedeutendste: den Körper ihm zu widmen, hält man für Unrecht, für unzüchtig, ja für Schande!!* Dem liege eine *gar zu kleinliche Idee* von Liebe und Ehe zugrunde, die man *ausschließlich in einer Formel* suche, *die nach meiner Ansicht ganz und gar wegfallen sollte.*[258] Selbstredend hat seine dröhnende Attacke auf *Formeln* nicht zuletzt viel mit männlichen Freiheiten zu tun. Und vielleicht hat Jenny da schon geahnt, dass ihr Künftiger nicht der treuste sein würde.

Da war noch etwas anderes. Da war die Politik. Immer mehr bestimmte sie Blums Leben. Wenn er sich dazu äußerte, konnte das erschreckend eisig klingen. *Ich bin sehr glücklich und zufrieden in meiner Häuslichkeit,* schrieb er 1842 an seine Stiefschwester, *aber ich habe sie erst dann begonnen, als ich meiner Frau auf das Bestimmteste erklärt, daß ich sie und meine Kinder verlasse, sobald eine höhere Pflicht mich ruft und dies steht so fest bei mir – allerdings auch bei meiner Frau –, daß selbst die Gewißheit, daß die Meinen betteln müssen, mich nicht einen Augenblick abhalten würde, mein Leben einer großen Sache oder meinem Vaterlande zu weihen.*[259]

Eine patriotische Phrase? Oder ein Schlüsselwort? Fasziniert hat ihn jedenfalls die Idee von der Hingabe an eine *Sache*. In diesen Jahren taucht vermehrt ein Motiv in der Blumschen Prosa auf: Nicht nur für die Politik arbeiten, sondern sich zu opfern. Goethes Götz gleich mit dem Ruf »Freiheit! Freiheit!« zu sterben, scheint ihm zu keinem Augenblick ein fremder Gedanke gewesen zu sein.

Jenny akzeptierte dieses Passion. Sie stellte sich ihm zur Seite, sie kämpfte, wie so manche Ehefrau jener Zeit, im großen Freiheitskampf an der Seite ihres Mannes mit. Blum hat in ihr immer eine politische Diskussionspartnerin gesehen. Die Arbeit für die politische Freiheit sei *äußerst reizend,*[260] antwortet er auf ihren Vorschlag, auszuwandern. Sie lohnt es mit Lob: »Ein Glück für das sieche in seinem innersten Organismuß verstimmte Europa, dass es noch Männer giebt, welche auf seine Wiedergenesung hoffen.«[261] Zwei Monate später berichtet er ihr eingehend über das nationsweite Treffen der Liberalen und Demokraten im Herbst 1839, aus dem dann der Hallgarten-Kreis hervorging. *Es versteht sich wohl von selbst, dass diese Dinge nur für Dich geschrieben sind.*[262] Er hat ihr politisches Urteil doch auch hochgeschätzt, immer wieder ihren Rat gesucht. Jahre später hat Louise Otto, die Mitgründerin der deutschen Frauenbewegung, das Ehepaar Blum kennengelernt und beobachtet, wie beide politisch harmonierten. Jenny habe seine Ansichten vollständig geteilt »und hielt ihn von keinem Opfer zurück, das er der Sache des Volks und der Freiheit brachte«. Und wie Blum selbst eine »so hoch und ihm gleichgesinnte Frau« gehabt habe, habe es zu seinen Idealen gehört, »auch die Frauen mit im Dienst des Fortschritts wirken zu sehen«.[263]

Ein freies Wort erlaubte sich Jenny zu seinen literarischen Werken. Er hatte ihr seinen *Kosciuszko* zu lesen gegeben – zu einem Zeitpunkt, da er selbst schon an der ganzen Sache zweifelte und von einer *unglücklichen Drillingsgeburt* schrieb.[264] Er hatte vielleicht gehofft, Jennys Begeisterung könne ihn wieder motivieren. Doch ihre Reaktion heilte ihn wohl eher von seinen literarischen Ambitionen. Denn neben artigem Lob – und mancher Kritik im Kleinen – schrieb sie ihm auch ganz frank und frei: Der Titelheld komme zu selten vor – und überhaupt sei das Ganze zu lang. Blum nahm ihre Kritik an. *Es wird wohl am Besten seyn, das Ganze als einen mißlungenen Versuch in eine Ecke zu begraben.*[265] Leicht ist ihm das nicht gefallen. Am 29. April 1840 gaben sich Eugenie Günther und Robert Blum in der evangelischen Kirche Hohenthekla bei Leipzig das Jawort.

POLITIKER UND PUBLIZIST (1840-1844)

Aus dem politischen Dichter war längst der schreibende Politiker geworden. Die Zeit war reif; er spürte es. Schon die Generationen vor ihm hatten solche Momente gekannt: der griechische Freiheitskampf seit 1821 etwa oder die Ermordung Kotzebues mit den darauf folgenden Karlsbader Beschlüssen 1819. Für Blums Generation waren es dann die Julirevolution 1830 und das Hambacher Fest 1832 gewesen, später, 1837, der Konflikt um die Göttinger Sieben: alles Signale zum Aufbruch. Blum konzentrierte sich nun auf das, was er am besten konnte. Das war nicht, politische Ideen in Dramensprache zu gießen, wie es einst Schiller, seinem Idol, gelungen war, sondern durch die Sprache, mit Reden, mit Aufrufen und Artikeln, Politik zu machen.

Blums politisches Programm – Hallgarten

Er war kein Intellektueller, das machte ihn populär. Ungeachtet seiner Selbstbildung ist er kaum zum tiefen Durchdenken der intuitiv gefühlten Überzeugungen gelangt. *An der Spekulation hängen bleiben* war seine Sache nicht, und so sind seine politischen Aussagen keine fein ziselierten Drechselarbeiten. Viele seiner Gesinnungsfreunde waren juristisch ausgebildet, vertraut mit den Theorien von Gesellschaftsvertrag und Staatsräson, mit Montesquieu und Moser, und errichteten von dort aus ihre Ideenarchitektur. Blums Aussagen dagegen haben zwar Saft und Würze, doch ein »System« hat er nicht gebaut. Sein Denken war nicht pasteurisiert, nicht ausgestanzt nach den Theorieformen und -förmchen, die da überall herumlagen in dieser Epoche des Wartens und Hoffens und Noch-Nicht-Handeln-Könnens. Manche Bemerkung widerspricht einer andern – freilich nichts Ungewöhnliches im Reich der Ideen. Und verblüffend genug: der Theatersekretär hatte meist eine feinere politische Spürnase als viele, die eine akademische Ausbildung genossen hatten.

Freiheit war das Wort der Epoche, das *Evangelium der Neuzeit*,[266] alle Hoffnung verband sich damit. Das galt auch für Blum. Konkrete Forderungen verbanden sich mit vielen vagen Vorstellungen. Die vage Seite der Freiheitsbeschwörung indes war die politisch wirksamste, mit Pathos und Emphase ließ sich auf Banketten und in Festreden ein Hoch auf die Freiheit ausrufen, herrlichste Schiller-Worte ließen sich anbringen. Wer wollte da nicht jauchzend einstimmen? Aber jeder politisch Gebildete wusste, dass die andere – und zugleich immer mit gemeinte – Facette der Freiheit eine sehr konkrete, juristisch fixierbare war. Es ging um Freiheitsrechte, die in einer Verfassung zu garantieren – und einzuhalten – waren: die Freiheit von Eigentum, Religion, von Meinung und Presse, die Versammlungs- und Vereinsfreiheit und die sogenannte Freizügigkeit, also das Recht, sich frei bewegen zu dürfen. Und es war auch kein Geheimnis, wer hier wem etwas schuldig war: der Monarch und der Adel den Bürgern und dem Volk.

Das Oszillieren zwischen einer emotional aufgeladenen Pathosformel und einem einzufordernden Recht sorgte für eine flackernde Unschärfe, welche die besten Autoren und Rhetoren der Epoche zu nutzen wussten. So auch Blum. Wenn er pauschal Freiheit einklagte, *Freiheit im Staate, im Leben, in der Gesellschaft, im Glauben, in der Kirche, im Handel, überall und für Alle, auf dem Boden des Rechtes und des vernünftigen Gesetzes*,[267] so glich dies einem vagen Beschwören und zielte doch auf ein politisches Programm.

Das zweite Lieblingswort war *Volk*. Das Volk allein bildet den legitimen Boden für jegliche Herrschaft – es ist der Souverän, nicht der König. Blum erstrebte eine Politik nicht nur für, sondern auch durch das Volk – gegen die alte ständische Gesellschaft. Der Kampf gegen den Adel war für ihn fast schon beendet, denn Blum sah ihn als *Leiche in der Gegenwart, und alle Versuche, ihn wieder zu beleben, bringen nichts als galvanische Zuckungen hervor.*[268] Doch *Volk* meinte nicht nur Abgrenzung zum ständisch gegliederten System, zur Adelsherrschaft, sondern wandte sich auch gegen neue Privilegien, etwa solche für Teile des Bürgertums. Der Staat sei *keine Actiengesellschaft [...], bei welcher der Vermögendere mehr betheiligt sei als der Arme.*[269] Das Bürgertum solle nicht – wie einst der Adel – in einem Gegensatz zum Volk stehen, sondern Bestandteil sein. Ganz unprätentiös kam das zum Ausdruck in der Einleitung für sein Taschenbuch *Vorwärts!* von 1843: es solle *in der Tasche des Bürgers, des Handwerkers, des Arbeiters, des eigentlichen Volkes*[270] getragen werden.

Mit dem *Volk* war eine Reihe Blumscher Leitbegriffe verklammert: Nation, Republik, Demokratie, soziale Gleichheit. Wenn Blum von der deutschen Nation sprach, dann lag der Ton auf der Kraft nach innen. Die Idee der Nation entzog den Fürsten den Rechtsboden, sie purzelten um wie Kegel. Denn aus der Sicht der Zeitgenossen ergab sich aus der Nationsidee die Forderung nach einem gemeinsamen deutschen Staat: was brauchte es da noch die Operetten-Fürstlein und Kleinherzöge?

Weniger interessiert hat sich Blum für die Abgrenzung nach außen. Er blieb zeit seines Lebens immun gegen schrillen, aggressiv gefärbten Nationalismus, gegen alles xenophobische Geschrei. Davor bewahrten ihn seine Polenfreundschaft und seine Sympathie für die Französische Revolution. Darüber hinaus vertrat er explizit Europa-Ideen und internationalistische Ansätze, die das Gros seiner Zeitgenossen noch überfordert haben. In einer seiner letzten Reden hat er im Juli 1848 visionär die *Verbrüderung des freigewordenen oder freiwerdenden Westens* gefordert.[271] Seine Zukunftskarte von Europa trug keine grellen National-Farben, die einander in harschem Kontrast gegenüberstehen, sondern bildete ein harmonisches Muster. Im »Staatslexikon« führte er aus, dass mit fortschreitender Bildung das Streben nach Einheit der Völker wachsen werde, bis sie einst zu einer großen Familie ohne *Feindseligkeiten und Kriege* verschmelzen würden. Es gehe dabei um eine höhere, auf *geistiger Selbstständigkeit und Freiheit* ruhende Einheit, nicht um *maschinenmäßige Einerleiheit.*[272] Während er Europa langsam zusammenwachsen sah, war für ihn die deutsche Einheit kein Selbstzweck: Einheit um der Einheit willen galt ihm als wertloser Tand, er konnte sich ein geeintes Deutschland nicht ohne verbürgte Freiheitsrechte vorstellen: *Auch wir wollen Eine starke, gesunde, kräftige deutsche Nation; [...] aber wir fordern auch – die Freiheit des Menschen, die ihm als solchem im Staate, als Staatsbürger, rechtlich zukommt.*[273]

Das Romantische hatte er mit allen literarischen Ambitionen endgültig abgestreift. Er war ein europäischer Visionär – aber er blieb auch ein Pragmatiker, der nüchternste Realpolitiker, der sich denken lässt. Von einem mittelalterlich getönten Ideal-Deutschland, von dem so viele Zeitgenossen träumten, mit einem Kaiser an der Spitze, der an große Heldenzeiten erinnert, an die heilige Mission der Deutschen in Europa und von allerlei mystischem Brimborium umrankt ist, davon wollte er nichts wissen. Wenn er Vergangenes beschwor, dann die Französische Revolution, durchaus mit Emphase, doch in den Zielen gut aufklärerisch und vernunftgeleitet. Ein deutscher Nationalstaat war für Blum nur als Republik denkbar. Während die gemäßigten Liberalen in ihren Nebelträumen schon einen neuen Barbarossa schauten, bewunderte Blum die Vereinigten Staaten von Amerika und die Abschaffung der Monarchie in der Französischen Revolution. Bereits in seinen *Kosciouszko* hat er immer wieder Anklagen gegen das Königtum erhoben; im zweiten Teil lässt er George Washington ausrufen: *Noch hat kein Thron bestanden auf der Erde, / Der nicht das Volk betrog. Sein Dasein schon / Ist Hochverrath am*

Volk, weil er die Gleichheit / der Menschen aufhebt, die Natur gegründet / Und auf der Volkszertretung sich erhöht.[274]

In Deutschland gab es freilich nicht eine Monarchie wie in Frankreich, sondern deren dreißig. Wollte Blum dreißig Revolutionen anzetteln? Oder sollte eine nationale Republik den Monarchen rechtlich den Garaus machen, ihnen die Entlassungsurkunde in aller Form zusenden? Blums Aussagen bildeten zunächst kein Programm zur praktischen Anwendung. Erst 1848 sah er sich gezwungen, einen konkreten Vorschlag zu machen. In der Paulskirche, später nochmals in Leipzig, plädierte er für eine nationale Republik, die föderativ zusammengesetzt sein sollte aus unterschiedlichen Bausteinen: Monarchien und Republiken in bunter Mischung, je nach besonderer Lage, nach örtlichem Volkswillen und regionalen Machtverhältnissen, mit *Spielraum* für die einzelnen Länder *zu ihrer eigenthümlichen Entwickelung.*[275] Eine Bundes-Republik gebildet aus Republiken und Monarchien – das erscheint auf den ersten Blick merkwürdig schief. Und doch ist es bei näherem Hinsehen von einem bestechendem, fast genialen Pragmatismus.

Das meiste Herzblut hat Blum dem Thema Armut geopfert. Er kannte Not und Hunger aus der Kinderzeit, das hat ihn empfänglich gemacht. In den vierziger Jahren wurde »Pauperismus« zu einem allgegenwärtigen Schlagwort, vorgebracht von Journalisten, Schriftstellern und manchem Politiker. Die Armut und das Verarmen vieler Menschen sorgten für Schrecken und allerlei Initiativen, schufen ein aus Entsetzen, Enttäuschung und Revolutionsangst komponiertes Interesse an der sozialen Frage. Den Weg in eine neue Zeit hatte man sich anders vorgestellt. *Eine dumpfe Schwüle bemächtigt sich des Gemüthes beim Hinblick auf die Zukunft.*[276] Blum war in der Diagnose radikal, in der Therapie moderat. So schrieb er von einem *Krieg der Reichen gegen die Armen, der in unsern Gesetzgebungen wie in unserm ganzen Staatsleben sich offenbart*[277] und beobachtete *tyrannische Herrschaft des Capitals über die Arbeitskraft.*[278]

Ein hartes Wort, *Krieg*, und doch hielt er nichts von Gewalt. Die Rechtlosigkeit der Armen müsse beendet werden, Arbeit menschenwürdig sein. Nicht allein Geld und Arbeit machten das Glück, er sieht Materielles eng mit Immateriellem verflochten, sorgt sich um die Rolle, die Position, die Würde des Einzelnen: So benötige der Arbeiter nicht nur *Arbeit und Verdienst*, sondern auch *Recht und Gerechtigkeit, Emancipation vom Capitale, Zurückerstattung der verlorenen Menschenwürde, Selbstständigkeit, Unabhängigkeit und freie Schaltung mit seiner Kraft und seinem Talente.*[279]

Der Abstand zu radikalen Lösungen wuchs durch die Ahnung, dass komplexe Theorie, in Praxis umgesetzt, »falsche« Ergebnisse liefern kann. Blums Pragmatismus sah der Not direkt ins Auge. Er wollte immer möglichst sofort umsetzbare Schritte zur Hilfe. Das begann im Alltag, wo er in Not Geratenen immer Geld gab – ungeachtet dessen, dass er selbst wenig hatte. *Dem Unglücklichen muß man helfen, wie sehr man auch Ursache hat, mit ihm zu zürnen,* schrieb er einmal an Jenny.[280] Das Mitleiden war sein heimliches Programm – eine »Idee«, die von den sozialistischen Großtheoretikern wohl verachtet, allenfalls belächelt worden wäre. Manches mochte tränenselig wirken, aber es war echt Blum, authentisch und ohne Aufhebens. Und zudem schuf ihm seine menschliche Wärme eine glühende Anhängerschar, für die er zu einer Art Heiligem heranwuchs. Wo der Mensch litt, dies war sein Credo, musste die Politik helfen.

Blum war kein Almosenprediger. Er verweigerte sich nur dem Großen Plan, der Vertröstung auf die Große Revolution, nach der alles ganz anders werde. Bei der sozialen Frage ging es ums Jetzt. Das hieß: Hilfe innerhalb der bestehenden Ordnung. In einer Hungersnot 1842 wurde in seinen »Vaterlandsblättern« der Vorschlag gemacht, man möge die Herstellung von Branntwein aus Kartoffeln verbieten.[281] Mochten die großen politischen Ziele in die Zukunft verlagert, soziales Elend musste sofort ausgemerzt werden. Blum spürte, dass das Volk keine Lust auf ein Übermorgen hat. Freilich blitzen bisweilen auch radikalere Lösungen auf, die durchaus auf eine Enteignung zielten und recht staatsgläubig klangen. So lässt er etwa George Washington im *Kosciuoszko* ausrufen: *Des Bürgers Eigenthum muß für den Staat / Geopfert werden, wenn's dem Letztern nützt.*[282]

Der von den Liberalen später gern betonte Gegensatz zwischen Freiheit und Gleichheit spielte im Vormärz indes noch keine so große Rolle, ging es doch vor allem noch um die rechtliche Gleichheit. Dennoch war dem Herausgeber des »Staatslexikons« bewusst, dass beide Werte auch in Widerspruch stehen konnten. Blum kannte die faszinierende Kraft, die von der Gleichheitsidee ausgeht: *Zauberischer noch als selbst das Wort Freiheit hat das Wort Gleichheit auf die Menschen gewirkt.* Auch auf ihn? Immerhin hat er den Artikel *Gleichheit* im »Staatslexikon« verfasst, während er die *Freiheit* Adolph Hensel überließ.

Doch Blums Artikel verweigert sich allen Parolen. *Die große Täuschung, welche das Wort Gleichheit [...] hervorruft, liegt in der Verkennung der Thatsache, dass die Menschen nicht gleich sind, daher eine volle Gleichheit unmöglich ist.* Der Staat müsse freilich dafür sorgen, dass *nicht unnatürlich Ungleichheit geschaffen und erhalten wird.*[283] *Die Gleichheit vor dem Gesetze ist zwar Grundsatz in den meisten Staaten, aber thatsächlich ist sie für den Armen nicht vorhanden.*[284] Noch sei die Menschheit in *Klassen, Kasten und Abschachtelungen* geteilt. *Gleichheit der Erziehung, Gleichheit des Rechts, Gleichheit der Pflichten, Gleichheit der Behandlung Aller ist die große Aufgabe, welche die Zukunft zu lösen hat.*[285]

Das *Recht*, der *Rechtsboden*, das *heilige Recht* sind Blum liebe Begriffe. Manches erscheint systemkonform, was für den »Revolutionär« Blum verblüffend erscheinen mag. Er dachte freilich oft an das Natur- und Menschenrecht, jedem zustehend, das Recht, »das mit uns geboren ist«, wie es in Goethes »Faust« so unvergesslich heißt. Es war durch die halbabsolutistischen Systeme gefährdet. Blums Washington bezeichnet die Monarchie einmal als *Hochverrath am Volk*. Gefährdet ist aber auch positives Recht, das der Verfassungen etwa, sofern deren Bestimmungen durch anderes Recht unterminiert werden: wenn *die Nebengesetze [...] das Hauptgesetz, die Verfassung aufheben und unwirksam machen, was nützen dem Volke dann die »kostbaren Verfassungsrechte«?*[286] Die Forderung nach dem Recht umspannte also Naturrecht und bedrohtes positives Recht und ist somit durchaus systemkritisch zu verstehen. Aber Blum beschwor das Recht sehr wohl auch in einem stärker systemkonformen Sinn, schrieb einmal vom tief verwurzelten *Bedürfnis der Staatsordnung und der Gesetzesherrschaft*[287] und warnte seine Anhänger davor, den Rechtsboden zu verlassen, sprich: Gewalt anzuwenden.

Wer die Schriften Blums liest, spürt bisweilen einen religiösen Ton. Ähnliches vermitteln auch die politischen Texte anderer Akteure der Epoche. Es sind die Inbrunst und Emphase, kurz: der gläubige Ernst, in dem die Dinge ausgesprochen werden. Immer wieder geht es um die Gewissheit, die Zukunft zu besitzen und auf der Seite des Fortschritts zu stehen. Dieser Fortschrittsglaube ist den Europäern im Laufe des 20. Jahrhunderts abhanden gekommen – das macht uns Heutigen das Verstehen nicht immer leicht. *Das Ziel aller Bewegung aber ist der Fortschritt zu einem bessern, schönern, reichern* Leben, schreibt Blum im »Staatslexikon«. Gut hegelianisch glaubt er an den *unaufhaltsamen Gang* der Geschichte, und jeglicher *Stillstand* und jegliche *Hemmung* seien *nur Schein.*[288] Blum unterscheidet scharf zwischen Fortschrittsfreunden und -gegnern, zwischen den Mächten des Lichts und der Finsternis. Auch dieser Manichäismus ist es, der Gegensatz von Gut und Böse, von Hell und Dunkel, der dem Fortschrittsdenken seine religiöse Aura gibt.

Die Freiheitsfreunde entdeckten in den 1840er Jahren einen weiteren Gegensatz, freilich einen, der ihnen weniger Freude machte. Sie stellten fest, dass sie immer häufiger unterschiedlicher Meinung waren, wenn es um den Kampf gegen das Alte ging. Demokraten standen gegen Liberale, Radikale gegen Gemäßigte. Die Radikalen selbst nannten sich gern »Ganze« und ächteten die Liberalen als »Halbe«. Mancher Gegensatz ließ sich inhaltlich bestimmen: Die Liberalen hatten die Reform des Rechts im Auge, die Radikalen dachten auch an die Wirtschaft, den liberalen Ruf nach Freiheit ergänzten die Radikalen um die Forderung nach einer sozialen Politik, und wenn die Liberalen allgemein die deutsche Einheit beschworen, bestanden die Radikalen auf der deutschen Republik.

Doch so sehr es den Gegensatz im Inhalt gab, sah Blum ihn doch vor allem in der Form. Der Liberalismus, so Blum, habe seine wichtige historische Rolle gehabt, als er in den 1830er Jahren *den Sinn des Fortschritts und die Hoffnung besserer Zeit nährte.*[289] Da aber in der Gegenwart die liberalen Ideen allgemein anerkannt seien – *selbst die Rückschrittsmänner [...] müssen die Larve der Freisinnigkeit vornehmen*[290] –, solle man keine Scheu vor radikalen Forderungen haben.

Bei Blum hatte sich der Eindruck verdichtet, dass es einen wohlfeilen Bekenntnisliberalismus gab, während man sich zugleich arrangierte, ein Beschwören von Freiheitszielen, das tagesopportun war, doch verdächtig folgenlos blieb. *Wer bei Tage Opposition macht und Abends in den ministeriellen Salons Bücklinge schneidet und sich an ihren Tafeln gütlich thut, dem glaubt man nicht mehr.*[291] Er kritisierte, dass viele Liberale übervorsichtig agierten, zu lau opponierten, die Wahrheit nicht aussprächen. *Wahrheit, offene, ehrliche Wahrheit, das ist unsere einzige Forderung, in dieser liegt unser ganzer »Radicalismus«.*[292]

Zu diesen Wahrheiten gehörte für ihn etwa, dass die Verfassungen der deutschen Einzelstaaten nur auf dem Papier stünden. Spott über die »Halben« blieb nicht aus. Blum veröffentlichte in seinem *Vorwärts!* 1845 das Robert-Prutz-Gedicht »Pereant die Liberalen«: »[...] Pereant die Liberalen, / Jene blassen, jene fahlen, / Die in Zeitung und Journalen / Philosophisch sich ergehn: / Aber bei des Bettlers Schmerzen, / Weisheitsvoll, mit kaltem Herzen, / Ungerührt vorübergehn [...].«[293]

Im »Staatslexikon« hat Blum dann einen ambitionierten Versuch unternommen, die politischen Lager weiter zu differenzieren. Er nennt sechs Parteien, drei links, drei rechts der Mitte. In ähnlicher Weise hatte Rotteck ein Fünf-Parteien-System beschrieben.[294] Die beiden mittleren, *gemäßigte Liberale* und *conservative Reformfreunde*, nimmt Blum am wenigsten ernst. *Gemäßigte Liberale* seien *Leute, die nichts thun wollen und nichts thun können, aber erstaunlich viel schwatzen.* Er nennt sie *wahre Maulhelden*. Sie änderten ihre Meinung wenn nötig *15 Mal in einem Athem, aber stets mit großer Salbung*. In denselben Topf wirft er die *conservativen Reformfreunde.* Links der *gemäßigten Liberalen* stünden die *Entschiedenen, Radicalen und Ehrlichen*. Ihre wichtigste Aufgabe sei es, *den Nebel zu durchbrechen, welchen die Gemäßigten seit 25 Jahren gemacht haben* – überflüssig zu erwähnen, dass Blum selber sich hier einsortiert. Auf der rechten Seite ihnen gegenüber stehe die *Parthei des Stillstandes [...], die ächt Conservativen. Sie heuchelt wenigstens nicht und [...] erklärt offen, dass sie mit dem Vorhandenden zufrieden ist.* Die beiden Extreme schließlich würden von der Partei des *Umsturzes*, den *Exaltirten, Ultras, Revolutionairen* einerseits und den *Rückschrittsmännern,* den *Reactionairen* andererseits gebildet. Am kräftigsten wettert Blum also gegen die Moderaten, die *Halben, Lauwarmen und Aschgrauen*, während die *ächten* Konservativen – gewissermaßen als Pendant der Radikalen – nicht schlecht wegkommen. Aus seiner Sicht hätte es wohl genügt, wenn diese beiden, Radikale und Konservative, den politischen Kampf frontal und mit offenem Visier ausgefochten hätten.

Wichtig für sein eigenes Handeln waren allerdings weniger theoretische Definitionen als praktische Koalitionen, war das Tagesgeschäft, war es, zwischen und mit all diesen Funktionen dem eigenen Ziel näher zu kommen. Blums »Programm« ist die Praxis. Als »Mann der That« wird er in einem Spitzelbericht an Metternich bezeichnet.[295] Wichtig war deshalb auch zu wissen, wann das Taktieren und Finassieren ein Ende haben und man sich an das Volk selbst wenden musste. Dann ging es nicht mehr nur um das Verbreiten von Ideen, sondern um das Aktivieren des Volks, um den Schustergesellen, den Fabrikarbeiter, den Dienstboten, auch das Dienstmädchen. Das Demokratie-Ideal Blums erforderte geradezu – anders als bei vielen moderaten Liberalen – die Beteiligung der unteren Schichten. Die Dauerpolitisierung der Gesellschaft sollte das alte System zurückdrängen. Und neben den alten Mächten, dem Adel, den Fürsten, den Privilegierten aller Schattierungen gilt sein Kampf dem schwerblütig-zähen und klebrigen Philistertum, der Schläfrigkeit und der Ofenhockerei. Immer wieder beschwört er den Willen, die mentale Kraft, den frischen Schwung als Mittel zum Erfolg: *O wollt nur, wollt, anstatt zu flehn, zu beten, / Und Eure Wünsche werden Wahrheit sein; [...] / O, wollt – frei ist das Wort und der Gedanke, / Es bricht zusammen lustig jede Schranke! / [...] Vertauschet Euer Sehnen, Wünschen, Ahnen / Mit Willenskraft und frischer Thatenlust!*[296]

Vor Gewalt aber ist Blum zurückgeschreckt. An den französischen Jakobinern bewunderte er zwar *Kraft*, *Muth*, *Entschiedenheit* und *Aufopferung*, verurteilte zugleich aber die *Ausartungen* und *blutigen Verirrungen*. Sie seien *die großartigste und furchtbarste Partei, welche die Welt je gesehen hat.*[297] Ein geborener Revolutionär war er nicht.

Am 21. Oktober 1839 fuhr er nach Westen, Richtung Frankfurt am Main. Eine Geheimreise. Er wollte Gleichgesinnte aus ganz Deutschland treffen, vor allem aus dem Südwesten, aus Baden, Hessen, der Pfalz. Bis Naumburg fuhr er halbwegs bequem *im Hauptwagen und in einer Ecke*, von dort ging es weiter nach Jena *in einem Kasten, der wahrscheinlich zu den Zeiten der Folter dazu benutzt wurde, den armen Opfern alle Rippen zu brechen.* Ab Weimar genoss er bis Frankfurt *die Wonne der Beiwagen [...], ein vortreffliches Institut, welches die verpönten Turnanstalten vollkommen ersetzen könnte; denn wer*

8 Tage darin fährt, hat die stärkste Gliederprobe bestanden, die es in der Welt gibt. [...] man wird aller 2 bis 3 Stunden aus- und in einen andern Kasten eingepackt, was besonders in der Nacht höchst angenehm ist.[298] Zwei Freunde aus dem Dresdner Landtag hatten ihm den Kontakt vermittelt, die Vogtländer Carl Todt und Julius von Dieskau.[299] Er besaß noch kein politisches Amt, hatte keine nominelle Funktion, doch in den Kreisen, in denen er verkehrte, den Literaten und Politikern, waren sein heller Kopf, sein geschliffenes Wort und auch sein Ehrgeiz nicht verborgen geblieben.

Was würde ihn erwarten, ihn, den jungen Freiheitsfreund, der außerhalb Sachsens nur wenig bekannt war? Es ging um eine konspirative Zusammenarbeit der Freiheitsbewegung in Deutschland. Denn nicht nur das staatliche Deutschland war ein Flickenteppich, auch die Opposition war bunt zerstreut. In jedem Land profilierten sich eigene Führer des Freiheitskampfs, zu den Blums und Todts aus Sachsen gesellten sich Dutzende andere in den übrigen Regionen. Das war in gewisser Hinsicht eine Stärke, doch ohne Abstimmung konnte es zur Schwäche werden. Nun wollten die Führer die Opposition systematischer vorantreiben, die regionalen Bewegungen zusammenbringen, ähnlich wie der Gegenspieler, der Deutsche Bund, die konservativen Kräfte der Einzelstaaten zu bündeln suchte.

Seit 1839 trafen sich die Männer der Szene mehr oder weniger regelmäßig einmal im Jahr, beim ersten Mal in Frankfurt, von dort fuhren die Freunde weiter Richtung Südwesten, in ein Wirtshaus in Hattersheim am Main. Später diente als Treffpunkt meist das Weingut des Liberalen Johann Adam von Itzstein in Hallgarten im Rheingau, rund fünfzehn Kilometer westlich von Wiesbaden. Unter dem Namen »Hallgarten-Kreis« ist die Runde denn auch Geschichte geworden. Itzstein war ein liberaler Pionier und zugleich der Gründervater der Runde. 1775 geboren, gehörte er zur Generation des populärsten aller badischen Liberalen, Karl von Rotteck, und wuchs nach dessen Tod 1840 in seine Rolle hinein, als Patriarch der liberalen Opposition. Von 1809 an hatte er in badischen Diensten gestanden, erst als Oberamtmann in Schwetzingen, später als Hofgerichtsrat in Mannheim, wurde dann wegen seiner liberalen Haltung strafversetzt nach Meersburg und reagierte darauf seinerseits, indem er den Dienst quittierte. Viele dieser älteren Liberalen standen noch jenseits der Grabenkämpfe, wollten sich keinem der Flügel anschließen, die im Entstehen waren. Vielmehr sahen sie sich als Ahnen der Radikalen und Gemäßigten. Auch Itzstein suchte den Kontakt zu allen Strömungen, hielt es aber mehr mit den Radikaleren. So vereinte der Hallgarten-Kreis ein breites Spektrum von Politikern, zusammengehalten allein durch den Kampf gegen Metternich, sein System und seine Satrapen.

Eine Strategiekommission der führenden Köpfe, deutschlandweit – Blum war begeistert. Er war noch ganz der jugendliche Stauner: *Nie im Leben habe ich teil an einer Gesellschaft genommen, bei der eine solche Herzlichkeit, Innigkeit und Heiterkeit herrschte wie bei dieser.* Im Kreis wurde Freiheit für Deutschland gleich gewichtet mit den Freuden des Alltags, denn Plaudern, Wein und Braten waren unabdingbare Ingredienzen der Treffen. In der Region, am Rhein, gehe es darum *zu versuchen, was ein Menschenmagen im äußersten Fall zu ertragen vermag*, bilanzierte er nicht ohne Behagen.[300] Der Kreis hat wohl nie mehr als dreißig Männer zusammengebracht, und doch kam er einem qualitativen Sprung der »Bewegung« gleich. Nicht nur der Zweck war geheim, auch die Existenz an sich. Das erschwert die Überlieferung.

Wo ließen sich die Hebel ansetzen? In vielen deutschen Ländern gab es im Vormärz Landtage, »Volkskammern«, die zwar nur schmale Rechte hatten, doch große öffentliche Wirkung entfalteten. Nirgendwo hallte der Ruf nach Freiheit lauter als in den kleinen Parlamentssälen der deutschen Residenzstädte. In Karlsruhe und Dresden, in München und Darmstadt, in Stuttgart und Hannover, in Kassel und Weimar erhoben die

Liberalen ähnliche Forderungen, und doch blieb der Eindruck einer Kakophonie. Die Hallgartener wollten dem abhelfen; sie wollten kooperieren und koordinieren, über ein gemeinsames Vorgehen in den Parlamenten beraten, daneben auch in der Presse. Die stärksten Waffen der Opposition sollten zu einem nationalen Arsenal gebündelt werden. Der Doyen der Liberalen, der 1840 verstorbene Karl von Rotteck, hatte 1831 einmal ausgerufen, »jede Volkskammer« sei »Teil der Gesamtrepräsentation der edlen deutschen Nation«.[301] Was lag näher, als die Teile mit einem geistigen Band zu umschlingen?

1845 hat Itzstein das Hallgarten-Programm noch einmal umrissen: »gleiche Haltung der Kammern, besonders in Betreff der Hauptanträge, z. B. freie Presse, Öffentlichkeit und Mündlichkeit des Verfahrens, Geschwornengerichte, Verantwortlichkeit der Minister, Militärbeschränkung usw.« Eine »Annäherung der entschiedenen Männer« werde »eine wahre öffentliche Meinung in Deutschland« erzeugen und gleichlautende Anträge in den Landtagen würden »Eindruck auf die Bundesversammlung und auf das Volk« machen.[302] Diese schlichte Idee war wohl das Optimum dessen, was unter den begrenzten Bedingungen des Vormärz möglich war.

Zu den Älteren des Kreises, die noch im vorigen Jahrhundert geboren worden waren, gehörte neben Itzstein Karl Theodor Welcker, der 1832 als Rechtsprofessor in Freiburg entlassen worden war, ein unermüdlicher Kämpfer für Einheit und Freiheit, deutschlandweit berühmt geworden durch seine Petition für Pressefreiheit von 1830, durch seinen Plan zum Umbau des Bundes 1831 und durch das »Staatslexikon«, das er gemeinsam mit Rotteck herausgab. Ebenfalls aus Baden, aus Mannheim, kamen Friedrich Daniel Bassermann und Karl Mathy, die dort ab 1843 gemeinsam eine Verlagsbuchhandlung betreiben sollten. Bassermann kam 1841, Mathy im Folgejahr in den Landtag nach Karlsruhe. Später, 1846, stieß Heinrich von Gagern in den Hallgartener Zirkel. Er war 1833 wegen eines Streits mit der Regierung aus dem Dienst seines

Heimatlandes Hessen-Darmstadt geschieden und privatisierte nun auf seinem Gut bei Worms, war aber noch im Landtag in Darmstadt vertreten. Aus Nassau kam August Hergenhahn, bis 1841 Anwalt in Wiesbaden, während der dann heraufziehenden Reformpolitik am Gericht tätig und seit 1846 im Landtag des Herzogtums Nassau.

Dies waren die markantesten Köpfe der moderaten Gruppe unter den Hallgartenern. Zu den Entschiedeneren gehörten der Mannheimer Anwalt Friedrich Hecker, der im selben Jahr wie Mathy, 1842, in den badischen Landtag gewählt wurde. Aus dem Sächsischen reisten die Landtagsabgeordneten Otto von Watzdorf und Julius von Dieskau an, zwei gute Freunde Blums, auch sie eher radikal gesinnt. Das galt auch für den schlesischen Gutsbesitzer Eduard Graf von Reichenbach, und für Johann Jacoby aus Königsberg. Der wurde 1841 verurteilt, weil er eine Verfassung für Preußen gefordert hatte, dann aber freigesprochen. Mit ihm kam Ludwig Walesrode, der Journalist und Schriftsteller, der seit 1837 in Königsberg lebte.

Allein das Aufeinandertreffen der verschiedenen Mundarten dürfte amüsant gewesen sein. Blum hat geschildert, wie die Freunde 1839 in Hattersheim hängenblieben und sich festredeten und festrednerten. Die Reisepläne – man wollte eigentlich nach Hallgarten – versanken in einem See von Wein und Trinksprüchen. Am folgenden Tag fuhren sie weiter nach Mainz, wo man dann nach einer Stadtbesichtigung voneinander schied.

Blum erblickte den *schönen, schönen Rhein* und Heimweh kroch in ihm hoch. *Als ich den herrlichen Strom sah, [...] und bedachte, dass ich binnen 10 Stunden [...] bei meiner alten kranken Mutter, bei meinen Geschwistern, Freunden und tausend der alten Erinnerung teuern Gegenständen sein könnte und nun doch den Rückweg antreten musste – da erfaßte mich ein eigenes Weh, und nie hat mir das Müssen so tief in die Seele geschnitten als in diesem Augenblick.*[303] Durch die Adern des Neu-Leipzigers rollte noch immer Kölner Blut, so sehr er sich dem Sächsischen anfreundete. Mit dem Hallgarten-Kreis fand er so etwas wie eine dritte Heimat – nach Köln und Leipzig.

Beim nächsten Treffen, 1840, reichte die Kondition bis Hallgarten. Das Ambiente hat den Hang zur Rieslingseligkeit befördert: Itzsteins Weingut lag auf halber Höhe der sanft ansteigenden Rheingauer Hügel, »in der unendlich schönen und reichen Gegend«,[304] am »herrlichsten Fleck deutscher Erde«.[305] Aus dem neu errichteten Gartenhaus – es ist bis heute zu sehen – überblickten die Freunde das Tal von Mainz bis Bingen und die gegenüberliegende rheinhessische Ebene, der Horizont eine gewellte grünblaue Linie. Fußwege führen durch die Weinstöcke, unten blinkt der Fluss. Etwa zwei Stunden geht ein Wanderer von Hallgarten über Schloss Vollrads bis Schloss Johannesberg, das im Besitz des österreichischen Staatskanzlers Fürst Metternich war. Dorthin, so berichtet der Mannheimer Liberale Friedrich Daniel Bassermann, seien sie mitunter gepilgert und hätten zu Füßen der Anlage mit dem Wein des Schlossherrn auf den Untergang seines Systems angestoßen.[306] Bis dahin sollten noch viele Flaschen entkorkt werden. Der Hallgarten-Kreis, das Politisieren unter heller Sonne, im leuchtenden Weinstock, ist eines der stärksten Symbole für den Schwung und die Leichtigkeit, mit der die Opposition in die vierziger Jahre ging.

Mit Schiller für die Freiheit

Als Blum 1839 vom ersten Treffen der Hallgarten-Freunde nach Leipzig heimkehrte, hatte er Mut geschöpft, Mut und Ideen. Er wollte nicht mehr nur in zweiter Reihe stehen, wenn für die Freiheit geworben wurde – gleich ob auf Feiern und Banketten, in Vereinen oder mit der Feder. Er wollte selber Anstöße geben, eingreifen in den Meinungskampf. In der Festkultur der Zeit entdeckte er das Propagandainstrument. Vor allem die beliebten historischen Feiern jener Tage hatten ja meist einen politischen Unterton. Da hoben die Bürger Statuen von Schiller, Luther oder Gutenberg auf den Sockel und meinten: Freiheit vor Tyrannei, Freiheit des Glaubens, Freiheit der Presse. Der Kult um das Vergangene war in Wahrheit Ausdruck der Zukunftshoffnung – laut Blum eine *völlig erlaubte Kriegslist.*[307] Als *treffliches Mittel zur Nährung und Stärkung der öffentlichen Meinung* sah er die politischen Feste, sie seien ein Zeichen *der dem Fortschritte huldigenden Gesinnung* wie der *immer wachsenden politischen Gesinnung eines Volkes.*[308] *Jedes Fest* habe *die Bedeutung, die man hineinlegt*, meinte er einmal zu Karl Theodor Welcker, dem Gesinnungsfreund aus dem Badischen.[309] Der fürstlichen Kultur- und Geschichtspolitik sollte eine eigenständige bürgerliche Version entgegengehalten werden. Man wollte den Herrschenden die Deutungsmacht über die Historie entreißen, Souverän der Vergangenheit sein, bevor man sich der Souveränitätsfrage der Gegenwart zuwandte. Bereits 1839 hatte Blum geklagt, dass die Regierung das Reformationsfest in ihre Richtung biegen wolle, indem sie es *mit der langen schaalen Brühe eines königlichen Geburtstages vermischt* habe.[310]

1840 stand ein Gutenbergfest an. 400 Jahre Buchdruck waren in der Buchstadt Leipzig gebührend zu feiern. Keine neue Idee; bereits 1540, 1640 und 1740 hatten die Leipziger »Buchdruckerherren« dem großen Manne gehuldigt.[311] Blum entschloss sich gleich, das Fest zu nutzen; Ende Januar 1840 kursierte unter den Leipziger Schriftstellern eine *Vertrauliche Mittheilung.* Das dürfte seine Idee gewesen sein, auch wenn dies nicht mit letzter Sicherheit zu klären ist. Blum regte eine *Betheiligung am bevorstehenden Feste der Buchdruckerkunst* an, *um die Feier und dadurch uns selbst zu ehren.*[312] Außerdem solle auswärtigen Autoren, die zur Feier nach Leipzig kämen, die Möglichkeit zur Begegnung mit der heimischen Literatenszene gegeben werden. Das klang harmlos, doch die staatlichen Überwacher horchten bei so etwas auf. Überlokale Begegnungen – das roch nach Zusammenrottung.

Der unter Blums behutsamer Regie alsbald versammelte Kreis einte Leipziger Literaten – selbstbewusste Individualisten allesamt, Querschädel und Quadratdenker. Viele kannte Blum aus der »Kochei« und anderswoher. Da war Gustav Kühne, von 1835 bis 1842 Redakteur der »Zeitung für die elegante Welt«, Hegel-Schüler, befreundet mit Theodor Mundt, ein gewandter Novellist und Romancier mit Tiefgang. Da war Gotthard Oswald Marbach, auch er Hegelianer, Wagnerschwager, ab 1843 Herausgeber der »Leipziger Zeitung«, Professor der »Technologie« und schließlich Zensor – Blum forderte ihn 1848 zum Rücktritt von diesem Amt auf. Da war Robert Heller, Herausgeber der wenig erfolgreichen Zeitschrift »Rosen«, in der auch Blum publizierte. Da waren die alten Blum-Freunde, mit denen er das Theaterlexikon edierte: Hermann Marggraff und Karl Herloßsohn – er gab auch den »Kometen« heraus. Da war Schwager Günther, der die Literatenrunde noch politischer haben wollte als Blum. Da war Ernst Willkomm, der Pfarrersohn, Jurist und Philologe, Zivilisationskritiker und europamüde Amerikaenthusiast, der nach Irrungen und Wirrungen am Ende seines Lebens ein Pensionat eröffnen sollte. Da war August Heinroth, im Hauptberuf Leiter der Psychiatrie der Universität, im Nebenberuf Dichter als »Treumund Wellentreter«. Und da waren Ferdinand Stolle, der später zusammen mit Ernst Keil die »Gartenlaube« herausgab, wie Ernst Keil selbst, der 1842 die Zeitschrift »Planet« übernahm. Hinzustießen der Komponist Robert Schumann, der 1840 – endlich, endlich – seine große Liebe Clara Wieck heiraten durfte, und, natürlich, Albert Lortzing, der immer dabei war, wenn Freund Blum mitmachte, und viele andere, Vergessene und Unbekannte. Gewiss, man kannte sich bereits aus der lokalen »Szene«, aus lockeren, bohemehaften Zirkeln – Zirkeln mit vielen Ideen und wenig Geld. Vereinsgläubig war man eigentlich nicht; dass sich aus diesem Kreis dennoch ein Verein zu formieren begann, hatte einen Grund: Robert Blum. Er vor allem drängte auf Organisierung und

Politisierung hin. Er wurde zum Motor der Gruppe. Die formelle Konstituierung als Leipziger Literatenverein gelang freilich erst am 28. Januar 1842.

Die Gutenbergfeier, die bislang von Buchhändlern, Buchdruckern und Schriftgießern geplant worden war, sollte nun auch ihr Fest werden, zum Fest einer neuen Zeit. Einer der ihren sollte eine Rede auf dem Marktplatz halten – ein Name wurde nicht genannt, doch wer kam anderes in Frage als Blum? Das Ganze konnte nach Lage der Dinge nur in ein Hoch auf die Freiheit des Worts, die Pressefreiheit münden. *Denn die Presse hat erwählet / Sich der Geist zur lieben Braut*, reimte Blum ein wenig ungelenk für das Fest.[313]

Wie würden die ehrwürdigen Buchdrucker die Blum-Idee aufgreifen? Das »Comité zur Feier der Erfindung der Buchdruckerkunst« reagierte abweisend. Die Schriftsteller seien willkommen, doch auf eine Rede sollten sie bitte verzichten. Es sei nur die Ansprache eines Buchdruckers vorgesehen, ein Abrücken von dieser Linie werde »Begehrlichkeiten von anderer Seite« wecken. Man witterte wohl politische Umtriebe.

Blum und seine Literaten reagierten enttäuscht und wandten sich ab – wer möge, könne sich als Einzelner zugesellen, doch als Korporation mache man nicht mit. Blum wetterte bei Winkler über die *Eitelkeit oder Bornirtheit*, die ihr Mittun verhindert habe: *Das ist ja eben das Empörende, dass das bloße Handwerk die Arroganz hat, der Wissenschaft wie der Literatur das Wort zu verweigern bei einer Gelegenheit, wo diese und nur diese das Recht und die Pflicht haben zu reden. Wird man 1940 diese Frechheit des Handwerks und diese unwürdige Stellung des Geistes begreifen? Deshalb muß aber die misshandelte Literatur sich wenigstens der Geschichtsschreibung des Festes bemächtigen und darf ihre Meinung sagen.*[314]

Eitel Freude herrschte dagegen bei Metternichs Spitzel Eduard Singer, der berichtete, die Veranstalter des Fests hätten eine politische Demonstration der Schriftsteller hintertrieben.[315] Die Politisierung war gescheitert, und Blum musste erstmals erfahren, welche Sisyphusarbeit ihn in der Politik erwartete.

Er suchte und fand eine neue Gelegenheit für ein kulturelles Engagement in politischer Absicht. Von Johannes Gutenberg zu Friedrich Schiller. Blum verehrte ihn wie keinen Zweiten. Der Dichter war so etwas wie sein Alter Ego, mit dem er nicht zuletzt den Geburtstag teilte, worauf er mächtig stolz war.

Blum stand mit seiner Verehrung Friedrich Schillers nicht allein. Der Dichter war überall präsent. Schiller war zum Zentralgestirn der national-kulturellen Bewegung geworden. Anders als Goethe, den man bewunderte, war der andere der beiden großen Weimarer Klassiker ganz und gar populär. Schillers »kleine« Herkunft, sein frühes Rebellentum, seine kraftvolle Sprache, seine dramaturgische Suggestivität – all das machte ihn zu *dem* deutschen Schriftsteller des 19. Jahrhunderts. Der Dichter der Freiheitsdramen »Die Räuber«, »Don Carlos« oder »Wilhelm Tell«, der Ehrenbürger von Frankreich, stand aus Blums Sicht in einer liberalen, ja demokratischen Tradition. Anders als den erst 1832 verstorbenen Goethe, empfand man Schiller, der doch viel länger schon tot war, fast noch als Zeitgenossen.

Schillerfeiern fanden bereits in den 1820er Jahren statt, den Anfang machte der Stuttgarter Gesangverein »Liederkranz« mit jährlichen Festen seit 1824. Bald sammelte man Geld für eine Statue, und bei ihrer Einweihung 1839 in der württembergischen Hauptstadt (dem Ort, aus dem Schiller einst fliehen musste) fand die größte Feier zu seinen Ehren im Vormärz statt. Das Denkmal schuf der damalige Starbildhauer Bertel Thorvaldsen: Schiller mit leicht gesenktem Haupte. Im Blick der Zeit war es eine Weihestätte, »Tempel und Heiligtum, herausgehoben aus dem Getriebe der Stadt, der Weg zu dieser Stätte ist als Wallfahrtsweg konzipiert«.[316] 30 000 Teilnehmer sollen anwesend gewesen sein – so viele wie in Hambach. Diese gewaltige Resonanz lieferte einen Vorgeschmack auf die rauschhafte Begeisterung bei den deutschlandweiten Festen zum einhundertsten Geburtstag des Dichters 1859. Auch in Breslau wurden schon früh Schillerfeiern veranstaltet, seit 1829. Treibende Kraft war hier Hoffmann von Fallersleben,[317] mit dem Blum bald in Kontakt stand.

Die Feste in Stuttgart und Breslau, außerdem Hinweise Itzsteins[318] und Ferdinand Stolles hatten Blum auf die Idee einer Schillerfeier in Sachsen gebracht. In der Zeitschrift »Rosen« war am 18. September 1840 von einem solchen *Vorschlag* zu lesen. Autor war mit Sicherheit Blum, unterzeichnet ist der Artikel mit »...m«. Noch einmal erinnerte er daran, dass die Schriftsteller beim Gutenbergfest nur als Eckensteher geduldet waren: *die Literatur sah sich von dem ihr eigenthümlich gehörenden Feste ausgeschlossen. [...] Möge man daher ein Schillerfest und mit ihm* UNSERE *Jubelfeier der Presse veranstalten.*[319]

Einmal für die Schiller-Idee entflammt, schlüpfte Blum ganz in die Rolle des Organisators. Hier war er ganz in seinem Element, hier entfaltete sich sein wahres Talent. Doch wieder einmal ging es nicht ohne den Überschwang ab und eine gewisse Überspanntheit. *Wir reden in diesem Jahre in einem Saale vor Fünfhundert,* im nächsten Jahre *zu Fünftausend,* und zugleich – über die Presse – erreiche man *dreißig Millionen.*[320]

Doch der Staat hatte seine Spitzel schon postiert. Bereits im Vorfeld meldete Metternichs Mann in Leipzig, das Schillerfest sei eine Neuauflage der Gutenbergfeier. Man suche nach neuen Anlässen für politische Demonstrationen. »Die Stimmung wird sondiert und Blum wird sie zu benutzen suchen«, schreibt Singer kurz vor dem Fest. Schiller habe »eine Menge Sachen für die Freiheit« gedichtet. »In seinem Tell, Don Carlos, den Räubern sind eine Masse Stellen, welche sich auf die Gegenwart besser anwenden lassen als die Werke anderer Dichter. Dabei ist Schiller der populärste unserer Poeten, jedermann kennt ihn. Seine Worte [...] üben eine zauberische Gewalt auf die Deutschen [...]. Man kann dem Fest mancherlei Deutungen geben und dennoch nebenbei beinahe öffentlich Demagogie treiben.«[321] Besser hätte Blum seine Absicht selbst nicht beschreiben können.

Der Theatersekretär plante eine Feier, auf der alle Register gezogen werden sollten: Jubelouvertüre, Rede, die berühmte Don-Carlos-Szene – »Geben Sie Gedankenfreiheit, Sire!« –, ein Chor mit »Freude schöner Götterfunken«, abends dann ein neu gedichteter Prolog, eine »Räuber«-Inszenierung, Souper, drei Toaste. Es kam zu einigem Gerangel. Ein Toast auf den König, wegen der *Konvenienz*, wie Blum sagte – ja oder nein? Wenn ja – an welcher Stelle? Vor dem Toast auf »die Presse«? Nach dem auf Schiller? Der neu gedichtete Prolog des Schriftstellers Karl Beck war dem Bürgermeister zu revolutionär; er strich ihn kurzerhand. Auch mit der eigenen Ansprache schien Blum Schwierigkeiten zu bekommen; es ging das Gerücht um, Blum habe gegen Beck intrigiert, um die eigene Rede zu retten.[322] Und so ging es fort mit viel Zerren und Würgen. Große Ambitionen, kleine Eitelkeiten.

Doch Blum konnte seine Rede retten. Am 9. November, am Vorabend der Hauptfeier, sprach er im Stadttheater. Nach ein paar Sätzen zur hohen Dichtkunst drang er zum politischen Kern vor, zu Schillers *Kampf für Wahrheit, Völkerwohl und Freiheit. Die Quelle des Drucks*, so analysierte er die Lage Schillers wie den Inhalt seiner frühen Dramen, *war das Verderben der damaligen Höfe*, dies dürfe man sagen, nach den *Riesenschritten, die wir gemacht haben*. Indem Blum Schillers Kritik vermeintlich historisierte, entzog er sich geschickt einer möglichen Verfolgung. Doch jeder politisch Denkende wusste, was und wer gemeint waren. Und als Blum schließlich ausrief, es gehe um ein *Fest des Vaterlandes, ein Fest der Menschheit, ein Fest der schönen, besseren Zukunft*, war er ganz in der Gegenwart angekommen. Schiller, rief Blum am Ende seiner Rede, sei ein *Idol* für alle, die *ihre Kraft der Erstrebung einer schöneren Zukunft widmen*.[323] Schiller als Schutzpatron der Vormärzopposition und die Schillerfeier als politisches Fest – so lautete die Botschaft, die für Freund wie Feind deutlich genug zu vernehmen war. Die Bilanz der Feier fiel unterschiedlich aus. In einem behördlichen Geheimbericht hieß es, das Schillerfest habe ein klägliches Ende genommen. Blum habe vorsichtig taktiert, um nicht alles zu gefährden, und die Rangeleien unter den Veranstaltern hätten die Stoßkraft der Liberalen geschwächt.[324] Da war gewiss auch Wunschdenken dabei. Denn Blum selbst war glücklich, zumal begeisterte Post von Schillerfreunden eintraf. Er könne seine *innigste Freude nicht unterdrücken,* schrieb er einem Bewunderer des Festes,[325] und einem andern: *Ich sag Ihnen jubelnd: Es ist gelungen, über alle Erwartung gelungen!*[326]

Die Schillerfeiern wurden zu einer festen Einrichtung, auf der Blum als Zeremonienmeister immer neue Akzente zu setzen wusste. Im Folgejahr, 1841, gelang es ihm, in dem Dörfchen Gohlis vor den Toren von Leipzig das Haus auszumachen, in dem Schiller im Sommer 1785 gewohnt hatte. Eine Gedenktafel wurde angebracht, die an das am Ort geschriebene »Lied an die Freude« erinnerte, 1848 eine Gedenkstätte eingerichtet, die noch heute existiert – das älteste Dichtermuseum Deutschlands. In Blums Hausblatt, den »Sächsischen Vaterlandsblättern«, wurde dieses zweite Fest mit dem ersten im Jahr zuvor verglichen: »Die Theilnahme war eine ungleich größere, das Fest ein allgemeineres und öffentlicheres«. Vermutlich hat Blum den Artikel selbst verfasst. Er hatte die Feier mehr als üppig konzipiert. Diesmal wurde am 10. November der »Don Carlos« im Stadttheater gegeben, am folgenden Morgen stand Gohlis im Zentrum. Comité und Sängervereine trafen sich um 9 Uhr im sogenannten Leipziger Waldschlösschen. »Die Schuljugend des Dorfes festlich geschmückt mit grünen Kränzen, an ihrer Spitze der Schullehrer, die Behörden der Gemeinde, voran der Landesgerichtsdirector, erschienen daselbst, den Comité zu empfangen.« Es folgten ein Gruß des Gerichtsdirektors und eine Rede des Lehrers, in der er »auf die Bedeutung des Tages für Gohlis hinwies, für das Dorf, in dem der größten Menschen Einer, entfernt von dem Lärme der

Stadt, sein herrliches Lied an die Freude gedichtet habe«. Darauf sangen die Schüler eine Kantate, die Festgemeinde einen Choral, und der Zug brach Richtung Schillerhaus auf, »voran die Studenten aus Leipzig, dann die Schulkinder von Gohlis, die Deputirten des Leipziger Stadtrathes, und endlich eine große Menge von Einwohnern Leipzigs und Gohlis'«.

Am Schillerhaus begann der Festakt gravitätisch mit einer Hymne, gedichtet von Philipp Düringer, dem Theaterregisseur, vertont von Lortzing und gesungen von den Sängervereinen. »Der herrliche Männergesang mit einer mächtigen Posaunenbegleitung machte einen tiefen Eindruck.« Es folgte eine Rede Blums; er stand auf einer eigens errichteten Tribüne. Die Stätte, rief Blum, *sei uns hinfort ein begeisternder Tempel zur Fassung und Verwirklichung guter und edler Entschlüsse*, und er endete mit einer Lobpreisung *der heiligen Dreieinigkeit, der er*, Schiller, *sein Leben geweiht, der Wahrheit, dem Rechte und der Freiheit!* Die Tafel wurde enthüllt, Posaunenklang, Händeklatschen, Bravorufe. »Sodann übergab der Redner das einfache Denkmal dem Schutze und der Sorgfalt der Behörden von Gohlis.« Zum Schluss der Feier sang man drei Strophen aus dem »Lied an die Freude«.[327]

Am Abend ging es weiter im Leipziger Hotel de Pologne, einem der prachtvollsten Häuser der Stadt. »Die Annahme, dass 800 bis 1000 Personen der Festfeier beiwohnten, dürfte nicht übertrieben sein.« Es folgte eine eigens komponierte Ouvertüre, eine »Denkrede«, verfasst von Theodor Drobisch, vorgetragen vom Schauspieler Philipp Reger, und »hierauf wechselten musicalische und declamatorische Vorträge«. Dann die »eigentliche Festrede«, natürlich von Blum, diesmal zum Thema *Schiller, der Dichter des deutschen Volkes*: *Der Dichter*, so Blum, *wollte uns lehren, dass nur der reine, der edle, der starke Mensch der Freiheit werth und sie zu erringen fähig sei, und deshalb ließ er alle mit so hohen geistigen Tugenden ausgerüsteten Helden kämpfen für das unschätzbare Gut der Freiheit.* Dann ging es zu den Freiheitshelden der Gegenwart. *Haben wir auch in der letzten Zeit mit Entsetzen gesehen, dass man es wagte, mit der Ewigkeit und Heiligkeit des Eides ein frevelhaftes Spiel zu treiben, so bot sich daneben die erfreuliche Erscheinung dar, dass alle Edeln unsres Volkes sich erhoben wie Ein Mann und für das schwer verletzte Rechtsgefühl voll Würde und Kraft in die Schranken traten.* »Hier wurde der Redner durch lebhaften, lang anhaltenden Beifall unterbrochen«, war in den »Sächsischen Vaterlandsblättern« zu lesen. Man müsse heute nicht mehr flehen um »Rettung von Tyrannenketten«, es gebe keine Tyrannen mehr. Ein Posa brauche heute nicht mehr als »Bürger der Zeiten leben, die da kommen werden«. *Rufen wir auch noch mit derselben Innigkeit und Ueberzeugungskraft zu den Mächtigen der Erde hinauf »Geben Sie Gedankenfreiheit!« und erschallt unser Ruf noch eben so vergeblich und fruchtlos, so ist es doch nicht mehr die Stimme des einzelnen begeisterten Menschenfreundes, die in den Mauern des Machthabers verhallt; nein, es ist die vereinte Stimme aller Gebildeten unseres Volkes, mächtig genug, durch Beharrlichkeit sich selbst zu erringen, was sie als Bedürfnis, als ein Recht in Anspruch nimmt.*[328]

Im Anschluss an Blums Rede wurden Duett und Finale aus Andreas Rombergs Vertonung des »Liedes von der Glocke« gesungen. »Das ganze fand die freudigste und wärmste Aufnahme, die Stimmung der Theilnehmer steigerte sich bis zur Begeisterung, die sich in den lautesten Beifallsbezeugungen aussprach.« Danach wurden Schiller-Reliquien präsentiert: eine Weste, Bücher aus seiner Bibliothek, Originalbriefe, ein von der Schauspielerin Corona Schröter gezeichnetes Porträt. Anschließend begab sich die Gesellschaft zu Tisch; zwei Säle waren reserviert. Ein Toast auf den König musste sein – »in dem einen Saale von Stadtrath Dr. Seeburg in dem andern von Robert Blum«; es folgten ein Gedicht von Philipp Düringer, »sinnreiche Trinksprüche« sowie ernste und heitere Lieder. Das Festkomitee wurde »bis zur nächsten Generalversammlung bestätigt«, zum Schluss sang »die sehr heiter gewordene Gesellschaft« das »Lied an die Freude«. »Die Gesellschaft aber blieb zum großen Theile noch lange vereint, und der Götterfunke der Freude sprudelte noch in den Sälen, als der junge Morgen bereits mit der Nacht um die Herrschaft rang.«[329]

Schillerfeiern waren Blumfeste. Sie wurden sein Liebstes. Er entwickelte immer neue Varianten und Ergänzungen, er initiierte ein Kinderfest in Gohlis und ließ eine Vereinsbibliothek aufbauen. Noch 1848, mitten in der Revolution, freute er sich im Sommer auf das Fest im November. Es bedeutete ihm immer auch einen Augenblick der Utopie, der großen Menschheitsversöhnung über alle Klassen hinweg. Das Schillerfest war die Stunde des Gelöbnisses, des Schwurs auf die klassischen Ideale, denen er selbst in seinen Dramen, Schiller nacheifernd, gehuldigt hatte, bevor sie zum Movens seiner Politik wurden: Freiheit, Gerechtigkeit, Brüderlichkeit.

Oder Bürgerlichkeit? Schließlich boten die Feste dem ehrgeizigen Aufsteiger zunächst auch eine günstige Gelegenheit, sich bei den Honoratioren der Stadt bekannt zu machen. Gerade das zweite Fest mit der spektakulären Gohlis-Aktion war in dieser Hinsicht ein großer Erfolg. Heinrich Brockhaus etwa berichtet noch nichts von 1840, doch am 11. November 1841 notiert er in sein Tagebuch: »Man kann sich von dergleichen nicht ausschließen, [...] und da ich gern dort bin, wo ich eine Art Enthusiasmus voraussetzen zu dürfen glaube, so fehlte ich nicht.« Es habe zwischen all den Schillerversen und der Musik »leider auch viel flache Bewunderung« und »viele hohle Phrasen« gegeben, allein Robert Blum habe es »gut getroffen«: »Auch hierbei kamen viele ultraliberale Überschwänglichkeiten vor, aber die Rede hatte doch Haltung im ganzen und wurde vortrefflich gesprochen.«[330]

Gewiss fand nicht jeder Geschmack an dem überbordenden Kult. Als die von Schiller getragene Weste einem heiligen Rock gleich präsentiert wurde, machte sich ein junger Leipziger Apothekergehilfe darüber lustig. Er hieß Theodor Fontane. In einem Gedicht »Shakespeares Strumpf« kalauerte er über den Götzendienst: »Laut gesungen, hoch gesprungen /

Ob verschimmelt auch und dumpf, / Seht, wir haben ihn errungen, / William Shakespeares wollnen Strumpf [...].« Theaterregisseur Düringer sah sich zu einem Gegengedicht und zur Rettung der Westenwürde genötigt: »Heilig jenes Stückchen Seide / das sonst Deine Schulter trug [...]«.[331] Später hat Fontane übrigens eingeräumt, dass er sein Gedicht weniger um der Sache willen gemacht habe, sondern um seine Karriere als Schriftsteller in Gang zu setzen. Er habe Ausschau gehalten nach »Friktionen, die dann zu Streit und Kampf führen« – nur so sei man in »literarische Beziehungen« gekommen. »Es war ziemlich gewagt, in einer Sache, die für ganz Leipzig etwas von einer Herzenssache hatte, diesen Ton anzuschlagen, aber es glückte trotzdem; wenn man es auch nicht guthieß, so ließ man es wenigstens gelten, und in den eigentlichen literarischen Kreisen wurde die Frage laut: ›Wer ist das? Wer hat das geschrieben?‹«[332] Die Schillerfeste brachten also nicht nur Blum den Durchbruch, sondern gaben auch Fontane Gelegenheit, seinen Namen ein bisschen bekannt zu machen.

Die politische Dimension des Fests war natürlich nicht verborgen geblieben. Der Vorwurf wurde laut, Blum betreibe Politik statt Kultur. Im Folgejahr zürnte er solchen Kritikern in seinem Vortrag *Was feiern wir am Schillerfeste?*: Die *Außenwelt* habe *Zwecke und Absichten* unterstellt, die *wir zum Theil nie gedacht. »Es ist ein politisches Fest«, sagte man naserümpfend und glaubte damit das Verfehlte seiner Richtung bezeichnet zu haben.* Blum hielt dem wenig Substanzielles entgegen. Ein flaues Dementi reichte ihm – es wusste ohnehin jeder, dass er Politik mit Schiller machte. Bereits im nächsten Satz ging er dann auf die Kritik am Schillerkult ein. Der eine habe es *Götzendienst und Menschenvergötterung* genannt, *der Andere einen zu frühzeitigen Heroenkultus, hier sah man eine leere Ostentation, eine Spielerei mit Äußerlichkeiten darin, dort gar einen Fetischdienst an leblose Dinge vergeudet, und dichtete uns einen kindischen Tanz um ein Kleidungstück an.* Und dann kam Blums rhetorisches Geschick der Ablenkung zum

Tragen, die Kombination aus Wortwitz und Attacke, mit deren Hilfe er auf ein direktes Gegenargument verzichtete: *Im Ärger darüber, dass die Völker nicht mehr tanzen wollten nach den elenden Melodien dieser schlechten Musikanten, erfanden sie jenen Tanz.*[333]

Die deutschen Regierungen reagierten zunächst auf durchaus originelle Weise. Sie griffen die Idee der Dichterhuldigung auf und machten sie sich zu eigen. Wenn die Opposition Schiller feierte, warum sollten sie dann nicht Goethe hochleben lassen? Bald nach Blums Schillerhaus-Aktion tauchte der Gedanke auf, man könne Goethes Weimarer Haus am Frauenplan erwerben und es als eine nationale Gedenkstätte unter den Fittichen des Deutschen Bundes einrichten. So sollte der ungeliebte Bund etwas Glanz erwerben. Zwar mokierte sich die bei Brockhaus verlegte »Leipziger Allgemeine Zeitung« über die Idee, ein Haus zu einem »Gegenstande der Nationalverehrung« zu machen, »blos darum, weil Goethe darin gewohnt, Freunde gesehen, Kinder und Enkel um sich gehabt, da gesessen und da gegessen« habe.[334] Doch waren Fürsten und ihre Minister von der »Popularität« und von dem »allgemeinen Beifall« überzeugt, mit dem das Projekt »bei allen Klassen« aufgenommen werden würde.[335] Die Idee scheiterte dennoch, Goethes Erben – Schwiegertochter Ottilie und die beiden älteren Enkel – wollten zu viel Geld.

Der Deutsche Bund hatte überhaupt wenig Fortune mit seinen Versuchen, die Untertanen in Feierlaune zu versetzen. 1843 war man auf die Idee gekommen, eine Tausendjahr-Feier des Vertrags von Verdun zu veranstalten. Im Jahr 843 war das Frankenreich aufgeteilt worden, was die Geschichtsschreibung des 19. Jahrhunderts als Ursprung der deutschen und der französischen Nation interpretierte. Auch Blum wurde von Welcker angegangen, ob man zum Jubiläum nicht etwas unternehmen wolle. Doch dieser war skeptisch, nicht nur aus inhaltlichen Gründen. Er befürchtete, dass *eine Masse offizielles Lumpenpack dazukommt* und das Fest so verdorben werde.[336]

Letzten Endes ging es bei all diesen Feiern und Festivitäten um einen Propagandawettstreit zwischen der Opposition und den Regierungen: Wer konnte das Volk für seine Idee von Nation gewinnen? Als dann tatsächlich eine offizielle Verdun-Feier in deutschen Kirchen begangen wurde, freute sich Blum über die schwache Resonanz: *Wir scheinen – dem Himmel sei Dank! an der Grenze unserer Festwuth angelangt zu sein.* Es hätten sich *keine Theilnehmer* eingefunden, vielmehr seien *Hohn und Spott* geerntet worden. Kein Wunder, schrieb Blum, wo *Deutschland eigentlich gar nichts zu feiern habe, nichts feiern könne, weil in dem Vertrage weder seine Einheit, noch seine Selbstständigkeit, noch seine Freiheit befördert oder begründet wurde.*[337] In dem von ihm 1848 herausgegebenen »Staatslexikon« wird ein Gedicht Wilhelm Jordans, des späteren Nibelungen-Dichters, zitiert: »Ihr mögt mit Glocken und mit Feuerschlünden / Und Jubelliedern aller Welt verkünden / Daß nun das liebe deutsche Vaterland / Ein ganz Jahrtausend ehrenvoll bestand / Ich kann die Lyra nicht zur Freude stimmen, / Ich seh' ein Lebensflämmchen nur verglimmen, / Zum Grabe wanken einen müden Greis [...]«.[338] Genüsslich resümierte Blum die Bilanz der Tausendjahr-Feier im Schützenhaus in Leipzig: *es kam NIEMAND, NIEMAND!*[339]

Das Festhandwerk wollte gekonnt sein. Und Blum war ein Könner, da hatte er selbst keine Zweifel. Organisatorische Voraussetzung für seine Schillerfeiern war der Schillerverein.[340] Er ging aus dem schon genannten Festkomitee von 1840 hervor und umfasste bald über einhundert Mitglieder. 1842 gab er sich formelle Statuten. 1844 wurde Blum zwar zum Vorsitzenden gewählt, und er war unumstritten der wichtigste Mitstreiter im Kreis der Schiller-Enthusiasten. Doch immer wieder kam es zu Zank. Blum wollte den Verein auf eine breite Basis stellen, auch der Geselle oder Arbeiter sollte dabei sein. Man solle *alle Stände, alle Lebenskreise im Auge halten und die Allgemeinheit eines Schillerfestes berücksichtigen.*[341]

In den frühen 1840er Jahren suchte Blum vergeblich einen

Volksverein zu gründen, über das Bürgertum hinaus die kleinen Leute mit einzubeziehen. Doch obwohl unter seiner maßgeblichen Beteiligung 1840/42 mit Schiller- und Literatenverein gleich zwei neue Zirkel gegründet wurden, verfehlte er noch dieses Ziel. Erst mit dem Redeübungsverein von 1845 gelang ihm, es zu erreichen.[342]

Währenddessen traf sich auch die Literatenrunde weiter, ungeachtet der Gutenberg-Pleite von 1840.[343] Seit 1842 existierte der Verein formell. Nach einer Phase eher biederer Geselligkeit entwickelte er sich in zwei Richtungen: zum einen konzentrierten sich seine Mitglieder auf Berufsständisches, unterstützten etwa in Not geratene Kollegen. So wurde der Verein zum Keim für nationsweite Bestrebungen. 1845 trafen sich auf seine Einladung hin 110 Schriftsteller und 150 Gäste aus ganz Deutschland und berieten sich über Honorare, Druckauflagen und dergleichen mehr. Die andere Richtung führte, wie konnte es anders sein, auf politisches Terrain. Blum vorneweg. Er sammelte die politische Fraktion des Vereins um sich, agierte aber vorsichtig tastend; angeblich soll er gesagt haben, er wolle *erst die verschiedenen Elemente kennen lernen, um zu sehen, was daraus zu machen ist.*[344]

In jedem Fall sollte der Verein weiter wachsen. Sein Horizont meinte Hermann Marggraff, »durfte sich nicht mit dem Leipziger Literatenhimmel oder der Leipziger Literatenhöhle abschließen«.[345] Auch Wissenschaftler, Buchhändler und alle, denen der Verein am Herzen lag, konnten mitmachen: So wurde es 1843 offiziell beschlossen.[346] Blum dachte an einen engeren Zusammenschluss liberaler und intellektueller Kreise, mit denen sich Politik machen ließ, zum Beispiel, wenn es darum ging, Landtagspetitionen einzubringen. Doch war der Erfolg für ihn nicht ohne Risiko. Denn je größer der Verein wurde – 1846 zählte man 132 Mitglieder –, desto weniger konnte er ihn kontrollieren. Da gab es unausgesprochene Konflikte, auch soziale Vorbehalte ihm gegenüber, wie er es deutlich spürte. Ein Mann wie Heinrich Brockhaus sprach zwar bisweilen nicht ohne Achtung von Blums Talent, zu reden und zu organisieren. Doch Blums Radikalität, sein demokratisches Engagement erschien ihm bestenfalls kurios. Oder Heinrich Laube, auch er sowohl im Schiller- als auch im Literatenverein aktiv. Er entfremdete sich Blum immer mehr, wurde fast zum Feind. Und auf der Schriftstellerversammlung von 1845 führte der Historiker Karl Biedermann das große Wort, auch er zunehmend ein Blum-Gegner.[347]

So blieben auch Enttäuschungen nicht aus, und der politische Schwung erlahmte bald. Blums Schwager Georg Günther etwa verließ den Verein 1843, vermutlich, weil es keine Mehrheit für eine Petition gegen Zeitungsverbote gab.[348] Zwei Jahre später berichtete Singer an Metternich, die »Literaten sind völlig indifferent«.[349] Blum selbst harrte aus, typisch für ihn, der selten aufgab; doch soll er gesagt haben, *der Verein taugt nichts, aber es kommen da viele Leute zusammen, die man sonst nicht leicht finden kann*. Man könne sie *zu allerlei Demonstrationen ziehen, die den Verein nichts angehen.*[350] Blum dachte ganz offensichtlich schon weiter. Die Bemerkung des Spitzels Singer, er sei »unablässig tätig im Stiften von politischen Gesellschaften«, hätte ihm gewiss gut gefallen.[351]

Blum hatte sich damals ein für die Behörden (und heutige Historiker) undurchdringliches Kontaktnetz geschaffen. Etliche Vereinsgründungen gehen auf seine Initiative zurück, und binnen weniger Jahre war er einer der bekanntesten und »bestverflochtenen« Leipziger. So ist er, wenn nicht an die Spitze, so doch ins Zentrum der städtischen Gesellschaft gerückt. Zur Mitgliedschaft in Loge, Kochei, Schiller- und Literarischem Verein trat eine Reihe eigener Gründungen, deren Zuschnitt und Zusammensetzung wegen der notwendigen Geheimhaltung oft nicht mehr in Kenntnis zu bringen ist. Bisweilen wird ein »Klub« erwähnt, der eminent politisch tätig war und wohl den engsten Zirkel des Blum-Kreises umspannte. Bereits 1841 hatte er die Idee des Schriftstellers Franz von Florencourts aufgegriffen, einen Presseverein zu gründen, der ebenfalls ein Netz

Nr. 1: Robert Blum in seinen letzten Lebensjahren, Gemälde von oder nach Heinrich Hasselhorst, um 1848

Nr. 2: Das Rheinufer in Köln mit Groß-Sankt-Martin (links) und dem Domchor, Stahlstich von James M. Starling, um 1840

Nr. 3: Der Fischmarkt in Köln mit Groß-St.-Martin und Robert Blums Geburtshaus (ganz rechts), Stahlstich von John Godden, 1824

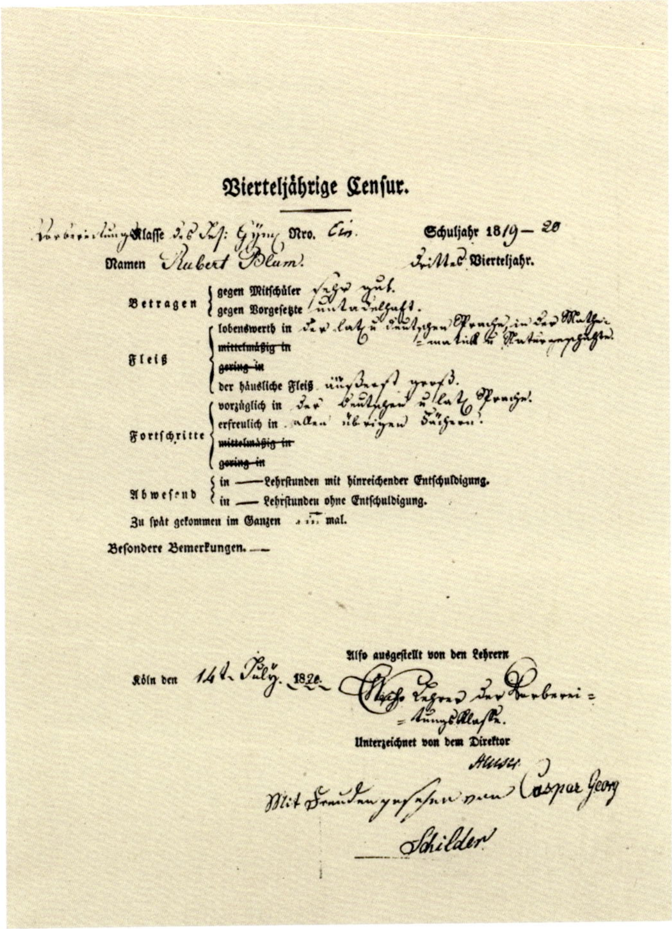

Vierteljährige Censur.

Vorbereitungs Klasse d. k. K.: Gymn. Nro. Ein. Schuljahr 1819–20

Namen Rubert Blum. Dritte Vierteljahr.

Betragen
- gegen Mitschüler sehr gut.
- gegen Vorgesetzte untadelhaft.

Fleiß
- lobenswerth in der lat. u. deutschen Sprache, in der Mathematik u. Naturgeschichte.
- ~~mittelmäßig in~~
- ~~gering in~~
- der häusliche Fleiß äusserst gross.

Fortschritte
- vorzüglich in der deutschen u. lat. Sprache.
- erfreulich in allen übrigen Fächern.
- ~~mittelmäßig in~~
- ~~gering in~~

Abwesend
- in — Lehrstunden mit hinreichender Entschuldigung.
- in — Lehrstunden ohne Entschuldigung.

Zu spät gekommen im Ganzen . . . mal.

Besondere Bemerkungen. —

Also ausgestellt von den Lehrern

Köln den 14t. July. 1820.

Unterzeichnet von dem Direktor

Mit Freuden gesehen von Caspar Georg Schilder

Nr. 4: *Schulzeugnis für »Rubert Blum«, 14. Juli 1820, mit dem Vermerk »Mit Freuden gesehen« von Blums Stiefvater Caspar Georg Schilder*

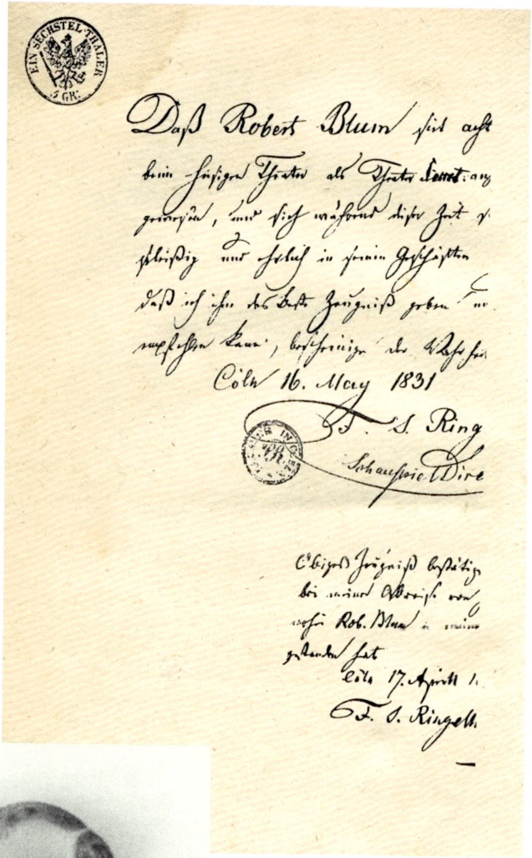

EIN SECHSTEL THALER 5 GR.

Daß Robert Blum sich acht [illegible]
beim hiesigen Theater als Theater [illegible] an[illegible]
genommen, und sich während dieser Zeit [illegible]
fleißig und ehrlich in seinen Geschäften [illegible]
daß ich ihm das beste Zeugniß geben [illegible]
[illegible] kann, bescheinige [illegible]
Cöln 16. May 1831
F. S. Ring[illegible]
Schauspiel Dire[illegible]

Obiges Zeugniß bestätig[illegible]
[illegible]
[illegible] Rob. Blum [illegible]
[illegible] hat
Cöln 17. April [illegible]
F. S. Ringelh.

Nr. 5: *Zeugnis von Friedrich Sebald Ringelhardt für Robert Blum, Köln 16. Mai 1831*

Nr. 6: *Friedrich Sebald Ringelhardt, Theaterintendant in Köln und Leipzig, Fotografie, um 1850*

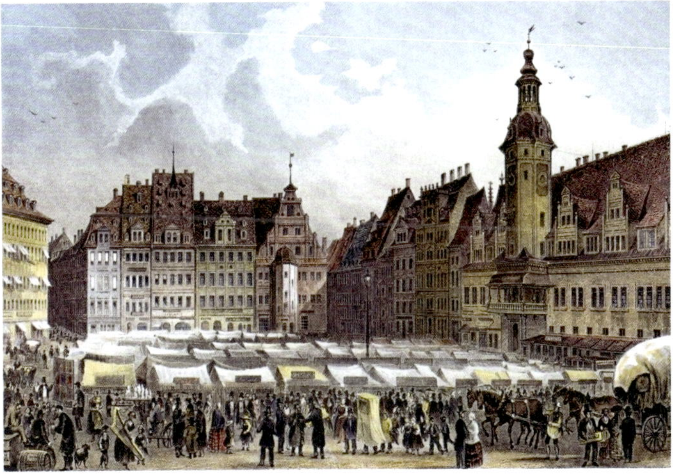

Nr. 7: Der Leipziger Markt zur Messe,
Stahlstich von Georg Michael Kurz, um 1860

Nr. 8: Der Dresdener und Magdeburger Bahnhof in Leipzig,
Lithographie von Carl Wilhelm Arldt, 1840

Nr. 9: Neuester Plan der Stadt Leipzig, Lithographie von F. Krätzschmer, 1840

rechts: Blums Wohnhaus in der Eisenbahnstraße (heute: Dohnanyi-Straße)

Nr. 10: Der Augustusplatz in Leipzig, Lithographie von Friedrich Salathé nach Adolph Eltzner, 1846

Nr. 11: Das Alte Theater am Schulplatz in Leipzig, Gemälde, unsigniert, um 1830

Nr. 12: Karl Herloßsohn (Schriftsteller), Gotthelf Lebrecht Berthold (Schauspieler) und Albert Lortzing (Komponist und Kapellmeister), Holzstich von G. K., um 1845

Nr. 13: Pokal, dem Theatersekretär Robert Blum vom Personal des Leipziger Stadttheaters gewidmet, 1842

Nr. 14: Das Schillerhaus in Leipzig-Gohlis, Stahlstich von Pescheck, um 1845

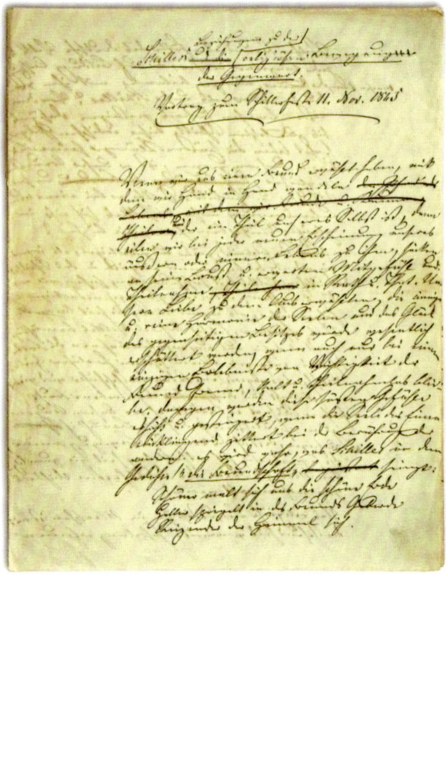

Nr. 15: Manuskript von Blums Rede über »Schillers Beziehungen zu der religiösen Bewegung der Gegenwart«, gehalten auf dem Schillerfest am 11. November 1843

Nr. 16: Das Hôtel de Pologne in der Hainstraße in Leipzig, Holzstich, 1846

Nr. 17: Robert Blum als Vorstand der deutsch-katholischen Gemeinde in Leipzig, Holzstich von H. Georgi aus der »Illustrirten Zeitung« vom 4. April 1846

Nr. 18: Johannes Ronge und Robert Blum als Anführer der deutsch-katholischen Reformbewegung, Lithographie von L. Ehrenburg, 1846

Nr. 19: Das von Blum herausgegebene »Gebet- und Gesangbuch für deutsch-katholische Christen«, 1847

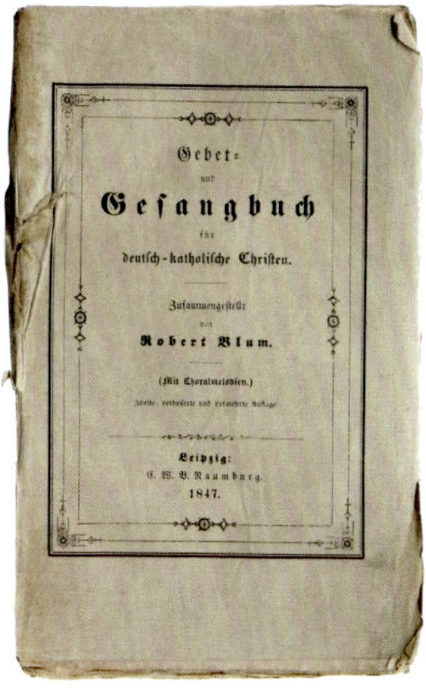

Nr. 20: Johannes Czerski, Johannes Ronge und Robert Blum als »Vertei-diger der reinen Christuslehre« an der Seite der Reformatoren Luther und Melanchthon, Lithographie von E. Assmann, 1846

Nr. 21: Das »Leipziger Gemetzel« vor dem Hôtel de Prusse am 12. August 1845, Lithographie, 1845

Nr. 22: Das von Robert Blum und Friedrich Steger herausgegebene Volkstaschenbuch »Vorwärts!«, 1843

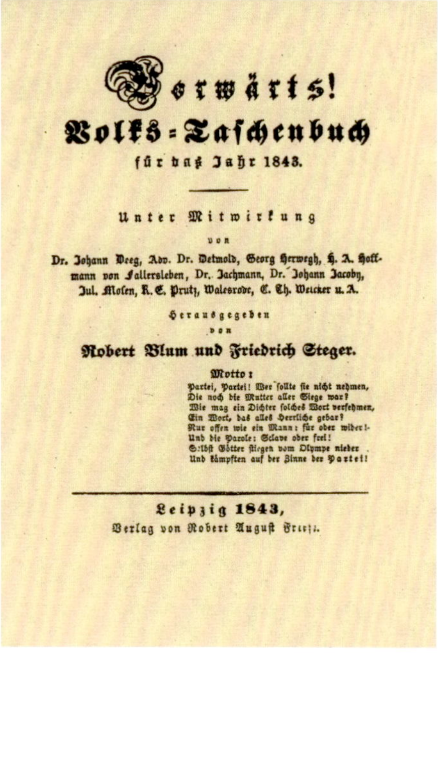

Vorwärts!

Volks-Taschenbuch

für das Jahr 1843.

Unter Mitwirkung

von

Dr. Johann Weeg, Adv. Dr. Detmold, Georg Herwegh, H. A. Hoffmann von Fallersleben, Dr. Jachmann, Dr. Johann Jacoby, Jul. Mosen, R. E. Prutz, Walesrode, C. Th. Welcker u. A.

Herausgegeben

von

Robert Blum und Friedrich Steger.

Motto:

Partei, Partei! Wer sollte sie nicht nehmen,
Die noch die Mutter aller Siege war?
Wie mag ein Dichter solches Wort verfehmen,
Ein Wort, das alles Herrliche gebar?
Nur offen wie ein Mann: für oder wider!
Und die Parole: Sclave oder frei!
Selbst Götter stiegen vom Olympe nieder
Und kämpften auf der Zinne der Partei!

Leipzig 1843,

Verlag von Robert August Friese.

Nr. 23: Robert Blum hält die Traueransprache für die Gefallenen des 12. August 1845 vor der Johanniskirche in Leipzig, Lithographie, 1845

Nr. 24: Robert Blum mit seiner Frau Jenny und den Kindern Hans, Alfred, Ida und Richard, Lithographie von August Hunger, 1849

Nr. 25: Robert Blums Wohnhaus in Leipzig in der Friedrich-List-Straße, Lithographie von C. Patzschke nach einer Zeichnung von E. Heise, 1849

von Zweigvereinen in Deutschland haben sollte und damit an den Preß- und Vaterlandsverein von 1832 erinnerte. Das sächsische Innenministerium verbot die Gründung.[352] Mehrfach taucht auch eine kryptopolitische »Kegelgesellschaft« auf. Daneben muss es eine Runde im Hotel Plauischer Hof gegeben haben.[353] Außerdem organisierte Blum einen »Leseverein«, der nach dem Muster der Lesegesellschaften des 18. Jahrhunderts verbotene Bücher erst in Leipzig und danach »in die Provinzen« streute.[354] Hatte er sich in Hallgarten in nationaler Runde bekannt gemacht, so war er mit Schillerfeier und Literatenverein in Leipzig zu Bekanntheit gelangt. Doch auch als Journalist eroberte er in dieser Zeit neues Terrain.

Der Journalist

In Deutschland war im 18. Jahrhundert eine beachtliche Lesekultur entstanden, die Flut der Zeitungen, Journale und Bücher stieg stetig an. Im Vormärz erreichte sie neue, ungeahnte Höhen. »Wenn man bisweilen durch unsere Magazin[räum]e und [die] Druckerei geht«, schrieb Heinrich Brockhaus 1829, »erstaunt man wirklich über die Masse von Papier [...], und begreift in solchen Augenblicken nicht, wie alles gelesen werden kann.«[355] In jedem Fall waren immer mehr Menschen des Lesens kundig; in Sachsen zum Beispiel sank die Analphabetenquote bis 1841 auf verschwindend geringe 1,2 Prozent.[356] Zugleich wuchs die Neugier auf Politisches. All das bot reichlich Chancen für Journalisten, Schriftsteller und Verleger. Mancher wurde reich: einige Verlagsmagnaten wie Cotta und Campe, wenige Autoren, so gut wie kein Journalist. Wer sich der Hoffnung hingab, von der Honorar-Schreiberei leben zu können, war meist rasch um eine Illusion ärmer. Zwar verklärten die Autoren des »Jungen Deutschland« die freie Schriftstellerei im Dienst des politischen Ideals, und Heinrich Laube wie Karl Gutzkow gaben ihr Theologiestudium zugunsten einer Dichter- und Journalistenexistenz auf. Ernst Willkomm hat diesem Typus des genialen, allen materiellen Bedürfnissen entsagenden Poeten in seiner Novelle »Julius Kühn« 1833 ein Denkmal gesetzt.

Die meisten suchten jedoch einen Hauptberuf, eine feste Stelle etwa als Redakteur, als Zensor gar im Staatsdienst, oder sonst einen Brotberuf – ganz wie Blum, der noch immer am Theater arbeitete. Das eine oder andere gute Honorar mochte zwar die verlockende Aussicht auf ein Auskommen als freier Autor eröffnen, aber die launische Konjunktur der Zeitungswelt stand der Verwirklichung solcher Hoffnungen meist im Weg. Wie der Theatermann hatte auch der Zeitungsmacher mit einer divenhaften Macht zu fechten: dem Markt, dem Wechsel von Geschmack und Mode. Von der *Journalistik Elend* schrieb Blum einmal mit Blick auf das wirtschaftliche Risiko: *Es ist nichts Erfreuliches im ganzen Zeitungsleben.* So müsse etwa die renommierte »Zeitung für die elegante Welt« – meist kurz die »Elegante« genannt – mit Berichten zur Kleidermode den Leser bei Laune halten, sie hänge *nur der Mode im Schlepptau und die Kleiderkünstler sollen den Ausfall decken, den die »gebildete Welt« entstehen lässt.*[357]

Schon seit geraumer Zeit spielte Blum mit dem Gedanken, seinen Theaterberuf hinzuwerfen und ganz von Artikeln und Büchern zu leben. Bereits 1838 behauptete er in seinem Gesuch um Aufnahme als Leipziger Schutzverwandter, dass er zur Not auch ohne Theater sein Auskommen finden werde. Er sei seit mehr als drei Jahren Mitarbeiter *an zwei der geachtetsten und gelesensten* Zeitschriften – gemeint waren die Dresdner »Abend-Zeitung« und die Leipziger »Elegante«.[358] Blum reichte Zeugnisse von Redaktionen nach (außer den beiden genannten noch vom Leipziger »Kometen«), in denen bestätigt wurde, er sei stets *angemessen* honoriert worden.[359] Gewiss war dies eine taktische Argumentation, um die Chance zum Erlangen des Schutzverwandten-Status zu erhöhen. Doch standen wohl auch ernste Gedanken über eine berufliche Alternative dahinter. Das zeigte sich erneut 1843, als er dem Stiefvater in Köln schrieb, seine Nähe zur Literatenszene würde *hoffentlich hinreichen*, um sich notfalls *schriftstellerisch* zu *ernähren*.[360] Dennoch blieb Blum dem Theater bis 1847 treu, und als er schließlich kündigte, wehte ihm bald die Eisluft der Selbstständigkeit ins Gesicht. Es war wohl nicht ganz falsch, als die Stadt damals, 1838, an die Kreisbehörde berichtete, Blums Stellung sei »höchst precair«, und die ins Auge gefasste »alternative kaufmännische Aussicht [...] in höchstem Grade unzuverlässig«.[361]

Strapaziöser noch als der Kampf um den Markt war der Kampf mit dem Staat, mit der Zensur. »Das größte und demnach das dringendste Übel ist heute die Presse« – also sprach der heimliche Herrscher des Deutschen Bundes, Fürst Metternich, anno 1819. Denn die mächtigen Monarchen der Großreiche in Wien und Berlin ebenso wie die schmalbrüstigen Herrscherlein in Kassel oder Neustrelitz, sie fürchteten sich nicht vor den Armeen anderer Staaten, vor Krieg und Eroberung, sie fürchteten sich vor den kleinen schwarzen Buchstaben auf gelblichem Papier. Jedes falsche Wort war Aufruhr, jeder Artikel Renitenz, zwischen den Zeilen lauerte die Revolution. In den frühen 1830er Jahren hat der Deutsche Bund immer neue Zensur-Gesetze erlassen. Die Knebelung wurde ausgefeilter, es oblag den Einzelstaaten sie entsprechend anzuwenden. Sie durften das Bundesrecht verschärfen, aber nicht abmildern. Nicht nur die gedruckten Schriften wurden überprüft, eine sogenannte Vorzensur durchschnüffelte die Texte bereits vor der Drucklegung.

Verhielt sich ein Staat des Deutschen Bundes zu liberal, trat die Bundesversammlung auf den Plan. Sie hielt sich nicht zurück, durchzugreifen und einzelne Zeitungen zu verbieten, wenn sie den Verdacht hegte, eine Regierung reagiere hier zu lau. So war es ein stetes Lavieren nicht nur zwischen Journalisten und Verlegern einerseits, den Behörden andererseits. Auch zwischen Bund und Einzelstaat gab es endlose Rangeleien um das Handhaben der Zensur. Und zudem hatte jeder einzelne Zensor eigene Vorstellungen von seinem trüben Amt.

Das bedeutete aber auch, dass dem ganzen System etwas Anarchisches anhaftete – es war bei weitem nicht so perfekt, wie die Gesetzesflut und das Zensorenheer suggerierten. Der Bund stand sich in seiner Kompliziertheit selbst im Weg. In Sachsen etwa herrschte ein freierer Geist als in Österreich und Preußen, und etliche Autoren flüchteten von Wien nach Leipzig. Grund war nicht nur der frische Wind in den frühen Jahren der Regierung Bernhard von Lindenaus, den Jahren 1831 bis 1836. Vielmehr waren Verlage in dem kleinen Königreich, mit Leipzig als literarischem Zentrum, auch ein wichtiger Wirtschaftsfaktor, der die Staatskasse entlastete.

Manches Detail aus der Repressionspraxis jener Tage schien eher einer Satire als der Realität entsprungen. So gab etwa der Leipziger Zensor Friedrich Bülau sein eigenes Blatt heraus, die »Deutsche Allgemeine Zeitung«, und der österreichische Gesandte Graf von Kuefstein glaubte zu wissen, dass Bülau sein Produkt selbst ›zensieren‹ dürfe. Als Kuefstein belehrt wurde, in »Zweifelsfällen« erledige Bülaus Universitätskollege die Zensur – ein »Mitglied derselben Fakultät« –, konnte dies sein Entsetzen kaum dämpfen.[362] In den 1840er Jahren allerdings mehrten sich die Klagen der Zeitungsmacher und Schriftsteller. »Die Zensur ist furchtbar streng geworden«, schreibt Singer an Metternich aus Leipzig im Mai 1842.[363] In Sachsen hat die Nähe zum Literarischen wohl auch die Geschicklichkeit der Zensoren begünstigt, während ihre tölpelhafteren preußischen Kollegen immer wieder willkommenen Anlass zu Spott und Spaß boten. Blum berichtete einmal, *in Preußen machen sie doch Dummheiten und Purzelbäume, bei uns schleichen sie mit verzweifelnder Klugheit und kommen eben deshalb weiter.*[364]

Die Idee, mit Zensurschere und Haftbefehl das Verbreiten von Gedanken zu stoppen, hatte von vornherein etwas Vergebliches. Überwachung und Zensur behinderten zwar die Ausbreitung der politischen Literatur, verbesserten zugleich aber ihre Marktchancen. Denn je dreister die Regierungen die Repression trieben, desto begieriger griff ein bürgerliches Publikum nach Schriften, die das System anprangerten. Die von radikalen wie gemäßigten Liberalen gleichermaßen verabscheute Zensur wurde selbst zu einem Hauptthema der politischen Publizistik. Anders gewendet: die konservative Politik schuf erst den Markt, den sie zerstören wollte. Blum brachte diesen Zusammenhang einmal in einem Brief an seine Schwester auf den Punkt: Die Verfolgung der oppositionellen »Sächsischen Vaterlandsblätter« sei *das Beste, was ihm geschehen konnte*, es habe die *Aufmerksamkeit von ganz Deutschland* geweckt, und die Zahl der Leser sei *höllisch* am Steigen. Sollte es die Regierung auch noch wagen, das Blatt ganz zu verbieten, werde ein *Höllenspektakel in der deutschen Presse* losgehen.[365] Ein anderes Mal hat er sogar der Polizei ironisch für die Verfolgung *aufrichtigst* gedankt, weil dies für einen Absatz sorge, welcher *wahrscheinlich sonst nicht erreicht* worden wäre.[366]

1840 war für Blum ein Schlüsseljahr, nicht nur wegen seiner Hochzeit mit Jenny Günther und der ersten Schillerfeier, auch journalistisch. Regelmäßig schrieb er nun für die »Sächsischen Vaterlandsblätter«, ein junges Blatt in Dresden. So nahm er bald nach der Schillerfeier mit Scharfsinn die Auswüchse der sogenannten Rheinkrise ins Visier. Im Sommer war es zu einem deutsch-nationalen Taumel gekommen. Frankreich hatte eine diplomatische Niederlage gegen England, Russland, Österreich und Preußen erlitten. Das schmerzte die französische Seele; sie rief nach Kompensation. Um das Debakel vergessen zu machen, legte die Regierung in Paris wieder einmal die Forderung nach der Rheingrenze als »natürlicher Grenze« Frankreichs auf. Daraufhin brach ein Ruf wie Donnerhall in den deutschen Landen los. Der Gerichtsschreiber Nikolaus Becker war gleich mit dem »Rheinlied« zur Stelle, das sich rasch großer Popularität erfreute: »Sie sollen ihn nicht haben, / Den freien deutschen Rhein, / Ob sie wie gierige Raben, / Sich heiser danach schrein.« Robert Schumann lieferte eine Vertonung, neben vielen anderen. Ein Sängerkrieg um den Rhein entbrannte, hunderte ähnlicher Gedichte folgten, darunter die »Wacht am Rhein« von Max Schneckenburger: »Lieb Vaterland magst ruhig sein ...«. Der französische Romantiker Alfred de Musset erinnerte an revolutionäre und napoleonische Zeiten und stichelte dagegen: »Wir haben ihn gehabt, den deutschen Rhein«.

Blums nationale Saite blieb ungerührt. War auf der Schillerfeier im November noch das Becker-Lied gesungen worden, spottete er bald über die trutzigen Rheinkämpfer, machte sich lustig wegen des *übertriebenen Halloh* um die simple Weise: *Dieser Spectacel macht unserem Geschmack und unserm Tacte gleich wenig Ehre. Ein Lied, das in 7 Strophen nichts enthält, als den Gedanken »Sie sollen ihn nicht haben den freien deutschen Rhein« kann schon wegen seiner poetischen Unbedeutendheit unmöglich ein Nationallied werden.*[367] Er dachte wohl so ähnlich wie sein rheinischer Landsmann Heinrich Heine, der trocken anmerkte, der Rhein gehöre nicht den deutschen oder französischen Nationalisten, sondern den Rheinländern. Heine schrieb vom »nutzlose[n] Enthusiasmusdunst, der sich mit Todesverachtung in einen Ozean von Allgemeinheiten« stürze,[368] und widmete Beckers Lied einige herrlich höhnische Zeilen im »Wintermärchen«: »Wenn ich es höre, das dumme Lied,« klagt da der Vater Rhein, »Dann möcht ich mir zerraufen / Den weißen Bart, ich möchte fürwahr / Mich in mir selbst ersaufen!«

Blum missfiel nicht zuletzt das (preußische) Kalkül hinter der geschürten Hysterie. Der *Kriegslärm* habe erst begonnen, als *von Berliner Correspondenten mit gewissen officiellen Zeichen* ein *Impuls* gegeben worden sei. *Diese Stimmung ist nicht aus dem Volk herausgewachsen, sondern ihm aufgepfropft und es wird sie bald abschütteln, denn der Völkerhaß ist etwas Unnatürliches in unserer Zeit.*[369] Es sprach sich herum, dass er und seine Parteigänger auf Abstand gingen zum Rheingegröle. Damit hatte er die erwünschte Resonanz erzielt. Denn Berliner

Zeitungen beklagten die »zerrige Halbopposition« aus Sachsen gegen »den Rheinliedaufschwung«, welche die Einheit der Bewegung gefährde. Blum antwortete sogleich, dies sei nur dann richtig, wenn man unter »Einheit« lediglich das *Anschließen an Berliner Ansichten, Wünsche und Zustände* verstehe. Überdies sei das *Zerren* zwar von Sachsen ausgegangen, doch würden unterdessen *die Hamburger, Braunschweiger, Breslauer, Kasseler, Frankfurter, der größte Theil der Rheinischen und selbst die Prager und Wiener Blätter gerade so sprechen, wie gleich anfangs die Sächsischen.*[370]

Der Abscheu vor dem »Rheinliedtaumel« wuchs, vor allem unter den Demokraten. Viele aus der Juli-Generation sahen in Frankreich nicht den Erbfeind, sondern das Mutterland der Revolution. Blum selbst hatte 1837 Friedrich Ludwig Jahn als Denkmal einer anderen Epoche, als *Ruine vergangenen Lebens* beschrieben, dabei dessen bizarren Nationalismus vor Augen, der erstmals in den antinapoleonischen Kriegen von 1812/13 aufgekeimt war. *Das alte Lied vom Franzosenhass klang inmitten neuer Lebensfluthen wie ein altes Zauberlied in ossianischer Sprache, das ein grauer Barde vom einsamen Fels singt, um die Fluth zu beschwören.*[371] Nun, nur drei Jahre später, sollten solche Lieder wieder Mode sein? Viele sangen da nicht mit. In einer Frankfurter Kundgebung wurde Beckers Rheinlied von Demokraten »ausgezischt«, und stattdessen nach der Marseillaise verlangt.[372] Einige Blätter verspotteten die dröhnende Hymne bereits als »Geilenkirchaise«, nach Beckers Heimatort Geilenkirchen. In Leipzig beobachteten die Überwachungsbehörden unter den Literaten gar »Preußenhaß«, man hoffe dort auf eine neue Revolution in Paris.[373] Und: In den »Sächsischen Vaterlandsblättern« war ein Gedicht von Robert Prutz zu lesen: »Wer hat nun Recht, zu sagen und zu singen / Vom deutschen Rhein, vom freien deutschen Sohn? / O diese Lieder, die so muthig klingen, / Beim ew'gen Gott! Sie dünken mich wie Hohn.«[374] Noch 1843 veröffentlichte Blum in seinem »Volkstaschenbuch« *Vorwärts!* ein Spottgedicht des badischen Abgeordneten Ludwig Züllig, der den schlichten Becker-Ton imitierte: »[…] Wer ist denn der Herr Becker? / Was geht der Rhein ihn an? / Er scheint mir ein recht kecker / Patron von Unterthan. // Auch sagt er ganz erlogen, / Der Rhein sei deutsch und frei. / Wie, ist er nicht umzogen / Von Mauth und Polizei? […]«.[375]

Bezeichnenderweise wollten selbst etliche aus dem Kreis der Moderaten bei dem treudeutschen Männersang nicht mittun. Heinrich von Gagern schrieb, »die poetisch-patriotische Exaltation in Deutschland post festum ekelt mich an«. Immer wieder wurde – ganz im Sinn Blums – kritisiert, dass die Kampagne gesteuert werde. Die Stimmung sei »nicht so antifranzösisch, wie man die Blätter austrompeten lässt«, schreibt Welcker.[376] Blum, der Europäer, mokiert sich über die *Franzosenfresserei*, einen von Ludwig Börne geprägten Begriff, den er 1841 geradezu inflationär verwendet.

Die Lust am Wort ist zu spüren, mit der er in diesen Jahren schrieb. Aber er wollte mehr: eine eigene Zeitung. Er wollte als Herausgeber, als leitender Redakteur einen oppositionellen Sturmtrupp in den Kampf um die Freiheit führen, die Stichworte liefern, und ein Netz von Autoren knüpfen, sah er es doch als *ungeheure Wohlthat, die in unsern chaotischen und verworrenen Zeiten ein eigenes Organ gewährt, eine Wohlthat […], für die ich […] selbst das größte Opfer bringen würde.*[377] Ganz hat er es nicht geschafft, aber er kam dem Ziel doch sehr nahe. Sein Haus- und Hoforgan wurden die »Sächsischen Vaterlandsblätter«, die auch in Zeiten behördlich verordneter Grabesruhe einen konsequenten Oppositionskurs verfolgten.[378] Ein Spitzel Metternichs nannte sie »ultraliberal«.[379] Das Blatt war ursprünglich in Dresden angesiedelt und wurde unter der Leitung von Adolph Schäfer in den Jahren 1839 und 1840 massiv politisiert und straffer organisiert; Blum und sein Schwager Günther trugen das Ihre dazu bei. Aber das Ganze blieb ein hartes Geschäft. Im Sommer 1841 alarmierte Schäfer Blum, er wolle das Blatt nicht mehr finanzieren.

Da entwarf Blum ein Programm, um die Zeitung zu retten. Mit Schäfer schloss er einen Vertrag und übernahm zum 1. Juli die wirtschaftliche Verantwortung. Zugleich verlegte er den Redaktionssitz nach Leipzig. Die Übernahme war eine bewusst politische Entscheidung, denn wirtschaftlich trug sich das Blatt – mit einer Auflage von 300 Exemplaren – wirklich nicht mehr.[380] (Zum Vergleich: Das wichtigste Blatt der Epoche, die in Augsburg erscheinende »Allgemeine Zeitung« besaß 1845 gut 9000 Abonnenten.)[381] Blum nahm jetzt die für ihn typische, auf gleichsam nüchterne Weise heroische Haltung ein, der Idee sein Auskommen zu opfern. Schäfer blieb formell Redakteur und Verleger, die buchhändlerische Kommission übernahm Robert Friese, ein enger Freund Blums. Eine offizielle Übernahme durch Blum scheiterte, weil das Innenministerium *hartnäckig und brutal* die Konzession verweigerte, wie er Freund Winkler empört berichtete.[382] Im November 1842 zog sich Schäfer dann ganz zurück, um sich einem neuen, exotischeren Projekt zu widmen: fotografischen Aufnahmen in Indonesien. Nachfolger in der Redaktion wurde Blums Schwager Günther, Friese nun auch Verleger.[383] Blum war also nirgends formell beteiligt, obwohl er darauf brannte, die Verantwortung zu übernehmen. Dennoch war er unbestrittener Kopf des Blatts. Schon bald war in einem Geheimbericht zu lesen, die Zeitung werde »immer kühner«,[384] und kurz darauf, im Januar 1842, hieß es gar, sie stehe in »grellem Kontrast [...] zu der gesamten deutschen Tagespresse«.[385]

Blum zeigte aber nicht nur bei der politischen Ausrichtung Energie, er entwickelte auch kaufmännisches Talent. Indem er das Blatt organisatorisch umkrempelte, bewies er verblüffende Managerqualitäten. Damit die Zeitung überhaupt überleben konnte, erhöhte er den Preis um 25 Prozent, von 18 auf 22 ½ Groschen im Quartal. Zugleich wurden vermögende Bekannte und Freunde um Spenden und Spendeneinwerbung gebeten, so Todt, Watzdorf und Itzstein. Die Kosten senkte Blum, indem er einen großen Teil der Arbeiten selbst erledigte und dazu aus dem Freundeskreis um honorarfreie Beiträge bat. Vor allem der »Klub« diente ihm hier als Mitarbeiter-Reservoir.[386] Die Abnehmerzahl konnte Blum durch sein gutes Kontaktnetz steigern, allerorten bat er um Werbung von Abonnenten, so dass deren Zahl bis Ende 1842 von 327 auf 650 stieg. Zum selben Zeitpunkt warf das Blatt einen kleinen Überschuss ab, nachdem es zuvor rund 1500 Taler Jahresverlust eingefahren hatte. Bis Anfang 1845 soll die Abonnentenzahl gar auf 2000 gestiegen sein.[387]

Von November 1841 an erschienen die Blätter – meist vier Seiten – vier- statt dreimal wöchentlich. Über einige Jahre konnte Blum die Zeitung auf einem beachtlichen Niveau halten und sich dort über seine Lieblingsthemen Pressefreiheit, nationale Einheit, soziale Gerechtigkeit und Willkürjustiz verbreiten. Dazu sollte die Zeitung ihrem Namen gerecht werden und Leser in der Region auf dem Laufenden halten. *Wir geben fast Alles, was in Sachsen passirt*, schrieb er an Adolf Rutenberg von der »Rheinischen Zeitung«.[388] Er hatte Glück mit dem Zensor, dem Philosophieprofessor Friedrich Bülau, einem Freund freier Meinung, dem von Staats wegen bescheinigt wurde, seiner Aufgabe »mit einer allzu großen Milde und auf eine ziemlich laxe Weise« nachzukommen.[389] Bülau sei *zuweilen neben dem Censor noch Mensch*,[390] wie Blum fand.

In diesen Jahren sprühte er vor Ideen. Besonders aufsehenerregende Artikel ließ er als Flugschrift verbreiten. Das brachte Leser. 1842 wurde ein Artikel zu Tausenden in alle deutschen Regionen versandt, in dem Preußen wegen seines Vorgehens gegen den Freiheitsdichter Hoffmann von Fallersleben attackiert wurde.[391]

Der wohl größte Auflagenerfolg gelang Blum dann im Zusammenhang mit dem Fall Weidig. Wegen der stürmischen Nachfrage ließ Blum zehntausend zusätzliche Exemplare drucken.[392] In der Tat handelte es sich um einen der größten Justizskandale im Vormärz, ganz Deutschland wurde aufgerüttelt. Hier galt es aus Sicht der Opposition, das Feuer der Empörung nicht ausgehen zu lassen, sondern mit allen Mitteln weiter anzufachen.

Friedrich Ludwig Weidig stammte aus Oberkleen bei Wetzlar und war nach seinem Studium in Gießen in den hessen-darmstädtischen Schuldienst gegangen. Er wurde 1812 Konrektor und 1826 Rektor der Lateinschule in Butzbach. Schon früh begann er, sich für ein freiheitliches Deutschland zu engagieren. Wegen seiner politischen Aktivitäten – er verfasste sozialrevolutionäre Schriften, hielt geheime Versammlungen ab, hatte Kontakte zu bekannten Revolutionären – wurde er 1834 auf eine Pfarrstelle nach Ober-Gleen im Vogelsberg strafversetzt (nicht zu verwechseln mit seinem Geburtsort Oberkleen). Berühmt wurde er als Mitautor des »Hessischen Landboten«, eines genial formulierten Pamphlets, das Georg Büchner gemeinsam mit ihm verfasst hat. Wegen seiner klaren und mitreißenden Sprache – »Friede den Hütten, Krieg den Palästen« – wurde es zur bekanntesten Flugschrift des Vormärz.

Die Behörden griffen ein. Büchner gelang die Flucht. Weidig wurde gewarnt, auch er wollte fliehen. Doch im letzten Moment – er war schon unterwegs Richtung Schweiz – entschied er sich zu bleiben. Dies erwies sich als großer Fehler; im April 1835 wurde er verhaftet. Es begann ein fast zweijähriges Martyrium in der Untersuchungshaft im Darmstädter »Arresthaus«. Untersuchungsrichter Konrad Georgi, überfordert mit seiner Aufgabe und ein notorischer Trunkenbold, führte ein grausames Regiment. Die Details wurden wegen des geheimen Verfahrens erst im Nachhinein bekannt. Nicht nur entzog er Weidig Bücher, Licht und jedes warme Essen, der Untersuchungshäftling soll auch körperlich misshandelt worden sein. Weidigs Haft war eine Qual, er verzweifelte, sah sich in ausweglose Lage. Am 23. Februar 1837 wählte der 46-Jährige den Freitod. Die Nachricht verbreitete sich rasch in Deutschland, Empörung und Entsetzen ergriff auch nicht-oppositionelle Kreise. Nach einer Beschwerde von Weidigs Brüdern wurde der Justizskandal in den frühen 1840er Jahren untersucht. So sollte unter anderem geklärt werden, ob Weidig rechtzeitig Hilfe zuteil geworden war.

In seinem Artikel nun personalisierte Blum sehr: hier der aufrichtige Weidig, dort der verkommene Georgi. Der Häftling sei von der Grausamkeit und Willkür des Richters in Wahnsinn und Verzweiflung getrieben worden. Blum machte nicht Halt vor schwarzem Pathos. *Wir sehen einen edlen, sittlich starken und eben so kampffähigen als kampfbegierigen Menschen auf die unwürdigste Weise untergehen, den gemeinsten Kräften wehrlos unterthan und erliegen, und lauschen vergeblich nach dem Flügelschlage der ewigen Gerechtigkeit, der uns erhebt und versöhnt an der Stätte einer Blutthat.* Über dem Leichnam falle der Vorhang und alles sei *in tiefe undurchdringliche Nacht* gehüllt – eine kritische Anspielung auf die Praxis der geheimen Gerichtsverfahren, die damals bereits umstritten war.

Des Schaurigen nicht genug, artikuliert er einen Verdacht, der damals die Menschen beschäftigte. Etliche Umstände um den Tod Weidigs blieben ungeklärt, so dass man spekulierte, ob Georgi und seine Helfer gemordet hatten. Vom heutigen Stand ist dies wohl auszuschließen. Zuletzt hat 1975 ein rechtsmedizinisches Gutachten der Universität Heidelberg noch einmal die Wahrscheinlichkeit einer Selbsttötung bestätigt, wobei allerdings eine Tötung infolge unterlassener Hilfeleistung als möglich angesehen wird.[393] Aus damaliger Sicht mussten aber Details wie eine Verblutungswunde am Hals, zugefügt mit einer Glasscherbe, den Mordverdacht nahelegen. Denn diese Wunde entstand erst, nachdem Weidig durch andere Wunden an Armen und Beinen bereits erheblich geschwächt war. Das Ereignis, so schloss Blum seinen Bericht, erinnere *mehr an die finsteren Zeiten roher Barbarei als an unser Jahrhundert.* Dem setzte Blum nun die Macht der Presse entgegen. Die öffentliche Meinung sei stark genug, so lautet seine Mischung aus Fazit und Aufforderung, eine *offene, gerade Darlegung des Sachverhalts zu erzwingen.*[394]

Artikel wie diese sollten zur kontinuierlichen Kritik und

Wachsamkeit erziehen. Sie waren, in den Augen der Obrigkeit, natürlich reine Wühlarbeit. Freilich scheute man vor sofortigen Verboten meist zurück. Lieber zog man die Zensurschrauben ein bisschen an, erteilte hier eine Verwarnung und dort eine Mahnung. So wurde Georg Günther Ende 1842 vom Leipziger Stadtrat ermahnt, nachdem Preußen sich bei der sächsischen Regierung über das Blatt beschwert hatte. Zum selben Zeitpunkt war das Leipziger Konkurrenzblatt, die von Brockhaus herausgegebene »Leipziger Allgemeine Zeitung«, in Preußen bereits verboten worden. Sie hatte es gewagt, Georg Herweghs berühmten »Offenen Brief« an den preußischen König abzudrucken.[395]

Schon im folgenden Frühjahr fiel der nächste Warnschuss, wieder auf preußisches Kommando. Der Stadtrat drohte mit dem Entzug der Konzession. Kurz darauf war in einer preußischen Denkschrift zu lesen, die sächsische Politik sei gegen Organe wie den »Vaterlandsblättern« zu lau. In Kurhessen und Bayern wurde alsbald die Verteilung der »Vaterlandsblätter« untersagt, später, 1844 und 1845, das Blatt für die beiden Länder ganz verboten. »Einer reußischen Botenfrau, die im Verdacht stand, für einige Private in Hof die Vaterl.-Bl. aus dem Reußischen mit herüberzubringen, hat ein Gensd'arm sogar die Schuhe ausgezogen und nach der verbotenen Waare durchsucht.«[396] Im März 1845 folgten erste Maßnahmen in Preußen, auch hier durfte nun nichts mehr verteilt werden.

Im Lauf des Jahres 1845 wurde es dann auch in Sachsen ernst. Der nervenstarke Blum indes nahm solche Attacken mehr als Herausforderung. Spion Singer behauptete sogar, Blum sei in seiner Eitelkeit gekränkt, weil er für einen besonders aggressiven Artikel – es ging um die Geistlichkeit in Trier – in der katholischen Presse »nicht geschimpft worden war«.[397] Er liebte die Rolle als gefährlicher Kritiker, gewiss, aber selbstredend wollte er die »Vaterlandsblätter« bewahren. Doch die Verbotsmaschinerie war schon in Gang gesetzt, einer langsam rollenden Walze gleich kam sie im Lauf des Jahres 1845 immer näher. *Unsere Preßzustände sind im Augenblick unerträglich*, berichtete Blum im Sommer, *und wenn der Landtag nicht ernstliche Änderungen bringt, so ist es mit Leipzigs Bedeutung unbedingt vorbei. [...] Das Blatt ist zwar in Preußen verboten, aber es gehen immer noch über 1800 Ex in alle anderen Länder.*[398] Bald gab es *ernstliche Änderungen*, aber nicht die von Blum erhofften: Am Tag vor Heiligabend wurde den Lesern das Verbot mitgeteilt. Eines der temperamentvollsten und mutigsten Organe des deutschen Vormärz war am Ende. Singer triumphierte und schrieb von der »Bedeutung einer politischen Demonstration« und einem Akt »von Stärke oder besser Erstarkung«.[399]

Das war ein gewaltiger Rückschlag, auch für Blum persönlich – und doch nur ein Anlass, etwas Neues zu beginnen. Er begab sich mit seinem Gefährten Rudolf Rüder auf die Suche nach einem existierenden Blatt, das er nach bewährtem Muster in seinem Sinn umkrempeln konnte. Er fand es in der »Constitutionellen Staatsbürgerzeitung«. Sie wurde seit 1833 in Grimma von Carl Ferdinand Philippi herausgegeben, der selbst die Idee gehabt hatte, nach dem Ende der »Sächsischen Vaterlandsblätter« deren Nachfolge anzutreten, wohl weniger aus liberaler Überzeugung, sondern um von der Popularität der verbotenen Zeitung zu profitieren. Schrittweise gelang es Rüder, die Zeitung zu übernehmen und von Frühjahr 1846 an vertrat sie zunehmend die politischen Positionen Blums. An die Bedeutung der »Vaterlandsblätter« konnte das neue Blum-Blatt zwar nicht mehr anknüpfen. Aber Blum hatte doch bewiesen, wie rasch er einen Schlag der Staatsmacht publizistisch parieren konnte.[400]

Die täglichen Artikel in der Presse waren eine leicht verderbliche Ware; über ihren Konsum war wenig zu erfahren. Wer las sie, wer zog Schlüsse daraus? Mit Kampagnen wie etwa zum Fall Weidig suchte Blum daher über das schnelllebige Tageszeitungsgeschäft hinaus zu wirken. Doch damit nicht genug. Er erwies sich als äußerst einfallsreich auf der

Suche nach neuen Publikationsformen. In den frühen 1840er Jahren erfand er das politische Taschenbuch, das in der Form eines Almanachs jährlich erschien, Aufsätze und Gedichte politischen Inhalts vereinte und so dem Leser helfen sollte, dem Mittel und Zeit fehlten, *sich durch die Irrgeweide der politischen Zeitungen zu drängen.*[401] Almanache waren in jener Zeit – anders als noch im 18. Jahrhundert – meist literarisch unbedeutende Kalender mit Gedichten und kurzen Prosastückchen erbaulich-harmlosen Inhalts. Allerlei »Blütenlesen«, »Schmuckkästchen« und »Taschenbücher für Frauenzimmer« überschwemmten den Markt. Meist erschienen sie im Herbst. Blum spöttelte über ihren biederen Zuschnitt und nannte sie *schwächliche Treibhauspflanzen, die ermattet die Köpfe senken, sobald ein frischer Lufthauch sie anweht.* Er wollte aus den Almanachen wieder ernst zu nehmende Zeitschriften machen, natürlich auch mit politischen Texten, und strebte als Erscheinungstermin bewusst den Frühling an, die *Zeit der am reichsten prangenden Natur.*[402]

Ab 1843 erschien jährlich das »Volkstaschenbuch« *Vorwärts!*, das er zunächst gemeinsam mit dem Historiker und Schriftsteller Friedrich Steger, von 1846 an dann allein herausgab. Es war das wohl ehrgeizigste publizistische Projekt, das Blum je anpackte, abgesehen vielleicht vom »Theaterlexikon«. Den Namen »Vorwärts« hat Blum übrigens als erster für ein Publikationsorgan verwendet; der von deutschen Emigranten in Paris herausgegebene »Vorwärts!« kam erst im November 1843 unters bewegte Volk. Mit Steger hatte er zuvor bereits eine Schriftenreihe namens *Der Verfassungsfreund* gegründet, die Politik in populärer Form präsentierte, doch nach zwei Heften wurde die Reihe – unter dem neuen konservativen Kurs der sächsischen Regierung Könneritz – verboten.

Sein Taschenbuch habe mit den bisherigen nichts gemein, schreibt Blum in der Einleitung. Es solle in der Tasche *des Bürgers, des Handwerkers, des Arbeiters, des eigentlichen Volkes* stecken, solle Kenntnisse in Staatsdingen vermehren und Hoffnung auf eine bessere Zukunft machen, dabei *durchaus volksthümlich gehalten* und *sehr billig* sein, wie Blum Hoffmann von Fallersleben vor dem Erscheinen der ersten Ausgabe mitteilte.[403] Dieser erste Jahrgang, gut 200 Seiten stark, enthielt unter anderem einen politischen Jahresrückblick auf 1842, einen Artikel über den Zustand der Presse und einen Aufsatz über die Entlassung des ostpreußischen Oberpräsidenten Theodor von Schön, der 1842 wegen seiner Forderung nach einem preußischen Parlament den Staatsdienst hatte quittieren müssen. Angereichert war das Journal mit politischer Lyrik, für die Blum eine besondere Vorliebe hegte. Eigene Gedichte, wie noch in den »Vaterlandsblättern«, hat er im *Vorwärts!* nicht veröffentlicht.[404] Ihn trieb kein literarischer Ehrgeiz mehr, wohl aber der Ehrgeiz, literarische Qualität zu bieten. Umso flammender verteidigte er die lyrische Form des politischen Kampfes und höhnte über die *Rückschrittsmänner, die keinen Dichter und keinen Gedanken finden.*[405]

Profil gewann der *Vorwärts!* auch durch Serien. So gab es eine Reihe zu »Männern des Fortschritts«, in der die Porträtierten – unter ihnen Hoffmann von Fallersleben, Welcker und Itzstein – selbst Material zulieferten. Blum sah sehr deutlich, dass die oppositionelle Bewegung Gesichter benötigte, wenn sie nicht blässlich und farblos bleiben wollte. Er fand sich gewissermaßen auf der Suche nach Gestalten, nach Vorbildern, mit denen sich politische Programme personalisieren ließen. *Wenn wir selbst uns nicht – nicht etwa vergöttern und lobhudeln – aber die gerechte, verdiente Anerkennung zu Theil werden lassen, wie soll das Volk uns kennenlernen?,* schrieb er an den liberalen Landtagsabgeordneten Carl Todt, dem er 1844 ein Porträt widmete.[406] Auf Personalisierung – wenn auch ganz anderer Art – zielte zudem eine Serie über zeitgenössische Justizopfer, ein Thema, das Blum nicht erst seit dem Fall Weidig besonders am Herzen lag. Auch in den »Sächsischen Vaterlandsblättern« streute er regelmäßig Berichte über Skandalöses und Schikanöses aus der Strafprozesspraxis ein. An konkreten

Fällen zeigte er, dass der Arme und sozial Schwache vor Gericht nicht auf Recht hoffen durfte. Die Lektüre sollte leicht, der Fall verständlich sein: Recht fürs Volk. Einem Autor bescheinigte er, seine *feinen juristischen Unterscheidungen* seien *unserm Leserkreis kaum zugänglich.*[407]

Offensichtlich konnte er mit dem *Vorwärts!* schwarze Zahlen schreiben.[408] Noch wichtiger aber als dieser Erfolg: Das Netz seiner Verbindungen in Deutschland wurde immer dichter. Überall klopfte er an, korrespondierte mit Demokraten, Liberalen und allen, die der gemeinsamen Sache verpflichtet waren. Für den ersten Band gewann er Georg Herwegh, Hoffmann von Fallersleben, Johann Jacoby, Robert Prutz und Theodor Welcker. Unermüdlich bettelte er um Textbeiträge für sein *armes Kind*, wie er einmal an Jacoby schrieb.[409] Nicht immer war er erfolgreich. Auf der Suche nach den großen und populären Namen wandte er sich einmal an den 55-jährigen Ludwig Uhland, dessen Feder freilich zum damaligen Zeitpunkt schon recht eingetrocknet war, und der ihm antwortete: »So steht mir aber wirklich nichts zu Gebote, was Ihrem patriotischen Unternehmen förderlich seyn könnte. Sie wissen selbst, dass über poetische Stimmung und Neigung sich nicht gebieten lässt.«[410] Schon 1838 hatte Heine gespottet, »eben so gut wie Schlegel, Tieck, wie Fouqué ist auch Uhland längst verstorben, und hat vor jenen edlen Leichen nur das größere Verdienst, dass er seinen Tod wohl begriffen und seit zwanzig Jahren nichts mehr geschrieben hat«.[411]

Und wieder die Zensur, der Geistesfolterknecht. Die erste Ausgabe wurde von den Vorzensoren zerfleddert, Blum fügte sich und machte den Band *zahm und mild*, wie er selbst schrieb.[412] Dann ging es durch die langwierige Nachzensur; der Erscheinungstermin rückte weit in den Sommer. *Mit dem Vorwärts geht es trostlos rückwärts,* klagte er im Juni 1843, in der Zeit untätigen Wartens, bei Hoffmann von Fallersleben.[413] *Die menschenfreundliche Nachcensur hat incl. des Umdrucks von 3 Bogen blos 17 Wochen gebraucht*, schrieb er an einen der

Autoren, entnervt vom *Censurwüthen*, dem vor allem die politische Lyrik zum Opfer gefallen war: *Von Herwegh habe ich leider auch nur Bekanntes, denn das Unbekannte wurde gestrichen und ich musste ausfüllen. Mosen ist genug gemordet worden, Hoffmann mehr als halbirt, Deeg hat von 9 Gedichten eines gerettet. – Welche Freuden! Und warum man gerade vorzugsweise in Gedichten wüthet? Allerdings ist es die Form, die sich am leichtesten und innigsten im Herz des Volks festsetzt.*[414] Das subversive *Wühlen*, auf das er so stolz war, war oft genug ein Wursteln und Würgen, ein Improvisieren, Ausloten und Tricksen. Für die weiteren Ausgaben des *Vorwärts!* strebte Blum eine Seitenzahl von über zwanzig Bogen, also 320 Seiten, an – ein beliebter Trick der Zeit. Die Vorzensur war für Schriften dieses Umfangs laxer oder gar nicht vorhanden. In Sachsen etwa sollte sie aufgehoben werden; Entsprechendes wurde auf dem Landtag von 1842/43 zwar beschlossen, doch zögerte die Regierung die Umsetzung bis 1844 hinaus. Blum *zitterte* nach eigenen Angaben, ob das Gesetz rechtzeitig in Kraft treten werde.[415] Tatsächlich wurde das Volkstaschenbuch dann doch noch beschlagnahmt, und auch in den Folgejahren gab es stets Schikanen. Trotz zahlreicher Hürden und Verbote brachte er bis 1847 jährlich den Kalender heraus, eine herkulische Leistung. Denn viele politische Zeitungen und Zeitschriften der Epoche kamen kaum über drei, vier Nummern heraus – ermattet vom Kampf mit der Zensur, materiell ausgelaugt oder von Verboten erdrosselt.

Vereinsgenossen, Redakteurskollegen, Festkomiteefreunde und die Tafelrunde in Hallgarten: Männerzirkel allerorten – doch warum? Irgendwann müssen Blum Zweifel am Sinn dieser Exklusivität gekommen sein. Nicht dass ihn die rauen Runden mit Wein und Zote gestört hätten, da war er ganz dabei. Aber dass Frauen prinzipiell nicht-öffentliche Wesen waren, das ließ seinen widerspruchsgeschulten Kopf nicht ruhen. Manche Grenzlinie war fein gezogen, kaum wahrzunehmen und doch in jedem Kopf präsent. Die Frauen »durften« Kultur, doch Politik war tabu. Sie konnten Schriftstellerin sein, aber nur selten Journalistin, sie schrieben erfolgreich Romane und Theaterstücke, aber so gut wie nie Zeitungsartikel.

Es ist verblüffend, dass kaum einer von Blums männlichen Kampfgefährten sich des Themas annahm – unter den Liberalen am ehesten noch Karl Theodor Welcker, bei den Demokraten Julius Fröbel und Arnold Ruge. Man war doch recht beschränkt in dieser Frage und gut dressiert in der Geschlechterrolle. Blums Lebensweg hingegen aus dem Souterrain der Gesellschaft hat seinen Horizont erweitert. Er wurde ausgeschlossen von der Schule – so wie die Mädchen, und seien sie aus bestem Haus, keine höhere Bildungsanstalt besuchen durften. Er sah als Kind, dass die Mutter die Familie mit ihrer Arbeit ernährte. Und er sah später, in Leipzig, dass im Theatermilieu die Frauen den Männern fast gleichgestellt waren, während sie im Rathaus nicht einmal auf den hinteren Bänken Platz nehmen durften. Er kannte Jennys Interesse für die Politik und die Begeisterung der Frauen auf den Schillerfesten. 1843 wandte er sich explizit diesem Thema zu – und fand zugleich eine wackere Mitstreiterin, eine Demokratin, die Blum – dem patriarchalischen Ton der Zeit verhaftet – sein *liebes sächsisches Mädchen* nannte.[416]

Am 22. August hatte er in den »Sächsischen Vaterlandsblättern« eine Frage gestellt, die heute skurril klingt, so wie sie damals – unter umgekehrten Vorzeichen – skurril klang: Ob das weibliche Geschlecht ein Recht darauf habe, an Staatsangelegenheiten teilzunehmen. Blum formulierte dezent: *Die Theilnahme an der Gemeinde, am Staate, und an den Staaten oder der Menschheit, das macht erst den Menschen zum Menschen. Wenn alle Menschen hierzu berufen sind, in welcher besondern Weise werden dann die Frauen ihre Theilnahme zu äußern haben?*[417]

Bald kam eine Antwort, und sie kam von profilierter Seite: von Louise Otto, die später zur Mitbegründerin der deutschen Frauenbewegung wurde. Anders als Blum entstammte sie einem bürgerlichen Milieu. In Meißen aufgewachsen, hatte sie bereits einige Romane veröffentlicht, Politisches freilich nur unter dem Pseudonym Otto Stern publiziert. Nun setzte sie den eigenen Namen unter ihren Artikel in den »Vaterlandsblättern«: »An der Stellung, welche die Frauen in einem Lande einnehmen, kann man sehen, wie dick von unreinen Nebeln, oder wie klar und frei die Luft eines Staates sei; – die Frauen dienen als Barometer der Staaten.« Das Desinteresse vieler Frauen an Politik sei ein »großer Übelstand«, der durch einen »lebendigen Geschichtsunterricht« vermindert werden sollte, so lautete die noch recht milde Forderung.[418]

Wortlos – und wohl mit ein wenig Herzklopfen – hatte die 24-Jährige den Aufsatz in der Buchhandlung von Robert Friese abgegeben. Zwei Wochen darauf stand er in den »Vaterlandsblättern«. Es folgten weitere Artikel von ihr, unter anderem im November ein zweiteiliger Aufmacher über »Frauen und Politik«, in dem sie erneut Bildungsreformen forderte. Die Mädchen würden zu »Puppen der Männer [...] gemacht und sollten doch ihre Gefährtinnen sein«. Es fehle den Frauen an Selbständigkeit, sie würden zeit ihres Lebens wie »Kinder« behandelt.[419]

Von nun an gehörte Louise Otto zum Stamm der Autoren in Blums Blatt. In den folgenden Wochen wurde das Thema weiterverfolgt, doch bald zeigten sich gewisse Grenzen der politischen Fantasie. Die Beiträger versicherten sich gegenseitig der Überzeugung, dass Frauen am Staatsleben teilhaben sollten. Als Maßnahme wurde immer wieder Bildung genannt, eine Abkehr von der auf Häusliches und Ästhetisches fixierten Erziehung. Die Forderung nach handfester politischer Teilhabe freilich, etwa nach einem Frauenwahlrecht, wurde einstweilen in die Zukunft verlagert. »Schreiben konnte ich mit den Männern«, berichtete Louise Otto später von ihren Erlebnissen im Jahr 1848, »aber auch: kämpfen, reden, handeln, wählen, organisieren? – ich war ein Mädchen!«[420]

Als Schriftstellerin und Journalistin packte sie die Fragen der Zeit an. Wenn sie Politik jenseits der Frauenfrage abhandelte, wenn sie etwa über die Deutsch-Katholiken schrieb oder die Soziale Frage, schlüpfte sie allerdings wieder in das Männerkostüm und publizierte – sogar in den »Sächsischen Vaterlandsblättern« – als »Otto Stern«.[421] Im August 1845 gab sie dann die Maskerade auf und enttarnte das Pseudonym.[422] 1846 erschien ihr Erfolgsroman »Schloß und Fabrik«, der lediglich in zensierter Form in die Buchläden kam. Sie musste die monierten Stellen tilgen oder umschreiben. Hellsichtig beschreibt sie den Gegensatz zwischen niedergehendem Adel und aufsteigendem Bürgertum wie den neu heraufziehenden Konflikt zwischen Arbeiter und Bürger. Die Freundinnen Pauline und Elisabeth entstammen unterschiedlichen Milieus, Paulines Vater ist ein reicher Fabrikant, der Elisabeths Vater, einem materiell bedrängten Adligen, immer mehr Land abkauft. Bei einem Aufstand der Arbeiter gegen den Fabrikherrn werden dessen eigene Tochter Pauline und ihr Geliebter, der Arbeiter Franz Thalheim, vom Militär erschossen... Louise Otto schildert eingehend das Milieu der Arbeiter, ihr Elend, aber auch ihren politischen Reifeprozess. Blum lobte in einer Rezension den Roman, kritisierte aber zugleich, es sei *eine Sünde wider das Prinzip*, dass sie ihn in drei kurzen statt zwei längeren Teilen hatte erscheinen lassen und so der Vorzensur unterworfen war, die nur kürzere Texte – unter 20 Bogen – ins Visier nahm. Louise Otto wies den Vorwurf zurück; es helfe nichts, wenn ein unzensiertes Buch dann doch von der Nachzensur konfisziert werde.[423]

Sie war eine sehr ernste, kämpferische Autorin, »das pointierte, nach geistvollen Phrasen haschende Wesen und Wortgeflunker war ihr völlig fremd«, schreibt ein Zeitgenosse.[424] Da dürfte sie sich mit dem handfesten Blum gut verstanden haben. Persönlich erlebt hat sie ihn erst zwei Jahre nach ihrer Antwort auf seine Frage in den »Vaterlandsblättern« bei einer Rede 1845, von Angesicht zu Angesicht kennengelernt sogar erst nochmals zwei Jahre später, 1847. In ihrer Autobiografie schildert sie, wie sie ihn damals im Theater aufsuchte. »Er nickte grüßend mit dem Kopfe und fragte, ohne aufzustehen: ›Was steht zu Dienst?‹ Ich wollte schon verlegen werden über diesen Empfang, und sagte meinen Namen. Ich werde es nie vergessen, wie anders plötzlich sein Gesicht ward, wie er aufsprang, mir die Hände schüttelte und mich herzlich willkommen hieß.«[425] Sie befreundete sich eng mit Robert und Jenny. Manches an ihrer Biografie mochte den Theatersekretär an seine eigene erinnern: Sie hatte mit 14 Jahren gegen ihren Willen die Schule verlassen müssen. Wie Blum verehrte sie Schiller, und die warmen Monate genoss sie gern in Gohlis, gleich bei Schillers liebem Häuschen. Von allen, die Blums Wesen zu fassen suchten und darüber schrieben, hat sie die trefflichsten Worte gefunden.[426] Was ihren eigenen Weg anlangt, meinte sie, zurückblickend aus den 1870er Jahren, Blum sei »Einer der Ersten« gewesen, »der mich in meinen Bestrebungen für die Frauen ermuthigte«.[427] Da war er, wieder einmal, den Klügsten seiner Zeit voraus.

BÜRGER, PRIESTER, VOLKSTRIBUN (1844–1847)

Blum hatte in der Politik seine Aufgabe, seinen Beruf gefunden. Er war angekommen in seinem Leben. Er suchte und fand: neue Hebel, neue Provinzen, neue Methoden, alles, was seinem Freiheitsideal Raum schuf. Es war dieselbe Zeit, da er bekannt wurde, sich einen Namen machte, erst in Sachsen, dann in Deutschland. Er gewann Macht und Einfluss. Und es stellte sich die Frage, inwieweit ihn diese neue Rolle selbst verändern würde, ihn, den Mann aus der Kölner Mauthgasse.

Bürger Blum

Für den Aufsteiger Blum hatte das bürgerliche Leben manch Verlockendes: es bot materielle Sicherheit, Unabhängigkeit von drückendem Zwang, Stetigkeit der Lebensführung. Zudem stand Bürgertum noch, in Opposition zum Adel, für Modernität und Zukunft, für Aufbruch und Wandel. Freilich begegnete Blum in seiner Umgebung oft genug der Karikatur des Bürgers, er sprach gern von *Spießbürgern*, wenn er über die laue Haltung mancher Leipziger wetterte. Dieser Typus war für ihn Bourgeois, kein Citoyen, hatte Geld und Erfolg, aber wenig Interesse an Gemeinwohl und Politik. Doch ob Citoyen oder Bourgeois: Blum wollte soziale Anerkennung. Er wollte den Bürgern *imponieren*, wie er einmal einräumte, in einem Brief an Johann Jacoby, den Königsberger Freund, und so begann er auch ihren Lebensstil zu imitieren.

Abbildungen, die ihn im Kreis der Familie zeigen, zeichnen ein trautes Biedermeierbild. Es täuscht nicht. Blum erlebt in jenen Jahren alle Freuden bürgerlich-häuslichen Glücks. Aber auch alle Sorgen. Bei Jennys erster Entbindung 1841 durchlitten die Eltern Grausames; für ihn eine Wiederholung der traumatischen Tage mit Adelheid. *Am 7. Juni gebar mir meine Frau Zwillinge und zwar in einer Geburt, die der lang und viel practicirende Acroucheur die entsetzlichste nannte, die er jemals erlebt. Das erste Kind, ein Knabe, blieb mir; das zweite, ein Mädchen, starb während der Geburt, ja es wurde fast zerrissen; nach tagelanger äußerster Gefahr kehrte wenigstens die Hoffnung auf die Lebenserhaltung meiner Frau zurück, der dann eine sehr lange Genesung folgte. Aber mit den wiederkehrenden Kräften zeigten sich auch die Spuren und Folgen jener schrecklichen Geburt […]; mein armes Weib erhielt zugleich nicht weniger als die Leberentzündung, Entzündung der Ovarien und die Wassersucht; 3 Krankheiten, von denen jede eine starke Gesundheit zu vernichten vermögen für immer, und diese vereint in einem so geschwächten Körper! Und doch hat die leidende Frau es ausgehalten, hat sie besiegt und ist jetzt wieder gesund; aber welche qualvolle Zeit ich erlebte, wie sich alles Denken und Thun in den engen Kreis häuslichen Elends konzentrirte und alles, wozu die Noth mich nicht zwang, […] liegen blieb, weil ich, wochenlang ohne alle Nachtruhe, körperlich und geistig erschlafft und zum Arbeiten unfähig war, das können Sie leicht ermessen.*[428] Der junge Vater flüchtete sich in Humor; Sohn Hans habe *den Revolutionair bereits dadurch beurkundet, dass er verkehrt lag*, schreibt er an Hoffmann von Fallersleben, der Pate des Erstgeborenen wurde.[429] Dem Ältesten folgten 1842 Richard, 1844 Johann Robert Alfred, der bereits mit einem Jahr verstarb, 1845 Ida und 1847 Alfred. Als Pflegetochter nahmen die Blums noch die 1824 geborene Agnes Kretzschmar in ihren Haushalt, die aus einer verarmten Familie stammte und am Leipziger Theater bereits mit elf Jahren als talentierte Ballettschülerin auffiel. Die Stiefeltern legten ihren ganzen Ehrgeiz in ihre Bildung und Ausbildung, Blum büffelte mit ihr die klassischen Dramen und übte Deklamieren. Später wurde sie – unter ihrem Ehenamen Agnes Wallner – eine gefeierte Schauspielerin.[430]

Als Sohn Hans auf die Welt kam, lebte Blum bereits seit zehn Jahren in Leipzig. Doch noch immer nicht war er Bürger der Stadt, er war lediglich »Schutzverwandter« und durfte nicht an den Kommunalwahlen teilnehmen. Aus der Sicht der Honoratioren gehörte er nur halb dazu. Das war Blum zu wenig. Voraussetzung für den Bürgerstatus war entweder Immobilienbesitz in Leipzig oder eine Tätigkeit als Selbständiger. Tatsächlich versuchte er im Juni 1843, sich in der Theaterbranche selbständig zu machen. Gemeinsam mit dem Souffleur und späteren Verleger Julius Koffka plante er ein »Centralbureau für dramatische Werke und Opern-Musik«, eine Art Theateragentur.[431] Sie sollte neue qualitätsvolle Bühnenwerke vermitteln. *Eines der wesentlichsten Hindernisse, die dem Emporkommen dramatischer Dichter und Dichterwerke auf der deutschen Bühne entgegen stehen, besteht nämlich darin, dass die Theaterdirectionen mit einer übermäßig großen Anzahl von Producten überschwemmt werden, die sie gründlich zu lesen und zu prüfen thatsächlich nicht im Stande sind. So wird das verborgene gute Werk begraben unter dem Wuste des Mittelmäßigen und der Schöpfer entbehrt der Ermunterung und des Lohnes gänzlich, ja man muß es bei dem Zustande der Dinge wie er ist für einen wahrhaften Treffer halten, wenn das entschiedenste Talent nur die Bühne gewinnt.* Darüber hinaus sollte das Büro den von ihm betreuten Autoren Rechtshilfe gegen den Diebstahl geistigen Eigentums gewähren, laut Blum ein *Krebsübel* [...], *das mit vernichtender Gewalt an dem ohnehin kargen Lohne des dramatischen Dichters in Deutschland frisst.*

Selbstredend sah Blum das Projekt ganz im Geist des Idealismus, der Menschenliebe und des Patriotismus: *Deutschland, das sittliche, redliche, wissenschaftliche Deutschland kann und will seinen Dichtern eine gleich ehrenvolle Stellung geben, wie die Dichter anderer Nationen sie haben. Sie werden diese Stellung besitzen, sobald die Vampyre ausgerottet sind, die von dem Marke ihrer Geisteswerke diebisch sich nähren.*[432] Natürlich sollte die Agentur nicht nur der Vermittlung von Bühnenwerken dienen, sondern Blum endlich auch den lange schon begehrten Bürgerbrief verschaffen. Doch das Unternehmen misslang. Der Stadtrat lehnte das Gesuch ab, das genannte Gewerbe sei hierfür nicht tauglich. Blum hat die Sache nicht weiter verfolgt.

Stattdessen wurde er jetzt Immobilienbesitzer. 1844, im vierten Jahr der Ehe, erwarb er für 6000 Taler ein Haus an der damaligen Eisenbahnstraße (heute Dohnanyistraße) in der jungen durchgrünten Marienstadt, einem Erweiterungsgebiet im Nordosten. Es war keine Villa, wie die vermögenderen Bürger sie sich leisteten, vielmehr ein zweistöckiger Neubau, klassizistisch und von geschmackssicherer Schlichtheit: ein robustes Eigenheim im Stil der Zeit. Mit gemessenen Proportionen und Flachdach symbolisierte es Blums Abkehr von spitzgiebliger Krähwinkelei. An- und Umbauten verschlangen zusätzlich knapp 600 Taler. Er musste sich die gesamte Kaufsumme bis auf den letzten Kreuzer borgen, und stotterte sie in den kommenden Jahren fleißig ab.[433] Vorbesitzer war der Maurermeister Karl Heinrich Ludwig Brendel, der das Haus vermutlich gebaut hatte. Ihm blieb Blum zunächst 1500 Taler schuldig. Den größten Betrag, 3000 Taler, borgte er sich von dem Kaufmann Christian Friedrich Engler. Daneben gaben ihm noch die Freunde Hermann Joseph und Wilhelm Adolph von Trützschler 1000 bzw. 500 Taler.[434]

Jetzt, als Hausbesitzer, hatte Blum das volle Bürgerrecht und durfte an den kommunalen Wahlen teilnehmen. Schon zwei Jahre später saß er im Stadtparlament. Blums Haus war am Rand des damaligen Leipzig gelegen, an der Eisenbahnstrecke nach Dresden, die bereits 1839 fertiggestellt worden war. Wie vieles in seinem Leben spiegelte auch sein Heim den ihm eigenen Gegensatz zwischen Idyllisch-Behäbigem und Revolutionär-Stürmischem. Das neue Reich bot ihm Raum für Gartenarbeit und Taubenzucht – und zugleich Platz, um polnische Flüchtlinge auf der Durchreise nach Frankreich und der Schweiz zu verstecken. 1845 empfing er hier sogar den

Hallgarten-Kreis. Die vorbeistampfenden Züge erinnerten die Familie daran, dass sie nicht auf einer grünen Insel lebten. Hektik und Industrialisierung brachten den Lärm der Moderne mit sich und selbst der fortschrittsgläubige, technikfaszinierte Blum schrieb einmal in einer schwachen Stunde, nach einer Fahrt auf der Eisenbahn, der Mensch *knechtet die Thiere, die Elemente, den Boden und zieht jetzt gar einige schwere eiserne Ringe um die arme Erde.*[435]

Immer häufiger unterwegs – *kein politisches Fest in Sachsen mehr […] ohne mich*[436] –, besaß er jetzt wenigstens in Leipzig einen Ruhepol – eine neue Erfahrung, denn der umtriebige Blum hatte seit 1832 sieben Mal die Wohnung gewechselt.[437] Doch einen ruhigeren Lebensstil gewöhnte er sich nicht an. Sobald ein Unternehmen endete oder im Sand verlief, packte er zehn neue an. Verhandlungen für das Theater führten ihn immer wieder auf Reisen, so im Frühjahr 1846 nach Hannover und Stettin.[438] *Wohin ich blicke, habe ich Arbeit im größten Überfluss und möchte mich vierteilen.*[439] Auch wenn seine Position nun hier und da honoratiorenhaft ausgekleidet schien, hatte er, der sich einst, mit 31 Jahren, als *alten Wittmann* bezeichnet hatte, seinen jugendlichen Schwung noch nicht verloren.

Das galt auch für sein Privatleben, wo er immer wieder in Affären geriet. Noch einmal kam es dabei zu ungewünschten Folgen. Anfang 1847 wurde Blum erneut Vater, sein mindestens zweites uneheliches Kind. Pauline Hoß war zum Zeitpunkt ihrer Affäre mit Blum dreißig Jahre alt und hatte bereits zwei uneheliche Kinder; ihr Bruder arbeitete – wie einst ihr 1844 verstorbener Vater – als Hausmeister am Stadttheater.[440] Ob Blum Pauline unterstützte, was sie ihm bedeutet hat – und er ihr: die Quellen schweigen. Auch ob Jenny eingeweiht wurde, ist unklar – wahrscheinlich wohl nicht. Das Kind starb nach einem Dreivierteljahr im Waisenhaus.

Blum blieb immer ein Stück praller Derbheit zu eigen. Dazu gehörte die Freude am unmittelbaren Genuss. Blum-

Gegner Heinrich Laube hat ihn einmal als Opfer seiner »unvergleichlichen Gesundheit« karikiert, die ihn »nach der nächsten Befriedigung« greifen lasse, »nach sofortiger Erfüllung«.[441] Fontane, der als junger Apotheker in Leipzig mit Jennys Bruder Günther verkehrte, stach ins Auge, dass von den beiden Schwägern Günther der »viel feinere Geist«, der »viel gebildetere Mensch« war.[442] Louise Otto schrieb von der »einfachen volksthümlichen Urkraft« Blums, die sich »Glätte weder aneignen konnte noch wollte«. Zwar werde niemand Blum »einer Rohheit oder Gemeinheit zeihen können, aber er verleugnete niemals seine Abstammung vom Proletariat in seiner unverfälschten Naturwüchsigkeit – und hierin lag ein Teil seiner Popularität und seiner ungeheuern Macht über die Massen. Wer das Volk wahrhaft liebt und kennt, dem mußte auch der Volksmann Blum liebenswert erscheinen.«[443]

Sein eherner Wille zur Selbst- und Charakterbildung kam freilich einem Verbürgerlichungsprogramm gleich. Einmal schrieb er, *eine lange Übung* habe ihm *Gewalt über* sich *selbst gegeben* und ihn gelehrt, seine *Gefühle zu mäßigen und nicht nach dem ersten Eindruck zu handeln*:[444] Affektkontrolle würden die modernen Psychologen es wohl nennen. Ein anderes Mal bezeichnete er die Maxime *du sollst dich nicht verblüffen lassen* als sein *elftes Gebot*, offensichtlich die Blumsche Ausformulierung des überzeitlichen, altgriechischen Ideals der Ataraxie.[445] Der Schriftsteller Moritz Hartmann schrieb einmal, Blums Seele sei »eine schöne, scharfe, zweischneidige Waffe in einem groben Futteral«.[446] Auch sein Redestil, der immer wieder als ruhig und klar geschildert wird, lässt neben der immensen Begabung auf viel Training schließen. Blum habe eine »klassische Ruhe« besessen, schreibt Hugo Wesendonck, und »nach einem festen und durchdachten Plan« gesprochen; seine Haltung sei eine »ernste, nie leichtfertig«.[447]

Dennoch: Zum steifbrüstigen Würdenträger taugte er wenig. Zumal seine Stellung in Leipzig ja nach wie vor etwas Prekäres hatte. Der Mann, der als Politiker und Publizist in alle Winkel Sachsens eingeladen wurde, dem man *Eisenbahn, Ehrengast, alles Mögliche zur Verfügung* stellte,[448] er saß abends an der Theaterkasse. Während er dort frei agierte und repräsentierte, Gespräche führte und Reden hielt, war er hier Subalterner, Diener des Herrn Theaterdirektors, und verkaufte Billets. Er habe Blum oft an der Theaterkasse sitzen sehen, schrieb der österreichische Generalkonsul Alexander Hübner, aus dem Jahr 1891 zurückblickend: »Man nannte ihn damals, halb im Scherze halb ernsthaft, den künftigen Präsidenten der deutschen Republik.«[449]

Doch die Sorge um das Geld erlaubte keine Experimente. Das Haus, der ganz neue Lebensstandard der wachsenden Familie kostete. Er habe nie so sehr wie jetzt gewünscht, reich zu sein, schrieb er 1845 an Johannes Ronge, den Führer der Deutsch-Katholiken, *um meine ganze Zeit der Sache widmen zu können.*[450] Dabei hatte Ringelhardt Blum schon 1840 mit Entlassung gedroht, falls das Schillerfest in einen Skandal münden sollte.[451]

Bald näherte sich die Ära Ringelhardt dem Ende zu. Der Stadtrat beschloss im Herbst 1842, den zu Ostern 1844 auslaufenden Vertrag mit dem Direktor zu kündigen. Er könne sich aber erneut bewerben. Im Hintergrund hatte ein Kreis um Heinrich Laube gegen den Intendanten intrigiert, wobei die Ringelhardt-Feinde mit mancher Sympathie in der Leipziger Bürgerschaft rechnen konnten. Ringelhardt hatte sein Konzept der Wirtschaftlichkeit etwas zu konsequent verfolgt, wie viele meinten, denen das künstlerische Renommee des Hauses gefährdet schien. Es wurde moniert, dass Nebenrollen miserabel besetzt seien, dass an der Dekoration gespart werde, alles sei auf bloße Quantität, auf möglichst viele Spieltage hin angelegt. Das Knickertum wurde als unwürdig empfunden, unpassend für eine Kulturstadt wie Leipzig. Ringelhardt mache eine falsche Rechnung auf, wenn er gleichsam mehr auf die Kasse als auf die Kunst setze .

Die Ringelhardt-Partei dagegen glaubte das schwierige

Theatergeschäft besser zu kennen und lobte, dass dem Direktor der schwierige Spagat zwischen dem Publikums- und dem Unternehmerinteresse geschickt gelungen war. Tatsächlich hatte er eine achtbare künstlerische und eine ausgezeichnete wirtschaftliche Bilanz vorzulegen, von der er selbst ganz gewiss auch profitierte. Pro Jahr soll er 7000 Taler mehr eingenommen als ausgegeben haben,[452] eine Seltenheit in der Branche. Wer sollte kommen nach dem »alten Fuchs«, wie Lortzing ihn nannte? Blum jedenfalls stand loyal zu seinem Direktor, verteidigte dessen Linie – der Theatersekretär dachte ja oft wesentlich praktischer als mancher kunstpuristische Kritiker, aber auch als mancher Umstandskrämer in der Stadtverwaltung, deren Kuhschnappel-Mentalität er brummig rügte. Die Stadtoberen befürchteten *mit Recht [...], bei einem Wechsel nichts zu gewinnen. Indessen thut man ihm [Ringelhardt] keinen Schritt entgegen, und dass er einen solchen thun solle – wenn man das annimmt, ist man sehr im Verthun. Und kommt man ihm entgegen, nun dann muss man auch Concessionen machen, statt Forderungen zu stellen.*[453]

Blum schrieb dies – und bewarb sich flugs selbst um Ringelhardts Nachfolge; wir wissen nicht, ob dies nun mit oder ohne dessen Wissen und Zustimmung geschah. Lässt man seinen Lebensgang Revue passieren und dessen Ertrag: seine intime Kenntnis der deutschen Bühnenwelt, der Werke, Autoren, Schauspieler, auch des Publikums, seine Kontakte, seinen geschulten Geschmack und nicht zuletzt seine technischen Fähigkeiten in Buchführung und Organisation – eine Direktion Blum wäre durchaus ein Glücksfall für Leipzig gewesen.

Er hätte es jedenfalls gekonnt, daran besteht kein Zweifel. Wohl aber an der Kompetenz des Stadtrats in Theaterfragen. Der ließe sich in seiner Tranigkeit mit der Entscheidung viel zu lange Zeit, klagte Blum. Etliche Schaupieler würden sich wegen der unsicheren Lage bereits nach Engagements andernorts umschauen. Der Rat habe *keine Ahnung* von der Materie. *Wenn man den ausserordentlichen Mangel an Talenten und die ungeheuren Anforderungen betrachtet, die Künstler und Publikum machen, so möchte man beben bei dem Gedanken an die Möglichkeit, dass man plötzlich Director werden könnte. Wenn ich mich augenblicklich in die Nothwendigkeit versetzt sähe binnen 3 Monaten eine bessere – und eine bessere muß die neue Direction bringen – Gesellschaft als die unsere selbst um* JEDEN *Preis zu schaffen, ich wüsste sie nicht aufzutreiben.*[454]

In die Verhandlungen um einen Nachfolger hinein platzte im April 1843 eine Eingabe des Literatenvereins, in der ein deutlicheres künstlerisches Profil des Hauses gefordert wurde. Verfasser war Heinrich Laube, der, wie gesagt, die Anti-Ringelhardt-Fraktion anführte. Der Vorgang belegt, wie Blums Einfluss im Verein bereits geschwunden war. Parallel erschien ein Artikel in Laubes »Zeitung für die elegante Welt«, in dem die Ringelhardt-Philosophie scharf angegangen wurde. Man könne ein Theater nicht auf »blanke Ökonomie« reduzieren. Die Stadt müsse auf ihre Pacht verzichten oder sogar – nach dem Mannheimer Modell – einen Zuschuss gewähren.[455] Man forderte also ein offensives kommunales Kulturengagement. Selbstredend konnte diese Fraktion mit einem Direktor Blum ebenso wenig anfangen wie mit Ringelhardt selbst.

Blum indes, wegen seiner eigenen Chancen ohne Illusionen, wurde sich zunehmend unsicher, ob er unter einem neuen Intendanten seine Stelle behalten werde. Er begann nach Alternativen zu suchen, zumal ihm die Stellung am Theater mittlerweile öde erschien. *Die Geschäftssclaverei, das Bürohocken* sei ihm schon längst zur Last, hatte er dem Stiefvater im Januar 1843 nach Köln geschrieben.[456] Er spielte einmal mehr mit der Idee, von seinem Auskommen als Schriftsteller und Journalist zu leben.

Am 22. November 1843 schloss die Stadt den Vertrag mit Carl Christian Schmidt als Nachfolger Ringelhardts. Der neue Intendant wollte mit Blum weiterarbeiten, der denn auch auf seinem Posten blieb, doch voll Skepsis: *Froh aber bin ich, dass ich nicht Director bin, nachdem man durch eine unverantwort-*

liche Vertrödelung den Kern der Gesellschaft gesprengt und das Theater in der Beziehung ruiniert hat.[457]

Schmidt hatte in jungen Jahren in Braunschweig und Leipzig Bühnenerfahrung gesammelt, war dann aber Mediziner geworden und hatte sich als Herausgeber der »Jahrbücher der in- und ausländischen gesammten Medicin« einen Namen gemacht. Am Leipziger Theater nun versuchte er es mit einem Gegenprogramm zu Ringelhardt: Weniger Musiktheater, dafür mehr Niveau beim Schauspiel – im Hinblick auf die Qualität der Stücke wie der Inszenierungen.[458] Mit dem Feuilleton an seiner Seite – vor allem Heinrich Laube stützte den neuen Kurs – schien sich dies auch zu rechnen. Lortzing staunte, dass ein »Don Carlos« dreimal wiederholt werden konnte. Schmidt öffnete sich aber auch dem modernen Drama. Er brachte die Jungdeutschen auf die Bühne, Robert Prutz, Karl Gutzkow, natürlich Heinrich Laube. Auch wagte er eine Aufführung von Hebbels »Maria Magdalene«, deren Protonaturalismus freilich nur wenigen etwas sagte, Heinrich Brockhaus etwa oder Arnold Ruge. Doch ansonsten zeigte sich in der ersten Saison, dass mit sorgfältiger Regie, guter Besetzung und aufwändiger Ausstattung auch anspruchsvollere Stücke »liefen«. Blum schrieb von *Extase* beim Publikum. Hinzu kam, dass in den 1840er Jahren Gaslicht eingeführt wurde. Dadurch rückte die Bühne optisch näher an das Publikum heran. Schmidts Nachfolger Bernhard Wirsing meinte sogar, der steigende »Luxus mit Kleiderpracht« hänge mit diesem helleren Licht zusammen.[459]

Blums Rolle als zweiter Mann des Theaters blieb unangetastet. Er leitete in Schmidts Abwesenheit den Betrieb, verhandelte mit Autoren über Aufführungen – so etwa 1844 mit Rudolf Gottschall, der ebenfalls zu den Jungdeutschen zählte und den Blum aus dem Hallgarten-Kreis kannte. Schon in der Ära Ringelhardt hatte der Theatersekretär immer mehr als eine Art Dramaturg fungiert. Mancher Autor wandte sich an ihn, nicht an Schmidt. Blum, der Gutmütige, scheinbar Gemütliche, stets Helfende schien der bessere Adressat zu sein. Absagen verpackte er in warme Worte: Er habe sein Drama *mit Vergnügen gelesen*, schrieb er an Heinrich Jäde, den Weimarer Schriftsteller, doch habe er *die Aufführung nicht erzielen können, da Herr Dr. Schmidt am Erfolge zweifelte.*[460] Er wusste ja selbst, was es hieß, wenn mühsam Geschriebenes *in einer Ecke begraben* werden musste, weshalb er einen weiteren von Schmidt Verschmähten ermutigte, weiter zu schreiben, *das Aufhören mitten inne, ist, nachdem man so viel aufgewendet hat, doch fatal.*[461]

Keine zehn Jahre hatte Blum benötigt, um vom Rand der Leipziger Gesellschaft ins Zentrum zu rücken. Er gehörte jetzt zu den Bürgern und war doch so recht keiner von ihnen. Das galt nicht zuletzt für seine Nonchalance im Umgang mit Polizei und Justiz. Sein häufiger Hader mit den Rechtsbehörden wäre dem Leipziger Normalbürger gewiss ein Gräuel gewesen. Meist ging es um politisch Inkriminiertes. Manchmal wurde es auch persönlich. So wurde er 1842 wegen »Beleidigung einer Privatperson« zu zwölf Tagen Gefängnis verurteilt. Nach einem Tag Haft entließ man ihn und wandelte den Rest in eine Geldstrafe um.

Ungleich riskanter war seine eigentliche politische Arbeit. 1834 hatten die Minister deutscher Staaten auf Anregung Metternichs die sogenannten Sechzig Artikel beschlossen, um der Opposition Herr zu werden. Der größte Teil blieb geheim, und allerlei Gerüchte schwirrten durch Deutschland. Doch knapp zehn Jahre später, 1843, muss es ein Leck in der Ministerphalanx gegeben haben, und der Wortlaut der Beschlüsse wurde bekannt. Bis heute sind die Umstände nicht restlos geklärt, doch vermutlich erhielt Johann Jacoby, inzwischen ein guter Freund Blums, eine Abschrift aus dem Umfeld der preußischen Regierung. Jacoby beschloss, das Dokument dem Kreis der Vertrauten in Hallgarten zukommen zu lassen. Er vertraute es Ludwig Walesrode an, der es nach Leipzig brachte. Von dort nahm Blum es mit in den Rheingau. Im Gartenhaus erfuhren die Freunde von dem Text. Die Präsentation in Itzsteins Tafelrunde wurde regelrecht inszeniert. Friedrich Hecker erinnert sich später: »Itzstein händigte das Manuskript einem der Anwesenden, wenn ich mich recht erinnere, Robert Blum, zur Vorlesung ein. Langsam, feierlich, sonor und betont wurde das Aktenstück verlesen, mit der größten Spannung hingen die Blicke der Anwesenden an den Lippen des Vorlesenden. Dann und wann [...] ein kurz ausgestoßener Ausruf [...]. ›Pfui!‹, ›infam!‹, ›jetzt wird's klar!‹«[462] Die Hallgartener glaubten den Schlüssel für die Politik der Repression gefunden zu haben.

Im Nu war man sich einig: Das infame Papier gehörte veröffentlicht. Damit wollte man nicht nur den Bürgern die Augen öffnen, sondern auch den Regierungen zeigen, dass man sie durchschaut hatte. »Alle freuten sich, den gesamten polizeistaatlichen Apparat in nervöse Bewegung zu setzen und vergeblich sich abzappeln zu lassen«, schrieb Hecker.[463] Um die Spuren zu verwischen, wurden Papier, Lettern und Druck in verschiedenen Ländern hergestellt, in Deutschland, Frankreich, der Schweiz und den USA. *Die Sache muß wie ein Donnerschlag aus heiterm Himmel kommen,* kündigte Blum im Juni 1843 an.[464] Der lauteste *Donnerschlag* kam, als auf den Parlamentsplätzen der sächsischen, badischen und württembergischen Minister und Abgeordneten je ein Exemplar der »höchst geheimen« Beschlüsse lag. Natürlich wurde die Broschüre auch unters Volk gestreut, wobei Blum in Leipzig eifrig dabei war.[465] Es grenzt an ein Wunder, dass er bei dieser Aktion ungeschoren davonkam.

Doch die nächste Haftstrafe ließ nicht lange auf sich warten. Blum hatte in seinen »Vaterlandsblättern« einen ungezeichneten Artikel *Vom Lande* gebracht. Darin war über den Prozess um einen vermeintlichen Diebstahl berichtet worden. *Ein blutarmes aber ganz unbescholtenes Mädchen* hatte ein Kleid entwendet und für einen Abend auf einem Dorftanz getragen. Danach hatte sie das Kleid in die Lade zurückgelegt. Die Eigentümerin – von einer Denunziantin in Kenntnis gesetzt –

hatte nachträglich alles gebilligt. Dennoch war das Mädchen zu zwei Monaten Haft verurteilt worden, *d.h. bei uns auf dem Lande: für ein Leben lang moralisch zu Grunde gerichtet.*[466] Der Artikel indes war falsch. Tatsächlich hatte der Prozess erbracht, dass die Frau über mehrere Wochen verschiedene Kleider entwendet, getragen, abgenutzt und verschmutzt, einige davon auch veräußert hatte. Die »Vaterlandsblätter« mussten eine ausführliche Berichtigung abdrucken, unterzeichnet von Justizminister Könneritz.[467]

Zusätzlich wurde Redakteur Günther mehrfach aufgefordert, den Namen des Autors zu nennen, bis er schließlich zugab, dass Blum dahintersteckte. Dieser berief sich darauf, dass ihm der Vorfall erzählt worden sei. Er habe sich allenfalls vorzuwerfen, dass er *mündliche Überlieferungen und bloße Gerüchte für Thatsachen gehalten* habe. Blum versuchte es mit allerlei Tricksereien und reichte später noch das Argument nach, er sei davon ausgegangen, dass sich der Fall im Nachbarland Preußen und nicht in Sachsen zugetragen habe. Er habe diese seine Vermutung den Behörden aber noch nicht mitgeteilt, weil es zunächst ja um die Feststellung des Sachverhalts und nicht um dessen Strafbarkeit gegangen sei. Blum wäre nicht Blum gewesen, hätte er diese etwas verworrene Argumentationslinie nicht mit üppigem Pathos verziert: *Wollte Gott, wir wären in unserem Vaterlande so weit, dass die staatliche Trennung der Länder in der Beziehung gar keinen Unterschied machte; ich würde freudig das Opfer der Bestehung einer stärkern Strafe tragen. So lange diese Trennung indessen besteht, bin ich der ganzen Wahrheit – zu deren Aussage ich verpflichtet wurde – auch die Erwähnung dieses Umstandes schuldig.*[468]

Sein Finassieren lief ins Leere. Blum wurde zu zwei Monaten Haft verurteilt. Nun lieferte er ein wahres Bombardement von Anträgen. Zunächst ging es um Umwandlung der Haft in Geldstrafe. Er verwies darauf, dass seine Hilfe der neuen Theaterdirektion Schmidt unentbehrlich sei. *Seit 12 Jahren unter Ringelhardts Direction Theater Secretär und Cassirer, habe ich mich mit dem Bücherwesen und namentlich mit dessen Gestaltung in hiesiger Stadt vertraut gemacht, und bin von Dr. Schmidt zu demselben Posten aufs Neue angestellt worden, welcher, dem Theater seit Jahren entfremdet, einen mit jenen Verhältnissen vertrauten Mann nothwendig braucht, und ihn gar nicht entbehren kann.*[469] Auch Schmidt selbst schrieb, Blum sei unabkömmlich. Darauf wurde die Hälfte der Haftzeit in eine Geldstrafe umgewandelt, die andere Hälfte mit Rücksicht auf den bevorstehenden Direktionswechsel am Theater auf den 20. Oktober verschoben.[470]

In dieser Zeit benötige er Blum erst recht, beklagte sich kurz vor diesem Datum der neue Direktor in einer Eingabe an das Kriminalamt. Denn am 21. Oktober beginne die Spielzeit. »Führt diese Epoche schon an und für sich durch das Arrangement der Plätze, die Anlegung der Listen, Ausfertigungen der Quittungen und Einkassierung der nicht unbedeutenden ersten Einzahlung eine große Vermehrung der Arbeit mit sich, so ist diese Arbeit doppelt groß in diesem Jahre, wo das Abonnement – wie allgemein bekannt – stärker ist als je vorher. Dazu kommt aber noch, dass gerade diese Arbeit eine Kenntniß des Geschäftes, der Lokalverhältnisse und der Personen – welche am Abonnement Theil nehmen – erheischt, wie kein anderes, und dass Niemand mit alle dem vertraut sein kann, als Blum, welcher seit 12 Jahren das Ganze besorgte.«[471] Das Justizministerium blieb hart. Blum müsse nun sofort seine Strafe antreten. Durch die umständliche Korrespondenz zwischen staatlichen und städtischen Behörden verzögerte sich der Antritt indes noch einmal um ein paar Tage.

Am 26. Oktober 1844 wanderte der prominente Häftling ins Arresthaus – *meine Ferienzeit, die einzig bedeutende seit 12 Jahren.*[472] Doch im Gefolge brachte er weiter Gesuch um Gesuch vor. Sein Ziel war offensichtlich, die Haftzeit möglichst oft zu unterbrechen, so dass er das Gefängnis nur ab und zu wie eine Pension aufzusuchen hatte. Begründet wurden die Gesuche stets mit wichtigen Terminen. Zunächst bat er, kaum drei Tage hinter Gittern, um Hafturlaub wegen des monatlichen Rechnungsabschlusses am Theater. Tatsächlich durfte er vom 30. Oktober bis 2. November hierfür das Gefängnis verlassen. Bald darauf, am 5. November, forderte der Advokat Gustav Haubold, ein Vorstandsmitglied des Schillervereins, Blum müsse für das Kinderfest in Gohlis freigestellt werden, das während der Schillerfeier am 11. November vormittags stattfand. Unter den übrigen Vorstandsmitgliedern sei keiner »zu Übernahme des Sprecheramtes bei dieser Gelegenheit augenblicklich vorbereitet und befähigt«. Unabhängig davon wollte Blum am 9. November wegen eines Termins auf der Hypothekenstube am Stadtgericht für eine Stunde, am Folgetag wegen des Andrangs an der Theaterkasse beim Schillerfest weitere drei Stunden und an den nächsten Tagen eine Stunde für die Stimmabgabe zur Kommunalwahl frei haben. Schließlich verwiesen der Schillerverein und Blum in getrennten Eingaben auf das gesamte Fest am 10. und 11. November, bis er für diese beiden Tage nach einigem Hin und Her tatsächlich Ausgang bekam. Die Schillerenthusiasten hatten unter anderem argumentiert, dass Blum »bei der Abendtafel als Vorsitzender des Directorii den einzigen Toast auf Se. Majestät, den König von Sachsen, ausbringen« werde.[473]

Auch in der Zelle selbst ging es recht kommod zu; Blum wurden alle Freiheiten gewährt. *Meine Freunde besuchen mich scharenweise*, schrieb er der ängstlichen Schwester nach Köln. *Da kommt tagtäglich ein Teil derselben, bringt ein anständiges Frühstück mit Weinen aller Art, und wir essen, trinken, lachen und singen ein paar Stunden zusammen. Abends kommt meine Frau von 5 bis 8 Uhr, oft die Kinder oder Agnes, und so geht ein Tag nach dem andern hin.*[474] Auch die launig-ironische Bitte um einen Beitrag für den »Vorwärts!«, die er an Ludwig Walesrode sandte, spricht für sein Wohlbehagen im *Hotel de malheur*. Walesrode hatte offensichtlich den Königsberger Verleger H. L. Voigt auf Blums Radikalität hingewiesen, was der Häftling ironisch zu kontern verstand: »*Was zu toll ist, ist zu toll!« Sie, ein anrüchiger Mensch, der den Beamten durch bloße Gegenwart lebensgefährlich wird, dem alle Behörden scheu ausweichen, ein halbüberführter Hochverräther und Aufwiegler, Sie warnen Voigt: »er solle sich von mir nicht zu Excessen verleiten lassen!« Ich bin als der ruhigste und friedfertigste Staatsbürger bekannt und geehrt und gehöre zudem dem Tugendbunde an, zu dem auch Voigt schwört – der* EINZIGE *Königsberger von so edeln Grundsätzen! Und bei uns beiden denkt man nur an die Möglichkeit von Excessen! Das ist eine Beleidigung, die nur mit Blut, oder –* MANUSCRIPT *gesühnt werden kann.*[475]

Kaum war Blum vom Schillerfest zurück, stellte er einen Antrag auf Stückelung der Resthaft in einzelne Wochen, unterbrochen von längeren Pausen. Er wurde zwar abschlägig beschieden, doch der Bitte um Entlassung am 16. und 17. November wegen »dringender Geschäftsangelegenheiten«, dann wiederum für drei Stunden am 26. November wegen der Wahl der Stadtverordneten – Blum war zum Wahlmann gewählt worden –, und schließlich vom 29. November bis 1. Dezember, wieder wegen des Rechungsabschlusses am Theater, wurde stattgegeben. Statt am 1. Dezember kam er übrigens am 3. Dezember zurück, um seine restlichen sechs Tage abzusitzen. Am 8. Dezember wurde er »nach Verwarnung vor dem Rückfalle« entlassen.

Kein leichter Delinquent für die Behörden, das Katz-und-Maus-Spiel kostete sie viel Kraft und Zeit. Blum hatte den Apparat genüsslich vorgeführt. Seine Inhaftierung dürfte sich rasch herumgesprochen haben, und gewiss wird es ihm auch ein Spaß gewesen sein, in den Leipziger Straßen geisterartig aufzutauchen: »Ist das nicht Blum? Ich denke, der sitzt«, wird sich da mancher verblüfft gefragt haben.

Eine deutsche Religion

Und dann Gebete, Gebete! Scheffelweise bitte ich mir dieselben aus.[476] Der Mann, der diesen Verzweiflungsschrei 1845 ausstieß, hieß Robert Blum. *Gebete*? Und gleich *scheffelweise*? Was wollte der Demokrat und Theatermann mit Gebeten? Tatsächlich hatte Blum die Religion entdeckt. Oder genauer: Blum war in den Sog einer seltsamen religiösen Aufbruchstimmung geraten, die nicht nur das oppositionelle Vormärz-Milieu erfasst hatte. Quer zu den alten Konfessionen bildeten sich damals gewissermaßen drei neue »Konfessionen«: eine konservative, eine reformerische und eine atheistische. Bei der konservativen handelte es sich um eine Erweckungsbewegung unter den Protestanten, die den Kern der Religion offenlegen, Gott persönlich erfahren und sich abwenden wollte vom nüchternen Forscherblick, vom theologischen Sezieren, von einem Denken, das aus dem Wort Begriffe macht. Es lief auf eine neue Frömmigkeit, bisweilen auch Frömmelei hinaus, dabei behielt man die Soziale Frage durchaus im Auge. Allerlei Wundersames gehörte dazu. So kam der preußische König auf die Idee, gemeinsam mit der anglikanischen Kirche ein protestantisches Bistum in Jerusalem zu gründen. Auch viele Katholiken wandten sich ab von dem, was als modern galt. Wallfahrten und Heiligenverehrung erfreuten sich neuer Konjunktur. Mehr als bei den evangelischen Konfessionen ging es in der katholischen Kirche allerdings um Institutionelles, um Zentralisierung und Stärkung des Papsttums, um die von Gegnern als »Ultramontanismus« geschmähte Vorherrschaft »Roms«. Trotz der Unterschiede kämpften beide Bewegungen gegen den Rationalismus, schmähten die Aufklärung und standen auch politisch auf der konservativen Seite.

Dies nun musste zwangsläufig heftige Gegenreaktion hervorrufen. In der Philosophie bauten Bruno Bauer und Ludwig Feuerbach ihre atheistischen Systeme. Von den späten 1830er Jahren an begann der Ton wieder expressiver zu werden. Die radikale politische Lyrik eines Georg Herwegh etwa schlug einen religiösen Ton an: »Reißt die Kreuze aus der Erden! / Alle sollen Schwerter werden, / Gott im Himmel wird's verzeihn. / Gen Tyrannen und Philister! / Auch das Schwert hat seine Priester / Und wir wollen Priester sein!«[477]

Am interessantesten waren indes die religiösen Reformbewegungen der Zeit. Rationale Erkenntnisse mengten sich mit Glaubenswahrheiten. Bei den Protestanten strebten die »Lichtfreunde« nach einem aufgeklärten Christentum, befreit von kirchlichen Zwängen. Und in vormals römisch-katholischen Gemeinden formierten sich »Deutsch-Katholiken«, Blum wurde zu ihrem wichtigsten Vertreter in Sachsen.

Die Deutsch-Katholiken verabscheuten das »Katholische« am Katholizismus: Papsttum, die Vorherrschaft »Roms«, Heiligen- und Marienkult, Universalität der Kirche. Ablässe, Fasten und Wallfahrten führten zu »einer gesinnungslosen Werkheiligkeit«.[478] Man kritisierte die lateinische Messe, die Ohrenbeichte, den Zölibat. Im Grunde unterschied die Deutsch-Katholiken wenig vom Protestantismus und tatsächlich traten auch Protestanten zum Deutsch-Katholizismus über, der zu einer ökumenischen Kraft anwuchs. Dennoch wandte sich der Führer der Bewegung, Johannes Ronge, gegen die Auffassung, die Katholiken müssten die Reformation nachholen. Jede der beiden Konfessionen habe ihre speziellen Sorgen und Nöte, und wo die Katholiken gegen die Vorherrschaft des Papstes zu kämpfen hätten, müsse die protestantische Reformbewegung die Autorität der Schrift angehen.[479]

Vor allem die Wallfahrt zum »Heiligen Rock« in Trier bewegte die Gemüter. Nach langer Pause war das »ungenähte Gewand Christi« 1844 den Gläubigen erstmals wieder zur Schau gestellt worden. Der Bischof von Trier, Wilhelm Arnoldi, hatte diese Idee gehabt. Die Resonanz war groß, gut eine Million Menschen soll nach Trier gekommen sein. Die »Luxemburger Zeitung« veröffentlichte ein Heftchen, in dem die »wunderbaren Heiligungen« aufgelistet wurden, die den

Rock-Pilgern zuteil geworden waren. Es waren ihrer elf, *am Rhein die Narrenzahl*, wie Blum polemisierte.[480]

Gegen eine solche Form des Glaubens wuchs die Empörung. Der Kult um das Gewand wurde von vielen, Protestanten wie Katholiken, als Betrug und Spektakel, als Aberglaube und Rückkehr zu überwunden geglaubter Reliquienanbetung, aber auch als Kommerzialisierung und wirtschaftliche Ausbeutung schlichter Volksfrömmigkeit gesehen. Der stets moderat urteilende Heinrich Brockhaus nannte den Rock »eine der lächerlichsten Reliquien«.[481] Zudem kam der Verdacht auf, der wunderliche Kult habe auch politische Motive. Bischof Arnoldi stand in enger Verbindung mit Metternich.

Blum erkannte unschwer die gesellschaftliche Dimension der Debatte, den ideologischen Streit, der sich darunter verbarg. Er glaubte an die Aufklärung, an Vernunft, Fortschritt und Wissenschaft, an das, was man bald die »westlichen« Werte nennen würde. Auch hatte er in seiner Kindheit die trübe Macht der Kirche erfahren müssen. Mystisches war ihm fremd. Er mochte es klar und hell, auch wenn er selbst einen Kult mit einem anderen »Heiligen Rock« getrieben hatte: mit der Schillerweste. Als sich die Deutsch-Katholiken als Gegenbewegung zur neuen Frömmelei formierten, war er gleich dabei. Den Durchbruch brachte 1844 der Aufruf des 30-jährigen schlesischen Kaplans Johannes Ronge. Blum druckte das Manifest als Erster ab, in seinen »Sächsischen Vaterlandsblättern«. Ronge schrieb von einem »Götzenfest«, einem »unchristlichen« und »unwürdigen Schauspiele«, für das die Armen viel Geld hergäben, um Reisekosten und Spenden zu bezahlen. Bischof Arnoldi wurde frontal angegriffen: »[...] der Mann, der dieses Kleidungsstück, ein Werk, das Menschenhände gemacht!, zur Verehrung und Schau öffentlich ausgestellt hat, der die religiösen Gefühle der leichtgläubigen, unwissenden oder der leidenden Menge irre leitet, der dem Aberglauben [...] Vorschub leistet, der dem armen hungernden Volke Gut und Geld entlockt, der die deutsche Nation dem Spott der übrigen Nationen Preis giebt, [...], dieser Mann ist ein Bischof, ein deutscher Bischof [...].« Jesus habe »seinen Jüngern und Nachfolgern nicht seinen Rock, sondern seinen Geist« hinterlassen. »Sein Rock [gehört] seinen Henkern!«[482]

Als Sonderdruck erreichte der Aufruf die entlegensten deutschen Winkel. Die Erregung wuchs, ein neuer Streiter war erstanden: Ronge, ein zweiter Luther, ein kleiner Kaplan gegen das mächtige Rom, der edle Geist gegen die »tyrannische Macht der römischen Hierarchie«. *Man musste den Beginn einer neuen Reformation ahnen*, schrieb Blum später.[483]

Die politischen Positionen des Vormärz wurden nun religiös aufgeladen, »unsere politischen Zeitungen werden jetzt wahre Kirchenzeitungen«, beobachtete Brockhaus.[484] Der Vorgang war den konservativen Regierungen nicht geheuer, sie schauderten, die gespannte Lage konnte gefährlich werden. Der deutsch-katholische Protest erfasste im Nu alle Provinzen, in vielen Orten flohen die Katholiken ihre Kirche und gründeten neue Gemeinden, in Breslau und Schneidemühl, in Berlin, Leipzig, Dresden, auch im Süden, in Offenbach, Hanau, Heidelberg und vielen anderen Orten, auf dem Höhepunkt der rasenden Entwicklungen waren es wohl an die dreihundert.

Die Deutsch-Katholiken organisierten sich als eigene Kirche. Rund 100 000 Seelen versammelten sich deutschlandweit unter der neuen Christusfahne. Ronge und Blum mussten nun dogmatische Klarheit schaffen und riefen für März 1845 Vertreter der jungen Gemeinden zu einem Konzil in Leipzig zusammen. Hier sollten die Gegensätze innerhalb der neuen Bewegung geschlichtet werden – den radikalen Auffassungen Ronges standen die gemäßigteren Positionen des Schneidemühler Kaplans Johann Czerski gegenüber. Es wurde ein allgemeines Glaubensbekenntnis verfasst, Papsttum, Zölibat, Beichte und Heiligenkult für obsolet erklärt.

Blum hatte sich wieder eine Unmenge neuer Arbeit aufgehalst: *Diese Kirchengeschichte bringt mich um, denn mehr und mehr concentrirt sich Alles in Leipzig, was dafür zu thun ist, und für Jedermann soll man Rathschläge, Anweisungen, Belehrungen und Auseinandersetzungen haben, die eigentlich meine ungetheilte Zeit und die noch eines Schreibers in Anspruch nehmen könnten. Dazu das Concil, welches jetzt bereits alle Aufmerksamkeit fesselt, und tausend Fragen und Briefe veranlasste. Nehmen Sie dazu, dass der Leipziger Vorstand ganz vortreffliche Menschen zählt, von denen aber keiner im Stande ist, nur einen genügenden Brief zu schreiben, so können Sie meine Last ermessen.*[485] Zusammen mit dem späteren Herausgeber der Paulskirchenprotokolle Franz Wigard edierte er auch die Texte der Leipziger Versammlung.

Den wahren Schwung erhielt die Bewegung jedoch weniger durch ihre Glaubensgrundsätze, wie sie in Leipzig festgelegt wurden. Denn die neue Lehre war stark lutherisch getönt – ihr ganz gerecht zu werden, hätte es lediglich einer Konversion bedurft. Blum selbst hat sich für dogmatische Grundsatzfragen ohnehin kaum interessiert. Die eigentliche Attraktion lag vielmehr darin, sich loszusagen und etwas Neues zu gründen. In diesem religiösen Kostümstück wurde Revolution geübt, wurde Freiheit geübt, mit der alten Zeit gebrochen und eine neue eingeläutet. Immer wieder berief man sich auf Martin Luther, den Mönch, den Katholiken, der durch seinen Protest nicht nur eine neue Kirche, sondern auch eine neue Epoche begründet hatte. Es war kein Zufall, dass Luthers »Ein feste Burg ist unser Gott«, laut Heine die »Marseiller Hymne der Reformation,«[486] zum Lied deutsch-katholischen Aufbruchs wurde. Dieser Choral kündete vom Streit für ein Neues, vom Bruch mit der bestehenden Ordnung, aber auch von der Sehnsucht nach göttlichem Schutz für den, der alles hinter sich lässt. Diese konsequente Absage an die Autorität der Institution machte die Deutsch-Katholiken selbst aus der Sicht der protestantischen Kirche gefährlich, und es ist nicht verwunderlich, dass es Angriffe auch von dort gab, vom, wie Blums Schwager Günther einmal schrieb, »palmsingenden kopfhängenden Frömmlerthum« und der »buchstabengläubigen Unduldsamkeit«.[487]

Leipzig war – nebst Breslau – ein Zentrum der neuen Religion; dank Blum blickte die junge Gemeinde aus ganz Deutschland nach Sachsen. Hier entwickelte sich aber auch eine lebendige Ortsgemeinde, die von Blum geleitet wurde, was ihm viel Verdruss bescherte. So war die erste Zusammenkunft massiven Störversuchen ausgesetzt. In der Versammlung von über 600 Personen stürzten sich Anhänger der katholischen Kirche – im protestantischen Leipzig häufig italienische Einwanderer – auf Blum: *Der Anfang war, dass eine Rotte von 20-25 Personen – meist italienisches Gesindel – fanatisirt, dressirt und organisirt, die brutalste und gemeinste Ruhestörung herbeiführte, mich und meine Genossen schimpfte und schmähte, endlich mich ergriff, zerrte, raufte und zum Saale hinausschmeißen wollte. Die Entrüstung darob war so groß, dass ein allgemeines Handgemenge nahe war; ich vermied dasselbe, indem ich die Behörde anrief.*[488] Der Augenzeuge Albert Dulk berichtet, dass Blum bei diesem etwas unglücklichen Auftritt geschrien habe: *Ich stehe auf dem Boden des Gesetzes!*[489] Tatsächlich musste er, der *Wühler*, die Polizei rufen lassen, um die Veranstaltung dann doch noch abhalten zu können.

Über seine Rede an jenem Tag berichtete Blum Johannes Ronge nach Breslau. Es ist eines der ganz wenigen Dokumente, in denen er sich einmal selbst zu seiner Redekunst äußert, und es macht deutlich, dass er seine Wirkung kannte. *Als ich wieder in den Saal kam, begrüßte mich ein wahrhaft fanatischer Jubel. Ich bestieg einen Stuhl und sprach 1 ½ Stunden gegen Pabstthum, Ohrenbeichte, Cölibat, Ablasskram und dergl., stets geschichtlich zu Werke gehend. Die Aufmerksamkeit war so groß, dass man eine Nadel fallen hören konnte, der Beifall so stürmisch, dass ich mir ihn dreimal höflich aber ernst verbat. Nur einzeln ließ sich eine heisere Stimme hören und schrie »Lügen« oder dergl. Die Opposition war kindlich und kindisch, diente nur dazu, die Sache zu fördern.* Und, das eigene Talent taxierend: *Nehmen Sie mir die Unbescheidenheit nicht übel, aber wirksam zu sprechen wird nicht leicht Jemand besser wissen, es ist ja Naturgabe.* [490]

Eine Massenbewegung konnte Blum in Leipzig nicht initiieren, zumal er versuchte, Protestanten vom Beitritt abzuhalten, was die potenzielle Mitgliederzahl im überwiegend evangelischen Leipzig stark begrenzte. Er wollte verhindern, dass er sich neben der katholischen auch noch die protestantische Kirche zum Feind machte. »Das ist gut berechnet!«, urteilte Singer, der Metternich-Spitzel.[491] So blieben die 242 Mitglieder, die sich im Frühjahr 1845 dem neuen Bekenntnis angeschlossen hatten, eher ein Achtungserfolg; zwei Jahre später wurden noch ein paar mehr, nämlich 338 Leipziger Deutsch-Katholiken gezählt.

Blum selbst tauchte tief in die Gemeindearbeit ein; Priester waren knapp. *Das Amt eines Gemeinde- und Kirchenvorstandes wird mir wohl nicht entgehen, wie sehr ich auch flehe »Herr, nimm diesen Kelch von mir!«*[492] Bisweilen fungierte er selbst als Prediger. Einmal musste er den Messner spielen und die Kommunion austeilen, was in Leipzig für gehörige Heiterkeit sorgte.[493] Dann wieder hatte er – *obgleich mit den Formen nicht vertraut* – dem Wunsch eines Bräutigams nach einer Hochzeit nachzukommen.[494] Später ließ er – selbst als Pate anwesend – eine »eigenmächtig veranstaltete Haustaufe« vornehmen, und wurde für diese »Contravention gegen die [...] gesetzlichen Bestimmungen« vom Stadtrat verwarnt.[495] Als das erste Leipziger Gemeindemitglied starb – ein Italiener, zu dessen engerer Verwandtschaft gerüchteweise ein römischer Kardinal gehören sollte –, hielt Blum die Grabrede. Das Los des Toten sei beklagens-, aber auch *beneidenswerth*, sprach Blum am Grab, *weil Du das erste schöne Morgenroth einer jungen Zeit ungetrübt gesehen.*[496]

So war er, der angehende Politiker, zum religiösen Führer, ja zum Priester geworden, besaß *Reformatorrolle und Kirchenväterliche Würde, über welche du mich wahrscheinlich aus-*

lachst, wie er an Hermann Domrich schrieb.[497] Blum war die stille Komik vieler seiner Handlungen bewusst. Und dennoch: Genoss er nicht auch diese neue Rolle, in der er endlich handeln konnte? In der er predigen und missionieren durfte? Einst, im 18. Jahrhundert, war die Kirche, vornehmlich die protestantische, einer der wenigen Orte und Schauplätze der Öffentlichkeit in Deutschland. Auch jetzt noch trug der religiöse Streit kompensatorische Züge. Doch bald sollte aus dem religiösen Führer Blum ein politischer werden und aus Frankfurts Paulskirche ein Parlament. Dass man ihn, den Abgeordneten, dann oftmals wie einen Heilsbringer verehrte, ja ihn nach seinem gewaltsamen Ende in Wien zum Märtyrer verklärte, zählt zur höheren Ironie der Geschichte.

Obwohl Ronge gewiss die populärste Figur der Bewegung war, stand ihm Blum kaum nach. Bald wurden nicht nur Ronge-Porträts auf den Markt geworfen, gleich mehrere findige Verleger boten auch Konterfeis von Blum an – »wohlgetroffen, höchstgelungen« –, erster Ausdruck des späteren Kults um seine Person. Scharfe Beobachter fragten sich ohnehin, ob nicht Blum der fähigere Leiter der Deutsch-Katholiken wäre. In einem Bericht an Metternich heißt es, Blums Reden seien, »was Kraft und logische Schärfe anbetrifft, wohl die gefährlichsten Blitze [...], die in neuester Zeit gegen den Vatikan geschleudert wurden [...]. Was Ronge nur, vielleicht unbewußt, angedeutet, das hat Blum vollständig entwickelt und wie er durch seine Reden die Gemüther entzückt und begeistert hat, dafür spricht der glänzende Erfolg seiner Bemühungen.«[498]

Und auch unser Gewährsmann Heinrich Brockhaus, der als Protestant gewisse Hoffnungen auf eine Annäherung der christlichen Konfessionen hegte, sah in Blum den besseren Organisator: »[...] man möchte wünschen, dass er Theolog wäre, da er mit seinem Eifer und seiner entschiedenen Rednergabe gewiß in einer ganz andern Weise mit sich fortreißen würde, als es Ronge und Czerski möglich zu sein scheint.«[499]

Natürlich machte Blum – im Gewand des Priesters – weiter

Politik. Dabei dachte er ganz praktisch. *Die kirchlichen Angelegenheiten beschäftigen mich allerdings außerordentlich; indessen sie sind auch lohnend, und ich glaube, sie geben uns mehr, als man ahnt; vor allen Dingen das Assoziationsrecht, durch welches wir – nachdem wir es thatkräftig uns genommen – sehr viel gewirkt haben in kürzester Zeit.*[500]

An vielem bissen die Behörden sich die Zähne aus. Nun war nicht mehr nur nach den Polizeimaßnahmen gegen »Preßunfug« und »Volksemeuten« vorzugehen. Nun mussten auch die Gesetze für »Cultus« herangezogen werden. Allein die Frage, ob ein etabliertes Gotteshaus der neuen Konfession zur Verfügung zu stellen sei, brachte den Staat in Gewissensnöte. Während zahlreiche Protestanten sich in Eingaben dafür aussprachen, verzettelten sich die Behörden in Gutachten.[501]

Am meisten faszinierte Blum, wie er über die Gemeinde, über das religiöse Leben die Masse erreichen konnte. Erstmals fand er jene breite Basis für sein politisches Engagement, die er im Schillerverein und andernorts vergeblich zu errichten gesucht hatte. Blum wurde klar: Über religiöse Fragen ließen sich politische verhandeln. Hier fand sich eine Sprache, die auch die einfachen Leute verstanden. Später, im Oktober 1848, soll er gesagt haben, der Deutsch-Katholizismus sei ihm nur *eine Schule der Demokratie* gewesen.[502]

Dennoch verlor er bald ein wenig die Lust an der *Reformatorrolle*. Er blieb zwar noch dabei, ging 1847 auf das zweite »Konzil« nach Berlin, um, wie er an Adolf Rutenberg schrieb, das *seelige Chrysostomos Hieronymus & Comp. Geschäft fortzusetzen, d.h. als Kirchenvater die Welt zu beglücken,*[503] auch bemühte er sich um einen Verlag für die Berliner Konzilsprotokolle.[504] Gern hätte er Leipzig zum Rom der Deutsch-Katholiken gemacht. Doch bereits im Lauf des Jahres 1845 musste er einsehen, dass Breslau diesen Platz für sich beanspruchen würde.[505] 1846 wird sein Ton kühler. Er kritisiert, dass die Bewegung staatlichen Segen erfleht habe: *Der Deutsch-Katholicismus braucht die Anerkennung des Staates nicht und sein erster Fehler war, dass er sich um dieselbe beworben hat. [...] Das Wenige aber, was man ihm hier und dort gewährt hat, hätte er nicht annehmen sollen.*[506]

Ganz abgewandt hat er sich allerdings erst in der Revolution von 1848. Da war Ronge selbst schon ein Halbvergessener, er besaß nicht das Format, längere Zeit die Woge zu reiten, die ihn hochgespült hatte. Die Energie seiner Bewegung hatte sich längst in politische Kraft verwandelt und die Idee des Deutsch-Katholizismus wie einen leeren Kokon zurückgelassen. Brockhaus beobachtete Ronge im Frühjahr 1848 und urteilte, der vormalige Held habe »seinen kurzen Ruhm vollständig überlebt«.[507] Blum meinte im April 1848 gar, *es wäre gescheidt, wenn er [Ronge] sich irgendwo todt schießen ließ, denn seine Zeit ist aus.*[508] Im »Staatslexikon« schrieb Blum, dass ihm die deutsch-katholische Idee immer noch zu viel Kirche und zu wenig Gemeinde, zu viel Organisation, Institution, Zwang und Vorschrift gewesen sei. Da kam wieder ganz der Freund der Freiheit heraus. Man habe *zwar ein sehr weites und bequemes Bekenntniß [...], aber doch ein Bekenntniß, welches für den, der es nicht mag, zwingend werden kann.* Das Verdienst der Deutsch-Katholiken sieht er nun bereits als ein historisches; sie hätten sich *außerhalb des [...] Polizeistaats gestellt und die Bahn gebrochen [...], auf welcher die religiösen Freiheitsbewegungen zum Ziele gelangen können.*[509] Die Deutsch-Katholiken hatten für ihn aber noch eine ganz persönliche historische Bedeutung: denn ohne sie wäre es nicht zu jenem August 1845 gekommen, der Blum zu nationaler Größe verhalf.

August 1845

Die Politik der sächsischen Regierung war, wie die der meisten deutschen Staaten, nicht aus einem Guss, sie mäanderte zwischen reaktionärer Härte und einem gewissen Sinn für liberale Ideen. Manche Forderung des aufstrebenden Bürgertums schien der Regierung berechtigt, dann aber auch wieder

»gefährlich«. Mitunter sorgte ein Thronwechsel für ein wenig Frischluft in den muffigen Kabinetten, dann wieder gingen alle Fenster und Türen zu. Hier bestimmte eine monarchische Laune den Kurs, dort ein dominanter Minister. König und Regierung entschieden nur formell souverän: Aus Wien kam Druck von Metternich. Er wünschte keine Nachgiebigkeit gegen liberale Ideen, sie war ihm Zeichen von Schwäche. Den Ruf des sächsischen Königs nach Reformen kommentierte er kühl; dies sei der »Schrey des Ertrinkenden«.[510]

Für die Zeit seit 1830 lassen sich in Sachsen drei Phasen beobachten. Die erste Hälfte der dreißiger Jahre war eine Ära der Reform und Innovation. Die Politik reagierte damit auf die Unruhen von 1830, und Sachsen holte rasch seinen Rückstand zu den süddeutschen Ländern auf. Nicht nur eine geschriebene Verfassung, auch Gemeinde-, Verwaltungs-, Justiz-, Militär- und Schulreformen spiegeln den Ehrgeiz, mit dem das kleine Königreich sich zu modernisieren versuchte. Verbunden war dieses Programm mit dem Namen des Leitenden und Innen-Ministers Bernhard August von Lindenau, eines vielseitig gebildeten, auch naturwissenschaftlich interessierten Adligen, der sich mit Paragrafen so gut auskannte wie mit Planetenbahnen. Dem Astronomen und Juristen Lindenau, dem Diplomaten und Politiker, dem Freund des Göttinger Mathematikers Carl Friedrich Gauß und des Gothaer Astronomen Franz Xaver von Zach, war die Notwendigkeit einer grundlegenden politischen und sozialen Erneuerung des Staates nur zu bewusst. Doch schon in der zweiten Hälfte des Jahrzehnts kam sein Elan zum Erliegen, auch wenn Lindenau noch bis 1843 regierte. Die Gegenkräfte formierten sich und blockierten seine Arbeit. Endgültig triumphieren konnten die Konservativen, als Lindenau 1843 von Julius Traugott von Könneritz abgelöst wurde.[511]

Der Könneritz-Kurs führte Sachsen zurück in die Vergangenheit. Jeder Winkel des Landes wurde nach Freiheitsfreunden durchschnüffelt. Auch die Deutsch-Katholiken spürten den schärferen Wind aus Dresden. Hinzu kam eine ungewöhnliche Konstellation: Das sächsische Königshaus war aufgrund seiner historischen Verbindung mit Polen katholisch, doch über neun Zehntel der Sachsen evangelisch. Besonders der Bruder des Königs, Prinz Johann, galt als religiöser Eiferer. Es war daher mit Spannungen zu rechnen, als er im August 1845 Leipzig besuchen wollte. Zu diesem Zeitpunkt befand sich die deutsch-katholische Bewegung auf dem Höhepunkt ihrer Wirksamkeit, indes war sie schon häufiger mit königlichen Schikanen konfrontiert worden. Johann kam in seiner Eigenschaft als Generalkommandant der sächsischen Kommunalgarden, jener Bürgerwehren, die zugleich in der Tradition eines stolzen Stadtbürgertums wie gewisser Errungenschaften der Französischen Revolution standen.

Am 12. August traf der Eisenbahnzug aus Dresden ein. Kein Leipziger sollte den Besuch je wieder vergessen. Bereits als Johann am Nachmittag die Übungen der Bürgerwehr abnahm, war die Stimmung unterkühlt. Eine Menge Schaulustiger hatte sich eingefunden und begleitete die Zeremonie mit Pfiffen und Schreien. Am Abend spitzte sich die Lage zu. Im Hotel de Prusse am Roßplatz dinierte der Prinz mit den städtischen Honoratioren, während draußen vor dem Gebäude erneut gelärmt wurde. Die Menge ließ Ronge und Czerski hochleben. »Nieder mit den Jesuiten!« war zu hören. Die Stimmung in der lauen Nacht steigerte sich, man sang »Ein feste Burg ist unser Gott« und grölte Schillers Räuberlied »Ein freies Leben führen wir«. Als sich die Gesellschaft in einen Gartensalon begab, konnte das Geschrei vor dem Prinzen nicht mehr verborgen werden, zumal nun auch noch Steine gegen die Fenster des Hotels flogen.

Jetzt glaubten die Verantwortlichen handeln zu müssen. Der Kommandant der Kommunalgarde schickte einen Hauptmann, den Arzt Karl Heyner, nach der Hauptwache, die einschreiten sollte; tatsächlich war das städtische Militär zuständig für einen solchen Fall. Doch von staatlicher Seite war offenbar das Misstrauen zu groß. Noch bevor die Bürgerwehr herbeigeeilt war, forderte ein Vertreter der Kreisdirektion, man möge staatliches Militär von der örtlichen Kaserne rufen. Kurz nacheinander trafen städtische Bürgerwehr und königliches Militär ein. Die Bürgergardisten wurden auf ihren Platz verwiesen – der kommandierende Oberstleutnant der königlichen Truppen soll ihnen zugerufen haben: »Sie sind nicht mehr nötig, gehen Sie zurück.« Diese Brüskierung der Kommunalgarde sollte später bei der Untersuchung des Falls eine große Rolle spielen. Denn der weitere Verlauf zeigte, dass die königlich-sächsischen Truppen völlig überfordert waren und überreagierten.

Die Menge wurde in die Lerchenallee abgedrängt, die den Roßplatz parallel zum Stadtgraben säumte. Der Platz war in Kürze geräumt. Einzelne, wohl Jugendliche, übersprangen die Barriere und kehrten auf den Platz zurück, um das Militär zu provozieren. Daher drangen die Truppen nun in Richtung der Allee vor, um das Volk auch aus dieser zu vertreiben. Was dann geschah, schildert ein Zeuge: »Auf dem Platze waren nur noch wenige Menschen zu sehen. Die Leute auf der Promenade, welche dem Hotel de Prusse aus der Ferne unmöglich Etwas anhaben konnten und gewiß nicht alle wussten, was der Lärm zu bedeuten hatte, mussten sich also hinter ihren Barrieren ganz sicher fühlen. Mehrere schickten sich an heimzugehen, oder waren auf dem Heimweg; da hört man plötzlich die Hörner der Jäger ein Signal blasen; bald darauf noch eins. Nun wird pelotonweise von verschiedenen Seiten auf die Zuschauer geschossen, man sieht nicht, woher. Man hört die Kugeln vorbeipfeifen.«[512]

Offensichtlich hatten – ob in Panik oder aus Wut – mehrere Offiziere das Feuerkommando gegeben. Menschen stürzten zu Boden, bald eilten Hilfskräfte mit Bahren hin und her – ein Sommernachtsalptraum. Am Ende zählte man acht Tote und vier Verletzte. Die meisten waren in den Rücken getroffen worden. Heinrich Brockhaus berichtet über einen der Getöteten, seinen Korrektor Gotthelf Heinrich Nordmann, er sei nur »vor das Haus gegangen [...], um zu sehen was es gäbe«, als ihn »die tödliche Kugel erreichte; er hinterlässt eine Witwe und fünf Kinder!«

Bald war die Stadt aus den Häusern. Studenten sammelten sich, die Kaserne anzugreifen, »die Volksmasse« tobte »noch kräftiger und zahlreicher«, wie ein Augenzeuge um halb eins notierte, und: »So eben wirbeln die Trommeln in allen Strassen, das Schreien und Lärmen nimmt zu.«[513] Die Kommunalgarde übernahm jetzt allein das Kommando, und es gelang ihr schließlich, den Auflauf zu zerstreuen.[514]

Das politische Desaster dieser schrecklichen Nacht war gewaltig. Die Lage blieb auch am nächsten Tag angespannt. Der Prinz, der mit dem Schießbefehl offenbar nichts zu tun hatte, verließ eilends den Ort, »von einer schimpfenden Rotte Pöbels verfolgt«, wobei sein Wagen, »im raschen Trabe um eine Ecke biegend«, fast umgeworfen wurde.[515] Die Bevölkerung war sich sicher, dass er verantwortlich war – für die ganze Institution der Monarchie ein fataler Moment. Der Stadtrat war hilflos, die Studenten ergriffen die Initiative. Sie riefen zu einer Versammlung am Schützenhaus auf, um die Lage zu beraten. Nach zeitgenössischen Angaben kamen dort rund drei- bis viertausend Einwohner, nach anderen zweitausend zusammen, darunter siebenhundert Studenten.[516] Die Versammlung bebte vor Wut und Rachegier, Vergeltungsfantasien überboten einander.

Und Blum? Er war unterwegs in Dresden, »geschäftliche Dinge«, und traf erst nach Beginn der Versammlung ein. Auch das blutige Ereignis des Vortags hatte er nicht mitbekommen. Erst am Bahnhof erfuhr er die Neuigkeit und eilte zum Schützenhaus. Ihm wuchs urplötzlich eine zuvor nicht gekannte Autorität zu. Von ihm, dem Mann der Opposition, erwartete die Menge ein klares Wort und ein neues Ziel. Wie würde er reagieren? Er bestieg die Tribüne, gedrängt von Freunden, der Beifall schwoll an. Er riet zum Maßhalten, versuchte die Wut zu dämpfen, mahnte zur Besonnenheit. *Verlasst den Boden des Gesetzes nicht,* dröhnte seine Stimme über die Köpfe der Menge. Er war kein Demagoge, die brodelnde Atmosphäre war ihm unheimlich. Und dennoch: die Menschen hingen, gespenstisch still, an seinen Lippen. Blum war der ihre, schien ihnen glaubwürdig, ein Mann der klaren Worte. Ohne falsches Tremolo, ohne rhetorische Kaskaden, wusste er mit einfachen Argumenten, eindringlich vorgetragen, zu überzeugen. Er besaß eine Macht über seine Zuhörer, die ihn selbst vielleicht am meisten erstaunte.

Unter ihnen war auch Louise Otto, die sich später erinnerte: »Ich habe sie gesehen, diese Macht, als ich ihn [...] sprechen hörte, in jenen vormärzlichen Volksversammlungen im August 1845 im Leipziger Schützenhaus, wo die empörten Massen Rache schrien [...] Damals, als diese klangvolle Stimme den Aufgeregten zurief: ›Verlasset den Boden des Gesetzes nicht!‹ und die, welche nach Rache schrien, überredete, nur Forderungen der Sühne zu stellen – damals zeigte es sich, wie wenig er eine ›grausame Natur‹ sei, wie wenig ›Dämonisches‹ in ihm war, sondern wie er allein durch seine Besonnenheit mitten in der Begeisterung und durch das Schlagende seiner Worte und Gründe allerdings eine Art von Zauber auch auf die aufgeregtesten Massen ausübte, wie keiner vor und nach ihm vermocht hat.«[517]

Der Zauberer erkannte, was an Forderungen möglich war und was nicht. Er schlug vor, zum Marktplatz zu ziehen, um dort vom Stadtrat eine Stellungnahme zu fordern. Diese Verbindung aus spontaner Aktion und symbolischer Politik traf den Geschmack der Menge. Der Zug zum Rathaus – es sollen schließlich Zehntausend gewesen sein – ging »feierlich, ernst und still wie ein Leichenzug«[518] vonstatten, dem traurigen Anlass gemäß. Zugleich demonstrierte er Masse: Macht und Stärke – um so wirkungsvoller, als das Ganze fast zum Schweigemarsch wurde. »Der Zug war würdevoll und imposant«, schreibt ein Zeitgenosse, »kein Laut störte denselben.«[519]

Ängstlich dürften die Stadtoberen beobachtet haben, wie sich der Marktplatz mehr und mehr mit Menschen füllte, die dort totenstill verharrten.

Eine Abordnung, der Blum natürlich angehörte, betrat das Rathaus. Blum hatte dort leichtes Spiel und konnte die Stadtregierung mit Forderungen konfrontieren, ohne dass viel Widerspruch zu erwarten war. Im Handumdrehen hatte er Kräfte und Konstellationen berechnet und danach seinen kleinen Katalog formuliert: Die Sicherheit der Stadt sollte ausschließlich von der Kommunalgarde garantiert, das Militär aus der Stadt entfernt und ein Garnisonwechsel vollzogen werden, die Vorgänge des 12. August streng untersucht, und alle Toten feierlich bestattet werden. Diese Forderungen waren moderat, auch wenn sie der Obrigkeit einiges abverlangten. Doch entscheidend für alle Beteiligten und Beobachtenden – die Einwohner, der Stadtrat, die Öffentlichkeit über Sachsen hinaus – war die Form: dass ein Mann allein mit dem spontanen Mandat des Volkes ausgestattet faktisch die Stadtregierung übernommen hatte. »Robert Blum war recht eigentlich Herr der Stadt«, stellte rückblickend der Liberale Karl Biedermann fest.[520]

Am folgenden Tag lief wieder alles zum Schützenhaus – dieser Ort bildete für die Tage des heißen Leipziger August eine Art provisorische Vollversammlung. Die offizielle »Leipziger Zeitung« hatte wider alle Zeugenaussagen behauptet, das Militär sei zu Recht eingeschritten, da die Bürgerwehr der Lage nicht Herr geworden wäre. Der Bericht wurde im Schützenhaus verlesen und verursachte einen »solchen Sturm der Entrüstung, dass es kaum möglich war, denselben zu dämpfen und wenigstens Excesse zu verhüten.«[521] Das »Gewebe der perfidesten Lügen«[522] erhitzte die Stimmung. Blum hingegen lenkte die Versammlung auf »das Praktische und Nothwendige«,[523] man besprach die Details der Beerdigung, die am Tag darauf, am 15. August, stattfinden sollte. »Er hat sich in seiner Redeweise ganz Itzstein zu Muster genommen, ja er ist weit milder und ebenso ›gesetzlich‹; das dritte Wort ist ›Gesetz und

Ordnung‹; er mahnt ständig von jeder Art von Extremen ab, er duldet keine die Regierung direkt verletzende Ausdrücke, allein der Inhalt seiner Rede ist mehr als alles andere aufreizend und verletzend«, beobachtete der irritierte Spitzel Singer.[524]

Die Trauerfeier bewegte die Stadt. Über eintausend Teilnehmer, dazu die Männer der Kommunalgarde, fanden sich ein. Als hätte der Theatersekretär sich auch darum noch gekümmert, regnete es der tränenreichen Stunde entsprechend in Strömen. Es sprachen Wilhelm Jordan, Albert Dulk, Robert Blum und andere. In seiner Ansprache lenkte Blum den Blick von den Toten auf die *Zustände*: *Wir haben sie zur Erde bestattet, die irdischen Überreste der unglücklichen Opfer des zwölften August; die Stadt, das Land, bald auch unser deutsches Vaterland, trauert. Unsere Trauer gilt den unschuldig Gefallenen, […] unsere Trauer und unser Schmerz gilt den Zuständen, die jene Ereignisse herbeiführten, eben sowohl wie den Zuständen, die die Folge derselben geworden sind.* Aus der Trauer erwachse Stärke und Hoffnung: *Diese tief begründete Trauer und dieser innige Schmerz ist aber nicht drückend und schwächend, sondern ermuthigt und kräftigt uns. Wir fühlen uns stark zu allem, was recht und gesetzlich ist, und um so stärker, für je schwächer man uns hielt; stark zu thun, was unsre Pflicht, und stark zu fordern, was unser Recht ist. Und so ersprießt uns aus jener Trauer die Hoffnung, dass es durch uns und für uns auch bald werde besser werden; dass die traurigen Ereignisse der jüngsten Vergangenheit auch diesmal, wie es uns schon oftmals die Geschichte berichtet hat, der Preis einer segensreichen Zukunft seien.*

Auch die heikelste Klippe nahm er, die – sehr – indirekte Kritik an der Monarchie. *An dieser Hoffnung wollen wir festhalten mit aller der edlen Stärke, die uns das Bewusstsein gesetzlichen Handelns und gesetzlichen Wollens verleiht; festhalten mit aller Kraft, welche die Bestrebungen für die hohen Interessen erfordern, um deren Geltendmachung in unserm Staatsleben es sich in der nächsten Zukunft handelt; aber auch festhalten mit allem Vertrauen zu unserem geliebten Könige, dessen in-*

nigen Schmerz über das Geschehene uns die Abgeordneten unserer Stadt bereits verkündigt haben, an dessen Gerechtigkeitsliebe noch kein Sachse jemals zweifelte, und dessen echt constitutionell königlichen Sinn eine nahe Zukunft, so Gott will! von Neuem offenbaren wird.[525] Der letzte Satz konnte als Prognose verstanden werden, aber auch als Ausdruck der Hoffnung, der einer leisen Drohung allerdings recht nahekam.

Damit hatte die Empörung den Zenit überschritten. Das städtische Leben fiel in den ruhigen Takt des alltäglichen Zeitmaßes zurück. Denn Stück für Stück eroberte nun die königliche Regierung Terrain zurück. Bereits am 13. August hatte der Stadtrat eine Adresse an den König verabschiedet. Darin war der »Schmerz« ausgedrückt worden, dass man in der fraglichen Nacht nicht der Bürgerwehr alles überlassen hatte. Eine Adressdeputation, die am folgenden Tag nach Dresden abreiste, kam aber mit leeren Händen zurück. Der König hatte zwar versichert, er sei »zu Thränen gerührt und tief ergriffen.« Doch zugleich war er wenig entgegenkommend gewesen, hatte an diesem und jenem herumgenörgelt, über das Misstrauen der Untertanen geklagt und auf Weiteres vertröstet.

Kaum war die Lage etwas beruhigt, da verschärfte sich auch schon der königliche Ton. Am 16. August traf der Außerordentliche Kommissar von Langenn ein, der die Geschehnisse untersuchen sollte. Am selben Tag verbot in Leipzig der Bürgermeister die Schützenhausversammlung. Noch bevor von Langenn mit der Zeugenvernehmung begann, verkündete er, die bewaffnete Macht habe gesetzmäßig gehandelt. Zugleich teilte er die königliche Antwort auf die Adresse des Stadtrats mit. Darin wurde zwar die strenge Untersuchung der Vorfälle angeordnet, doch schien alle Verantwortung für die blutige Nacht bei den Leipzigern zu liegen. Der König sei »wankend geworden« in seinem Vertrauen zu einer Stadt, in der solche Vorfälle denkbar seien. Es war nur noch von den Beleidigungen gegen den Prinzen, nicht mehr von den Schüssen die Rede.

Entsprechend fiel die »strenge Untersuchung« und der Bericht des Außerordentlichen Kommissars aus. Das Militär wurde entlastet, die städtischen Zivilbehörden wegen ihrer zu langsamen Reaktion gescholten. Wilhelm Jordan und Albert Dulk hatten wegen ihrer Reden bei der Trauerfeier das Land zu verlassen. Ein besonders peinliches Nachspiel boten die Stadtverordneten, die an den König und Prinz Johann unterwürfige Adressen sandten, in denen sie um Gnade baten. Es war wohl die Angst vor wirtschaftlichen Einbußen, die die Kaufleute und Buchhändler geradezu flehentlich protestieren ließen, sie hätten »den Verlust der Gnade [...] ihres geliebten Landesherrn nicht verdient«. Nicht alle freilich machten bei diesem unwürdigen Stück mit. So versagte der Stadtverordnete und Kramermeister Karl Poppe, obwohl konservativer Gesinnung, der Adresse seine Unterschrift. Er hatte allerdings einen guten Grund, denn in der Blutnacht war sein Nachbar erschossen worden.[526] Blum zog später die Bilanz, dass der Sieg der Reaktion weniger deutlich ausgefallen wäre, wenn die Stadtverordneten sich nicht *unter allem Luder schmachvoll* benommen hätten. *Diese Adresse [...] war für die Minister nicht mit Gold zu bezahlen, und als sie sahen, dass das in Leipzig möglich war, traten sie mit einer unglaublichen Frechheit auf, während bis dahin die Furcht weit überwog.*[527]

Längst war die Kunde vom Leipziger August in alle deutschen Provinzen gelangt. Der berühmteste Kommentar findet sich in einem Gedicht – betitelt »Leipzigs Toten!«. Ferdinand Freiligrath schrieb es am fernen Ufer des Zürichsees. Er vergleicht darin das Leipziger Gemetzel vom 12. August 1845 mit der Pariser Bartholomäusnacht vom 24. August 1572, in der mehrere tausend Protestanten auf königliche Anweisung hin ermordet worden waren. Mit düsterem Pathos greift der Refrain den Vergleich auf: »Ich bin die Nacht, die Bartholomäusnacht; / Mein Fuß ist blutig und mein Haupt verschleiert. / Es hat in Deutschland eine Fürstenmacht / Zwölf Tage heuer mich zu früh gefeiert!« Das Gedicht wurde sofort populär, machte »unter den Massen große Sensation«, wie Singer eilends nach Wien berichtete, obwohl der Vergleich mit der Bartholomäusnacht doch eine »unverschämte Übertreibung« sei.[528]

Gern wäre die Regierung gegen Blum vorgegangen. Da er am Tag der Unruhen aber nicht am Ort gewesen war und am Folgetag die Menge eher besänftigt als angestachelt hatte, ergab sich kein rechter Ansatzpunkt. Das musste diejenigen doppelt ärgern, die ihm endlich das Handwerk legen wollten. Mit wachsender Sorge beobachtete man »die Rolle, die Robert Blum sich anmaßt« und seinen »Einfluß [...] über die große Menge«. Seine Position war unheimlich, mit den üblichen Kategorien der Staatskanzleien nicht zu fassen, und keine Macht schien ihm etwas anhaben zu können. »Blum ist ein kleiner Dictator und eine Verhaftung seiner Person (von der man hier und da spricht) würde jetzt offenen Aufruhr in Leipzig erzeugen.«[529] Seine geradezu staatsmännische Zurückhaltung widerlegte den Metternichschen Lehrsatz, demzufolge derjenige Herrscher Gewalt und Chaos erntet, der der Freiheit Raum gewährt. Umso gefährlicher war er. Eine Ordnung von Blums Gnaden war das Letzte, was man sich in Dresden, Berlin und Wien wünschen konnte. »So lange von ihm, der sich da wie ein Volkstribun benimmt, die Ruhe abhängig ist, ist sie mehr als prekär. [...] Nicht ohne ernste Sorge« lasse sich »die Lösung dieses Knotens erwarten, der unter dem Einflusse und der Oberleitung des bekannten Reformators Blum geknüpft worden« sei, so lautete daher die Bilanz der Blumschen »Diktatur« in den Augen des österreichischen Generalkonsuls in Leipzig.[530]

Dazu hatte er sich auch noch Popularität bei gestandenen Bürgern und der Stadtspitze errungen. »Blum sprach von der Tribüne auf dem Marktplatze zum Volke, er sprach am Grabe der Gefallenen, er vertritt Aller Stimmen in den Versammlungen, und repräsentirt diese bei dem Stadtrathe, ihm dankt die Stadt die Herstellung der Ordnung im Beginn und bei jedem einzelnen Excesse. Der stürmische Applaus, mit welchem seine Anreden von dem Publikum aufgenommen wurden, verbürgt dessen gewonnenen Anhang.«[531] Alle mochten sie Blum. Konservative Bürger dankten ihm die Beruhigung der Menge, gemäßigte Liberale freuten sich über ihren Prestigegewinn, Radikale über die dreitägige »Volksherrschaft«.

Mit den Augusttagen wurde er in ganz Deutschland als Politiker berühmt und populär. Ihm wurden geradezu staatsmännische Fähigkeiten zugesprochen, wie er da zugleich die Masse dirigiert und den Behörden diktiert hatte. Auch als begnadeter Redner wurde er jetzt erst so richtig außerhalb Sachsens bekannt. Alle Systemfeinde und Metternichhasser, »Ganze« und »Halbe«, Radikale und Moderate, Demokraten und Liberale sandten ihm ihre Glückwünsche. Zu seinem 38. Geburtstag drei Monate später erhielt er neben einer Dankadresse Leipziger Bürger auch Post aus ganz Deutschland. Eine schriftliche Huldigung aus Baden vereinte die Oppositionellen der verschiedenen Richtungen, Moderate und Radikale, die sich schon wenige Jahre später erbittert gegenüber stehen sollten: Karl Mathy, Friedrich Daniel Bassermann, Karl Theodor Welcker, Adam von Itzstein, Friedrich Hecker und Gustav von Struve.[532]

Und doch: was blieb ihm letztlich von den Augustereignissen, außer der Erinnerung – und Genugtuung –, für drei Tage Leipzigs Schützenhauskönig gewesen zu sein? Hatte er nicht tatsächlich eine große Chance vertan? Wäre nicht mehr zu machen, zu schaffen gewesen? Die Kritik einiger Radikaler, die ihn für zu sanft befunden hatten, ließ ihn nicht kalt. In einem Brief an Johann Jacoby erwähnt er den Vorwurf, *daß ich ein miserables Piano anstimmte, wo Zeit und Umstände, Hoffnungen und Aussichten, Gegenwart und Zukunft ein Fortissimo gebieterisch forderten.* Er selbst gab die Antwort *mit Schillers Jungfrau: Ach, es war nicht meine Wahl!* Man könne, schreibt Blum weiter, *aus geborenen und gezogenen Spießbürgern [...] keine Helden machen. [...] Menschen, die weder im herrlichsten Sonnenschein noch im welterschütternden Sturm die*

Schlafmütze abnehmen, kann man nirgend hinschicken als eben hinter den Ofen. Eine *entsetzliche Notwendigkeit* habe ihn in eine Rolle gedrängt, *die meinen Empfindungen schnurstarcks zuwider war.*[533]

Es war aber wohl nicht nur die träge Haltung der Menschen, nicht nur die *Spießbürger* und *Schlafmützen*, die ihn hatten zögern lassen. Er hatte selbst Skrupel verspürt. Blum war hier wohl zum ersten Mal bewusst geworden, dass die Verantwortung des Revolutionärs nicht vergleichbar ist mit der des *Wühlers*, des politischen Festredners oder journalistischen Agitators. Bleischwer lastete auf ihm die Sorge, Gewalt zu provozieren, Blut zu vergießen. Und er hat wohl in diesen Stunden begriffen, dass er eine Volksmasse zwar lenken konnte, dass er aber nicht der Mann war, sie als Kampfmaschine zu sehen und zu dirigieren.

Der hamletsche Moment des Zögerns währte nur kurz, rasch nahm er seinen Weg wieder auf. Dem Verbot der Schützenhausversammlung begegnete er mit der Einrichtung des *Redeübungsvereins*, einer Tarnorganisation, die am 11. Dezember 1845 gegründet wurde. Man traf sich einmal wöchentlich zu Vorträgen, die im Anschluss diskutiert wurden. Blum komponierte ein geschicktes Programm aus brisanten und harmlosen, aus politischen und allgemein-bildenden Themen, so dass die tiefere Absicht verdeckt blieb: Es ging um »Das politische Element«, »Gemeindewahlen« oder »Politische Partheien«, aber eben auch um »Architektur und Kunst«, »Elektromagnetismus« oder »Stenographie«.[534] Der Verein hatte bald an die zweihundert Mitglieder, von denen jedes zwei Bekannte zu den Abendtreffen mitbringen durfte. So zählte man dort tatsächlich bald an die vierhundert Teilnehmer – ein hübscher Erfolg, zumal viele aus den unteren Schichten stammten.[535]

Auch das gehobene Bürgertum hatte Blum nun in sein Herz geschlossen. »Damals ward Blum der Held des Tages«, beobachtete Louise Otto, »und selbst die geldstolze Bourgeoisie Leipzigs, die bis dahin nur verächtlich gelächelt hatte über den deutsch-katholischen Theater-Sekretär, brachte ihm ihre Huldigungen dar.«[536] Militär und König hatten vielen Leipzigern die Augen geöffnet, *dadurch ist auch der Spießbürger zum Teil wenigstens zur Gesinnung gelangt*, wie Blum es ausdrückte.[537] Dort, just bei den *Spießbürgern*, wollte man ihn nun als Mitglied im Stadtparlament sehen.

Stadtverordneter und Verleger

Als die Leipziger Bürger im November 1845 zu den kommunalen Wahlen aufgerufen wurden, war die Stimmung radikaler als sonst. Das sollte Blum und anderen seiner Couleur zugute kommen, auch wenn das Wahlrecht kaum demokratischen Standards entsprach. Wählen durfte jeder Mann, der Bürgerrecht hatte. Damit waren schon mal die meisten Männer aus den unteren Schichten ausgeschlossen. Auch Blum hatte ja lange auf seinen Bürgerbrief warten müssen, bis es nach seinem Hauskauf endlich soweit gewesen war. Die wahlberechtigten Bürger der Stadt Leipzig wurden in drei Gruppen eingeteilt: »angesessene Bürger«, dies waren Hausbesitzer gleich welchen Berufs; »unangesessene Bürger vom Handelsstand« und »unangesessene Bürger ohne Unterschied des Standes und Gewerbes«. Diese Klassen hatten nichts mit einer Rangordnung zu tun; es ging vielmehr darum, verschiedene Bürgerstände angemessen zu berücksichtigen. Die (im Jahr 1845) 3383 Bürger wählten insgesamt 169 Wahlmänner, wobei der ersten, größten Gruppe soviel zustanden wie den andern beiden zusammen.

Nicht nur die August-Tragödie kam Blum bei den Wahlen zugute, er hatte noch einen weiteren Wahlhelfer: seinen alten Freund Friedrich Schiller. Denn die Ur-Wahlen fanden vom 10. bis 12. November statt, also zur selben Zeit wie das Schillerfest. Am Abend des 10. November gab es wie immer ein Schauspiel des Meisters im Theater, diesmal der »Wilhelm Tell«, der aus Blums Sicht einen wohltemperierten Akkord mit der noch immer aufgekratzten Stimmung bilden sollte. Und tatsächlich folgte insbesondere der Rütliszene – »Wir wollen sein ein einzig Volk von Brüdern, [...] / Und uns nicht fürchten vor der Macht der Menschen« – brausender Beifall, wie in den »Vaterlandsblättern« zu lesen war: »War es Zufall oder Absicht, dass die Magistratspersonen unserer Stadt unmittelbar nach dieser Scene das Theater verließen? Jedenfalls hat das auffallende Verschwinden derselben zu manchen Missdeutungen Veranlassung gegeben.« Am folgenden Abend sprach Blum über »Schillers Beziehungen zu den religiösen Bewegungen der Gegenwart«, was ihm Anlass war für eine »kräftige oratio pro domo, eine Apologie der religiösen Bewegungen der Zeit«.[538] Während der anschließenden Tafel schob er noch einen Trinkspruch »auf das wahre Bürgerthum« nach, und erging sich »in wechselnd ernster und heiterer Weise« über das Verhalten der Stadtverordneten in jüngster Zeit.[539]

So war es nicht verwunderlich, dass Blum bei der Urwahl triumphierte. Er erhielt als einziger der Kandidaten über eintausend Voten und führte mit exakt 1095 Stimmen die Liste der Wahlmänner an. Auch sonst fanden sich politisch Profilierte auf den vorderen Plätzen, an zweiter Stelle etwa der Arzt Karl Heyner, an dritter der Verleger Otto Wigand. Die Gruppe der nichtansässigen Händler wurde von Heinrich Brockhaus angeführt, der sich selbst als »radikal« und »Republikaner« bezeichnete, in seiner zurückhaltend-großbürgerlichen Art dieses Feuer freilich nicht so recht zum Aufglimmen brachte: »Ich bin allerdings auch sehr radical, aber in einem ganz andern Sinne, und mit manchen von denen, die jetzt an der Tagesordnung, harmonire ich sehr wenig.«[540] In der dritten Gruppe führte der Geschichtsprofessor Karl Biedermann, ein engagierter und kampferprobter Liberaler, innerhalb der Leipziger Opposition allerdings ein Blum-Rivale. Der Sieg dieser drei großen B – Blum, Brockhaus, Biedermann – stand für den neuen Geist in Leipzig, für die Aufbruchstimmung überall in Sachsen und darüber hinaus.

Als die 169 Wahlmänner daran gingen, die Stadtverordneten zu wählen, landete Blum nur noch an elfter Stelle. Trotzdem war auch dies ein großer Erfolg für ihn. Er gehörte jetzt zu den Stadtverordneten, überwiegend Kaufleute, Buchhändler, Ärzte, Juristen oder Professoren. Der Bürger aus dem Volke bekam hier schon mal einen Vorgeschmack auf die Paulskirche, wo er dann zu den wenigen Nichtakademikern gehörte. Umso mehr wusste er die Autorität des Mandats nach außen hin zu schätzen. Die neue Würde, schreibt er Freund Jacoby nach Königsberg, sei fast der einzige Weg, den *Spießbürger im geeigneten Augenblicke zu dominieren* und ihm zu *imponieren*.[541]

Außer Blum waren nach den Neuwahlen noch ein paar andere frische Kräfte dabei, und mit Erstaunen zählte das Kriminalamt die »vormals Inkriminierten«, also die Vorbestraften, unter den Stadtverordneten ab: Neben Blum zählten dazu Otto Wigand, Karl Heyner, Heinrich Brockhaus, Heinrich Mayer, Karl Biedermann, Georg Wigand und Rudolf Kühne.[542] Groß war denn auch die Sorge im mächtigen Kaisertum Österreich über die neuen Leipziger Stadtverordneten. Der österreichische Gesandte in Sachsen schlug in Wien Alarm; die Regierung in Dresden sei »mit Leipzig noch nicht genug auf der Huth; man gefällt sich in der Illusion der Gefahrlosigkeit und der Besserung des Geistes in Leipzig«.[543]

Mit Beginn des Jahres 1846 nahm Blum seinen Sitz im Stadtparlament ein, das nicht im altehrwürdigen Rathaus der Stadt tagte, sondern in der Aula der Ersten Bürgerschule auf der ehemaligen Moritzbastei. Der Theaterkassierer hielt es zunächst noch für angeraten, sich bei den Sitzungen unauffällig zu geben. Sein erster größerer Auftritt stand am 11. September an, als er quasi selbst zum Thema wurde. Es ging um einen Artikel in der »Schlesischen Zeitung« vom Vorjahr, in dem sich der Autor über den biederen Zuschnitt der Leipziger Stadtverordneten lustig gemacht hatte. Dort wurde das klägliche Verhalten des Gremiums – »Schwall serviler Redensarten« – während der blutigen Augusttage bespöttelt: »Wenn man in der Folge auf eine gänzlich unwürdige und untüchtige Körperschaft, unwerth und unfähig ihres Berufes, als Schreckbild hindeuten will, so nenne man die Leipziger Stadtverordneten«.[544] Etliche Mitglieder fühlten sich immer noch gekränkt, und bald kam der Verdacht auf, Blum stecke hinter dem Artikel. Hatte er nicht auf dem Schillerfest ähnliche Sottisen über die bänglichen Stützen der Stadtgesellschaft zum Besten gegeben? Er leugnete zwar, doch hatte er gute Verbindungen nach Schlesien, und einiges spricht dafür, dass er zumindest ein paar Ideen für den Artikel dorthin geschickt haben könnte. Nun kam das Thema vor die Stadtverordneten, zu denen er ja unterdessen selbst gehörte.

In die Ecke gedrängt, lief er zu Hochform auf. Der Theatermann Blum lieferte mit Lust einen Auftritt, der die Herren in Erstaunen versetzt haben dürfte. Er werde *nur wenige Worte* an das Kollegium richten, sagte er, eine Ankündigung, die bei dem eloquenten Kölner mehr metaphorisch zu verstehen war; das Protokoll berichtet jedenfalls von »längerer Rede« Blums. Gleich zu Beginn verkündete er melodramatisch, im Anschluss an seine Ausführungen *von selbst den Sitzungssaal verlassen* zu wollen. Dann wies er auf die fehlenden Beweise und die Widersprüche der Vorwürfe hin. Das Ganze sei ein *Werk der Intrigue.* Und er krönte die Ansprache mit einem pathetischen Satz, der schmeckte wie ein Glas Champagner, so leicht und gehaltvoll zugleich, so trocken und doch feierlich: Man möge die Angelegenheit *von dem Wege der Intrigue auf den Weg des Rechtes ableiten.* Darauf der Abgang, wie in einem Schiller-Drama von Blum. Die Kunst kultivierten Indigniertseins war ihm nicht fremd, wenn es denn sein musste. Der Auftritt verfehlte seine Wirkung nicht. Die Mehrheit – 34 zu 19 – entschied sich in Abwesenheit Blums gegen ein weiteres Vorgehen in der Sache. Honorig in der Diskussion nach Blums Abgang trat übrigens der Führer der gemäßigten Liberalen und Blum-Rivale Biedermann auf. Er war in dem Artikel persönlich angegangen worden, weil er an den Augusttagen – im Gegensatz zu Blum – unsichtbar geblieben war: »Wo war dieser selten begabte Mann am 12., 13. und 14. August«, hatte die »Schlesische Zeitung« gefragt. Dennoch bestritt Biedermann »die Berechtigung des Gremiums«, der Sache nachzugehen.[545]

Größere Sorgen als solche ihn wohl eher amüsierende Querelen machte Blum währenddessen das Theater. Die Kasse stimmte nicht mehr, die Bühne geriet in Schuldennot. Blum hatte gewarnt.[546] Bald wurde er zum erbitterten Gegner der neuen Direktion. Der sanfte, seelengute, »behäbige« Blum – so sahen ihn manche immer noch gern, getäuscht von seiner äußeren Erscheinung –, er konnte recht ungemütlich werden. Bald schrieb er von der *heillosesten Confusion, keiner weiß mehr, wer Koch noch Kellner ist.*[547] Bereits im Herbst 1844 berichtete er häufiger von Premierenpleiten und leerem Haus, dennoch verlief die Saison glimpflich. Dann wurde gegen Albert Lortzing intrigiert, den Blum-Freund und Publikumsliebling, den genialsten Musikus des Theaters. Wie Blum wurde er der Ringelhardt-Partei zugerechnet. Am 1. Mai 1845 erhielt er die Kündigung. Die Leipziger waren schockiert, »Lortzing hierbleiben« riefen sie endlos bei seiner Abschiedsvorstellung.[548] Blum hatte dem Freund schon zuvor das Finanzdesaster offenbart: »Nach Blum's Aussage«, berichtet Lortzing, »beträgt Schmidts Gagen-Etat mehr, als die durchschnittliche Jahreseinnahme unter Ringelhardt war. Nun denke Dir dazu die Anschaffung der wirklich prachtvollen Garderoben, Dekorationen etc. – wo soll das hinaus!!!«[549] In einer Art Bühnentagebuch[550] – er plant nun eine Theatergeschichte zu schreiben – äußert Blum sich immer galliger über Schmidts Personal- und Ausgabenpolitik, über dessen Spielplan und vermerkt entrüstet, wie all seine Mahnungen verhallen.

Im Jahr des Lortzing-Abgangs nun organisiert er die hausinterne Opposition. Gemeinsam mit Kollegen an der Bühne verfasst er ein Schreiben an Schmidt, in dem alle Beschwerden zusammengetragen sind und der Direktor zu einem Gespräch mit seinen Kritikern aufgefordert wird. Schmidt habe zu viel Geld für Bücher und Inventar ausgegeben, das Repertoire sei dürftig, die Schauspieler seien *uneinig, gespalten, feindlich,* sie hätten die *Lust und Liebe zum Wirken verloren,* es folge *Scandal auf Scandal.* Die Spitze der Kritik zielt auf Schmidts Führungsqualität. Er sei zu weich gegen das Personal, gewähre Urlaub ohne Rücksicht auf den Spielplan, zahle zu hohe Gagen. *Selten oder nie sind Sie Director im vollsten Sinne des Wortes, sondern immer der Mensch mit dem überguten Herzen, der Mann der »Rücksicht« und Freundlichkeit, der dem Einzelnen gefällig und gutwillig ist.* Wehmütig erinnert man sich der Ringelhardtschen Linie, die Klarheit mit Strenge verbunden hatte: *Statt der Pol zu seyn, um welchen sich das Ganze unabänderlich nach festen Principien und unwandelbaren Gesetzen dreht, sind Sie derjenige, der sich am meisten biegt und fügt.*[551]

Unter Schmidts glückloser Direktion hatte sich auch die Rolle der sogenannten »Beamten« geändert, des technischen Personals, als deren Haupt Blum gelten konnte. Sie mussten oft richten, was der Herr Direktor verbogen hatte, wenn den Künstlern leichtfertig wieder alles bewilligt worden war, wonach sie verlangt hatten – Urlaub, Gagen –, ohne auf die finanziellen und technischen Konsequenzen zu sehen. Sie mussten dann Härte zeigen, wurden dadurch, wie sie nun klagten, *zur Zielscheibe des Hasses, der Abneigung und des Mißtrauens,* ja wurden *ausgelacht,* da es *nur eines guten Wortes* bei Schmidt bedurfte, um Anordnungen zu *durchkreuzen und aufzuheben.*[552] Dabei ging es auch um viele kleine Dinge des Alltags, der Hausordnung, etwa den Zutritt von Gästen zum »Konversationszimmer« oder zur Garderobe. Schmidt gab sich hier generös, und Blum und seine Kollegen standen plötzlich als lächerliche Spießer da, als sie auf vernünftigen Regeln beharrten, die der Direktor schon aufgegeben hatte. Kurzum: Die ganze Sache wurde immer unerquicklicher.

Schmidt, der als »stark nervös« galt,[553] ließ sich von dem Kollektivschreiben nicht umstimmen. Im Jahr darauf erfolgte dann ein öffentlicher Angriff. In der Leipziger Presse kam es 1846 zu einer regelrechten Kampagne gegen das Theater und Schmidt. Ein anonymer Kritiker – unterzeichnet mit »E. S.« – monierte die schlechte Qualität und Erfolglosigkeit der Bühne. In zwei Zeitungsbeiträgen verglich er die Spielpläne der Schmidt-Ära mit denen der Ringelhardt-Zeit, sehr zuungunsten des Ersteren.[554]

Schmidt oder einer seiner Anhänger parierte den ersten Artikel mit einer scharfen Replik.[555] Es spricht alles dafür, dass sich hinter den Initialen des Schmidt-Kritikers E. S. Robert Blum selbst verbarg. Denn in seinen Notizen finden sich penibel jene Berechnungen, die Inhalt des Artikels sind. Mit Liebe zu Listen und zum Detail hatte er die »Zahl der Neuigkeiten« in zwei Ringelhardt-Jahren – August 1832 bis Mai 1834 – mit denen der Schmidt-Ära zwischen August 1844 und Mai 1846 verglichen. Ringelhardt hatte 212 »Neuigkeiten« zu bieten, Schmidt 148.[556] Blum hatte sich die Praxis Ringelhardts, immer viel Neues auf die Bühne zu bringen, vollständig zu eigen gemacht. Unumstritten war sie selbstredend nicht, und so antwortete ihm ein Schmidt-Anhänger: »Sie verlangen neue und gute Sachen. Das scheint […] fast eine contradictio in adjecto zu sein. […] ›Neu und gut‹, da steckt ja eben der Haken, und das ist es ja eben, was den Directoren […] den Hals bricht.«[557]

Blum kündigte mit dem Artikel faktisch Schmidt seine Loyalität auf. Hat er wirklich geglaubt, dass der Direktor in der überschaubaren Leipziger Szene seine Identität nicht enthüllen würde? Zumal der Autor Argumente wiederholte, die Schmidt schon von Blum kannte? Dies scheint wenig glaubwürdig. Wahrscheinlicher ist, dass Blum zu diesem Zeitpunkt gern einen Bruch provoziert hätte. Die ganze Richtung passte ihm nicht mehr. Nicht einmal das von Schmidt geförderte neue bürgerliche Trauerspiel in Gestalt der »Maria Magdalene« gefiel ihm, ungeachtet der klassischen Tradition, in der es stand. Vielleicht spürte er, dass das Genre im Niedergehen war; vielleicht blieben ihm aber auch Hebbels moderne Erzählelemente fremd: *Das Abonnement beginnt mit Hebbels Maria Magdelena,* notiert er am 17. September 1846, *einem Stück, über welches das »Neue junge Deutschland« in Entzücken geräth und sich gebaerdet, als ob der Socialismus verkörpert auf der Bühne erschienen sey, was aber im Grunde nichts ist als eine bodenlose Gemeinheit, in der ein Frauenzimmer ohne Liebe und ohne Leidenschaft und ohne Ueberrumpelung sich einem Manne hingiebt und durch die ganze Tragik gebannt ist.*[558] Wenige Tage zuvor hatte er gewettert: *Laubes Struensee neu einstudirt, auf vier 5-6stündige Proben hungert dieser arrogante Lümmel [Schmidt] die Leute herunter, wie Buben. Und die »Künstler« lassen sichs gefallen.*[559] Der *arrogante Lümmel* war kein Partner mehr für ihn.

Kassandra sollte recht behalten. Das Etablissement rutschte dem Ruin entgegen. Noch im selben Jahr 1846 musste Schmidt die Stadt um Hilfe bitten. Deutschland wurde gerade von Missernten und Hunger heimgesucht, und die sinkende Kaufkraft der meisten Bürger drückte die Einnahmen weiter. Im Sommer 1846 schrieb Blum der Mutter nach Köln, seine Stellung am Theater passe nicht zu seiner öffentlichen.[560] Kurz darauf unternahm er einen Schritt, den er im Kopf wohl schon Dutzende Male vollzogen hatte: Er gründete eine Aktiengesellschaft, um eine Buchhandlung mit Verlag zu finanzieren. Noch harrte er weiter am Theater aus, und konnte so abwarten, ob das neue Unternehmen glückte. Der Groll stieg währenddessen ins Giftig-Zynische. Zu Beginn der Saison 1846/47 taxierte er die neu engagierten Künstler: *Unsere Oper, vervollständigt und erweitert, ist abermals vollkommen ungenügend. Nur Anfänger sind angestellt und diese mit unsinnigen Gehalten; Pasqué, der allerdings mehrere Jahre gesungen hat, aber in der Wirklichkeit nichts kann, ist ein leichtfertiger Mensch in künstlerischer Beziehung, auf den gar kein Verlaß ist; Herr Fischer ist ein Kalb, mit schöner Stimme, aber ohne alles Talent,*

Herr Behr hat Stimme UND *Talent, allein kommt dabei völlig [als] Anfänger [...] und hat gar kein Repertoir, Frl. Armbrecht ohne Stimme und ohne Talent.*[561]

Da machte die Verlagsidee mehr Freude. Gründer waren neben Blum der Redakteur der »Constitutionellen Staatsbürgerzeitung«, Rudolf Rüder, und der Landtagsabgeordnete Otto von Watzdorf, ein Mann mit liberaler Gesinnung und prallem Geldbeutel. Das Projekt erhielt nationale Weihen, denn es wurde 1846 im Hallgarten-Kreis beschlossen oder zumindest dort abgesegnet.[562] Möglicherweise war es ein gemeinsamer Versuch der Freunde und Bundesgenossen, Blum von der leidigen Theaterfron zu erlösen. Der Verlag sollte politische Schriften liberaler und demokratischer Couleur edieren; und die Hallgartener wollten dafür in ihren Heimatregionen Aktionärsgeld sammeln. Blum, Rüder und Watzdorf versandten Vordrucke zur Aktienzeichnung, in denen erläutert wurde, dass das Unternehmen »dem Fortschritte dienen und besonders sich die Verbesserung des Volksschriftthums zur Aufgabe stellen soll«.[563]

Blums politische Arbeit weitete sich immer mehr ins Nationale und Internationale. Zur polnischen Freiheitsbewegung hielt er engen Kontakt; beim Krakauer Aufstand im Februar 1846 fungierte er als Verbindungsmann nach Deutschland. Welche Rolle er in diesem tragischen Stück genau spielte, bleibt unklar, auch wenn die Behauptung seines Sohnes Hans Blum, der Vater habe in seiner Leipziger Kammer den Schlüssel geschmiedet, mit dem die Revolutionäre die Tore der Krakauer Zitadelle öffneten, romantischer Fantasie entsprungen sein dürfte.[564] Im selben Jahr, 1846, wurde Blum in Hallgarten zum Leiter der Opposition für Norddeutschland proklamiert, Itzstein sollte die Kräfte im Süden koordinieren.[565]

Dieses Vertrauen spornte ihn zu neuen Initiativen an. So wollte er auf den preußischen Vereinigten Landtag von 1847 Einfluss nehmen. König Friedrich Wilhelm IV. hatte erstmals eine Art Parlament auf gesamtstaatlicher Ebene einberufen.[566]

Seit Jahrzehnten drückte Preußens Herrscher ein Alp: Friedrich Wilhelm III. hatte seit 1810 mehrfach eine Verfassung und ein Parlament versprochen, doch zögerte er die Reform immer wieder hinaus. Alles sprach schon vom »gebrochenen Wort« – eine Schmach für das Haus Hohenzollern und sein königliches Gottesgnadentum. Als die preußische Regierung nun den Eisenbahnbau in staatliche Regie nehmen wollte und dazu auf Kredite angewiesen war, brach der Konflikt erneut auf. Die bürgerlichen Kreditgeber und Groß-Steuerzahler forderten ihr Recht im Staat – kein Geld ohne Mitsprache, ohne Konstitution und Parlament. Der neue König Friedrich Wilhelm IV., der nach dem Tod seines Vaters 1840 den Thron bestiegen hatte, versuchte sich an einem Kompromiss, wo es keinen Kompromiss geben konnte. Der 1847 verkündete »Vereinigte Landtag« wurde nicht gewählt, sondern war zusammengesetzt aus Vertretern der regionalen Parlamente, der sogenannten Provinziallandtage. Es entsprach mitnichten dem liberalen Ideal, wenngleich mancher Fortschrittsmann schon Hoffnung schöpfte.

Blum indes sah dieses preußische Pseudo-Parlament mit Skepsis. Er verspottete es einmal als *Kön. Preuß. Wirklichen Geheimen Ober-Patent-Landtag*[567] und fürchtete, es werde sich zu einem Forum für alle Deutschen erklären, ohne Legitimation dafür zu besitzen. *Erklärt dieser Landtag sich für kompetent, nimmt er das heuchlerische Geschenk an, welches unter gleisnerischen Formen die geringen Rechte des Volkes raubt [...], dann gewinnt die Reaktion eine mächtige Stütze.*[568]

In Briefen wandte er sich an süddeutsche Liberale – erhalten sind die Schreiben an Heinrich von Gagern und Karl Theodor Welcker – und bat sie, publizistisch tätig zu werden, um auf die *großenteils indifferente Masse der 600 Abgeordneten* in liberalem Sinn einzuwirken. *Von allen Seiten des Vaterlands* sollten *gewichtige Stimmen den Abgeordneten ihre Pflicht und Aufgabe ans Herz legen*; er empfahl hierfür *Flugschriften oder Adressen*.[569] Gagern wies Blum ab. In einer Landtagsrede in

Darmstadt bezog er exakt die Gegenposition und äußerte sich hoffnungsfroh zur neuen Institution: »Mit diesem Ereignis ändert sich Deutschlands politische Lage.« Sollte das Parlament unzureichend sein, werde es sich selbst zu helfen wissen.[570] Ob Gagern Blums Brief auch persönlich beantwortete, wissen wir nicht. Möglicherweise war er befremdet, dass er per Rundschreiben zur Agitation aufgefordert worden war. Jedenfalls tat sich hier erstmals ein kleiner Graben zwischen den beiden später bekanntesten Mitgliedern der Paulskirche auf. In seinem »Staatslexikon« rechnete Blum aber Gagern weiterhin – gemeinsam mit Itzstein, Rotteck und anderen – zu den Adligen, die *Vorkämpfer für Recht und Freiheit* sind,[571] und in seiner Publikation *Fortschrittsmänner der Gegenwart* von Ende 1847 widmete er Gagern ein ausführliches Porträt.

Und doch blieb unverkennbar, dass einiges in den Reihen der Opposition schon jetzt nicht mehr so recht zusammenging. Auf den jährlichen Treffen des Hallgarten-Kreises war zu spüren, dass die An- und Absichten auseinanderliefen. Die beiden großen Strömungen, die sich seit den Tagen der Französischen Revolution im bürgerlichen Lager gebildet hatten, machten sich nun auch hier bemerkbar: auf der einen Seite die gemäßigten Liberalen, auf der anderen die radikalen Demokraten. Manches ließ sich zwar aus regionaler Herkunft heraus erklären, aus den unterschiedlichen Formen, in denen der oppositionelle Kampf am jeweiligen Ort gefochten wurde oder werden musste. Aber jenseits solcher Besonderheiten war die Parteibildung in der deutschen Fortschrittsbewegung offensichtlich. Und da standen Blum die Radikaleren wie Hecker oder Jacoby näher.

Im Hallgarten-Kreis genoss Blum seine Rolle als Itzstein-Zögling, wohlwollend blickte der Alte auf die rheinisch-sächsische Nachwuchskraft. Doch die Hinwendung des Kreises zum radikaleren, demokratischen Flügel hin machte ihn für die Gemäßigten uninteressant, ja suspekt. Itzstein spielte dabei eine eher unglückliche Doppelrolle, indem er als Gastgeber und Nestor der Runde den Mediator gab, zugleich aber Sympathie für die Radikaleren hegte. Der wachsende Einfluss der Demokraten war möglicherweise mit ein Grund dafür, dass 1845, als Itzstein den Kreis nach Leipzig zu Blum einlud, nur sehr wenige aus dem Südwesten den Weg dorthin fanden: neben Itzstein wohl lediglich Hecker und der Nassauer Emil Leisler. Im nächsten Jahr, nun wieder in Hallgarten, war der Rheinhesse Heinrich von Gagern mit dabei, unter den Moderaten der Mann der Zukunft, der mit Blum bei einer *flüchtigen Begegnung* erstmals ins Gespräch kam.[572] Solche Begegnungen konnten aber nicht hindern, dass Hallgarten in den Augen der Gemäßigten bald zum Synonym für Radikalismus wurde. 1847 wollten sie den Kreis neu konstituieren und fanden sich schließlich in Heppenheim zusammen; Itzsteins alternativer Vorschlag, wieder nach Hallgarten zu kommen »erregte [...] Schrecken« – allerdings wohl auch, weil dort mit Überwachung zu rechnen war.[573]

Blum war ebenfalls unzufrieden. Er wollte Veränderung und wurde ungeduldig. Von Beginn an hatte er die Hallgarten-Treffen sehr ernst genommen, war zur Vorbereitung durch Sachsen gereist, hatte die wichtigsten Oppositionsmänner konsultiert,[574] um dann glaubwürdig als Sprecher »seines« Landes auftreten zu können. *Leipzig ist der Leithammel für das Land*, schrieb er einmal in anderem Zusammenhang.[575] Nach dem Hallgarten-Treffen in Leipzig im Mai 1845 reichten »Robert Blum und Genossen« dann beim sächsischen Landtag eine Petition ein, die nicht nur Sachsen, sondern ganz Deutschland umgestalten sollte. Sie forderten nicht weniger als eine zeitgemäße Verfassung für alle deutschen Länder, dazu ein allgemeines deutsches Staatsbürgerrecht. Doch gerade die Fixierung der Hallgartenrunde auf die Parlamente der einzelnen deutschen Staaten, auf die sogenannten Kammern, erschien ihm immer fruchtloser: *Deutsche Kammern haben [...] die Jahreszeiten der Geschichte noch nie gefördert und noch niemals aufgehalten*, so schrieb er im Dezember 1845.[576]

Bereits 1842 hatte Blum einen Vorschlag zur Gründung von Bürgervereinen ventiliert, möglicherweise waren sie als eine Art Unterbau zu Hallgarten gedacht, was von den meisten Mitgliedern des Kreises abgelehnt wurde.[577] Ganz offensichtlich wollte Blum heraus aus dem kleinen Zirkel und die Ideen, die in der Runde diskutiert wurden, unters Volk bringen. 1846 schrieb er dann an Johann Jacoby, *daß der bisherige Weg keine Früchte bringt.*[578] Das Kooperieren innerhalb der Bewegung war also nicht minder schwer als das Opponieren selbst. Auch der moderate Friedrich Daniel Bassermann teilte die Ansicht, die Runde bringe nichts mehr voran.[579]

So war es letztlich nur folgerichtig, dass sich die Repräsentanten der beiden Flügel 1847 zu getrennten Versammlungen trafen, in Heppenheim und Offenburg, beide übrigens ohne Blums Beteiligung. Für 1848 wurden bereits Pläne geschmiedet, wer sich wo versammeln wollte. Sie wurden Makulatur. Denn fast alle Hallgartener sahen sich, ungeachtet ihrer Couleur, an einem Ort wieder, der nie zur Diskussion gestanden hatte: in Frankfurt am Main, in der Paulskirche.

Blums zweiter politischer Programmpunkt neben dem Kampf für Freiheit blieb der Kampf gegen die Armut. Als sich 1844 in Oberschlesien verarmte Weber zum Aufstand zusammentaten, wurde die Nation aufgerüttelt. Das Thema füllte die Zeitungsspalten und machte Obrigkeit wie Öffentlichkeit gleichermaßen nervös. Die Sensationsberichte aus den vergessenen Provinzen des Fortschritts erschütterten viele brave Bürger. »Alle Welt will etwas Sociales lesen«, ließ Robert Prutz in seinem »Engelchen« von 1851 einen Schriftsteller ausrufen, »verhungernde Proletarier, reiche Wucherer, bleiche Weberkinder, [...] die Zeit will es, die Literatur verlangt es«.[580] Franz Schuselka, der österreichische Liberale und Deutsch-Katholik, hatte bereits 1844 diese dubiose Konjunktur kritisiert: Es gehe oft lediglich darum, »der überreizten Neugier des Publikums eine recht pikante Nahrung zu schaffen. Diesen Höllendichtern ist es nicht darum, das gemeine Volk zu heben.«[581]

Blum ging es wahrlich nicht um Sensation, sondern um Hilfe. 1846/47 verschlimmerte sich die Not in Deutschland, wieder brachten Missernten Hunger. Zu den besonders betroffenen Gebieten in Sachsen gehörte das Erzgebirge, wo ein außergewöhnlich strenger Winter die Lage verschärft und *die Blicke [...] fast in ganz Deutschland auf jenen Landstrich gelenkt* hat.[582] Führende Mitglieder des Schriftstellervereins kamen auf die Idee, ein »Album fürs Erzgebirge« herauszubringen und den Erlös den in Not Geratenen zu spenden. Das »Album« brachte die besten Kräfte des Vereins zusammen, auch solche, die sich sonst nicht gerade freundlich begegnet waren: Robert Blum, Karl Biedermann, Heinrich Wuttke, Heinrich Laube, Ernst Willkomm, Karl Herloßsohn, Gustav Kühne und viele andere.

In seinem eigenen Album-Beitrag *Ein Blick in das Leben des Erzgebirges* schildert Blum die Lage der Menschen in den Dörfern Rittersgrün und Großpöhla, die Abhängigkeit vom Klöppelhandwerk, die mangelnde Heizung, das fehlende Licht, die undichten Dächer der Hütten. Er vergleicht die Situation dort mit der Lage in den englischen Slums. *Die Wohnungen geben den Hütten der Proletarier, wie sie uns aus London, Manchester und andern großen Städten geschildert werden, wenig nach an Armuth und Elendigkeit.* Er beschreibt den aufdringlichen Handel der Hausierer, die den Armen die letzten Wertsachen – *einen Ring, ein Kreuz oder dergleichen* – abschwatzten. Dies alles sei jedoch lediglich das *gewöhnliche Leben*, der Normalzustand. Im Hungerwinter 1846/47 habe sich dieses aber noch dramatisch verschlimmert. Der Absatz der Klöppelwaren sei zum Erliegen gekommen, aus den Wohnungen seien die Betten verschwunden und durch Strohhaufen ersetzt worden, die Kinder blieben nackt, die Erwachsenen gingen in Lumpen. Die Nahrung bestehe *aus einem Kleister von schwarzem Mehl, von zweifelhaften Bestandtheilen und heißem Wasser bereitet* oder einer *Suppe von Kartoffelschalen*, die Mütter stillten mit Blut. *Das alles sind keine Phantasiege-*

bilde, keine Übertreibungen; es sind Thatsachen [...]; Thatsachen, vor denen selbst die Beschönigungs-, Bemäntelungs- und Umnebelungsmanie verstummt sei, *die gewöhnlich sofort laut wird, wenn irgend eine Erscheinung auftaucht, die ernstliche Zweifel darüber hervorruft, ob denn wirklich unser dermaliger Staat der »beste Staat« sei.* Blum konzediert, dass der *Staat in seiner dermaligen Organisation [...] dieses Elend nicht aufheben* könne; er solle jedoch *alle seine Kräfte anstrengen zu mildern und vorzubeugen.* Er verweist darauf, dass die Armen auch noch Steuern auf Lebensmittel zu zahlen hätten, dass Importzölle die Reiseinfuhr erschwerten.

In solchen Überlegungen denkt Blum freundliche Züge des Sozialstaats vorweg, eines Staates, der *die Aufhebung des modernen Helotenthums* gewährleisten soll. Der Abstand zu radikalsozialistischen Vorstellungen ist offensichtlich; mit seinen rheinischen Landsleuten Karl Marx und Friedrich Engels konnte er schwerlich zusammenkommen. Zumal er den ehrlichen Philanthropismus nicht verschmähte. Auch solidarische gesellschaftliche Hilfe sei nötig, schreibt er, und erwähnt den Leipziger Kaufmann Karl Heicke, der mit Hilfe eines Vereins *die Mittel aufbot, mehrere hundert Arbeiter zu beschäftigen.*[583]

Blum war kein Utopist; er blieb, bei aller visionären Kraft, die ihn vorwärts trieb, Pragmatiker. Und dies brachte ihn letztlich weiter. Oft genug klagten er und seine politischen Freunde, dass sie nicht vorankämen, und doch eroberten sie, kaum merklich, Millimeter um Millimeter. Liberales und demokratisches, oppositionelles Denken drang in alle Gassen und Ritzen der deutschen Städte im Vormärz. »Der Liberalismus jener Tage gehörte mit zum guten Tone«, so formulierte es einmal Hoffmann von Fallersleben.[584] Dazu kam ein unscheinbarer, kaum sichtbarer und doch wirkmächtiger Faktor: Die alten Eliten verloren den Glauben an die Zukunft, ihre Zukunft. Das graue Gift des Zweifels tötete Fantasie und Vision an den Fürstenhöfen. Die Sätze wurden hohler, mit denen das System verteidigt wurde, die Ideen verschimmelten, der Glaube zerbröselte. Der Ruf nach »Maßnahmen«, der ewige Schrei nach Polizei und Zensur entrang sich einer asthmatischen Lunge. Keiner erwartete wirklich, der Adel könne seine Rolle weiter spielen. Keiner schrieb ein epochales theoretisches Werk, das die Vorherrschaft des Adels begründet hätte. Man blickte bang und großäugig nach vorn.

Blum dagegen, wiewohl er gern unkte, sah die Zukunft meist hell, er agierte noch immer mit jugendlichem Leichtsinn, und hatte für sein eigenes Leben einen überaus tollkühnen Entschluss gefasst. Obwohl die Zeichnung der Aktien für die Verlagsbuchhandlung nur schleppend verlief, wagte er den Sprung. 16 Jahre hatte er am Theater gearbeitet, 14 davon in Leipzig. Am 1. Mai 1847 kündigte er. *Um ein freier Mensch zu werden*, wie er an Franz Wigard nach Dresden schrieb.[585] Die Entscheidung falle ihm schwer, behauptet er in seinem Abschiedsbrief an Schmidt. An den Theaterberuf habe sich eine *sociale Erhebung* für ihn geknüpft, *die ich früher kaum zu hoffen wagte*. Doch seine politische Stellung vertrug sich nur schwer mit der Tätigkeit am Theater. *Deshalb haben Freunde von nah und fern mich schon längst angetrieben, das Geschäft zu verlassen; freilich sind solche Ratschläge in Deutschland billiger, als Ersatz für das Aufzugebende.* Im Übrigen, rechnet der 39-jährige Blum seinem Direktor vor, fehle es der Stelle ohnehin an sozialer Absicherung. Die Verwaltung des Pensionsfonds, also die Betriebsrentenkasse des Theaters, habe *völlig willkührlich und gesetz- wie statutenwidrig* den Kassierer ausgeschlossen. *Bleibe ich noch 10 Jahre, so bin ich vielleicht zu stumpf und abgenutzt, um eine andere Laufbahn zu beginnen.*

Auch verweist der oppositionelle Stadtverordnete Blum auf den regierenden Stadtrat, der ihm feindselig gesonnen sei. Sein Wechsel müsse mithin auch in Schmidts Interesse sein, denn er, Blum, wisse, *dass unser edler Stadtrath großen Anstoß daran nimmt, daß der ihm verhaßteste Mensch an einem städtischen Institut angestellt ist, und bei der unglaublichen Kleinlichkeit, die diesen Staatsweisen anklebt, ist es nicht unmöglich, dass dies auf Ihre Stellung zum Stadtrath Einfluß hat.* Schließlich erwähnt er *finanzielle Gründe*; er müsse, um sein Haus abzubezahlen, *fast eben so viel durch literarische und andere Arbeiten* dazu verdienen, wie er am Theater bekomme. *Dazu aber brauch' ich einen großen Theil meiner Nächte, da der freien Tage und Abende immer weniger werden, und eine solche Anstrengung reibt mich auf.* Und wieder macht er die Rechnung, die er gewiss schon etliche Male angestellt hatte: *Die Thatsache, dass ich mir das Nothwendige seit drei Jahren verdient habe, zeigt mir auch, dass ich mit literarischen Arbeiten allein, wenn ich mich denselben ruhig und ungestört hingeben kann, mehr zu erwerben vermag, als jetzt bei der Stelle.*[586]

Vom Handwerker zum Handlungsreisenden zum leitenden Angestellten zum Unternehmer – Blum war, wie er glaubte, endlich *ein freier Mensch*, und vor ihm lag nun ein Leben auf eigene Rechnung. Ein Anfänger war er nicht im neuen Metier, das er gut kannte, lediglich ein Anfangender, was er ohnehin sein Leben lang gewesen war. Er kannte die Tücken und Klippen des Gewerbes, weshalb er auch gleich seine Unternehmenspläne modifizierte. Statt der ursprünglich intendierten Aktiengesellschaft gründete er mit Robert Friese zum 1. Juli die Verlagsbuchhandlung »Robert Blum & Compagnie« als Handelsgesellschaft. Seine ersten Äußerungen zeigen, dass er mit Umsicht und Realismus den Sprung ins Unternehmertum anging: *Ist auch unser Hauptgeschäft der* VERLAGS*buchhandel, werden wir doch jeden anderen Auftrag prompt und pünktlich erfüllen und bitten daher um gefällige Berücksichtigung.*[587] Er strebe danach, *nur langsam und bescheiden ein solides Geschäft zu begründen, nicht zu hazardiren, was leider nur zu sehr im Buchhandel üblich ist.*[588]

In der Welt der Leipziger Honoratioren hatte sein neuer Beruf hohes Renommee. Der Respekt vor seiner Entscheidung dürfte auch mit den Ereignissen am Theater gewachsen sein. Denn nach seinem Abgang war das Fiasko nicht mehr aufzuhalten. Am 10. Januar 1848 gab Schmidt auf und erklärte seine Insolvenz. Der Kontrast zur Ära Ringelhardt, die ja in Wahrheit eine Ära Ringelhardt-Blum gewesen war, konnte nicht schärfer sein. Blum wollte nun nicht länger nur Stadtverordneter sein, sondern auch an der exekutiven Macht teilhaben. Er bewarb sich um eine Stelle als unbesoldeter Stadtrat, die ihn zum Mitglied der Stadtregierung gemacht hätte. Das Gremium, das hierüber zu befinden hatte, waren die Stadtverordneten. Am 27. Oktober 1847 wurde Robert Blum mit der allerdings eher kargen Mehrheit von 32 zu 27 Stimmen zum Leipziger Stadtrat gewählt. Es war das erste exekutive Amt, das er erhalten hat. Prompt intervenierte das Innenministerium; Blum dürfe in die Funktion nicht eintreten. Eine tölpelhafte Aktion, denn natürlich musste sie Blums Popularität weiter steigern. Mit einer Artikelserie in seiner »Constitutionellen Staatsbürgerzeitung« machte er die Sache zur Staatsaffäre, und sah dies schon als Wahlkampf für den von ihm im folgenden Jahr erstrebten Sitz im sächsischen Landtag in Dresden. Dass seine Rechnung aufging, zeigte sich an der Reaktion der Stadtverordneten. Mit 40 zu 18 Stimmen lehnten sie die Verordnung des Innenministers ab; auch Mitglieder, die Blum nicht gewählt hatten, verwahrten sich also gegen die Einmischung. Doch blieb ihr Widerstand nicht von Dauer. Im Januar 1848 gab die Versammlung dem Druck aus Dresden nach und wählte einen Ersatzmann. Aber da war Robert Blum schon unterwegs zu neuen Zielen.[589]

Der Verlag schien indessen gut anzulaufen. Blum nahm gleich die »Constitutionelle Staatsbürgerzeitung« unter seine Fittiche; er hatte ja bei den »Sächsischen Vaterlandsblättern« gezeigt, wie man eine Zeitung – auch wirtschaftlich – erfolgreich führt.

Bald erschienen die ersten Bücher, darunter eine »Weihnachtsgabe«, benannt *Die Fortschrittsmänner der Gegenwart*, die die Porträts einiger führender politischer Köpfe enthielt: Ernst Moritz Arndt, von Blum selbst verfasst, ferner Heinrich von Gagern, Adam von Itzstein, Johann Jacoby, Heinrich Simon sowie Leberecht Uhlich. Das war nur eine kleine Auswahl aus der wachsenden Schar der Oppositionsmänner, und keineswegs eine repräsentative, was die Vermutung aufdrängt, dass er jeweils zu Weihnachten die Galerie fortsetzen wollte.

Das ambitionierteste Projekt jedoch, von dem er sich einen Bestseller versprach und mit dem er seinen Erfolg verknüpft glaubte, war ein anderes Werk: das »Staatslexikon«. Bereits in seinem Rundschreiben vom August kündigte er als *erstes Verlagsunternehmen* ein »*Volksthümliches Handbuch der Staatswissenschaften und der Politik*« an, das ein *Staatslexicon für das Volk* sein werde. Er dachte gewiss an das erfolgreiche Theaterlexikon, das er ein Jahrzehnt zuvor begonnen hatte, noch mehr aber wohl an ein ungemein bekanntes und verbreitetes Werk der Zeit: das »Staatslexikon« von Karl von Rotteck und Karl Theodor Welcker, das in 15 Bänden (und drei Auflagen) ein politisches Panorama aus liberaler Perspektive entfaltete. Es war typisch für Blums Denken, dass er diese Idee nun popularisieren wollte, um dem Volk jene staatsbürgerliche Bildung zu vermitteln, die den gehobenen Kreisen selbstverständlich geworden war. Die Konzeption war zwar erheblich bescheidener; es sollten lediglich zwei Bände erscheinen, von denen der erste noch im Frühjahr 1848, mitten in der Revolution fertig wurde. Dennoch war sein Anspruch – wie von Blum zu erwarten – ein exzeptioneller: das Werk sollte das *Streben der Staatspriester nach Alleinherrschaft durch allgemeine Erkenntniß des wahren Wesens, Zweckes und Zieles des Staates [...] überwinden.*[590] Inhaltlich hält das »Volksthümliche Handbuch« nicht das Niveau des »Rotteck-Welcker«, es wechselt je nach Temperament der Beiträger zwischen einem nüchtern-enzyklopädischen Stil und mit Verve formulierter Meinung.

Als im November sein Erspartes aufgebraucht war – er hatte alles in den Verlag investiert –, bewahrte er sich dennoch seine robuste Haltung. Er glaubte Land zu sehen und meinte, das Geschäft lasse sich *wahrlich nicht schlecht an.*[591] Seine Energie und Rastlosigkeit hätten vielleicht genügt, um dem Verlag Erfolg zu bescheren. Doch es sollte nicht sein. Kein Vorgang in seiner Biografie ist von solch ironischer Tragik wie das Scheitern seines Verlags, genauer gesagt: wie der Grund für sein Scheitern. Denn ausgerechnet durch den Ausbruch der Revolution erlahmte jäh das Interesse an politischen Werken. Jetzt, da man von der staatsbürgerlichen Theorie zur staatsbürgerlichen Praxis überging, war Tagesaktuelles gefragt, und das Presseangebot explodierte fast. *Es liest jetzt Niemand [etwas] als Zeitungen; es kauft Niemand etwas als Zeitungen, der Buchhandel stockt vollkommen*, klagte der Jungverleger seinen Freunden im März 1848.[592] Und selbst für die Zeitungen zählte die exklusive Depesche mehr als tiefgründige Analyse und Reflexion. Auch andere mussten dies erfahren, etwa Arnold Ruge, der 1848 sein politisches Blatt »Die Reform« gründete: »Aber das Publikum kümmerte sich nur um aufregende Nachrichten; mit einer rationellen Darstellung der gewaltigen Begebenheiten [...] konnte man kaum Leser gewinnen«.[593] Das Ereignis, auf das Blum über ein Jahrzehnt lang hingearbeitet hatte und das ihn in die erste Reihe der Nation beförderte, sollte ihm politischen Ruhm bringen und wirtschaftlichen Ruin.

SISYPHUS
(1848)

Revolutionen haben ihren eigenen Rhythmus. Die Stunden fließen rascher, die Ereignisse stürzen, ein Revolutionstag entspricht einem Monat in gewöhnlichen Zeitläuften. Ludwig Uhland rief gar im April 1848: »Wochen sind jetzt Jahrhunderte«,[594] und Robert Blum schrieb Ende Mai, man lebe und arbeite *in einem Monat für Jahre.*[595] Ende Februar erfuhr er von der Revolution in Frankreich, einen Monat später saß er im Vorparlament in Frankfurt, eineinhalb Monate darauf in der Nationalversammlung. Und weitere sechs Monate später war schon alles vorbei: Robert Blum getötet, erschossen von der Gegenrevolution. Diese acht Monate waren die intensivsten und abenteuerlichsten seines Lebens, ein einziger Feldzug mit glorreichen Triumphen und bitteren Niederlagen, bis zum düsteren Ende in Wien.[596]

Leipziger Frühling

Am 29. Februar 1848 vergnügte sich Blum auf einem Wohltätigkeitsball im Hotel de Pologne, als aus Paris die Nachricht von der siegreichen Februarrevolution eintraf, vom Sturz des Bürgerkönigs Louis Philippe. Eine erste Beratungsrunde versammelte sich, Blum und befreundete Demokraten, Arnold Ruge, Theodor Althaus und andere. Was tun? Wie war die Lage in Deutschland, in den grenznahen Gebieten, in Baden, der Pfalz, Rheinhessen? Noch war vieles unklar, unbekannt, Gerüchte surrten. Die Aufgabe der Leipziger Demokraten war zuerst Sachsen, darin waren sie sich einig, das war ihr Terrain, ihr Revier, hier mussten sie sich bewähren vor den Augen der Nation. Und alle spürten, dass der Augenblick gekommen war, da das alte Regime in Deutschland, das sich seit den Tagen der Französischen Revolution überlebt hatte, in sich zusammenfallen musste.

Blum gab die Marschrichtung vor. Als Erstes sollte die Gemeinde gewonnen werden. Für den nächsten Tag wurde eine außerordentliche Sitzung des Stadtparlaments angesetzt. Typisch für Blum war, dass er auch an die Begleitmusik dachte. Dem anwesenden Dichter Hermann Rollett soll er den »Auftrag« gegeben haben, ein revolutionäres Lied zu verfassen.[597] In diesen ersten Wochen traf Blum Dutzende von großen und Hunderte von kleinen Entscheidungen. Immer waren die Tage zu kurz, um alles zu tun, was getan werden musste, über die ganze Revolutionszeit lebt er im Kampf gegen die Uhr.

Am 1. März war im Stadtparlament alles anders als sonst.[598] Es ging nicht um Straßenbeleuchtung und Theaterpacht, es ging um große Politik. Die Zuschauertribüne war brechend voll, und wegen des Andrangs musste auch der Saal selbst für das Publikum geöffnet werden. Zunächst brachte Karl Biedermann eine Adresse an den sächsischen König ein. Biedermann, der ewige Gegenspieler Blums, war ein honoriger Liberaler zwar und, trotz aller politischer Differenzen, ein wackerer Verbündeter im Kampf gegen die alten Eliten, doch aus Blums Sicht zu lau und kompromisslerisch. Selbst unter den gemäßigten Liberalen gehörte er zu den besonders Vorsichtigen. Der Kreis um Blum nahm Biedermann als Fortschrittler nicht recht ernst – »Der Riese und der Floh« lautete ein zeitgenössisches Gedicht, welches das Verhältnis zwischen Blum und Biedermann karikierte.[599] Nun forderte der »Floh« den König kühn auf, der Presse ihre Freiheit zu geben. Außerdem sollten Volksvertreter der deutschen Länder an den Bundestag nach Frankfurt geschickt werden.[600] Gewiss wichtige Punkte, doch Ähnliches hatte der badische Liberale Friedrich Daniel Bassermann bereits am 12. Februar gefordert, als die Lage noch weitaus weniger revolutionär war. Immerhin gebührt Biedermann der Ruhm, das Thema als Erster angeschnitten zu haben.

Blum, dem die Adresse zu weich war, ahnte, dass er für seine radikalere Sicht keine Mehrheit finden würde. Er hatte Biedermann vor der Sitzung Zustimmung signalisiert, zunächst werde er jedoch gegen die Adresse sprechen.[601] So kam es. Die Adresse fordere zu wenig, gebe keinen *klaren, bestimmten Ausdruck unserer Wünsche.*[602] Es gehe jetzt darum, die Regierung in Dresden zu stürzen, damit von dort kein Widerstand gegen ein neues Deutschland kommen könne. Doch allein der Buchhändler Otto Wigand stand in Treue fest zu Blum. Den schien die Niederlage nicht weiter zu berühren, in Momenten wie diesem blieb er eiserner Pragmatiker. Besser ein schwacher Versuch als keiner, dachte er sich und folgte der Mehrheit. Alle anderen Mitglieder taten es ihm gleich. Am Abend fand eine zweite Sitzung statt. Der Stadtrat hatte unterdessen die Biedermann-Adresse zur eigenen gemacht, was die Stadtverordneten beklatschten. Das war der Auftakt der Märzrevolution im Leipziger Stadtparlament. Noch in derselben Sitzung verhandelte man die »Geradlegung des Pfaffendorfer Wegs«.

Spielte Blum im Stadtparlament nur die zweite Geige, trat er am Nachmittag als Dirigent auf. Gemeinsam mit seinen demokratischen Freunden veranstaltete er ein Fest und ließ im Schützenhaus die französischen Revolutionäre hochleben. Rund eintausend Leipziger fanden sich ein. Blum nutzte die Gelegenheit, für die Forderungen zu trommeln, die von den Gesinnungsfreunden im Südwesten gestellt worden waren: Pressefreiheit, verantwortliche Minister, allgemeines und direktes Wahlrecht.[603] Schon in diesen ersten Stunden der Revolution zeigte sich Blums Taktik: Kompromissbereit im Parlament, kompromisslos vor der Menge, eine Taktik, die wahrlich nicht ohne Risiko war. Zu schnell nur konnte er so in den Ruch eines Heuchlers und Täuschers geraten. So schwankt denn auch sein Bild in der Geschichte bis heute zwischen klugem Staatsmann und leidenschaftlichem Volkstribun. Tatsächlich war Blum beides. Darin lag seine Stärke und seine Schwäche, der Schlüssel für seinen großen Erfolg und seinen schmählichen Untergang. Dabei hat er Gewalt – fast bis zuletzt noch – abgelehnt und Demonstrationen, die schwer zu steuern und zu berechnen waren, nur als Mittel in alternativlosen Phasen befürwortet, in politischen Sackgassen. Diese Mischung aus parlamentarischem Kompromiss und »gelenkter Straße«, aus diplomatischem Kalkül und offenem Populismus, schuf ihm eine Machtposition, die in dieser Form 1848 einmalig war.

Die nächste Bewährungsprobe stand bald bevor. Der König lehnte die maßvollen Forderungen der Leipziger Stadtverordneten und des Leipziger Stadtrats ab. Zuhause warteten mehrere tausend Einwohner auf die Deputation; sie hatten sich auf dem Marktplatz versammelt. Noch wusste keiner von dem Fiasko. Am Abend des 3. März traf die Delegation aus Dresden ein, begeistert begrüßt. Was hatte der König gesagt? War es der Leipziger Bürgerschaft gelungen, dem Monarchen ihre Wünsche nahezubringen? Die ersten Reden, es sprachen Moritz Seeburg für den Stadtrat und Karl Biedermann für die Stadtverordneten. Doch beide ergingen sich in diffusen Phrasen, gaben keine klare Antwort auf die Frage, die alle bewegte. Grummeln auf dem Platz, Unruhe, erste Rufe: »Blum!«, »Blum soll sprechen!« Schließlich trat der so Gerufene auf den Balkon. In seinen Memoiren erinnert sich Biedermann später an die Stunde: »Auch mir gelang es nicht, mich allseits vernehmlich zu machen. Vielhundertstimmig rief man nach Blum. Dieser, mit seiner Stentorstimme und vermöge der durch den Klang seines Namens alsbald hergestellten Ruhe, fand Gehör.«[604] Der August 1845 schien wieder aufzuleben. Blum, dem das Desaster sofort klar war, forderte den Rücktritt der Regierung, lenkte damit vom König ab und hin auf die Minister. Und wieder wirkte der Blumsche Zauber. Die Menge vertraute seinem Vorschlag. Biedermann konnte den Respekt vor dem Blumschen Talent nicht verhehlen: »Ungeheurer Jubel folgte diesen Worten und begleitete den vom Balcon in das Rathszimmer zurückkehrenden Mann. Dort trat ihm in größter Erregung der Kreisdirector mit den Worten entgegen: ›Aber lieber Herr Blum, was haben Sie da von der Entlassung der Minister gesagt?‹ worauf Blum mit seiner unerschütterlichen Kaltblütigkeit: ›Ja wohl, Herr Kreisdirector, die werden wir beantragen, und Sie selbst müssen beim König diesen Antrag befürworten.‹«[605] Noch in der Nacht reiste der Kreisdirektor in die Residenzstadt.

Zugleich ergriff Blum eine Reihe weiterer Initiativen. Am folgenden Vormittag, es war der 4. März, versammelte sich erneut das Stadtparlament zu einer stürmischen Sitzung. »Alle Räume in und vor dem Saale so wie alle Zugänge zu demselben waren überfüllt«.[606] Blum wurde von den Besuchern auf die Tribüne gefordert, »von der aus zu sprechen sonst nicht üblich ist«.[607] Er bewies seinen politischen Instinkt, indem er einen vom Stadtparlament beschlossenen Vier-Punkte-Forderungskatalog in seiner Rede auf einen einzigen, den entscheidenden Punkt, reduzierte: Rücktritt der Regierung.[608] Am selben Tag noch suchte er gemeinsam mit Arnold Ruge, Heinrich Wuttke und einem weiteren Redakteur den politischen Zensor der Stadt, Gotthard Oswald Marbach, auf und bedeutete ihm schlicht, er sei überflüssig.[609]

Schon zeigte der König eine erste kleine Nachgiebigkeit. Er entließ den besonders verhassten Innenminister Johann Paul von Falkenstein und versprach die Einberufung des Landtags im Mai. Doch diese Zugeständnisse waren lächerlich angesichts des Donnergrollens in Deutschland, und sie zeigten, wie realitätsfremd der Dresdner Hof handelte.

Im Redeübungsverein sprach Blum derweil, am Abend des 6. März, über die *Stellung der Soldaten in Deutschland*.[610] Ein Randthema scheinbar. Doch schnitt er damit den Kern der Machtfrage an. Denn die eigentliche Basis der alten Herrschaft war das Militär. Im Konfliktfall würde sich derjenige durchsetzen, der die Truppen befehligte. Blum beklagte den Gegensatz zwischen Bürgertum und Militär: *Mehr als in irgend einem andern Lande haben wir es in den letzten 30 Jahren erfahren müssen, dass die Feindschaft zwischen diesen beiden Klassen der Bevölkerung gestiegen und hin und wieder zu einem traurigen Ausbruche gekommen ist. Man hat dem Militär einen höhern Grad von Bildung abgeschnitten, damit man ihn besser zum Soldaten, zur willenlosen Mordmaschine abrichten kann.*[611] Der Vortrag zeigte, wohin Blum den Redeübungsverein steuerte. Aus dem Volksbildungswerk wurde ein politischer Klub, ja eine Parteiorganisation. Aber noch war es nicht so weit. Vorerst ging es darum, mit den Ereignissen Schritt zu halten. Am 7. März forderten dann auch die Stadtverordneten die Demission sämtlicher Minister. Blum verlangte als Ersatz »Volksmänner«, also ein liberal oder demokratisch gestimmtes Kabinett.

Mit Emphase und Energie focht er für seine Ideen – und doch war Blum sich keineswegs immer seines Weges sicher. In vielen Phasen der Revolution zeigte er sich als Zweifler und Zauderer. Die täglichen, ja stündlichen Entscheidungen kosteten Energie. Einst hatte er beim Anblick des »Turnvaters« Jahn befürchtet, irgendwann einmal *an der Spekulation hängen* [zu] *bleiben, wenn das Leben erwacht ist zur That.*[612] Nun gab es manchen Moment, wo dem Tatendurstigen das »Spekulieren« wohl angenehmer gewesen wäre als die »That«. Zwei wichtige Entscheidungen der nächsten Tage sollten diesen Charakterzug Blums erhellen. So verhinderte er am 12. März eine Demonstration von Leipzigern, die mit der Eisenbahn nach Dresden fahren wollten, um dort ihre Anliegen vorzutragen. Blum wäre der ideale Anführer einer solchen Massenabordnung gewesen, doch – entgegen früherem Bekunden – erschien er zum verabredeten Zeitpunkt nicht am Bahnhof. Gewiss lässt sich dies auch mit seiner Skepsis gegen wilden Aktionismus erklären. Doch warum hatte er sich dann zunächst für die Unternehmung gewinnen lassen? Blum musste es sich wohl anders überlegt haben. Der Grund hierfür ist leicht zu erraten: Der Stadtrat hatte am Tag zuvor auf Anschlagzetteln von der Fahrt »inständigst« abgeraten (und die Dresdner Polizeiführung erbleichte ob der Aussicht, dass »eine Theilnahme der

Arbeiterschaft in Masse« bevorstand).[613] Und Blum verspürte wenig Lust, sich jetzt gegen die Stadtführung zu stellen. Tatsächlich zerstreute sich die Menge, als er ausblieb; der revolutionäre Ausflug nach Dresden fand nicht statt.

Blum wurde wieder zum Moderator, zum Mann des Gesetzes, zum Friedensapostel. Damit aber rückte er gleich ins Visier einiger radikaler Linken, wie etwa des 24-jährigen Publizisten und Führers der Leipziger demokratischen Turnbewegung, Emil Ottokar Weller, der auch im Redeübungsverein aktiv war. Blum habe mit »seinen schönen, prunkenden und drohenden Redewendungen die ganze Einwohnerschaft Leipzigs samt den Arbeitern eingelullt«. Weller schimpfte über seine »gesetzlichen, und wieder gesetzlichen und aufs neue gesetzlichen Forderungen«, sie hätten »einer Klügelei, einer Zurückhaltung, einer Feigheit Raum geschaffen«.[614] Und auch der enragierte Sprachlehrer Hermann Semmig, ein Kampfgefährte Wellers, verfasste eine polemische Anklageschrift mit dem Titel »Was thut Noth und was thut Blum?« Für diese kleine radikale Gruppe wurde Blum das, was Biedermann für die Blum-Fraktion war.

Bald darauf fällte er eine irritierende Entscheidung. Es ging um die Vertreter Leipzigs im Vorparlament. Schon hatten sich Anfang März 51 Liberale und Demokraten aus dem deutschen Süden und Westen in Heidelberg auf eine solche Vorstufe zur eigentlichen Nationalversammlung geeinigt. Als Ort stand Frankfurt am Main zur Diskussion, jene Stadt, in der viele Jahrhunderte lang die Kaiser des Heiligen Römischen Reiches gekrönt worden waren und in der seit 1815 die deutsche Bundesversammlung tagte. Längst hatte sich die Revolution nationalisiert; die verschiedenen Schauplätze in Süd- und Mitteldeutschland, in Berlin und Wien schlossen sich zusammen – das war der große Unterschied zur Revolution von 1830 in Deutschland. Die alte Forderung von Hambach nach einem freien und einigen Vaterland kam wieder auf die Tagesordnung. Von Frankfurt aus – auf den Ort hatte man sich schnell geeinigt – sollte nun der Traum in Erfüllung gehen. Wer aber sprach für Leipzig im Vorparlament? Am 12. März entschied eine Volksversammlung im Schützenhaus: Biedermann sollte die Liberalen vertreten und Blum die Demokraten.

Dann geschah etwas Seltsames: Blum lehnte die Wahl ab. Er, der seit Jahren für ein freies Deutschland gekämpft hatte, wollte nun nicht mehr dabei sein. Es ist vielleicht der rätselhafteste Moment in seiner Biografie. Die Gründe sind unklar. Später soll er gesagt haben, solange die Ruhe in Leipzig nicht gesichert gewesen sei, habe er Sachsen nicht verlassen können.[615] So glaubte der österreichische Konsul, Blum wolle »hier die Bewegung nicht aus den Händen lassen«.[616] Andere Gründe sind indes nicht ausgeschlossen. Fürchtete er die Verhaftung bei einem Verlassen der Stadt? Es gab damals Pläne, ihn festzunehmen,[617] und es ist nicht unwahrscheinlich, dass ihm dies zugetragen worden war. Auch seine wirtschaftliche Lage könnte eine Rolle gespielt haben. Er war eben dabei, seine Verlagsbuchhandlung über Wasser zu halten. Tatsächlich schrieb Blum noch in den folgenden Tagen an seinem »Staatslexikon«. Er dürfte der einzige 48cr gewesen sein, der noch im März Zeit für ein solch grundlegendes, dem politischen Alltag fernes Werk geopfert hat.

Denkbar ist freilich auch, dass er sich zunächst einfach auf die Entwicklung in Sachsen konzentrieren wollte. Noch zeigten sich König und Regierung in Dresden hartleibig, doch es war abzusehen, dass sie dies nicht mehr lange durchhalten konnten. Blum wurde bisweilen als möglicher Minister einer neuen sächsischen Regierung genannt: Gewiss eine verlockende Perspektive, so sehr für ihn auch Deutschland im Fokus stand. Schließlich sind natürlich auch private Gründe nicht auszuschließen; vielleicht hat ihn Jenny gebeten, dass er nicht gehen möge. So wurde neben Biedermann schließlich Blums alter Freund Carl Todt als Vertreter der Stadt ins Vorparlament geschickt.

Unterdessen ging der Kampf zwischen Leipzig und Dresden weiter. Das hartnäckige Petitionieren und die Strategie, die Forderungen immer weiter in die Höhe zu schrauben, zeigten Wirkung. Mit den Erfolgen der Revolution in anderen Residenzstädten wurde auch dem Dresdner Hof seine hoffnungslose Stellung bewusst. Um den Druck zu verstärken, kooperierten Blum und die Seinen eng mit den moderaten Liberalen um Biedermann. So waren auf der Schützenhaus-Versammlung vom 12. März Liberale und Demokraten aus ganz Sachsen erschienen und hatten ein gemeinsames Programm verabschiedet.[618]

Der Wucht der vereinigten Opposition konnte man in Dresden nichts mehr entgegensetzen. Am 13. März trat das Ministerium komplett zurück, am 15. wurden liberale Minister ernannt, am 20. wurde Blums Freund Martin Gotthard Oberländer, der Zwickauer Stadtrat, zum Innenminister berufen. Mancher rieb sich die Augen, viele gerieten in einen Freiheitstaumel. Was eben noch galt – »niedergeschlagen«. Kürzlich verkündete Strafen – »erlassen«. Pressionsgesetze – »aufgehoben«. Schlag auf Schlag wurde zugestanden, eingeräumt, bewilligt, wofür die Opposition Jahrzehnte gefochten hatte: Vereidigung des Militärs auf die Verfassung, Pressefreiheit, Volksbewaffnung, politische Amnestie. Der Geist von 1830 war wieder zu spüren, der Horizont dehnte sich. Ein freies geeintes Deutschland, eine Republik vielleicht in einem neuen Europa der Völker – Ungeahntes, nie Erhofftes schien zum Greifen nah. »Endlich wird es Tag in Deutschland«, schrieb Blum-Freund Jacoby an Blum-Freund Itzstein.[619]

Die hellsten Tage in Deutschland – das waren der 13. März in Wien und der 18. März in Berlin. Am 13. März trat Klemens Wenzel Nepomuk Lothar Fürst von Metternich-Winneburg zurück, Seiner Österreichischen Kaiserlichen Majestät Staats- und Konferenzminister, Haus-, Hof- und Staatskanzler. Er hatte seit über dreißig Jahren die Politik des Habsburgerreichs geleitet und war dazu noch der Dirigent des Deutschen Bundes von Luxemburg bis Ratibor wie der Staaten auf der italienischen Halbinsel gewesen, tatsächlich der Kanzler von Europa. Nun besiegten Wiener Arbeiter, Studenten und Bürger in blutigen Barrikadenkämpfen das Militär; der Fürst floh nach England. Im Nu erreichte die Kunde Berlin. Dort bewilligte König Friedrich Wilhelm IV. neue Freiheiten, verkündete das Ende der Zensur und verhieß ein geeintes Deutschland. Das geschah am 18. März. Doch das Volk wollte mehr: Abzug des Militärs aus der Hauptstadt. Diese Lektion hatte man gelernt aus den Kämpfen in Wien und anderen Städten. Vor dem Schloss versammelte sich eine Menge, zwei Schüsse lösten sich, Unruhe, Aufruhr, Kampf. Barrikaden waren rasch errichtet, es gab Tote, insgesamt starben 303 Freiheitskämpfer und 24 Soldaten. In der Nacht noch gab der König nach. Das Militär stellte das Feuer ein und musste die Stadt verlassen. Berlin jubelte, Deutschland feierte.[620]

Auch Leipzig erstrahlte im Lichterglanz, durch die geschmückten und illuminierten Gassen hallten Vivat-Rufe. In Sachsen hatte die Freiheit gesiegt, jetzt schien überraschend schnell Ruhe einzukehren. Blum wartete vergeblich auf ein Amt, der Verlag bereitete ihm weiterhin Verdruss. Er überlegte nun doch nach Frankfurt zu gehen.

Es fügte sich, wie es sich fügen musste. Blum reiste wieder durchs Land, um für die demokratischen Ziele zu werben. Viele wollten ihn sehen, Blum war ein Magnet. Am 19. März kam er nach Zwickau im unteren Erzgebirge, der alten Silberstadt. Hier war er beliebt, sein soziales Engagement für die Erzgebirgler unvergessen. Bereits 1845, nach der August-Krise, hatten ihm die Zwickauer in einer Adresse gedankt: »Du bist [...] dem aufblühenden Bürgerthum eine warme Sonne.«[621] Nun, im März 1848, ernannte ihn die Stadt – auf Oberländers Initiative – zum Ehrenbürger; auf dem Kornmarkt sprach Blum vor einer vieltausendköpfigen Menge. Schon unmittelbar nach seiner Anrede an die *Männer des Gebirges, Männer der Arbeit, Männer mit und ohne Waffen* brandete Beifall auf, lange anhaltend, so dass er zunächst nicht weiterreden konnte.[622] Dann fuhr er fort »in einer Weise, welche nach Form und Inhalt auf alle Hörer [...] den tiefsten Eindruck machte«.[623] Nach der Rede machte Stadtrat Hermann Theodor Breithaupt den Vorschlag, Blum für Zwickau und die benachbarten Städte der Region ins Vorparlament zu senden. Breithaupt forderte die versammelten Bürger auf, Blum durch Erheben der Hand zu nominieren. »Das geschah unter tosendem Jubel.«[624] Für einen historischen Augenblick verwandelte sich der Zwickauer Kornmarkt in eine Agora, einen Ort praktizierter Urdemokratie. Diesmal zierte Blum sich nicht. Als Vertreter Zwickaus fuhr der berühmte Leipziger nach Frankfurt ins Vorparlament.

Darüber hinaus sollte er noch ein Mandat erhalten, ein Mandat, das ihn ganz besonders ehrte. Der Vorstand der Leipziger jüdischen Gemeinde erteilte ihm die Vollmacht, sich für die Gleichberechtigung der Religionen einzusetzen. Dies hatte im juristischen Sinn keine Bedeutung, doch da die Legitimation für das Vorparlament ohnehin nicht auf einem geregelten Verfahren ruhte, vielmehr sich in unterschiedlichster Weise aus Abstimmungen, Ämtern und Positionen, Aufforderungen, Nominierungen und Ehrungen ergab, sicherte dieses Mandat den nicht im Landtag vertretenen Blum zusätzlich ab.[625] Und es hat ihm gezeigt, dass eine Minderheit, oft gedrückt und gepresst, ihr Vertrauen in ihn setzte, Vertrauen in Blum, den Menschenfreund, den Kämpfer für Freiheit – und Gleichheit.

Am 29. März bestieg er gemeinsam mit etwa zwanzig weiteren sächsischen Delegierten in Leipzig den Zug Richtung Frankfurt, Richtung Vorparlament, Richtung deutsche Zukunft. In Naumburg stießen sie zunächst auf die Vergangenheit: Friedrich Ludwig Jahn stieg ein, der Turnergreis in »altdeutscher« Fantasietracht, mit wallendem Bart, jener Jahn, der auf Blum einst in Lützen einen zwiespältigen Eindruck gemacht hatte. Doch »auch diesen alten Kämpen schüttelt der Sturm der Zeit«, war Gustav Kühnes Eindruck, »auch alte

Eichstämme rührt die Kraft des Frühlings an«.[626] In Eisenach harrte eine Volksmenge am Bahnhof, Blum erwiderte den Gruß mit einer Referenz an den Genius loci, indem er an Luthers Wirken auf der Wartburg erinnerte. »Unser Zug nach Frankfurt hatte sich inzwischen vergrößert«, so schildert Kühne das Zusammenkommen der Patrioten aus allen Provinzen, »Schlesier hatten sich uns angeschlossen, die Sachsen sich mit Todt und Biedermann vervollständigt; Westpreußen und Mecklenburger stießen in Eisenach zu uns; Dahlmann und Jacob Grimm langten an; die Karawane war zu etwa Sechzig angewachsen.«[627] Mit jeder Station verwandelte sich die Reise mehr in einen Triumphzug. Zuletzt durchquerten sie Hanau, eine Hochburg der Opposition. »Bewaffnete Bürger, frische Jugend mit Kampfesmuth, fröhliche Freischaaren mit deutschen Farben zogen uns entgegen, tausend Kehlen riefen dem zukünftigen Deutschland ein Hoch, hundert Büchsen feuerten [...] ihren Zuruf in die Luft, tausend Frauen wehten mit weißen Tüchern und dreifarbigen Fahnen [...].«[628] Blum sprach vom Wagen herab: *Hanauer! Wir sind stolz auf Euch! Was man Euch dreißig Jahre lang entzogen, wusstet Ihr in drei Tagen zu nehmen!*[629]

Frankfurt

Frankfurt leuchtete. Das Schwarz-Rot-Gold der Fahnen, das Grün und Bunt der Freiheitsbäume, Kränze und Girlanden schufen eine Atmosphäre zwischen Volksfest und Staatsakt. Überall flatterten Transparente, auf denen der heimische Bürgerwitz die neue Zeit begrüßte – mehr als zweihundert Parolen wurden gezählt, gesetzte und deftige: »Oh edles deutsches Parlament / Mach' unsrer Schmach nur bald ein End« oder »Wann ower jetzt der Klowe[630] bricht / Dann scheiß ich in die ganz Geschicht.«[631]

Am Morgen des 31. März drängten 511 Abgeordnete des Vorparlaments in den Kaisersaal des Römers, des Frankfurter Rathauses; hier hatte einst, im Alten Reich, der frisch gekürte Kaiser mit Fürsten und Gefolge getafelt. Alterspräsident wurde der 74-jährige bremische Bürgermeister Johann Smidt, der einst seine Heimatstadt auf dem Wiener Kongress 1814/15 vertreten hatte. Unter seinem Vorsitz wählte die Versammlung den Heidelberger Rechtsprofessor Karl Joseph Mittermaier zu ihrem Präsidenten, unter den vier Vizepräsidenten war Robert Blum. Anders als der Vertreter Zwickaus hatten die meisten bereits parlamentarische Erfahrung, waren Abgeordnete in den Landtagen ihrer Heimatländer gewesen. Einen regionalen Proporz gab es nicht, die Bundesvormacht Österreich stellte klägliche zwei Abgeordnete, Hessen-Darmstadt – ein Ländchen von eher idyllischer Größe – 83. Nach einer Stunde gingen die Abgeordneten über den Römerberg die einhundert Schritte zur benachbarten Paulskirche, begleitet vom Geläut der Glocken und dem Geboller der Kanonen, die Bürgergarde stand Spalier. Die eben erst fertiggestellte Kirche der lutherischen Gemeinde schien als klassizistischer Rundbau für die Zwecke eines Parlaments nicht schlecht geeignet. Mit diesem symbolischen Programm, komponiert aus den Stätten Kaisersaal, Römerberg und Paulskirche, hat sich die Revolution das Alte Reich angeeignet und zugleich eine Wendung nach vorne vollzogen – beides war dem Deutschen Bund nie so recht gelungen.

Viele Abgeordnete hofften nun gewiss auf ein friedliches Forum, abgehalten in großer Eintracht und mit salbungsvollen Reden, unterbrochen gelegentlich nur von feurigen Hochrufen auf Einigkeit und Recht und Freiheit. Und wirklich gab es etliche solcher glücksbeseelten Stunden, so dass Blum am Ende der vier Sitzungstage schrieb, die Zeit sei *süß, bezaubernd, schwelgerisch, wie ein Champagnerrausch.*[632] Doch tatsächlich hatten die Debatten schon begonnen, der Streit, hatten sich die wohlbekannten Gräben zwischen den verschiedenen Fraktionen und ihren Protagonisten aufgetan – wie in Parlamenten üblich. Hier wollte man das Alte mit dem Neuen aussöhnen – dort das Alte wegräumen. Hier: Arrangement mit den alten Kräften, dort: notfalls Gewalt gegen die alten Kräfte. Hier: politischer Umbau und soziale Reform, dort: politischer Umsturz und soziale Revolution. Die Moderaten wollten sich gern noch ein wenig sonnen im Erreichten, etwas durchatmen, mit Pathos die Eintracht der Versammlung beschwören, über das weitere Vorgehen philosophieren, sich umschauen nach dem, was aus alter Zeit übrig war und brauchbar blieb. Die Radikalen schritten hastig voran, wollten durchsetzen, verabschieden, Pflöcke einschlagen, die Gunst der Stunde, den Schwung der Zeit nutzen. Beide Gruppen spürten Angst. Hier fürchtete man sich vor der blutigen Revolution, dort vor der Rückkehr der alten Kräfte.

Man revolutionierte dabei ein bisschen aus zweiter Hand. Nicht allein, dass der Anstoss ja von Paris ausgegangen war, viel entscheidender blieb, dass immer noch die *eine* Revolution, die große, die erste Französische die deutschen Freiheitsfreunde beflügelte. *Es ist ganz 1789*, schrieb Blum einmal an seine Frau nach Leipzig,[633] und ähnlich äußerte er sich mehrfach in der Paulskirche.[634] Jenny musste ihm seine Bücher über die Französische Revolution nach Frankfurt schicken; hieraus bezog er Maßstab und Munition. Nicht nur der Gegensatz zwischen den beiden Gruppen an sich – man sprach von Liberalen und Demokraten oder von Gemäßigten und Radikalen –, auch die Mehrheitsverhältnisse waren bald klar: die Radikalen, die Jakobiner unter den 48ern, hatten knapp ein Drittel, die Gemäßigten, die Girondisten, gut zwei Drittel. Das hat sich im Lauf des Revolutionsjahrs nicht mehr wesentlich verändert. So sehr Blum während der Phase des Vorparlaments noch im Rausch des Aufbruchs war, so hart kam ihn die Enttäuschung darüber an, dass die Linke nicht mehrheitsfähig wurde. Er zeigte sich zwar flexibel, versuchte, von seiner relativ moderaten Position innerhalb der Demokraten den Faden zur Mitte nicht abreißen zu lassen. Doch sein größter Traum: die deutsche Republik, ließ sich mit dieser parlamentarischen Mehrheit nicht verwirklichen; das musste er mit wachsender Bitterkeit einsehen.

Monarchie oder Republik, Kaiser oder Präsident: das war die symbolträchtigste Frage, die Liberale und Demokraten schied. Für die Demokraten war die Monarchie Ausdruck von Willkür. Zumal es der Monarch in den seltensten Fällen selbst sei, der herrsche. Meist, so spottete Blum, sei es doch wohl *die Geliebte, Maitresse, der Minister, Kammerherr, Beichtvater, Kammerdiener, Barbier, Ofenheizer, kurz derjenige, der den Herrscher zu beherrschen weiß.*[635] Blieben die Konservativen ihren Herren treu, so war die Position der Liberalen in dieser Frage verschwommen. Sie plädierten für die Monarchie, aus diffusen Gründen der Vernunft, wegen der Staatsraison sozusagen, doch ohne Überzeugung. Natürlich sollte sie keine absolutistischen Ansprüche mehr stellen dürfen. Doch schon auf die Frage, ob konstitutionell oder rein parlamentarisch, blieb die Antwort im Vagen. Es fand sich bei diesen Vernunftmonarchisten kaum ein theoretischer, prinzipieller Gedanke für die Monarchie, nur Skepsis gegen die Republik. Die Monarchie war eben das Überlieferte, Herkömmliche, »den Deutschen gemäß«, der Schritt zur Republik schien zu groß, riskant und revolutionär, könnte mit Wirren verbunden sein. So oder so ähnlich wälzte man die Bedenken bei den Moderaten hin und her. Vor allem die Idee eines neuen deutschen Kaisertums wärmte sie, lockte sie.[636] Hier mengten sich romantische Visionen und allerlei gotische Fantasien unter die Ideen der Gegenwart. Alte Reichsherrlichkeit sollte dem jungen Nationalstaat Farbe und Profil spenden. Für so etwas kannte Blum nur Spott. Ihm war das Kaisertum eine *Missgeburt,* ein *verschrobener Gedanke*, eine *unzeitgemäße Schöpfung.*[637]

Von Beginn an brach dieser Gegensatz auf. Es benötigte nur eines Anlasses. Der kam, und zwar als Paukenschlag: Der radikale Abgeordnete Gustav von Struve schockierte die moderaten Liberalen sogleich mit seinen Ideen. Gleich am Eröffnungstag war er ans Rednerpult getreten und hatte unter anderem die Einführung der Republik nach amerikanischem Vorbild gefordert.[638] Außerdem sollten neben einem radikalen Umbau der Staatsverwaltung den Arbeitern Staatshilfe zuteil werden, ein Volksheer gebildet und die Klöster aufgehoben werden. Manches, wie die obligate Forderung nach Pressefreiheit oder die Abschaffung von Privilegien, traf sich mit den Wünschen der Liberalen. Doch das Meiste roch schweflig nach Umsturz. Struve hatte als Rechtsanwalt in Mannheim schon manchen Strauß mit der badischen Regierung ausgefochten. Seine Agenda war als Gegenprogramm zu einer noch am Morgen im Römer präsentierten Verhandlungsbasis gedacht, den ein Ausschuss, die so genannte Siebener-Kommission vorgelegt hatte. Dort waren ein paar vage Stichworte aufgeführt, die sich lediglich auf einige Grundzüge der Staatsordnung und das zu wählende Parlament bezogen.

Mit Struves Rede war das Programm für das vier Tage währende Vorparlament bestimmt. Es würde nicht darum gehen, sich wechselseitig auf die Schulter zu klopfen. Es würde gekämpft werden, rau und derb, gekämpft zwischen Demokraten und Liberalen. Blum wollte diesen Kampf nicht führen oder zumindest anders führen als Struve und dessen Kampfgefährte Hecker. Er teilte ihre Ansichten, doch blieb ihm, im alten Hallgarten-Geist, der Handschlag mit den Liberalen wichtig. Hierfür war er bereit, wie schon in Leipzig, Kompromisse zu machen.

Es hat den Verlauf des Vorparlaments stark geprägt, dass die großen Gegensätze an kleinen, bisweilen winzigen Gegenständen aufbrachen. Entscheidend war oft weniger, was gesagt wurde, sondern von wem etwas kam. Denn bald hatten sich die Abgeordneten selbst sortiert; jeder wusste, wer ein Linker, wer ein Moderater war. Man witterte Kniffe der Gegenseite, Überrumpelungsversuche und hielt dagegen. Besonders zwei Fragen sollten die Gemüter aufwühlen: die nach der sogenannten Permanenz und die nach dem Umgang mit dem Bundestag, dem Organ des alten Systems. Die Linke hatte Angst vor einer Gegenrevolution, einem Gegenschlag der alten Kräfte, der Fürsten, ihrer Militärs und ihrer Marionetten. Deshalb kam sie auf die Idee, das Vorparlament zum neuen Machtkern Deutschlands zu erklären. Das Provisorium sollte wie einst, 1789, das Parlament (die Generalstände) zu Versailles, in Permanenz tagen. Dann könnte rasch der Weg in die Zukunft beschritten werden: deutsche Einheit, Republik, soziale Reformen. Dass die Zusammensetzung des Vorparlaments etwas Willkürliches hatte, zum Beispiel des regionalen Proporzes entbehrte, war in einer revolutionären Situation gleichgültig. Jetzt ging es darum die Revolution zu vollenden, und unstreitig konnte das Vorparlament als Stimme der verjüngten Nation gelten.

Den Liberalen war dies zu revolutionär. Sie waren stets auf der Suche nach Legitimation. Das Vorparlament sollte gemessenen Takt wahren und den Weg bahnen für Wahlen, in denen dann das Volk eine frei gewählte Nationalversammlung bestimmen würde. Gewiss stand dahinter auch die Hoffnung, manches noch wild flackernde revolutionäre Feuer werde sich bald in ein stilles Flämmchen verwandeln. Nicht zuletzt war damit zu rechnen, dass eine regional proportionierte Versammlung – also mit mehr norddeutschen und mehr österreichischen Abgeordneten – das Gewicht der Moderaten weiter stärken würde. Doch was sollte in der Zwischenzeit, also zwischen Vorparlament und der neuen Nationalversammlung geschehen? Die Liberalen kamen auf die Idee, eine Art Überbrückungsausschuss zu wählen, in dem fünfzig Männer als Sachwalter der deutschen Geschicke fungieren sollten. Der Vorschlag wurde angenommen. Am Ende des zweiten Sitzungstags stimmten 368 gegen die Permanenz und für den Ausschuss. 148 Abgeordnete, darunter Blum, wollten das Vorparlament in ein ständiges Parlament umwandeln.[639]

Spätestens mit dieser Abstimmung, die gegen manchen Protest der Linken rasch am Ende des zweiten Sitzungstags anberaumt worden war, kam ein bitterer Ton in die Versammlung. Für die Linke war es bereits die zweite große Niederlage, tags zuvor hatte man sie in der Frage des Wahlrechts für die Nationalversammlung geschlagen. Es entstand der Eindruck, der Mehrheit sei die Linke gleichgültig, sie sei nicht an Kompromissen interessiert und ziehe Abstimmungen durch. Auch die Verhandlungsführung des Präsidenten Mittermaier schien Sympathien für die Mehrheit zu zeigen, nur bisweilen etwas abgemildert durch Blums Eingreifen als Vizepräsident.

Am dritten Tag kam es zum entscheidenden Kampf. Anlass war der Bundestag, Metternichs Werkzeug, der zwar in der Märzrevolution personell aufgefrischt worden war, für viele aber ein Symbol der alten Knechtschaft blieb. Er hatte sich formell zu den Märzreformen bekannt, die Liberalen waren's zufrieden. Sie wollten ihn belassen, konnte er doch gerade für die Phase des Übergangs vom Vorparlament zur Nationalversammlung nützlich sein. Die Demokraten aber mochten ihn nicht länger dulden. Der Mainzer Abgeordnete Franz Heinrich Zitz brachte mit Blum, Jacoby und Itzstein einen entsprechenden Antrag ein. Bevor der Bundestag weitermachen dürfe, solle er zuvor seine alten Unterdrückungsgesetze verdammen und alle Vertreter des alten Regimes aus seiner Mitte verstoßen. Der Abgeordnete Christian Kapp, Philosophieprofessor in Heidelberg und bekannt für seinen blitzartig hochschießenden Blutdruck, beschimpfte den Bund als »Hauptherd aller Teufeleien« und sprach vom »Bund wälschen Hochverraths und russischen Knutenthums«.[640]

Bereits am Tag zuvor war es zwischen Heinrich von Gagern und Gustav von Struve zu einem heftigen Zusammenprall gekommen. Gagern war bei den Liberalen rasch eine Führungsrolle zugewachsen. Struve hatte Gagerns Plädoyer für die Existenz des Bundestags mit dem Zwischenruf kommentiert: »Die alte Autorität ist eine Leiche.« Darauf hatte Gagern geantwortet, in diesem Fall wolle man sie wieder ins Leben rufen, indem man dem Gremium neue Personen beifüge. Man müsse nicht vernichten, sondern aufbauen. Struve antwortete mit dem Zwischenruf, gerade weil er den Deutschen Bund wolle, wolle er nicht den Bundestag.[641]

Und so ging es fort. Dass Gagern selbst eingeräumt hatte, der Bund sei eine Leiche, wussten seine Gegner rhetorisch zu nutzen. Ein Dresdner Abgeordneter meinte, er möge mit Leichen nicht verhandeln. Noch zweieinhalb Monate später erinnerte Blum an den *zur Leiche erklärten Bundestag*, der *nach den Gesetzen der Natur [...] in Fäulniß* übergegangen sei.[642] Schon 1834 hatte er in einer Xenie gefragt: *Stehen die Todten denn auf? Was regt sich in Frankfurth am Main? / Ist es das Bundesgeripp? Lebt denn die Mumie noch? / Ei das versteht sich; sie hat lethargisch den Tag nur verschlafen / Jetzt, da es Nacht wieder ist, fliegt auch die Eul' wieder aus.*[643]

Streitpunkt wurde aber ein anderes Wort, eine winzige Konjunktion. Der Mannheimer Abgeordnete Friedrich Daniel Bassermann, einer der profiliertesten unter den Moderaten, schlug vor, den Zitz-Antrag zu übernehmen, aber ein Wort zu ersetzen. Der Bundestag könne weiter arbeiten, *indem* er sich lossage vom Alten, nicht *bevor* er sich lossage. Das Gremium habe sich also parallel zur Wahrnehmung seiner Rechte zu erneuern. Gewiss ein gravierender Unterschied. Aber keiner, der rechtfertigte, was dann geschah.

Friedrich Hecker, Anwalt in Mannheim wie Struve, wollte eine Entscheidung. Nach diversen Niederlagen der Linken sollte nun ein Zeichen gesetzt werden. Dass er sich hierfür jenes Wort aussuchte, wird man heute wohl kleinlich finden, obgleich offensichtlich ist, dass sich hinter dem Konjunktiönchen eine klare Position verbarg. Es blieb letztlich gleichgültig, weil der Konflikt in der Luft lag und auszufechten war. Mehr noch als Struve war Hecker einer der Stars im Vorparlament. Er kultivierte seinen eigenen Stil, redete die Abgeordneten in Republikanermanier mit *Bürger* an und duzte sie im Plural. »Wenn ihr nicht das Volk getäuscht haben wollt, so müßt ihr beisammen bleiben«, hatte er in der Debatte um die Permanenz ausgerufen, und: »Geschäftsführer der Nation, seid permanent, wir erwarten es von euch«.[644] Nun drohte er unverhohlen mit dem Boykott der Versammlung, sollte der Zitz-Antrag in seiner Urfassung keine Mehrheit finden. Er werde mit seinen Getreuen das Parlament verlassen, wenn aus »bevor« ein »indem« werde. Doch mit seiner unklugen Drohung erreichte er nur die Verhärtung der Gegenseite. Heckers Auftritt roch nach Erpressung. Blum spürte die Anspannung und versuchte zu vermitteln. Er füge sich der Mehrheit, wenn sie sich für die mildere Fassung erklären sollte. *Ich werde für die schärfere stimmen, aber wenn ich sie fallen sehe, ehre ich die Mehrheit.* Hecker und Struve machten dagegen ihre Drohung wahr. Nachdem das »indem« seine Mehrheit gefunden hatte, zogen sie mit vierzig Anhängern aus – dem kleineren Teil der Linken. Dadurch wurde die Minorität geteilt, die ohnehin weniger als ein Drittel der Versammlung stellte. Als am Abend der Bundestag eilig den Forderungen zuvorkam und alle seine alten Unterdrückungsgesetze aufhob, erreichte der alte Itzstein am folgenden Tag, dem letzten des Vorparlaments, dass Hecker, Struve und Anhang nochmals zurückkehrten. Doch die Versöhnung blieb äußerlich.

Dass es sich beim Anlass der Spaltung, also dem Konjunktionsstreit, um einen symbolischen Kampf gehandelt hatte, legt auch eine Episode nahe, die der Führer der »Indem«-Fraktion, Friedrich Daniel Bassermann, in seinen »Denkwürdigkeiten« erzählt.[645] Er habe Blum, den Vizepräsidenten, vor seinem Antrag konsultiert, und dieser habe zustimmend geantwortet, er selbst habe Ähnliches vorschlagen wollen und bat Bassermann, seine, Blums, Formulierung zu übernehmen. Nach dieser Version war das »Indem« also Blums Erfindung. Als Blum nun dennoch gegen den Bassermann-Antrag sprach und stimmte – mithin gegen seinen eigenen –, war Bassermann irritiert. Doch Blum hat wohl rasch gemerkt, dass dasselbe Wort aus verschiedenem Mund seine Farbe ändert. Ein

Blumsches »Indem« wäre von Hecker und Struve möglicherweise als Kompromiss akzeptiert worden, während ein Bassermannsches »Indem« als parteigebunden erscheinen musste.

Als das Vorparlament zum Abschluss die Männer des Fünfzigerausschusses wählte, unterschied die Mehrheit, also die Liberalen, zwischen den radikalen Linken um Hecker und den gemäßigten Linken um Blum. Vereinfacht lässt sich sagen: die gemäßigten Linken der Blum-Gruppe wurden von Liberalen und Linken gewählt, die radikalen Linken um Hecker und Struve nur von den Linken, die Liberalen um Gagern nur von Liberalen. Daher standen an der Spitze der Liste mehrere der gemäßigten Linken, gefolgt von den Liberalen, die wenigsten Stimmen erreichten die Radikalen. Hecker kam – wie zum Hohn – auf den 51. Platz der Liste. Er bekam 171 Stimmen, etwa so viel, wie die Linke aufweisen konnte. Struve erhielt 100 Stimmen und landete auf Platz 62. Blum konnte sich rühmen, die drittmeisten Stimmen (453) auf sich vereinigt zu haben. Vor ihm rangierten nur der allseits beliebte Itzstein und ein Österreicher – eine Referenz an die völlig unterrepräsentierte Bundesvormacht.[646]

Die Bilanz für Blum war zwiespältig. Trotz der Schwächung der Linken sprach er von einem Erfolg. *WIR HABEN GESIEGT in ALLEM*, schrieb er an Jenny. Struve und Hecker seien *wahre Viehkerls*, rennten wie *geschlagene Ochsen* durch die Wand und hätten *den Sieg furchtbar schwer gemacht.*[647]

Doch welchen Sieg meinte Blum? In allen wichtigen Fragen hatte er mit der Linken gestimmt, die stets unterlag. Er stand wohl unter dem frischen Eindruck einiger persönlicher Erfolge, vor allem natürlich des Wahlergebnisses zum Fünfzigerausschuss. Außerdem hatte er noch am letzten Tag eine Reihe – wenn auch zweitrangiger – Themen eingebracht, in denen ihm jeweils die Mehrheit gefolgt war. Hinzu kamen zwei weitere Momente. Zum einen hatte er mehrfach eine explizit präsidiale Rolle eingenommen. Dies betraf Organisatorisches – Mittermaier war als Präsident oft überfordert –, es betraf aber auch seine etwas pädagogische Neigung, den Abgeordneten ins Gewissen zu reden. Er hatte präsidiales Format, was auch Karl Biedermann, der Leipziger Rivale, einräumte: Unter allen Vizepräsidenten sei nur Blum in der Lage gewesen, »vermöge seines ausgiebigen Organs und zugleich seiner schlagfertigen Rede« die Mängel des Präsidenten auszugleichen, »und er that dies mehrmals mit Geschick und Erfolg«.[648] Als heimlicher Präsident hatte er sich bereits am ersten Tag bewährt, als Gerüchte über einen Volksaufstand in Frankfurt für Chaos in der Versammlung sorgten. Blum las den Abgeordneten die Leviten, sie sollten Würde wahren: *O, meine Herren, mögen wir doch daran denken, daß die Augen des gesammten Europa auf uns gerichtet sind, [...], daß wir die erste Versammlung in Deutschland sind, die durch ihre Thaten wie durch ihre Haltung aussprechen muß: Sehet, das deutsche Volk [...] beweist auch in seinen Vertretern, dass es so entschlossen, so würdig, so ernst, so ruhig ist, wie irgend Jemand, der seit Jahrhunderten sich des kostbaren Gutes der freien Erörterung erfreut hat.*[649] Dass er dabei in Schulmeistermanier wie zu Schülern sprach, scheint ihm nicht übel genommen worden zu sein. Mancher war wohl froh, dass einer den kühlen Kopf bewahrte.

Zum anderen wuchs Blum aber auch wegen seines diplomatischen Geschicks eine gewichtige Rolle zu. Als gemäßigter Linker stand er an der Nahtstelle zwischen den beiden Hauptfraktionen. Er konnte als Vermittler fungieren. Genau dies hatte er mehrfach signalisiert, indem er sich verbindlich äußerte und dennoch seine Position der Majorität anheimstellte. Nachdem die radikale Linke mit Hecker und Struve das Vorparlament verlassen hatte, bemühten sich die Liberalen verstärkt um die gemäßigt-linke Blum-Truppe. Denn der Fünfzigerausschuss sollte das ganze Volk vertreten und eine gewisse Pluralität war unumgänglich.

Blum stand indes noch an einer anderen Schnittstelle: der zwischen Parlament und Volk. Mit der Parlamentarisierung der Revolution begann zwangsläufig ein Spannungsfeld zwischen dem neuen Paulskirchen-Establishment und den außerparlamentarischen Märzkämpfern zu entstehen, ein Spannungsfeld, das nicht zu groß werden durfte. Gerade der ehemalige Handwerksmann mit seinen allseits bekannten Qualitäten als Volkstribun konnte hier aus liberaler Sicht ein wichtiger Verbündeter werden.

Als die Versammlung geendet hatte, blieb keine Zeit zum Durchatmen. Im Fünfzigerausschuss wurde Blum zum Vizepräsidenten gewählt, Präsident war Alexander von Soiron. Zugleich wollte Blum wieder journalistisch arbeiten und die Revolution publizistisch begleiten. Und er musste sich um seine Wahl für die Nationalversammlung kümmern. Allerlei Ärger kam hinzu. Hecker und Struve hatten beschlossen, die Republik auf eigene Faust zu erzwingen. Mit ein paar Tausend Mann starteten sie einen Feldzug durch Südbaden, eine Art Zweitverwertung des Märzelans. Die nominellen Ziele waren Karlsruhe und Frankfurt, doch ideell wollte Hecker direkt von der Provinz in den Himmel der Freiheit auffahren. Das Unternehmen strahlt bis heute romantischen Charme aus, komponiert aus der Heckerkleidung – Schlapphut mit Feder –, den revolutionären Haufen mit ihrer Reminiszenz an den Bauernkrieg – und schließlich der ›heroischen Niederlage‹, die das Ganze mit einer märtyrerhaften Aura umleuchtet. Doch was großes Revolutionstheater hätte sein sollen, verkam zur Hanswurstiade, das Unternehmen scheiterte kläglich.

Hecker floh in die Schweiz und wanderte von dort wenige Monate später in die USA aus. Struve, der ebenfalls in die Schweiz geflüchtet war, sollte es noch einmal probieren. Im September 1848 proklamierte er in Lörrach die »soziale deutsche Republik«, wenige Tage später war er geschlagen und wurde verhaftet. 1849 wurde er befreit und ging ebenfalls nach Amerika.

Bereits die Zeitgenossen und auch noch heutige Historiker haben behauptet, man hätte Hecker und Struve in den Fünfzigerausschuss wählen sollen, um das badische Abenteuer und damit die Spaltung zu verhindern. Doch Hecker war kein Mann für die Gremienarbeit. Der Bruch wäre auch – und erst recht – im Fünfzigerausschuss unausweichlich gewesen.

Blum war wütend, er sah im badischen Aufstand nur eine Schwächung der Revolution. Doch auch die gemäßigten Liberalen versetzten ihn in Rage. Der Fünfzigerausschuss sollte die Wache halten bis zur Nationalversammlung, die Wahlen begleiten und auf den Bundestag aufpassen. Seine Tätigkeit blieb aber blass, blasser noch als die des Bundestags. Blass auch deshalb, weil gerade engagierte Mitglieder wie Blum auf Expedition geschickt wurden.

So sandte man ihn unter anderem mit dem Kölner Landsmann Franz Raveaux in die alte Heimatstadt, um einen Streit zwischen Transportgewerben zu schlichten. Seit einigen Jahren nämlich hatten Dampfschiffe das rheinaufwärts erforderliche Ziehen der Boote übernommen. Sie gehörten der Kölnischen Dampfschleppschifffahrtsgesellschaft und dem Kohlehändler und Zechenbesitzer Matthias Stinnes. Das alte Gewerbe der Treidler und Treidelschiffer, die mit Menschen- oder Pferdekraft das Schiff an Seilen (Treideln) zogen, drohte überflüssig zu werden. Es war einer jener klassischen Konflikte zwischen altem und neuem Gewerbe, wie sie mit dem Innovationsschub der Industriellen Revolution wieder und wieder aufbrachen. Johanna Schopenhauer, die Mutter des Philosophen, hatte schon in den 1820er Jahren beobachtet, wie ein Dampfschiff zum Sinnbild der verhassten modernen Technik wurde: »Die Männer betrachteten es mit finsterem Gesicht und drohender Geberde, als sie es im Hafen von Mainz einlaufen sahen, die Weiber klagten und weinten. ›Die Hände abhacken sollte man Denen, die unsern Untergang an Seilen hereinzogen; in den Grund bohren hätten sie es sollen, das Unglücksschiff,‹ rief laut ein sehr alter eisgrauer Schiffer [...]«.[650] Die Fronten waren festgefahren, Gewalt an der Tagesordnung. Seit Anfang April 1848 schossen die Treidelschiffer vom Ufer oder von Inseln aus auf die Dampfschiffe. Blum war der rasche Wandel vertraut, sein Stiefvater Kaspar Georg Schilder, der 1843 verstorben war, hatte in seinen letzten Lebensjahren unter der Flagge der Kölnischen Dampfschifffahrt gearbeitet.

Die Dienstreise führte ihn nach Koblenz und Köln. Er sah seine Heimatstadt erstmals seit vielen Jahren wieder, Tränen flossen. Die Kölner feierten ihn als den ihren, mit Hurra und Lichterglanz. *Meine alte Mutter ist ganz wahnsinnig geworden vor Freude, daß ihrem Sohn ein Fackelzug gebracht wurde.*[651] Die Vermittlung im Streit kam nur zäh voran, währenddessen wurde Blum in Frankfurt gebraucht. Es bleibt eine seltsame Episode, und der Verdacht liegt nahe, die gemäßigte Mehrheit des Fünfzigerausschusses habe mit Blum und Raveaux zwei wichtige Mitglieder der Linken durch die Rheinmission kaltstellen wollen.

Blum war jedenfalls empört über die in seiner Abwesenheit gefassten Beschlüsse. Der Fünfzigerausschuss hatte einen Vorschlag des Bundestags zur künftigen Spitze Deutschlands gebilligt. Danach sollten drei Männer aus den deutschen Einzelstaaten die Leitung übernehmen – ein etwas verschrobener Plan, der vor allem eins klar machte: Deutschland war keine Einheit und bis in die Spitze hinauf nur im Plural denkbar. Mit diesem »Triumvirat« wollte der Bundestag außerdem Fakten schaffen und so der Nationalversammlung zuvorkommen. Noch am Rhein unterwegs, ließ Blum am 28. April seinen Königsberger Freund Johann Jacoby, der ebenfalls ein »Fünfziger« war, im Ausschuss zu Protokoll geben, dass er »gegen den Commissions-Antrag […] gestimmt haben würde.«[652]

Spätestens in dieser Zeit änderte sich Blums Sicht auf die Ereignisse und seine Rolle darin. War ihm bis 1848 und in der ersten Phase der Revolution das breite Bündnis aller Freiheitsfreunde eine Gewissheit, sah er sich nun zunehmend als Repräsentant einer kleinen Gruppe. Er musste sich vorkommen wie auf einer Eisscholle, die an allen Rändern wegschmolz. Ohnmächtig beobachtete er den Streit der Fraktionen. Sein

Ton wurde giftig, der politische Alltag zerrte an den Nerven, er sprach von einem *Leben voll Galle und Ärger.*[653] Die Gemäßigten beschimpfte er als *Lumpen*, jahrelang hätten sie als *freisinnig und entschieden* gegolten, nun seien sie *Stillstands- und Rückschrittsmenschen.* Dieses *feige Geschlecht* blockiere die *Bahn zur Freiheit.* Und der äußeren Linken um Hecker und Struve verzieh er nie ihren Alleingang. Sie hätten mit ihrem Aufstand das *Volk verraten.* Ihre *wahnsinnige Erhebung* habe den *Siegeslauf* des Volks *aufgehalten* – ein *entsetzliches Verbrechen.*[654]

Vielleicht hat ihn dieser Ärger immer wieder dazu getrieben, sich wie zur Ablenkung bis in lächerliche Details hinein um den Leipziger Haushalt zu kümmern. Verglichen mit dem großen Frankfurter Verdruss mussten die kleinen Alltagssorgen geradezu amüsant scheinen. Er erkundigte sich bei Jenny nach den Hausaufgaben für Hans und wies sie an, die Kinder auf der Messe Karussell fahren zu lassen und jedem eine Apfelsine zu kaufen. Oder er sah sich im Garten sitzen, wollte wissen, wie Dahlien und Spargel gediehen. Auch in Frankfurt fand er etwas Zerstreuung, entdeckte die Umgebung, Bad Homburg, das *lieblichste Städtchen* mit der berühmten Spielbank, *vier Prachtsäle voll Gauner*, den Taunus und seine *prächtige Aussicht auf Stadt und Fluß.*[655] Den ganzen Sommer über zog es ihn immer wieder auf die frischen Höhen, bisweilen auch an die Bergstraße oder in den Rheingau.

Zu ergaunern war bei Blum freilich nichts. Der Verlag warf nichts ab, entgegen mancher Hoffnung war noch kein Amt in Sicht. Wie hoch sich die Diäten in der Nationalversammlung belaufen würden, war noch nicht klar. Robert und Jenny Blum erwogen den Verkauf des Hauses, verwarfen die Idee aber wieder. Er schlug ihr vor, seine eigene Stube möbliert mit Kammer zu vermieten und die Dienstmädchen im Erdgeschoss einzuquartieren. Hierfür solle Jenny die Möbel von unten in die Stube und Blums Bücherschränke und Schreibtisch nach unten transportieren. *Wer Dich besucht, den gehen die Möbel nichts an.*[656] Zahlreiche Sparvorschläge folgten, der Schwimmunterricht für Hans sei zu teuer, und *etwaige Kirchensteuer, d.h. für die römische Kirche, bezahle nicht.*[657] Freilich war Blum selbst nicht eben ein Sparfuchs. Er gab gern und lebte gern gut.

Die Politik beherrschte ihn. Er musste seine Wahl zur Nationalversammlung sicherstellen. Das Unterfangen erwies sich als erstaunlich schwierig, ungeachtet des deutschlandweiten Prestiges, das Blum inzwischen genoss. Die gemäßigt-liberalen Kreise in Leipzig waren nicht gewillt, in einem Bündnis mit den Demokraten für Blum zu stimmen. Zwar war ihr Vertreter Biedermann bereits gewählt, und zwar ausgerechnet in Zwickau, Blums altem Terrain.[658] Doch sollten die Blum-Anhänger nun auf breite Unterstützung für ihren Mann als wichtigen Repräsentanten Leipzigs gehofft haben, gingen sie fehl. Ein solches Denken in lokalen Kategorien war rar geworden. Die Front verlief jetzt nach Parteien quer durch Deutschland, quer durch Städte und Gemeinden. Aus gemäßigten Kreisen kam »in letzter Stunde«[659] die Idee auf, den Mannheimer Liberalen Bassermann als Gegenkandidaten ins Rennen zu schicken. Es war durchaus üblich, prominente Politiker fern ihrer Heimat aufzustellen. Jede Gemeinde schmückte sich gern mit einem großen Namen. Vor allem aber hoffte man, die Parteikämpfe mit einem bekannten Kopf an der Spitze besser bestehen zu können.

So war es nicht verwunderlich, dass auch dem allerorts populären Blum die Kandidatur mehrfach angetragen wurde. Als sich Vertreter aus den reußischen Fürstentümern, drei thüringischen Kleinstaaten südwestlich von Leipzig, für Blum aussprachen, überließ er die Entscheidung den Freunden in Leipzig. Er sandte an sie eine Zusage für Reuß mit der Bitte, diese nach ihrem Gusto nach Reuß weiterzuschicken oder zurückzuhalten. Die Leipziger reichten sie – laut Blum ohne Beratung – weiter, und tatsächlich wurde Blum in Reuß gewählt. Gleichzeitig organisierte man seine Wahl in Leipzig.

Als nun die reußische Wahl wegen Unstimmigkeiten annulliert zu werden drohte, fürchtete Blum, er werde in Leipzig nicht gewählt werden, und wegen dieser Schmach wiederum bei einer Wahlwiederholung in Reuß durchfallen. Dazu kam noch, dass die Leipziger Freunde zur Sicherheit im Vogtland nachgefragt hatten, ob Blum dort ebenfalls kandidieren könne. Blum zürnte, so habe man sich das Zeugnis gegeben, *daß man an den Sieg nicht glaubt.*[660] Blums Schwarzseherei war gewiss übertrieben, auch wenn seine Freunde mit dem Organisatorischen überfordert waren und die Liberalen mit nicht minder harten Bandagen kämpften wie die Demokraten. Die Aufregung erwies sich letztlich als überflüssig. Auf der Wahlmännerversammlung am 6. und 7. Mai in der Leipziger Bürgerschule erhielt Blum 49 Stimmen, sein Gegenkandidat Bassermann brachte 22 Wahlmänner hinter sich. Blum musste sogar noch seine sich als gültig erwiesene Wahl in Reuß absagen.

Nach Frankfurt war die Nachricht von seinem Sieg noch nicht gelangt, als er am 9. Mai einen Brief an Jenny schrieb. Er glaubte die Wahl verloren zu haben, und klagte ihr sein Leid. Der Gekränkte erzählte von den Umtrieben, erläuterte langatmig das skurrile Dreiecksspiel zwischen Leipzig, Reuß und dem Vogtland, beklagte sich über die drohenden *3–4 Niederlagen*, jammerte, dass er *geschändet* zurückkehren, man ihn auslachen werde, schimpfte auf *lasche* und *pomadige* Verbündete, schrieb von Ärger und Wut, und davon, dass er nicht gewählt und dann sofort aus Frankfurt abreisen werde. Er wolle nicht *trauriger Zeuge* der Eröffnung sein, er werde sich *friedlich* in den Garten setzen. *Die Welt geht auch ohne mich fort.* Dann folgten, wie immer, *Gruß und Kuß*. Außen auf dem gefalteten Brief findet sich ein unscheinbares Postskriptum: *Eben erhalte ich die Kunde der Wahl. Lege der Sendung etwas Visitenkarten bei.*[661]

Deutscher Sommer

Am 18. Mai 1848 versammelten sich die Abgeordneten der Nationalversammlung in Frankfurt am Main. Erneut Kaisersaal, Eröffnung, Auszug. Erneut Kanonenschüsse, Fahnen, Spalier. Erneut Paulskirche, Ansprachen, Sortierung der Fronten. Mancher mochte sich fragen, ob das ganze Verfahren seit März nicht zu schwerfällig und langatmig gewesen war. Gewiss, die deutschen Verhältnisse gestalteten sich kompliziert. Aber es war den Abgeordneten im Frühjahr eben auch nicht gelungen, das Komplizierte durch ein Einfaches zu ersetzen. Stattdessen gab sich die Mehrheit der Idee einer »organischen Revolution« hin, einer Revolution, die schrittweise und reformerisch den Übergang vom Alten zum Neuen vollziehen sollte. Über die Heidelberger Versammlung war man zum Siebener-Ausschuss und zum Vorparlament gekommen, über den Fünfziger-Ausschuss zur Nationalversammlung. Parallel existierte der Siebzehner-Auschuss des Bundestags und der Bundestag selbst.

Wie sah die Quartalsbilanz der Revolution aus Sicht der Zeitgenossen aus? Bei den meisten überwog wohl noch die Zuversicht, auch wenn hier und dort schon ein leichter Verdruss die Stimmung verdarb. Die Mehrheit der gemäßigten Liberalen war vermutlich sogar der Ansicht, dass nun der ideale Ausgleich möglich war, da sich die radikalen Republikaner verabschiedet hatten oder doch leise geworden waren und die alten Kräfte immer noch schwach genug dastanden. Nun, so lautete das Kalkül, würden die Früchte den moderaten Liberalen von selbst in den Schoß fallen. Blum, der Demokrat, war skeptisch. *Die Verräter haben Zeit gehabt*, hatte er bereits Wochen zuvor an seine Schwester geschrieben.[662] Er meinte die eben noch geschlagenen Reaktionäre, die auf Revanche lauerten.

Doch noch war alles Aufbruch. Erstmals in der deutschen Geschichte versammelte sich ein frei gewähltes Parlament. Der Innensaal der Paulskirche war in Schwarz-Rot-Gold getaucht, ein großes Gemälde zeigte die Germania, mit schwarz-rot-goldener Fahne; beim Gewand kombinierte der Maler Philipp Veit Rot und Gold mit Blau, der Farbe der Sehnsucht und der Treue. Das Schwert freilich hielt sie etwas ungelenk, und der Blick wirkte ein wenig einfältig. Würden die Deutschen, denen im Ausland noch immer der Ruf politischer Naivität anhing, diesmal den Sprung schaffen? Der »heilige Hauch der Freiheit« lag über dem lichten Saal, doch zugleich vermengte sich Stolz mit Sorge, ja Angst: Angst vor Rückschlägen, vor Blut und Gewalt.

Die Machtverhältnisse im Hohen Haus wurden mit der Wahl des Präsidenten deutlich. 305 von 397 Abgeordneten wählten Heinrich von Gagern, der bereits im Vorparlament eine führende Figur der gemäßigten Liberalen war. Blum, der sich eine Außenseiterchance ausgerechnet hatte, bekam klägliche drei Stimmen. Auch seine engsten Vertrauten wählten ihn nicht: sie wollten ihn lieber in ihrer Mitte haben und nicht auf dem Präsidentenstuhl, wo er der Tagespolitik entrückt war.[663] Zudem hatte die Gagernpartei für ihren Mann intensiv geworben. Durch ihn bekam die Nationalversammlung ein markantes Gesicht: Einen begabten Redner, einen würdigen Repräsentanten und eine imposante Erscheinung, elegant gekleidet, wenn auch etwas hölzern dem Wesen nach. Sein gezirkeltes Gebaren war nicht nach jedermanns Geschmack – Blum lästerte über seine *geblähte Vornehmigkeit*[664] –, doch das Bürgertum verehrte ihn, ähnlich wie Blum vom einfachen Volk geliebt wurde. Bei den Abgeordneten der Paulskirche kam der Gagern-Stil besser an als der Blum-Stil, bei den Zuschauern auf der Galerie war es umgekehrt. Es wäre ein reizvolles Spiel sich auszudenken, wie sich 1848 unter einer Parlamentspräsidentschaft Blums entwickelt hätte, der Gagern als organisatorisches Talent in nichts nachstand. Und es ist eine ernüchternde Erkenntnis, bei aller Vagheit solcher Gedankenspiele, dass sich wahrscheinlich am Ausgang der »deutschen Revolution« wenig verändert hätte. Blums Bereitschaft zum Kompromiss, allerlei Zwänge, nicht zuletzt aber der begrenzte Einfluss der Nationalversammlung legen dies nahe.

Bald setzten sich Gruppen von gleichgesinnten Abgeordneten in Cafés und Gasthöfen zusammen, um sich abzustimmen. So entstanden die Fraktionen. Die Gruppenbildung war verwirrend, es gab Abspaltungen, Neugründungen, Wiedervereinigungen, es gab entschiedene und gemäßigte Linke, eine linke und eine rechte Mitte, es gab eine katholische Gruppe über die anderen Fraktionen hinweg, es gab quer durch die Parteien groß- und kleindeutsch Orientierte, es kam bei Einzelfragen zu überraschenden Bündnissen oder Zerwürfnissen, schließlich gab es persönliche Animositäten innerhalb einer Partei wie auch Freundschaften über die Lager hinweg. Doch trotz dieser komplexen Partei- und Fraktionsbildung lässt sich das Parlament in zwei Lager aufteilen: die Linke und das Zentrum. In dieser Hinsicht blieb die Nationalversammlung eine Neuauflage des Vorparlaments. Die Rechte war zahlenmäßig klein, hatte einige wichtige, auch begabte Mitglieder, war aber so lange kein Faktor, wie die Revolution erfolgreich zu sein schien.

Es hat den weiteren Verlauf dann bestimmt, dass diese beiden Grundfarben der Paulskirche um zwei außerparlamentarische »Flügel« ergänzt wurden, die man nicht als Parteien, nicht als geschlossene Bewegungen, lediglich abstrakt als Machtfaktoren umreißen kann. Auf der Linken gab es eine kunterbunte Truppe gesellschaftlicher Gruppen, die bereit war, das ganze Spektrum an gewaltfreier wie gewalttätiger Aktion anzuwenden: um die Revolution zu sichern und voranzutreiben. Und auf der Rechten munkelten die alten Kräfte vor sich hin, ein schwer durchschaubares Treiben: da waren die Fürsten und ihre Berater, Teile der Bürokratie, das Militär. Die Herren schwiegen, hielten sich bedeckt und trauten sich erst allmählich wieder aus der Deckung heraus. Es war nun für beide Lager des Parlaments verlockend, im Fall unüberwindlicher Gegensätze jeweils auf das Reservoir außerparlamentarischer

Kräfte zurückzugreifen. Dann drohte die Linke mit Barrikaden und das Zentrum mit Soldaten.

Das neue Reich, den neuen Staat, auf den sich alles bezog, gab es ja noch nicht. Er musste erst durch das Parlament geschaffen werden. Seine Reichweite war entsprechend unbestimmt, der Machthorizont blieb im Diffusen. Darum wurde gerungen, das war der Kern vieler Kämpfe in den ersten Wochen. Es ging nicht allein darum zu streiten, wie das neu zu schaffende Reich zu gestalten war, wie es aussehen sollte, unter wessen Leitung und mit welchen Rechten, mit Kaiser, Präsident oder Vollzugsausschuss. Es ging auch darum, sich über Recht und Macht des Parlaments – sprich: seine Kompetenz – zu einigen. Die Linke sah die Paulskirche als Vollgewalt der neuen Ordnung, doch große Teile der Mitte erblickten in ihr lediglich die Konstituante, die Verfassunggebende Versammlung, die sich, wo nötig, mit den Regierungen der einzelnen Staaten verständigen sollte: Viel Raum für theoretischen Streit, wie ihn die Deutschen mögen.

In den folgenden Monaten schuftete Blum für seine politischen Ziele wie nie zuvor in seinem Leben. *Die Schinderei ist entsetzlich. Sitzung von 9 bis halb 4 Uhr, 5 Uhr ein Ausschuß, 6 Uhr ein Ausschuß (im letztern schreibe ich), dann Klubb, dazu Vereinigungsversuche mit den Centren, die entsetzlich confus sind. Parteiberathungen, Conferenzen eines Ausschusses, der die Partei regelt (eine gewählte Parteiregierung, der ich vorsitze), endlich eine Zeitung. Lange wäre das nicht auszuhalten.*[665] Ein halbes Jahrhundert später schrieb Hugo Wesendonck, mittlerweile in Amerika, damals Abgeordneter der Linken »alles in allem« halte er Blum »für den besten Mann des Deutschen Parlaments«.[666]

Wie die anderen Abgeordneten rotierte der Leipziger Abgeordnete zwischen Paulskirche und Wirtshäusern hin und her. Da die Kirche keinen Platz für Ausschüsse oder Fraktionen bot, behalf man sich mit den großen Adressen der Gastronomie. Blum ging hier voran und organisierte als Erster einige

Treffen von Abgeordneten der Linken. Er sammelte bereits am 18. Mai, am ersten Parlamentstag, seine Getreuen im »Holländischen Hof«, später zogen sie um in den »Deutschen Hof«, von dem die Fraktion ihren Namen erhielt. Der Gasthof befand sich eingangs der Großen Bockenheimer Straße (der »Fressgass«), die vom damaligen Theaterplatz (heute Rathenauplatz) nach Westen in Richtung des Bockenheimer Thors (bei der heutigen Alten Oper) führte. Die Fraktion war die Urzelle der Linken, von der sich freilich bald andere linke Fraktionen abspalteten. Das war das 48er-Gesetz von Abstoßung und Anziehung: die komplexen Fragen und persönlichen Reibereien sorgten bis zum Ende des Jahres für stets neue Abspaltungen. Dann, als die Paulskirche selbst nur noch Segment statt Zentrum der Gesellschaft zu werden drohte, fanden sich die Gruppen wieder zusammen. Blum musste zusehen, wie sich bereits Ende Mai der »Donnersberg« mit Arnold Ruge an der Spitze vom »Deutschen Hof« trennte, ihnen war der Blum-Kurs »mit seiner zuwartenden Politik«[667] nicht radikal genug. So recht verdaut hat Blum diesen Vorgang nie.[668] Er war persönlich gekränkt und zudem sein strategisches Spielfeld verengt: wie konnte er als Brückenbauer zur Mitte operieren, wenn er sich zugleich um Wiedervereinigung mit dem »Donnersberg« bemühen wollte? Im Oktober gab es neuen Anlass, *die ohnehin schwache Partei zu trennen*;[669] diesmal trat eine Gruppe am rechten Rand des »Deutschen Hofs« aus und versammelte sich im »Nürnberger Hof«.

Welche Maßstäbe und Handlungsmuster, welche Erfahrungswerte und Orientierungsschemata besaßen die Parlamentarier der Paulskirche? Viele hatten in den Landtagen als Abgeordnete ihre Politikerlehre absolviert, waren gewöhnt an die nüchterne Parlamentsarbeit. Doch die Paulskirche war ja keine in Jahrzehnten erprobte Institution, sie war noch keine Entscheidungs- und Verwaltungsmaschine. Sie musste sich Sitzung für Sitzung neu erfinden, war ein Experimentallabor. Dass sich die Abgeordneten in einer Kirche versammelten, lieferte hierbei freilich eine eigene Pointe. Denn die Beschwörung des nationalen Heils, der Glaube an das kommende Reich, die Rede vom »heiligen Hauch der Freiheit«[670] hüllten das Politische oft genug in einen Weihrauchnebel. Die nüchterne Politik und das Sakrale – in diesem Gegensatzpaar bewegten sich viele Debatten.

Das Parlament war aber auch Theater, Bühne, Inszenierung und Drama. Dem Redner saßen die Parlamentarier auf den Sitzen gegenüber, zugleich Akteure und Zuschauer. Auf der Galerie oben gab es ein zweites – ungleich zahlreicheres – Publikum, denn die Parlamentssitzungen waren natürlich öffentlich. Dieses Publikum verhielt sich, anders als heute, nicht stumm, sondern ließ sich zu lautstarken Beifalls- und Unmutsbekundungen hinreißen. Die Versuchung für den Redner war groß, mehr zur Galerie als zum Plenum zu sprechen. Beides, das Sakrale und das Dramatische, brachte Pathos und emotionalen Überschwang in die Versammlung. Dass Blum Kirchenführer gewesen und dem Theater verbunden war, hat ihm in der Paulskirche manchen Vorteil erbracht und er konnte damit seine parlamentarische Jungfräulichkeit mehr als ausgleichen; *die Bühne ist für uns Deutsche außer der Kirche fast die einzige Stätte der Öffentlichkeit*, hatte er ein knappes Jahrzehnt zuvor geschrieben.[671]

Seine Jungfernrede in der Paulskirche hielt Blum am 26. Mai. Es ging um die »Mainzer Angelegenheit«. Die alte Bischofsstadt war seit 1815 Bundesfestung und gehörte damit zu jenen militärischen Bastionen, die der Deutsche Bund zur französischen Grenze hin errichtet hatte. Mainz war damals hessen-darmstädtisch, doch in der Festung waren auch Preußen und Österreicher stationiert. Die Preußen waren bei den Mainzern verhasst und es kam öfter zu allerlei Sticheleien. Im Revolutionsjahr verschärfte sich die Situation: Bei Messerstechereien und Schießereien wurden Bürger verletzt, Soldaten getötet. Die Linke forderte harsche Maßnahmen gegen die preußische Armee, die Mitte Zurückhaltung. Eine Kommission der Nationalversammlung, der auch Blum angehörte, riet schließlich beiden Seiten in Mainz zur Mäßigung.

Blums Rede in dieser Sache war nichts Besonderes. Doch sogleich gelang es ihm, Freund wie Gegner zu fesseln. »Wie ein Eichenstamm stand er auf der Tribüne, etwas zur Seite sich neigend und den rechten Arm leicht bewegend, war er wie mit der Tribüne zusammengewachsen und imponirte nach jeder Richtung.«[672] Unfaire Attacken hat er stets vermieden, und einer der echten Rechten im Parlament, Fürst Felix von Lichnowsky, bemerkte einmal respektvoll, sein Gegner Blum habe im Gegensatz zu anderen Rednern »sich auf rein parlamentarischem Wege bewegt [...], ohne persönliche Angriffe«.[673] Zur Mainzer Frage rief Blum unter »lebhaftem Bravo«, man könne noch *schrecklichere Blutscenen* nur vermeiden, wenn man die *Bürgerschaft zum Auswandern oder das Militär zum Ausgange* bringe.[674] Eine polemische Überspitzung, wie sie Blum bisweilen liebte, die jedoch zugleich die Symbolik des Kampfs zwischen den Bürgern und der alten Gewalt plastisch machte. Schließlich ging es auch um die Frage, was die Nationalversammlung anordnen können sollte und was nicht.

Die Debatte über die Mainzer Vorfälle war ebenso ein Vorgeplänkel wie die in der Folge debattierten sogenannten Raveaux'schen Anträge. Auch hier ging es um die Stellung der Paulskirche. Die Linke forderte eine klare Aussage über den Vorrang des Parlaments vor den Einzelstaaten. Blum erheiterte die Versammlung mit den Worten, *wenn wir* ein *Deutschland hier bauen, so versteht es sich von selbst, dass wir allein bauen müssen; denn wenn man an zwei Orten baut, so baut man eben zwei Deutschländer und nicht eins.*[675] Der Gegenstand eignete sich vorzüglich für die beliebten Formelkompromisse aufschiebenden Charakters, und so kam es. In großer Einigkeit entschied sich die Versammlung für eine Formulierung des Koblenzer Abgeordneten Johann Peter Werner: Sofern Landesverfassungen nicht mit der Paulskirchenverfassung übereinstimmten, sei letztere gültig. Damit war die Souveränität der Nation proklamiert, den Ländern aber ihr Recht auf eine eigene Verfassung nicht genommen.

Blum war jetzt ganz in seinem Element – und das hieß in seinem Wirkungskreis aus Fraktion in Frankfurt, der Partei in Sachsen und der Publizistik in Frankfurt und Leipzig. Im »Deutschen Hof« blieb seine Führung unbestritten – wer ihn oder seine Position nicht mochte, trat aus und ging nach links, in den »Donnersberg« oder nach rechts, in den »Württemberger Hof«, später in die »Westendhall«, den »Augsburger« oder den »Nürnberger Hof« und wie die Gruppen und Grüppchen alle hießen, die sich zwischen der Linken und dem Zentrum ansiedelten. In Sachsen hatte er mit dem Vaterlandsverein, hervorgewachsen aus dem Redeübungsverein, eine Art regionaler Parteiorganisation geschaffen, die mehrere zehntausend Mitglieder umfasste. Die vormalige »Constitutionelle Staatsbürgerzeitung« nannte er seit dem 1. April 1848 »Vaterlandsblätter« und knüpfte damit an die einst verbotenen »Sächsischen Vaterlandsblätter« der frühen 1840er Jahre an. Die Zeitung sollte dem Vaterlandsverein publizistischen Geleitschutz bieten.[676]

Doch mit Blums Abwesenheit von Leipzig drohte ihm, wie er einst, ganz zu Beginn, gefürchtet hatte, gerade diese sächsische Basis zu entgleiten. In Verein wie Zeitung gewannen Stellvertreter an Gewicht, die Blum zu moderat waren. Ende Juni klagte er über *diese theewäßrigen, fischblutigen, juchtenledernen Vaterlandsblätter.*[677] Doch schon zuvor hatte er eine zweite Zeitung gegründet, auf die er sich nun konzentrierte. Seit dem 21. Mai gab er in Frankfurt die »Reichstagszeitung« heraus, gemeinsam mit Wilhelm Michael Schaffrath und Schwager Georg Günther, beide Mitglieder im radikalen »Donnersberg«, was einiges über die Ausrichtung des Blatts besagt. Die Absprache mit den beiden war problemlos, denn Blum wohnte mit ihnen in einer Wohngemeinschaft, zu der sich noch der Rechtsanwalt Hermann Joseph gesellte, den er ebenfalls von Leipzig her kannte. Die vier hatten *eine sehr schö-*

ne Wohnung gemietet, *drei Stuben nach hinten und eine sehr große Mansarde, in der ich schlafe, in der aber eine ganze Familie Platz hätte. [...] Die Geschichte kostet monatlich 83 Gulden, aber billiger bekommt man's nicht.* Im selben Haus wohnten noch die Todts; Carl Todt, der vormalige Landtagsabgeordnete in Dresden, war nun sächsischer Gesandter am Bundestag, später bei der Zentralgewalt. *Die Frau Wirkliche Geheime Legationsräthin* [also Frau Todt] *kocht uns den Kaffee mit, und wir trinken denselben im Garten.*[678]

Die politische Arbeit fraß Blum auf, die Sitzungen zogen sich hin. Der schwarz-rot-goldene Elan der Märztage drohte im grauen Alltag zu vergehen. Blum fühlte sich auch isoliert von seinen Leuten, seinen Wählern, der Leipziger Umgebung. Er musste dringend einmal heraus aus Frankfurt und wenn die Zeit schon nicht für eine Reise nach Leipzig reichte, dann wenigstens wieder einmal ein Ausflug in die Umgebung. Da kam in der Linken, möglicherweise von Blum selbst, die Idee auf, zu Pfingsten eine kleine Reise durch die Pfalz zu machen. Dieser Landstrich, damals ein Teil Bayerns, war demokratischer Mutterboden und zudem mit gutem Wein und kräftiger Kost gesegnet. Das war nach Blums Geschmack. Die sonnigen Frühsommertage vom 10. bis 13. Juni wurden eine reine Idylle. Endlich war der Volksvertreter wieder beim Volk. Am Pfingstsamstag trafen sich die knapp 50 Abgeordneten in Mannheim und fuhren dann durch Ludwigshafen, Neustadt, Landau, Eschbach, Gleisweiler, Edenkoben, Maikammer, Hambach und Dürkheim – eine Rebentour, die Erinnerung an die hoffnungsfrohen Stunden von Hallgarten war allgegenwärtig.

Die Gruppe wurde allerorten begeistert empfangen, mit Begrüßungsständchen, Fahnenschmuck, Böllerschüssen, Volksjubel. Blum war der Bekannteste, Beliebteste von ihnen und er sprach wieder und wieder zu den Staunenden, die offenen Mundes die kühnen Männer aus Frankfurt begafften. Alte Symbole tauchten auf, Reliquien des Freiheitskampfs. Die *16 Jahre tief verborgene Hambacher Fahne* wurde am Ort feierlich im langen Zug mitgetragen, flankiert von Fahnen der Liederkränze und Turner. Das Ganze war für Blum nicht nur eine Erholung von der Paulskirche, sondern auch eine Ermutigung, just dort weiterzumachen, weiterzuarbeiten für die Republik, die ihm ja immer noch vor Augen stand.

Unter den Bewunderern waren natürlich auch viele Frauen. Blum genoss ihre Blicke, ihre Verehrung, doch vermied er es, sie ins politische Gespräch zu ziehen. Trotz seiner Unterstützung für Louise Otto blieb auch für ihn die Politik, vor allem jetzt, da es ernst wurde, Männersache. Dabei waren gerade die Abgeordneten der Paulskirche für viele Frauen zu Idolen geworden. So erhielt die Gruppe schon gleich zu Beginn der Reise ein Schreiben der »schönsten Frauen und Jungfrauen Frankenthals«, sie mögen ihre Stadt nicht vergessen. In Gleisweiler warfen Frauen gar *einen Regen von frischen Rosen* auf Blum, der in guter Biedermeiermanier dem weiblichen Liebreiz einen Trinkspruch widmete.[679] Auch in den Sitzungen ließen die Damen auf der Tribüne Blum nicht ungerührt – und umgekehrt. Clotilde Koch-Gontard, die Freundin Heinrich von Gagerns, zitterte ob der Blumschen Redeerfolge um ihren Liebling, sie fühlte sich durch Blums Auftritte an Robespierre erinnert – an Robespierre, den Asketen! – und hatte eine »dunkle Ahnung […], dass er bald Gagern überflügelt haben könnte«.[680]

Der Verehrte sah es mit Freuden: Die Frauen seien *fanatisch hier im Süden*, schreibt er an Jenny. *Alle Huldigungen* hätten sich auf ihn als den *Führer* konzentriert. Das *Klatschen, das Wehen mit Tüchern, das Zuwerfen von Blumen und Kusshändchen oder die Übersendung von Bouquets* nähmen kein Ende, *das geschieht offen, ohne Prüderie, Allen sichtbar, oft unter rasendem Beifall der Gallerie, und die ganze Nat[ional-]Versammlung platzt vor Ärger, denn es hat es noch keine andere Seite, noch Niemand zu einem derartigen Zeichen gebracht als wir.* Mit *wir* meinte er sich. *Als ich jüngst über die Centralgewalt sprach, […] schwamm das Frauenauditorium in Thränen, und schluchzend streckte man mir hundert Hände entgegen, als ich herabkam.* Um Jenny zu beruhigen, fügte er an, *ein Blick in den Spiegel* bewahre ihn vor *Eitelkeit.*[681]

Doch der in Leipzig Verbliebenen wurde allerlei zugetragen, gewiss genügend Falsches, gewiss manches Wahre. Mit mildem Spott schrieb sie ihm, er solle sich »von dem Weihrauch der Priesterinnen der Freiheit, den deutschen Frauen nicht zu sehr einnehmen« lassen.[682] Die Damen der Frankfurter Gesellschaft fanden es allemal chic, den wildbärtigen Revoluzzer in ihren Salon zu bitten, und Blums Leipziger Gegenspieler Karl Biedermann bemerkte mit Erstaunen, wie »in einem Cirkel der haute finance von sehr aristokratischen Damen [...] dem urwüchsigen ›Volksmann‹ Blum wetteifernd die Cour gemacht wurde«.[683] Ludwig Bamberger bezeichnete eine Dauerbegleiterin Blums – wohl aus Unkenntnis – als seine »Frau«: »Marie« sei »jung und anmuthig«, eine »frische, rundliche Blondine«.[684] In Frankfurt kursierten dazu noch Gerüchte, er treffe sich häufig mit der jungen polnischen Gräfin Czartoryska. Sie stammte aus einem der ersten Adelsgeschlechter Polens, das dort lediglich »die Familie« hieß. Und sollten die Gerüchte Substanz gehabt haben, wäre die Liebelei nicht ohne zarten Witz gewesen – hatte sich Blums Dramenheld Kosciuszko doch einst – *Himmlisch holdes Wesen!* – in eine Gräfin Czartoryska verliebt und deswegen nach Amerika fliehen müssen. Vielleicht hatte man Blum die Affäre aber auch gerade wegen seiner Sympathie für Polen angehängt. Gegenüber Jenny stritt er natürlich alles ab, schrieb von *Dummheiten und Niederträchtigkeiten.*[685]

Wenige Tage nach der Rückkehr aus der Pfalz sah er die *Entscheidungsschlacht* im Parlament vor sich, verbunden mit neuer Überlastung. *Wir [...] schlafen jetzt höchstens 3 Stunden täglich.*[686] Es ging um die alte Frage, die stets verschoben worden war und nun wieder mächtig drängte: die Frage nach der sogenannten Provisorischen Zentralgewalt, nach einer Art Oberhaupt oder Regierung für jenes Deutschland, das noch nicht oder nur halb oder nur in den Köpfen existierte. Blum ergriff in der mehrtägigen Debatte gleich zwei Mal das Wort, am 20. und am 24. Juni. Er wollte einen *Vollziehungs-Ausschuss*, gebildet aus Vertretern der Nationalversammlung. Diese selbst sollte im Zentrum der Macht bleiben. Sie war aus der Revolution geboren, und die Revolution sollte sie gleichsam legitimieren. *Wollen Sie der Anarchie entgegentreten, Sie können es nur durch den innigen Anschluß an die Revolution und ihren bisherigen Gang.*[687] Blums Vollziehungs-Ausschuss erinnerte an die »Commission exécutive«, die Anfang Mai in Frankreich als Regierungsausschuss der Pariser Nationalversammlung gebildet worden war. Dort war die Republik bereits verwirklicht. Auf die Vorhaltung, ein solcher Ausschuss sei republikanisch, entgegnete Blum: *Wir verhehlen gar nicht, wir wollen die Republik für den Gesamtstaat.*[688]

Die Mitte dagegen plädierte, wie bereits vom Fünfzigerausschuss angekündigt, zunächst für ein Direktorium, in dem drei Persönlichkeiten, entweder drei Fürsten oder ein Fürst und zwei Parlamentarier, die Vielfalt Deutschlands repräsentieren sollten. Vielfalt: das betraf die regionale Gliederung, Österreich, Preußen und das sogenannte Dritte Deutschland mit Bayern, Hannover, Sachsen, Württemberg und weiteren Mittelstaaten. Es betraf aber eben auch die alten Gewalten außerhalb des Parlaments, die man gern wieder mit einbezogen hätte ins neue Deutschland. Blum attackierte scharf zurück: *Weil Sie keine Verfassung haben, und weil Sie keine Grundlage haben, auf welcher diese Gewalt steht, und weil Sie keine Schranken gezogen haben, innerhalb deren sie sich bewegen muß, und weil Sie kein Mittel haben, sie in den Schranken zu halten, deshalb ist es die Despotie; deshalb ist es die Dictatur, die schrankenloseste Dictatur, die die Freiheit gefährdet, wie nie etwas Anderes. [...] Das Directorium, das Sie schaffen wollen, ist [...] Reaction, es ist Contrerevolution, – und die Kraft erregt die Gegenkraft.*[689]

Bald wurde auch den moderaten Liberalen die Absurdität ihres Plans deutlich. Doch kaum war das geschafft, tauchte schon eine andere für Blum schreckliche Idee auf. Ein Statthalter sollte her, ein Interimsmonarch für das zu gründende Reich – und für einen noch zu findenden Kaiser. Damit hatten die Liberalen jene Entscheidung für die Monarchie gefällt, die sie lange umgehen wollten.

Nach einigen Tagen heftigen Gefechts machte sich Ermüdung breit. Doch Blum, noch energiegeladener als sonst, hielt am 24. Juni eine zweite flammende Rede für den Vollziehungs-Ausschuss. Er war froh über die Entscheidung der Liberalen für die Monarchie, denn nun konnte er frontal argumentieren. *Ich mag die Halbheiten nicht. Ich sehe Ihre Monarchie viel lieber erstehen als Ihr Directorium oder ein ähnliches Ding, das in seiner undurchsichtigen Hülle und in unverständlichen Wendungen nicht heraussagt, was es sein soll und was es sein muß.*[690] Die Liberalen sollten sich aber bewusst sein, dass ihre Monarchie nur eine absolute sein könne, denn, so seine Logik, da es noch keine Verfassung gebe, werde die Monarchie eine absolute sein. Absolute Monarchie: das aber war ein Schreckwort gerade für die Liberalen. Am Ende seiner Rede griff er die süffisante Bemerkung einer französischen Zeitung auf, *das deutsche Volk sei zu alt geworden, um in kühnem Griffe, in männlicher Umarmung sich die holdeste Braut: die Freiheit zu erobern.* Doch auch das *alte Herz* könne lieben, so Blum, *wenn auch ruhiger als das junge. […] Überliefern Sie die Braut des besonnenen deutschen Volkes nicht ihrem ärgsten Todfeind: der Gewalt!*[691]

An dem Tag, an dem Blum über den alternden Liebhaber Deutschland und seine junge Braut Freiheit sprach, fiel der berühmteste Satz, der in der Paulskirche gesprochen wurde. »Ich tue einen kühnen Griff«, rief ihr Präsident Heinrich von Gagern, »und sage Ihnen: wir müssen die provisorische Zentralgewalt selbst schaffen!« Der »kühne« Griff war vor allem ein geschickter, mit dem Gagern sich zugleich bei der Linken wie der Rechten unterhakte. Er verabschiedete sich von einer Vereinbarung mit den alten Mächten, was der Linken sehr gefiel und blieb zugleich bei der Idee eines Reichsverwesers, was den Rechten wiederum behagte. Der Mann, den er für dieses Amt vorschlug, und hier durchfuhr die Linke allerdings der Schrecken, war der habsburgische Erzherzog Johann, ein Onkel des in Wien regierenden Kaisers. Blum war entsetzt. Zwar galt Johann als halbwegs liberal und aufgeschlossen-bürgerlich, doch war Blum die ganze Konstruktion zu monarchisch, die Person zu flau. Am Tag der Wahl stimmte er mit einigen seiner politischen Freunde für den alten Itzstein, doch eine übergroße Mehrheit von 436 Parlamentariern votierte für den österreichischen Fürsten. Blum sprach vom *Reichsvermoderer*, und als er ihn später aus der Nähe kennenlernte, schrieb er an Jenny, Johann habe *ein so erdiges, abgelebtes, totes und regungsloses Gesicht*, dass er *jedes Fünkchen Hoffnung vernichtet* habe. Er sei bloß eine *unbedeutende Puppe*, ein *wirklicher Vermoderer*, ein *armseliger Mensch*.[692] Dennoch blieb Blum seiner alten Strategie treu und trug zähneknirschend die Entscheidung mit.

Zwischen Posen und Malmö

In einer Mischung aus Autosuggestion und Hoffnung ertrug Blum die Serie von Niederlagen. Bereits im Vorparlament hatte er *Siege* entdeckt, wo keine waren. *Selbst die Niederlagen waren groß*,[693] schrieb er nun an Jenny und spielte damit auf den relativ hohen Stimmenanteil an, den die linke Minderheit bei einigen Grundsatzfragen erhalten hatte. Nun setzte er alles auf die Zukunft, auf die große Wende, die da kommen musste. Wieder und wieder sagte er sie im Lauf des Sommers voraus, wieder und wieder blieb sie aus. In einigen Wochen komme eine *wirklich revolutionäre Regierung* ans Ruder, dann breche für ihn *eine bedeutendere, aber auch mühevollere und stürmischere Zeit* an.[694] *Wenn der Herbst kommt, wendet sich die Sache*, schrieb er zwei Wochen später, Mitte Juli.[695] Oder, ein andermal: *Hoffentlich bricht der Krieg in einigen Tagen aus*,[696] und noch einmal Anfang August: *Der Krieg wird unser einziges Rettungsmittel sein.*[697]

Krieg als Hoffnung – das mag erschreckend klingen, zumal aus Blums Mund. Doch viele Demokraten hatten den Krieg schon lang ins Kalkül gezogen. Denn sobald sie darüber nachdachten, wie aus ihren Ideen Realität werden sollte, mussten sie sich eingestehen: ohne radikale Umwälzung, ohne Kampf und Blut war die Republik nicht mehr zu gewinnen. Ein Krieg indes würde neue Kräfte wecken und die Nation zusammenschweißen. In Blums »Staatslexikon« war zwar zu lesen, es gebe »nichts Schmerzlicheres« für den »denkenden Verstand und das Rechtsgefühl« als den Krieg. Doch zugleich wurde er als »nothwendiges Übel« bezeichnet.[698] Der Artikel stammte nicht von Blum, doch dürfte er ihn nicht nur gekannt, sondern auch gebilligt haben. Jetzt könnte ein Krieg aus Blums Sicht das immer träger werdende Schwungrad der Revolution in Gang bringen.

Dazu hätte die Polenfrage ein Anlass sein können. Gemeinsam mit den freien Nationen des Westens gegen das zaristische Russland, die ewige Schutzmacht der Reaktion – davon hat schon mancher wilde Liberale im Vormärz geträumt. Als der Autor des *Kosciuszko* in der Paulskirche feurige Worte für die Freiheit Polens fand, war dies freilich Herzenssache, nicht Kalkül. *Es ist eine schöne Seite des menschlichen Herzens, dass es Partei nimmt für das Unglück*, rief er in der Debatte um die polnische Frage am 24. Juli. Wenn er an die Teilung Polens in den Jahren 1772 bis 1795 erinnerte, an der mit Österreich und Preußen zwei Länder des Reichs beteiligt waren, dann sprach er von der *Schuld unserer Väter* und von *Sühne. Wir* – gemeint sind die Deutschen – hätten Polen *beraubt seiner inneren Kraft und seines Landes und seiner Selbstständigkeit und seiner Freiheit.*[699]

Blums Ton klang seltsam anachronistisch, ritterlich, alteuropäisch-altmodisch – und doch war der Redner zugleich seiner Zeit voraus. Es war kein Zufall, dass er als Zeugen den alten Gagern zitierte, den 82-jährigen Vater des Paulskirchenpräsidenten, einen honorigen Mann mit Stil, der einst von der Schuld am polnischen Schicksal gesprochen hatte. Nun jedoch, im Sommer 1848, war viel Nassforsches zu hören, die deutsche Nation entdeckte ihre Kraft. Mancher blieb noch hin- und hergerissen zwischen europäischem Edelmut und nationalem Eigensinn. Andere waren von der Hybris schon erfasst. Noch vor kurzem hatten sie in Hambach und andernorts das Hohelied auf die große Völkerfamilie gesungen, jetzt gerieten sie in einen Rausch des nationalen Egoismus. Territoriale Forderungen wurden laut. Dabei spielten Prinzipien keine große Rolle. In Posen sollte die deutsche Bevölkerung zählen, im vorwiegend tschechisch besiedelten Innerböhmen die historische Zugehörigkeit zum Reich. *Sich die Politik zurechtmachen,[...] wie sie [...] für den Augenblick passt*, schimpfte Blum,[700] und sein Freund Carl Vogt sprach bald darauf schlicht von »Länderfresserei«.[701]

Die Linke stellte einen Antrag zur »Wiederherstellung eines selbständigen Polens«, und es konnte wenig überraschen, dass sie keine Mehrheit dafür fand. Es war nur eine ihrer ungezählten Niederlagen. Bitterer kam es Blum an, dass in dieser Sache, in der *die Gerechtigkeit so laut an unser Herz schlägt*,[702] auch enge Vertraute seinen Weg verließen. Aus seiner eigenen Fraktion war Wilhelm Jordan dem neuen nationalen Denken zum Opfer gefallen. Markig hatte er die Überlegenheit des »Deutschtums im Osten« gepriesen. Blum war persönlich getroffen, jeder, auch Jordan, wusste um seinen Polenenthusiasmus. Er wollte Jordan sofort aus der Fraktion ausschließen, aber die Mehrheit des »Deutschen Hofs« folgte Blum diesmal nicht. Jordan ging selbst, gründete eine neue Fraktion. Blum versuchte die ewige Spalterei aufzuhalten, man konnte ihn nun häufig in den Sitzungen des »Donnersberg« sehen, der Fraktion links von seiner eigenen, in der auch sein Schwager Günther beheimatet war. Es hieß, Blum werde wechseln. Doch tatsächlich wollte er nur den Zusammenschluss beider

Gruppen, zumindest *eine größere Gemeinschaft in der Sache und durch wahrhafte Vereinigung.*[703]

Kurze Zeit nach der Polen-Debatte, am 26. Juli, hatte die Nationalversammlung ihren ersten Toten zu beklagen, einen Mann aus Blums »Deutschem Hof«: Johann Georg August Wirth, der »Hambacher«. Als er starb, war er noch keine 50 Jahre alt. Der Tod musste Blum an seine politischen Ur-Erlebnisse erinnern, den Juli 1830 und den Mai 1832. Er hielt die Grabrede, »tief erschüttert und tief erschütternd«, wie in einer Zeitung zu lesen war.[704] Und obwohl ihm Wirths Tod an sich schon naheging, war dazu noch seine Erregung über die Jordan-Affäre zu spüren. Was war aus dem Hambacher Polenenthusiasmus geworden, aus Völkerfrühling und europäischem Aufbruch? So gab er sich an Wirths Grab einer doppelten Düsterkeit hin, der Trauer über den Tod des Gefährten und der Empörung über das Ende der deutsch-polnischen Freundschaft – so sah er es zumindest. Man habe sich zu freuen, sagte er am Grab in bitterem Ton, dass Wirth den Tag nicht erlebt, *wo ein Volk das andere zum Tod verurtheilt!*[705]

Zu Hause, in Leipzig, hatte er wenig später ein trauriges Déjà-vu-Erlebnis, das ihm deutlich zeigte, wie die Stimmung sich wandelte. Leipzigs Jordan hieß Heinrich Wuttke. Er war Historiker und Publizist, ein alter Kampfgefährte Blums, wenn auch gut zehn Jahre jünger.[706] Mitglied im Schiller- wie im Literatenverein, hatte er mit Blum gemeinsam den Redeübungsverein gegründet. Wuttke, Privatdozent, seit Juli 1848 Professor in Leipzig, vertrat in der Polenfrage schon länger eine andere Meinung als Blum. Immerhin hatte Blum ihn im März aufgefordert, mit ins Vorparlament nach Frankfurt zu kommen, ihm die *unermessliche Wichtigkeit dieser Versammlung ans Herz legend.*[707] Wuttke versuchte, Blum stärker nach rechts zu ziehen; er hegte – wie fast jeder – eine hohe Meinung von seinem organisatorischen Geschick: »Die Erfahrungen mit den 5 Vorsitzenden des Vorparlaments hatten gezeigt, dass nur einer von ihnen dem Amte gewachsen wäre, Blum, und allgemeine Erwartung sah in ihm den Vorsitzer des Fünfzigerausschusses. Es schien auch dahin sich auszulassen, aber die anhaltende [= konservative] Partei strengte sich aufs äusserste an, seine Wahl zu hintertreiben.«[708]

Doch es war nicht nur die Polenfrage, die beide Weggefährten trennte. Im Sommer, Blum war noch in Frankfurt, begann Wuttke, der nicht Mitglied der Nationalversammlung geworden war, mit einigen Freunden innerhalb des Vaterlandsvereins gegen die Republik zu agitieren. Blum war hilflos. Er wollte um jeden Preis den Zusammenhalt des Vereins, seines Vereins, wahren. War er bereit, für dieses Ziel an seinen republikanischen Plänen Abstriche zu machen, ja, seinen großen Traum zu verraten? Nachträglich behauptete Wuttke, Blum habe sich bereits im Frühjahr für die Monarchie ausgesprochen. Doch auch wenn Blum sich bisweilen etwas verschwommen oder taktisch geäußert haben mochte, konnte keiner der Freunde Zweifel an seiner republikanischen Leidenschaft haben. Am Ende gründete Wuttke einen Konkurrenzverein. Blum sicherte dem neuen Leiter des verkleinerten republikanischen Vaterlandsvereins, Eduard Theodor Jäkel, von Frankfurt aus seine Hilfe zu. Er spürte aber, dass ohne persönliche Präsenz das Chaos wachsen würde.

Mitte August fand er Zeit für eine Leipzig-Reise. An Jenny schickte er die Bitte voraus, sie möge Empfänge verhindern, da er *irgendeine Parteidemonstration* – und damit Vereinnahmung – vermeiden wollte.[709] Am 15. August kam er in Leipzig an. Beim Wiedersehen mit Jenny erschrak er; nach langer Krankheit war sie abgemagert und verhärmt. Blum rechnete mit dem Schlimmsten und schrieb von *Auszehrung*;[710] ein zeitgenössischer Sammelbegriff, der allgemeinen Kräfteverfall, aber auch verschiedene Krankheiten wie etwa Krebs bedeuten konnte. Er mochte an seine erste Frau denken. Doch Jenny war gesund; tatsächlich sollte sie ihn um ein Vierteljahrhundert überleben.

Der politische Höhepunkt seines viertägigen Aufenthalts

war eine Rede im Garten des Schützenhauses, wo er den Wählern Rechenschaft gab: »Blum kommt!«[711] Darin spiegelt sich die moderne Auffassung von repräsentativer Demokratie, nach der der Abgeordnete seine Wählerschaft über den Gang der Dinge zu unterrichten hat. Freilich traf man sich im Falle Blums nicht im Hinterzimmer einer Kneipe, im Kreis von ein paar Dutzend Anhängern. Zu seiner Rede fand sich eine große Menschenmenge ein, Gustav Kühne schätzte sie auf Fünftausend.[712] Man verlangte nach Orientierung, nach Aussagen zur Zukunft. Blum ließ die wichtigsten Entscheidungen seit März Revue passieren. Fast lässt sich von einem Kult der Niederlage sprechen, zumindest von einem Kult der Minderheit, komponiert aus den Ingredienzen Unbeugsamkeit, moralische Überlegenheit und einer Prise Märtyrertum. Es sei nicht leicht, auf der Linken zu sitzen, es gehöre *Stärke und Überzeugungstreue* dazu. Dort seien *Niederlagen* an der Tagesordnung, die aber *nicht ermatten*, sondern zu *immer neuen Kämpfen anspornen* müssten. Man trotze *selbst dem Hohne vieler Krautjunker* – bestehe doch oft *ihre einzige Fähigkeit darin, dass sie eine Kugel abschießen können.*

Und natürlich die Zukunft! Darüber sprach Blum jetzt am liebsten, immer noch voller Begeisterung und immer noch in der Erwartung vor der Geschichte Recht zu behalten: *Noch nie hat die Rechte, die Mehrheit, die Geschichte fortgeschoben, stets die Linke oder die Minderheit.* Im Schoß der Linken werde der *Gedanke der Zukunft wie ein Kind geboren.* Die Linke wisse – und hier kam wieder der deutsch-katholische Prediger durch – *dass der Mensch nicht lebt für diese Welt; dass dem Gedanken eine Zukunft werden muss.*

Doch so geschickt Blum alle populistischen Register zu ziehen wusste und mit Überzeugung formulierte, was das Volk hören wollte, so trefflich verstand er es auch seine eigene Meinung zu sagen, die es vielleicht nicht hören wollte. Verbissen hielt er am Primat des Parlaments fest. Er werde sich zwar *bis zum letzten parlamentarischen Mittel* gegen Mehrheitsentscheidungen wehren, die nicht seiner Meinung entsprächen, sagte er unter allgemeinem Applaus. Doch als er hinzufügte, dass sich die Linke dann den einmal getroffenen Beschlüssen *fügen* und sie als *heiligen Willen der Nation anerkennen* müsse, blieb die Menge still. Mancher im Publikum mochte sich fragen, ob das noch der Volksmann war, ihr Volksmann, der da von *fügen* und *Mehrheit* und *Gesetz* und *Willen der Nation* sprach. Gab es nicht andere Foren der Nation als die Paulskirche? Gab es nicht Straßen und Plätze? Gab es nicht das Volk? Blum spürte wohl, dass sein rhetorischer Zauber nicht mehr zu binden vermochte, was da auseinanderstrebte.[713]

Zugleich verschärften sich die Attacken auch von rechts, vom »Deutschen Verein« in Leipzig, dessen Repräsentanten – unter ihnen Gustav Harkort und Friedrich Brockhaus – öffentlich feststellten, mit der Politik Blums in Frankfurt »principiell durchaus nicht einverstanden« zu sein. Solche Attacken freilich mochte er, die konnte er brillant parieren: *Mein Wirken ist principiell für die Freiheit, die Einheit und den Fortschritt auf jedem Gebiete, ist das Ihrige principiell dem entgegengesetzt, so können Sie mit mir nicht einverstanden sein.* Seine Gegner hätten ihn so lange zu ertragen, *bis Sie Mehrheit und gewählt werden.*[714]

Da sitz ich wieder in meiner Einsamkeit und in meiner alten Wühlerei, schrieb er Jenny, als er wieder in Frankfurt war.[715] Doch in den folgenden Wochen sollte sich der Ton noch einmal ändern, noch einmal sah er sich kurz vor dem Ziel. Anlass bot die Krise um Schleswig-Holstein. Schleswig und Holstein wurden zwar vom dänischen König als Herzog regiert, doch die Länder gehörten nicht zum Königreich Dänemark. Das wollte die dänische Nationalbewegung nicht hinnehmen, denn der Norden Schleswigs war dänisch besiedelt. Im März gliederte die Kopenhagener Regierung daher Schleswig in ihr Königreich ein. Sofort gab es Protest unter den Deutschen im Süden Schleswigs, aber auch in ganz Deutschland. Man verwies auf einen alten Rechtssatz, demzufolge Schleswig und

Nr. 26: Robert Blum, Lithographie von Valentin Schertle nach der nicht überlieferten Fotografie von Hermann Biow, 1848

Nr. 27: Robert Blum spricht vom Balkon des Alten Rathauses in Leipzig, 3. März 1848, Lithographie, 1848

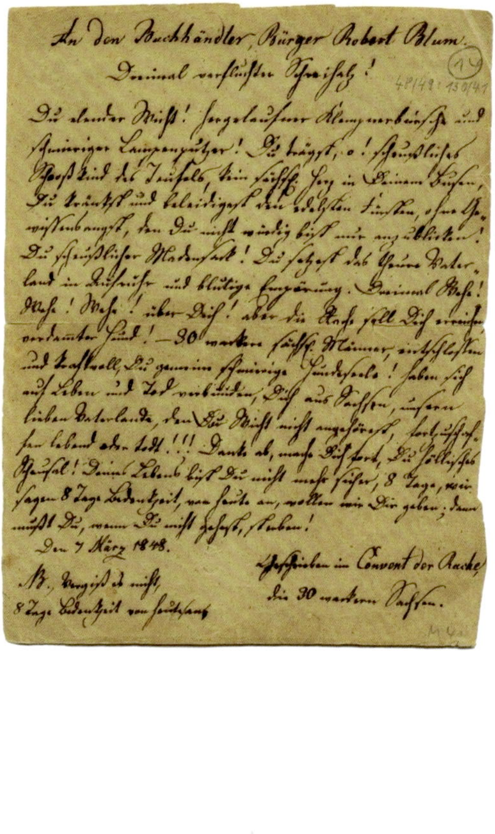

An den Buchhändler, Bürger Robert Blum.

Dreimal verfluchter Schreihals!

Du elender Wicht! hergelaufener Klempnerbursche und schmieriger Lampenputzer! Du trägst, o! scheußliches [illegible] des Teufels, kein sächs. Herz in Deinem Busen, Du kränkst und beleidigst den edelsten Fürsten, ohne Gewissensangst, den Du nicht würdig bist nur anzublicken! Du scheußlicher Madensack! Du setzest das theure Vaterland in Aufruhr und blutige Empörung. Dreimal Wehe! Wehe! Wehe! über Dich! aber die Rache soll Dich ereilen verdammter Hund! — 30 wackere sächs. Männer, entschlossen und kraftvoll, Du gemeine schmierige Hundeseele! haben sich auf Leben und Tod verbunden, Dich aus Sachsen, unserm lieben Vaterlande, dem Du Wicht nicht angehörst, fortzuschaffen lebend oder todt!!! Danke ab, mache Dich fort, Du höllisches Scheusal! Deines Lebens bist Du nicht mehr sicher, 8 Tage, wir sagen 8 Tage Bedenkzeit, von heute an, wollen wir Dir geben; dann mußt Du, wenn Du nicht gehst, sterben!

Den 7 März 1848.

Geschrieben im Convent der Rache, die 30 wackern Sachsen.

NB. vergiß es nicht, 8 Tage Bedenkzeit von heute an.

Nr. 28: Brief mit Todesdrohung gegen Robert Blum von »30 wackern Sachsen«, Leipzig 7. März 1848

Nr. 29: Der von Blum herausgegebene und in seinem eigenen Verlag erschienene Porträtband »Fortschrittsmänner der Gegenwart«, 1847

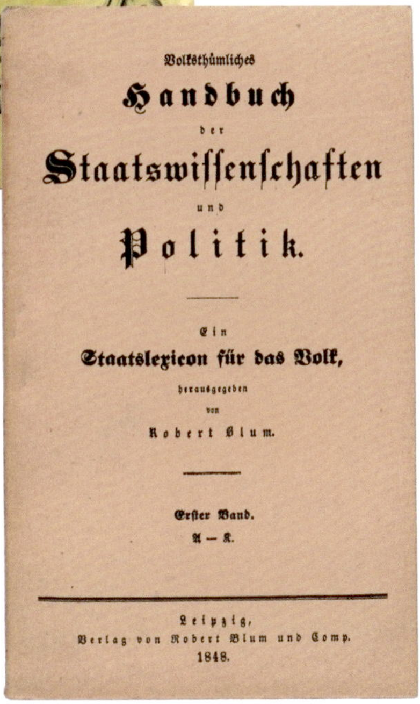

Nr. 30: Das von Robert Blum herausgegebene und verlegte »Handbuch der Staatswissenschaften und Politik«, 1848

Nr. 31: Die Paulskirche in Frankfurt am Main, Lithographie von Wilhelm Lang, 1848

Nr. 32: Die deutsche Nationalversammlung in der Frankfurter Paulskirche, am Pult mit Glocke der Präsident Heinrich von Gagern, in der Mitte beim Tisch Robert Blum, Lithographie nach Paul Berde, um 1849

Nr. 33: Die Fraktion der Linken in der Frankfurter Nationalversammlung, links unten Robert Blum, daneben Julius Fröbel, rechts unten Johann Adam von Itzstein, Lithographie von Schwabe, 1849

Nr. 34: Karikatur auf die Paulskirchenabgeordneten Schlöffel und Blum, Federlithographie von F.P., 1848

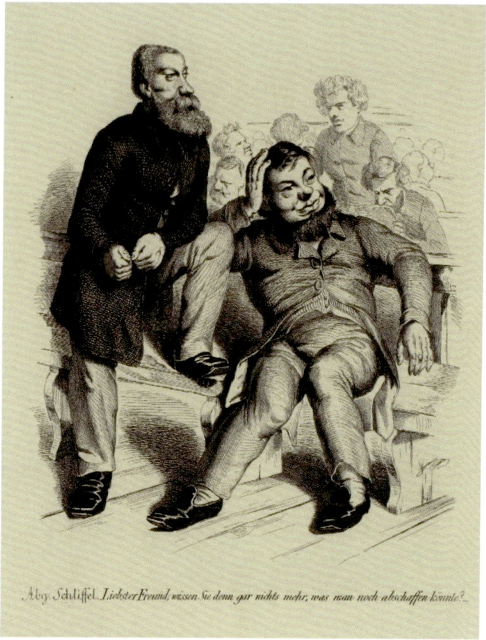

Nr. 35: Karikatur auf Heinrich von Gagern (Mitte) und seinen »Feuerschürer« Robert Blum, Lithographie von J.E. Mittenzwey, 1848

Nr. 36: Karikatur auf Robert Blum als Geburtshelfer der Germania bei der »Geburt« des Reichsverwesers Erzherzog Johann, Lithographie von Bernhard Johann Hirsch, 1848

Nr. 37: Karikatur auf Robert Blum als »Nußknacker« der Monarchie, am Hebel seine »Gehilfen«, die Abgeordneten Rößler (Oels) und Vogt (Gießen), Lithographie, 1848

Nr. 38: Ein Genius der Wahrheit, Karikatur auf Robert Blum als Herausgeber der »Reichstags-zeitung«, Lithographie von Alfons von Boddien, 1848

Nr. 39: Neuestes aus Wien, Karikatur auf Robert Blum als Hauptmann der Kommunalgarde in Wien, Lithographie, 1848

Nr. 40: Colossaler Fortschritt, Karikatur auf Robert Blum als Propagandisten der Revolution, Lithographie, 1848

Nr. 41: Alfred Fürst zu Windischgrätz, Gemälde von Aristides Oeconomo, 1850

Nr. 42: Robert Blum als Barrikadenkämpfer in Wien, Lithographie von Louis Schmitt, 1849

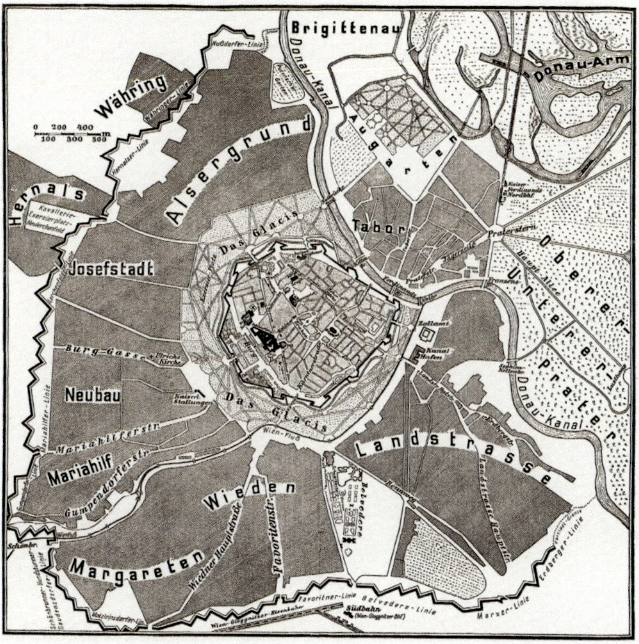

Nr. 43: Wien zur Zeit der Revolution von 1848, im Norden die Nußdorfer Linie, an der Robert Blum am 28. November 1848 eingesetzt war

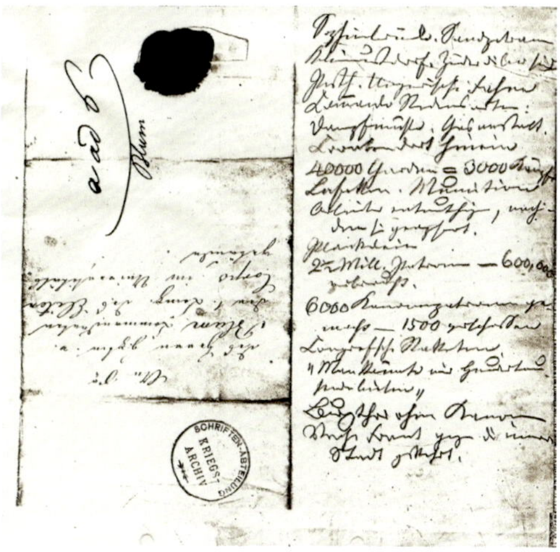

Nr. 44: Notizen von Robert Blum, geschrieben während der Verteidigung der Sophienbrücke in Wien am 26./27. Oktober 1848

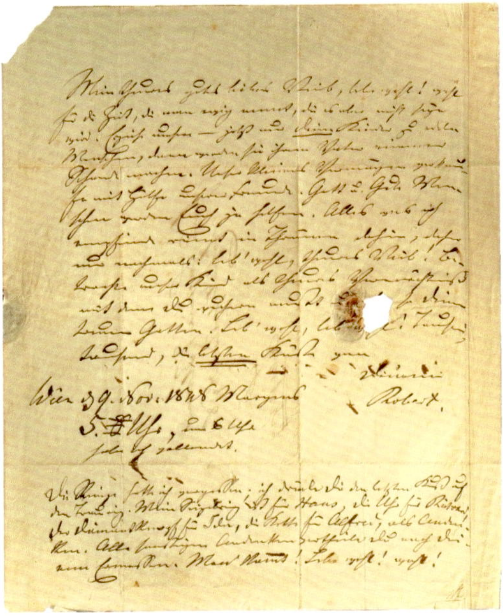

Nr. 45: Robert Blums Abschiedsbrief an seine Frau Jenny, Wien 9. November 1848

Nr. 46: Die Hinrichtung Robert Blums in der Brigittenau zu Wien am 9. November 1848, Holzstich aus der »Illustrirten Zeitung« vom 18. November 1848

Nr. 47: Erschießung Robert Blums, Gemälde von Carl Constantin Heinrich Steffeck, 1848/49

Nr. 48: Jenny Blum als Witwe,
Lithographie von August Hunger, um 1849

Nr. 49: Robert Blums Leben und Tod, Neuruppiner Bilderbogen Nr. 1398, Lithographie von Oehmigke & Riemschneider, 1849

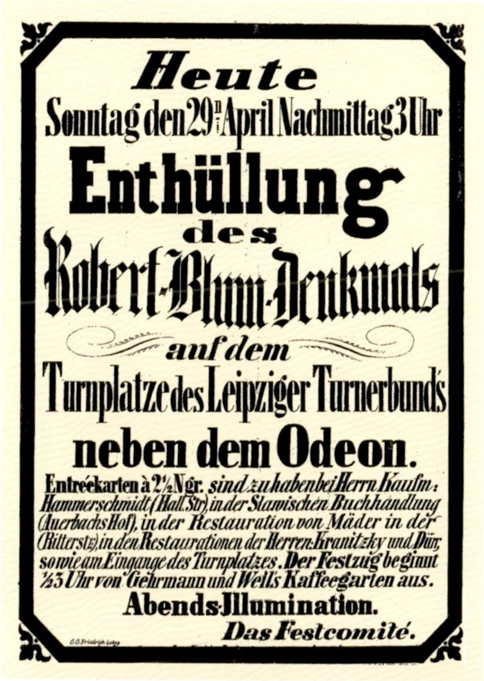

Heute
Sonntag den 29ⁿ April Nachmittag 3 Uhr
Enthüllung
des
Robert-Blum-Denkmals
auf dem
Turnplatze des Leipziger Turnerbund's
neben dem Odeon.
Entréekarten à 2½ Ngr. sind zu haben bei Herrn Kaufm.: Hammerschmidt (Hall. Str.), in der Slawischen Buchhandlung (Auerbachs Hof), in der Restauration von Mäder in der (Ritterstr.), in den Restaurationen der Herren Kranitzky und Dürr, sowie am Eingange des Turnplatzes. Der Festzug beginnt ½3 Uhr von Gehrmann und Well's Kaffeegarten aus.
Abends Illumination.
Das Festcomité.

Nr. 50: Plakat zur Enthüllung eines Denkmals für Robert Blum, Leipzig 29. April 1849

Nr. 52: Brosche mit dem Bild von Robert Blum, Porzellan, um 1850

Nr. 51 Souvenirtasse mit dem Bildnis Robert Blums, Porzellan mit Emailmalerei, um 1850

Nr. 53: Robert Blum, Gemälde von August Hunger, undatiert (zwischen 1845 und 1848)

Holstein »up ewig undegeelt« bleiben sollten; und da Holstein unbestritten deutsch war, auch zum Deutschen Bund gehörte, hätte demzufolge auch Schleswig Teil des entstehenden Deutschland werden müssen. Aus dänischer Sicht war es eine Schleswig-, aus deutscher eine Schleswig-Holstein-Frage.

»Vor unseren Flüssen und Häfen lauert der Däne«, hieß es im Mai in einem Aufruf für die Gründung einer deutschen Flotte.[716] Es war einer jener bizarren Nationalkonflikte, die nur aus der Sicht der Zeit verständlich sind. Beide Seiten verbissen sich auf groteske Weise in das Ziel, sich Schleswig zur Gänze einzuverleiben. Selbstverständlich ging es dabei um alles, um Ehre, Freiheit und Vaterland. Der Streitfall bekam zudem eine internationale Dimension, da Russland und England mit Sorge das Entstehen einer möglichen deutschen Seemacht beobachteten. Die beiden »neidischen Großmächte« mischten sich ein, dazu noch die »prahlerischen« Schweden – das war so die Sprache des Jahrhunderts, in diesem Fall sind es die Formulierungen von Hans Blum, geschrieben in den 1870er Jahren.[717]

Doch es ging auch um die deutsch-schleswiger Volksbewegung gegen die Unterdrückung durch den dänischen König. So jedenfalls sah es die deutsche Linke, ungeachtet dessen, dass auch die dänische Bevölkerung in Schleswig ihre nationalen Forderungen hatte. Aus heutiger Sicht mag das Ganze wie ein Kampf des deutschen Goliath gegen den dänischen David erscheinen. Das ist aber nur bedingt richtig, Dänemark war eine respektable Mittelmacht zur See, während Deutschland als Ganzes noch gar nichts war, jedenfalls als Akteur auf der internationalen Bühne. Da gaben immer noch die Einzelstaaten, Preußen und Österreich voran, den Ton an.

Sollte im Übrigen das vermeintliche Recht der Deutschen militärisch erkämpft werden müssen, kam nach Lage der Dinge dafür ohnehin nur die preußische Armee in Frage, die einzige ernst zu nehmende Militärmacht im deutschen Norden. So geschah es. Unter dem Druck der deutschen Nationalbewegung marschierten preußische Truppen im April in Schleswig ein. Die Deutschen waren begeistert, Preußen populär wie nie. Mancher auf der Linken hoffte bereits auf einen großen Krieg auch gegen den Zaren. Auch Blum sah ja im Sommer Krieg als *einziges Rettungsmittel.* Doch stattdessen kam bald der Frieden. Preußen wurde die Sache zu gefährlich. Die eifernden Demokraten und die nationalistischen Liberalen waren seltsame Verbündete der reaktionären preußischen Militärs. So sehr Blum die Soldaten immer wieder hatte politisieren wollen, begeistern wollen für die Sache der Freiheit – die preußische Armee blieb eine Wehr der alten Kräfte. Man zeigte wenig Lust, sich auf schwarz-rot-goldene Abenteuer einzulassen. Am 26. August schloss Preußen mit Dänemark in Malmö einen Waffenstillstand auf eigene Faust.

Die Empörung in Deutschland war groß, doch genau hieraus ergab sich eine Chance für die Linke. Sie konnte Preußen verbal attackieren, und zwar mit nationalen Argumenten, die bis weit in die Mitte, ja in die Rechte hinein populär waren. Darüber hinaus konnte sie Front gegen die neu eingerichtete Frankfurter Reichsregierung machen. Der Reichsverweser hatte nach seiner Wahl ein Kabinett gebildet, das aus Mitgliedern der gemäßigten Mitte bestand. Diese Regierung unter der Führung des Fürsten Leiningen hatte in der Schleswig-Frage umherlaviert, weil sie es sich weder mit der Nationalversammlung noch mit Preußen verderben wollte.

Blums Stimmung hellte sich schlagartig auf. *Ich bin über den dänischen Waffenstillstand wieder gesund geworden*, schrieb der Kopfwehgeplagte an Jenny.[718] Wenn es gelänge, eine Mehrheit im Parlament »gegen Malmö« zustandezubringen, müsste das Kabinett wohl gehen. Dann käme endlich die Linke zum Zug. Beide linken Fraktionen waren entschieden gegen den Waffenstillstand, dazu das Gros der linken Mitte. Auch eine Minderheit der rechten Mitte und sogar einige Konservative hielten »Malmö« für eine derart große Schmach, dass sie die Sache nicht billigen wollten. Erstmals also seit Bestehen der Nationalversammlung gab es eine reelle Chance der Linken, eine

Abstimmung zu gewinnen. Am 5. September entschieden die Abgeordneten. Das Ergebnis war knapp, aber sensationell: Mit 231 gegen 221 Stimmen wurde der Waffenstillstand abgelehnt – ein Triumph der Linken. Das Ministerium Leiningen trat zurück.

In sechs Wochen kann jetzt die Welt umgestaltet seyn, jubelte Blum.[719] Der 63-jährige Friedrich Dahlmann sollte eine neue Regierung bilden, ein alter liberaler Kämpe, der als junger Geschichtsprofessor in Kiel für die Rechte der schleswig-holsteinischen Ritterschaft gegen den dänischen König gefochten hatte. Dahlmann reihte sich in der Nationalversammlung im »Casino«, also der rechten Mitte ein, die »Malmö« mehrheitlich gebilligt hatte. Er selbst hatte jedoch, schon von seiner Vergangenheit her, nur gegen den Waffenstillstand stimmen können. Allerdings gelang es Dahlmann, dem Mann der rechten Mitte, nicht, mit der frohlockenden Linken eine Regierung zu bilden. Blum wäre als Minister gewiss erste Wahl gewesen. Hatte er nicht zu Beginn seiner politischen Karriere den Göttinger Flüchtling Dahlmann mit einer Rede in Leipzig empfangen, damals, 1837? Im spottfreudigen Frankfurt machte man sich schon über Blum lustig. Als es um die neue Regierung ging, war er »erstmals im Frack und behandschuht« im Parlament erschienen – wohl in der Absicht, seine Ministrabilität zu demonstrieren.[720] Im Nachlass findet sich die unbezahlte Schneiderrechnung.

Die alte Regierung Leiningen blieb einstweilen geschäftsführend im Amt. Preußen stand gegen die Mehrheit der Nationalversammlung. Einer musste nachgeben. Noch einmal hatte die Paulskirche über den Waffenstillstand abzustimmen, diesmal ging es um die Ratifikation. Blum sprach von der *Hauptschlacht. Die Parteien verkehren Tag und Nacht zusammen, um ein Resultat in ihrem Sinne zu erzielen.*[721] Er selbst bestieg am 16. September das Rednerpodium. Es war eine seiner besten Reden. Er griff die Lauheit der Reichsregierung an und machte deutlich, dass selbst ein konservatives, aber entschiedenes Ministerium noch besser sei als ein ängstliches. *Wir werden alle Ministerien, die halb und zweideutig und feig sind, und nicht wissen, was sie wollen und sollen, mit allen Kräften, die uns zu Gebot stehen, bekämpfen bis zu dem Augenblick, wo wir ein starkes haben, einerlei ob von dieser oder jener Seite.*[722] Die Zentralgewalt drohe zu einem *Centralschatten* zu werden.[723] Sarkastisch karikierte er das Verhalten ihres Gesandten Max von Gagern, der den Waffenstillstandsverhandlungen beigewohnt hatte: *Er reiste ab ohne Protest und ohne Verwahrung, und die ganze Reise gab nicht einmal Veranlassung zu einem gastronomischen Bericht, worin doch das Ministerium des Auswärtigen so groß ist.*[724] Ernst wurde er, als es um das Wiedererstarken der alten Kräfte ging. *Die alte Diplomatie* agiere, *als ob wir keinen Märzmonat dieses Jahres gehabt hätten, schaltet und waltet mit dem Schicksale der Völker nach ihrem Ermessen.*[725]

Das stärkste Argument der Gegner war die Furcht vor einem europäischen Krieg. Blum warf ein, dass diese Furcht nie eine Rolle gespielt habe, wenn es um den Kampf *gegen das Prinzip der Freiheit* gegangen sei. Er machte aber auch klar, dass eine deutsche Einheit in Europa nicht umsonst zu haben sein werde. *Daß das Ausland unsere Kraft und unsere Einheit nicht will, darüber dürfen wir doch wohl nicht zweifelhaft sein, und wenn das Ausland den geschlossenen Waffenstillstand preist, und wenn es unsere Nichtgenehmigung fürchtet, wahrlich, dann liegt darin nur ein Grund mehr, dass wir uns ernstlich besinnen sollen über Das, was wir thun.*[726] Dies sagte der Europäer Blum, der sich immer gegen jede Spielart des Chauvinismus verwahrt hatte. Der Vorwurf, so Blum, die Linke strebe nach permanenter Revolution, sei allerdings unsinnig, weil damit nur die *Errungenschaften unseres geistigen Daseins* gefährdet würden.[727]

Spöttisch kommentierte er die Anhänglichkeit an die Fürsten: *Wir haben es oft gehört, namentlich von der rechten Seite des Hauses, dass Sie Ihre Fürsten lieben, und ich erkenne dieses Gefühl an; denn die Liebe ist etwas Heiliges, mag sie sich wenden, wohin sie mag.* »Große Heiterkeit« des Hauses, vermerkt das Protokoll.[728] Das Ganze endete mit einer historischen Mahnung, wieder war die Große Revolution von 1789 präsent: *So lange Ludwig XVI. im Innern regierte gegen die Freiheit und das neue Leben seines Volkes, hatte er nur einen parlamentarischen Kampf, den er durch einen ehrlichen Vertrag hätte enden können; als er die Nationalität und die Ehre seines Volkes auf das Spiel setzte für seine dynastischen Interessen, als er mit dem Auslande liebäugelte, und sich sogar mit ihm verschwor, da war er verloren.*[729]

Alle Rhetorik half nichts. Einige Abgeordnete der Mitte wechselten die Front und drehten das Zahlenverhältnis zugunsten von »Malmö«: 258 zu 237 ergab die Zählung der Stimmen; das Parlament hatte den Waffenstillstand ratifiziert. Der Meinungswechsel war erleichtert worden, da es von dänischer Seite ein paar Kompromiss-Signale gegeben hatte. Aber letztlich war es wohl die Angst gewesen: Angst vor Preußen, vor Russland und England, vor Radikalisierung, vor den Volksmassen, Angst vor allem vor der eigenen Freiheit. Es war daher keine Übertreibung, wenn die Linke dies als Unterwerfung unter die alten Mächte sah. Die Mehrheit der Nationalversammlung hatte faktisch akzeptiert, dass es Veränderungen in Deutschland nur noch mit Zustimmung der alten Mächte geben würde. Der 16. September war der »schwarze Tag des Frankfurter Parlaments«, wie der große Historiker der deutschen Revolution, Veit Valentin, schrieb.[730]

Blum musste entscheiden, ob er bei diesem trüben Schauspiel mitmachen sollte. Auf der Leipziger Rede vor dem Schützenhaus hatte er gelobt, Mehrheitsentscheidungen als *heiligen Willen der Nation* anzuerkennen. Andererseits hatte er kurz vor der Abstimmung geschrieben, wenn es zu einer Niederlage komme, sei *der Traum aus und die Barrikaden müssen wieder beginnen.*[731] Tatsächlich begann nun die »Straße« – *die Kraft erregt die Gegenkraft* – Druck auszuüben. Die Mitglieder und Anhänger zahlreicher demokratischer Vereine in Frankfurt versammelten sich. Trotz der wimmelnden Buntheit dieser Szene drang man rasch zu der einen Forderung vor: Die Linke solle aus dem Parlament austreten und sich selbst konstituieren, als wahres Parlament, als Organ der revolutionären Gewalt, als Sachwalter des Märzwillens. Was das hieß, war jedem klar: die alten Mächte, voran Preußen, würden dies militärisch zu verhindern suchen. Die Forderung kam also einer Kriegserklärung gleich.

Parallel zu den demokratischen Vereinen trafen sich die Mitglieder der Paulskirchenlinken, und zwar diesmal nicht nur aus »Donnersberg« und »Deutschem Hof«, sondern auch aus »Westendhall«, der Fraktion der linken Mitte. Diese Gruppen betrachteten sich nun als die echten Erben des März. Wie die Paulskirche insgesamt in der Schleswig-Frage eine prinzipielle Entscheidung zu treffen hatte, so schlug nun der Linken die Stunde: Austritt oder Verharren? Und wieder gewannen die Moderateren. Preußen hatte die Reichsregierung verprellt, diese die Paulskirche, die Paulskirchenmehrheit die parlamentarische Linke, und diese verprellte nun die demokratische Bewegung. Blum stand an der Spitze derer, die an der Nationalversammlung festhielten, pragmatisch, vernünftig bis zur Selbstverleugnung. Und noch immer hegte er die Hoffnung, es könnte eine linke Regierung zustande kommen.

In den folgenden Tagen übernahmen die außerparlamentarischen Kräfte das Regiment: »Straße« und Militär. *Die Kraft erregt die Gegenkraft:* unerbittlich, gleich einem mechanischen Gesetz forderte nun die Gewalt auf beiden Seiten ihr Unrecht und überschrie alle mahnenden Stimmen, die am Parlament festhielten. Der Frankfurter städtische Senat, bedrängt von der Reichsregierung, rief österreichische und preußische Truppen aus Mainz herbei. Am 18. September kam es zum Zusammenprall: Da war sie also, die zweite Revolution.[732] Doch dieser 18. September war wahrlich keine Wiederholung des 18. März. Aus dem Konflikt gingen nur die alten Kräfte gestärkt hervor. Das Militär räumte nach stundenlangem Kampf die Barrikaden und besetzte die gesamte Stadt. Noch verheerender aber für den revolutionären Elan war ein politischer Mord: Ein wilder Haufen tötete abseits der eigentlichen Kämpfe zwei Abgeordnete der Rechten, Fürst Felix von Lichnowsky und Hans von Auerswald. Das Bürgertum war entsetzt, die Begeisterung für die Revolution schwand jäh dahin. Lieber ein Bündnis mit der alten Ordnung als »Volksherrschaft«. Eine Umgestaltung Deutschlands nur noch so weit, als sie mit Preußen möglich war. Die Reichsregierung verhielt sich entsprechend, zog die Zügel immer straffer. Die erste Revolution kämpfte gegen die zweite. Nun, beim Niederschlagen der aufflackernden Aufstände in ganz Deutschland, hatte sie endlich die exekutive Macht, die ihr immer gefehlt hatte. Denn dafür waren die Truppen der Einzelstaaten gern zu haben.

Ich kann keinen Brief schreiben; Zustände und Stimmung sind zu furchtbar, ließ Blum Jenny in einer kurzen Notiz wissen.[733] Er hatte bis zuletzt auf Vermittlung gesetzt, wollte weder diese zweite Revolutionswelle noch einen Militärschlag. Er warnte, wo er konnte, die Aufständischen vor unüberlegtem Handeln und versuchte zugleich die Reichsregierung vom Einsatz des Militärs abzuhalten. Diese Art von Äquidistanz war gewiss aller Ehren wert, aber es war nicht die Zeit von Vermittlung und Kompromiss, es war die Zeit der Entscheidung. Einige Tage später, Anfang Oktober, schrieb er ausführlicher. Er sei *wirklich müde [...], völlig abgerungen in dieser Sisyphusarbeit, die ewig sich erneuert und kaum einen Erfolg zeigt.* Der physische Raubbau zeigte Wirkung, doch Blum war psychisch robust. *Es muß ausgehalten sein [...] die Erschlaffung [...] wird wohl auch wieder weichen.* Er erwartete nun die Wende für das Frühjahr. Das *Ministerium Blum* sei *bis Ostern verschoben; wenn es auch dann nicht so* HEISST, *so wird es doch wahrscheinlich so* SEYN.[734]

Sein unerschütterlicher Glaube, doch noch ein nationales Amt zu erringen, wurde durchaus geteilt. Rückblickend urteilte der Abgeordnete Hugo Wesendonck: »Wäre das Unmögliche damals möglich gewesen«, – gemeint war ein deutscher

Präsident –, »es hätte sich nur um Blum oder Gagern handeln können, letzterer ein Muster edler Männlichkeit, ersterer fast ein Satyr. [...] Aber Blum hätte gesiegt, denn er war der beste Ausdruck des liberalen – meinetwegen kleindeutschen Bürgerthums.«[735]

WIENER BLUT
(1848)

Selten ließ der dramatische Alltag 1848 Zeit für Reflexion. Doch nach dem Septemberdesaster sahen sich Blum und seine politischen Freunde genötigt, ihre Haltung zu überdenken. Die Spaltung der Revolution war vollkommen, und das, was Blum zu verhindern trachtete, war eingetreten: die Moderaten marschierten im Gleichschritt mit der Reaktion, die republikanische Linke kämpfte auf den Barrikaden. Wo war da sein Platz? Er sprach immer gern von den *Halben*, denen, die nicht entschieden genug vorgingen. Doch war aus dem Demokraten, dem Republikaner nicht selbst längst ein Halber geworden? In den letzten Wochen hatte er viel Energie aufgewandt, um die »Straße« zu beruhigen. Und schon immer war er von manchem Radikalen als lauer Legalist gesehen worden; der Königsberger Demokrat Albert Dulk hatte ihm bereits 1845 wegen seiner »weichen Mittelmäßigkeit und Gesetzbetrunkenheit« gezürnt.[736]

Ablenkung von der fatalen Lage fand er, ein letztes Mal, auf Wanderungen, beim Volk. Am 8. Oktober ging es mit einer Gruppe in den Odenwald, nach Zwingenberg an die Bergstraße und von dort aufwärts zum Schloss Auerbach. Ein Teilnehmer hat beobachtet, welche Popularität Blum dort genoss. Blum stehe wohl hoch in Ehren?, fragte er den Wanderführer, während sie durch die Weinberge gingen. »Das will ich meinen. Herr Blum über alles. [...] Da sind viele, die haben seit dem März sich so umgewendet [...] Aber Er! Nicht um einen Finger breit! [...] Herr Blum weiß, wo uns der Schuh drückt, der hat es auch empfunden und will uns helfen. Darum lieben wir ihn alle [...], und wir ließen uns alle für ihn todtschlagen!«[737] Diese rührende Anhänglichkeit hat ihm gewiss Kraft gegeben, ihn aber auch Kraft gekostet, denn er spürte, dass die

Erwartungen an seine Politik und seine Möglichkeiten viel zu hochgesteckt waren.

Der Dramatiker und Paulskirchenmann Heinrich Laube, immer ein wenig eifersüchtig auf den prominenten Theatersekretär, gab dem toten Blum quasi rückblickend die Empfehlung, er hätte zum reinen Proletarierführer werden sollen, statt zwischen den unteren Schichten und den Bürgern vermitteln zu wollen.[738] Er schlug damit einen kritischen Ton an, der von marxistischer Seite oftmals ganz ähnlich angestimmt worden ist. Blum aber war nicht wirklich ein Parteiführer. Gewiss auch kein Arbeiterführer; dazu hatte er, der soziale Aufsteiger, sich schon zu weit aus der Welt seiner Herkunft entfernt. Blum war immer durch und durch Vermittler, pragmatischer Kompromissler, trotz seiner rhetorischen Begabung, seiner Lust an der feurigen Rede – ein Politiker für die dicken Bretter, nicht für die Barrikade, ein *Sisyphus*, wie er sich selbst einmal nannte. Irgendwie musste es gehen, so empfand er es, irgendwie mussten einfaches Volk und wohlhabende Bürger sich zusammenraufen, Demokraten und Liberale, Parlament und Straße, Hecker und Gagern, alle, die einstmals zusammen unter der schwarz-rot-goldenen Fahne gekämpft hatten. Er selbst verkörperte ja so viele dieser Widersprüche in sich: war selbst Bürger und Proletarier, Parteimann und Diplomat, fleißiger Abgeordneter und genialische Künstlernatur. Wahr ist aber auch, dass ihn just diese inneren Spannungen wie die äußeren Herausforderungen fast zerrissen, dass es ihn mal zu jener, mal zu dieser Seite zog. Und so folgte auf den Mann des Parlaments am Ende doch noch der Mann auf der Barrikade.

Um den 12. Oktober traf in Frankfurt die Nachricht von einer zweiten Revolution in Wien ein. Dort hatten Arbeiter, Studenten, Kleinbürger und ein Teil des Bürgertums am 6. Oktober faktisch die Herrschaft in der Stadt übernommen. Das Militär zog aus, Kaiser und Hof flohen ins zweihundert Kilometer entfernte Olmütz. Eine vergleichbare Dynamik wie in Wien hatte es 1848 in Deutschland nirgendwo sonst gegeben.

Hier herrschte nun das Volk oder – je nach politischem Blickwinkel – der »Pöbel«. Das Parlament, der Reichstag, war geblieben, und selbst als ein Teil der Abgeordneten schließlich die Stadt verließ, versammelten sich die linken Abgeordneten weiter als Rumpfparlament. Aus seiner Mitte wurde als Regierungsersatz der Sicherheitsausschuss gebildet, die »Reichstagspermamenz«. Außerdem amtierte noch der Gemeinderat der Stadt, der am 5. Oktober neu gewählt worden war. Gewissermaßen als Repräsentant der kaiserlichen Regierung blieb Finanzminister Philipp von Krauss am Ort. Diese Institutionen verkörperten die Rechtstradition und spendeten dem revolutionären Wien Legitimität. Daneben aber herrschten die »Gremien« der Revolution, der Studentenausschuss und die demokratischen Vereine.

Blum war fasziniert. Dies war eine neue Chance, ganz anders als die bisherigen. Es ging hier nicht mehr darum, einen Aufstand zu inszenieren oder zu verhindern. Die Aufständischen hatten ja bereits die Macht, sie regierten die Stadt, die Residenz-, die Kaiserstadt, die wichtigste und größte des Reichs, mit (einschließlich Vorstädten) einer halben Million Einwohnern die zweitgrößte des Kontinents. Dort, so war Blum bald überzeugt, *entscheidet sich das Schicksal Deutschlands, vielleicht Europas.*[739]

Beim Blick nach Wien wurden in Frankfurt die Abgeordneten und Reichsminister nervös. Sollte der letzte Akt der Revolution in Wien aufgeführt werden statt in Frankfurt? Mit einem blutigen Kampf? Was war das kleinere Übel: die rote Revolution oder die schwarz-gelbe Reaktion? Der schwarz-rot-goldene Mittelweg schien zunehmend verbaut. Der Reichsverweser entsandte zwei brave Bevollmächtigte, die zwischen Kaiser und Revolution vermitteln sollten, den Abgeordneten Karl Theodor Welcker und den oldenburgischen Gesandten bei der Zentralgewalt, Johann Ludwig Mosle. In Olmütz, am Hof des zunehmend verwirrten Kaiser Ferdinand, wurden sie wie zwei wundersame Weltenbummler bestaunt.

Die Friedensfahrt Welckers bezeugt, wie tief der Graben zu Blum, seinem Freund aus Vormärztagen, jetzt geworden war. Denn die Frankfurter Linke wollte nicht mehr vermitteln: Sie sah sich an der Seite der Revolution und brachte eine Adresse an die Wiener Freunde zur Abstimmung. Als sie keine Mehrheit in der Paulskirche fand, fasste sie den Entschluss, auf eigene Faust eine Delegation in die Stadt zu senden. Wer zuerst die Idee hatte, bleibt unklar. Moritz Hartmann vom »Donnersberg« behauptet, er habe als Erster diesen Wunsch geäußert.[740] Während der Abstimmung in der Paulskirche scheint Blum dann die Sache vorangetrieben zu haben. Er ließ unter den Linken einen Zettel herumgehen: *Wenn wir überhaupt eine Delegation nach Wien senden wollen, müssen wir jetzt Beschluss fassen und heute Abend wählen. Die Gewählten müssen morgen früh abreisen.*[741]

Blum hatte sich wohl bereits entschieden: Er wollte selbst an die Donau. Gegenüber seinen Freunden setzte er durch, dass er zu den Wienfahrern gehören sollte. Zwei der vier Delegierten entsandte der »Deutsche Hof«, zwei der »Donnersberg«. Aus dieser, der radikaleren Fraktion, stammte Julius Fröbel, ein gleichermaßen naturwissenschaftlicher, literarischer wie politischer Kopf, der etwa zum selben Zeitpunkt wie Blum – Ende der 1830er Jahre – seine oppositionelle Arbeit begonnen und einen Verlag mit politischen Schriften gegründet hatte. Sein Fraktionsgenosse war Moritz Hartmann, ein österreichischer Dichter und Freund Heinrich Heines; er war aus seiner böhmischen Heimat emigriert und sollte später mit seiner »Reimchronik des Pfaffen Mauritius« 1849 eine hübsche Satire auf das tolle Jahr verfassen. Vom »Deutschen Hof« stieß Albert Trampusch dazu, ein etwas undurchsichtiger Hinterbänkler, der in Wien als Anwalt ansässig war. Der vierte Mann hieß Robert Blum.

Was trieb ihn nach Wien? War es Flucht? Doch wovor? Vor der sogenannten »Wirklichkeit«? Gewiss hatte der September eine Situation geschaffen, die Blum ein Verbleiben im Parlament fast unerträglich erscheinen ließ. Doch Blum als Flüchtling – das wäre das Ende gewesen, denn wie kaum ein anderer verkörperte er ja diese Revolution. Blum als Flüchtling – das wäre das Gegenbild zu Metternich gewesen, zur Flucht des verhassten Kanzlers im März aus Wien nach London.

Blum war kein Flüchtling. Er wollte nur dorthin, nur dort weitermachen, wo noch Hoffnung war. *Wenn Wien nicht siegt, so bleibt […] nur ein Schutt- und Leichenhaufen übrig,* glaubte er.[742] Nachdem ein halbes Jahr Arbeit in Frankfurt der Linken keinen Millimeter Geländegewinn erbracht hatte, richtete sich all seine verbliebene Hoffnung nun auf Wien. Auch ganz persönliche Erwartungen spielten mit hinein. Die Reise würde für ihn wohl eine seelische Befreiung sein; eine Art von Katharsis erwartete er sich im Stillen. In jedem Fall bot sie Ablenkung vom Dilemma in der Paulskirche, die so verkopft begonnen hatte und jetzt so verzopft zu enden drohte. Hinzu kam seine finanzielle Lage: Sie blieb dramatisch schlecht; der Briefwechsel mit Jenny zeugt davon. Und so banal es klingen mag: eine rasche Entscheidung über den Erfolg oder Nichterfolg der Revolution war für ihn auch eine materielle Notwendigkeit. Doch über all dem stand vielleicht das stärkste und persönlich einfachste Motiv: Er musste immer helfen. Er litt geradezu am Helfersyndrom, wie man heute sagen würde. Da konnte ihn die Not in Wien, die Lage der Kampfgefährten im Geiste, von Feinden umzingelt, nicht kaltlassen.

So trieb ihn eine Fülle von Motiven dazu, sich auf die Reise zu machen, eine Mischung aus politischen und persönlichen Gründen. Pathetisch formuliert: Wien war Blums Bestimmung. Es sollte eine Reise ohne Wiederkehr werden. Als eine dramatische Kehre indes, als eine Art Rückfall ins Rechtlose und Anarchische empfand er seine Wendung weg vom Parlament und hin zur Barrikade allerdings selbst nicht. Für Blum wie für das ganze revolutionäre Wien hatte die Regierung das Recht gebrochen. Auch der polnische General Józef Bem, der die Verteidigung des revolutionären Wien leitete, sollte die kaiserlichen Truppen in einem Aufruf einmal als »Rebellen« bezeichnen.[743] Gemeinderat und Rumpfreichstag verbürgten eine breite und traditionsgestützte Basis der neuen Herrschaft. *Wien ohne Reichstag ist nur eine revolutionaire Stadt, mit Reichstag ist es der legale österreichische Staat*, war Blums Ansicht.[744] Und er mochte sich nun an seine Anfänge erinnert fühlen, hatte er doch einst, in den dreißiger Jahren, die Monarchie als *Hochverrat am Volk* bezeichnet.

Nun wieder ein Ziel vor Augen, verbiss er sich ganz in die Sache, ließ sich keine Zeit, brach von Frankfurt auf, am 13. Oktober, hastete an die Donau – über Leipzig, wo er die Familie kaum sah, und über Breslau, wo er von Demokraten bejubelt wurde. Moritz Hartmann, der ihn mit den anderen Mitgliedern der Delegation begleitete, behauptete im Rückblick, er habe, »Garibaldi ausgenommen«, wohl »keinen Menschen kennengelernt [...], der so ganz Einem Gedanken angehörte« wie Blum: »Ich erkannte einen Menschen, der seit Jahren mit unendlicher Energie Einen Gedanken hegte, Einen Zweck verfolgte und sich nur mit den Mitteln und Wegen zur Erreichung dieses Zweckes beschäftigte. [...] Ich hörte einen Mann sprechen, der nicht mehr träumte und schwärmte und Luftschlösser baute; positive, bestimmte Pläne lagen ausgebreitet vor seinem Blicke; Alles, was er seit Jahren und Jahren gethan, unternommen und unterlassen, war mit Hinblick auf ein einziges gewisses, bestimmtes Ziel unternommen und unterlassen worden: aber Alles bisherige war nur Vorbereitung gewesen; ein Arsenal von Hülfsmittteln lag noch in diesem Kopfe bereit. Er hatte an Alles gedacht; er besaß überall Verbindungen, und er hielt Fäden in der Hand, die nach den verborgensten und entlegensten Winkeln Deutschlands, ja Europas ausliefen.«[745]

Am 17. Oktober erreichten sie ihr Ziel. *Der Eintritt in die Stadt erst lässt den Kriegszustand erkennen. Die eine Donaubrücke ist außerordentlich stark verschanzt, die andere ist völlig frei; doch liegt das Material zur Befestigung überall bereit;*

auch ist bei beiden Vorkehrung zur Zerstörung getroffen. Jetzt vermehren sich die Wachen, die Befestigungs-, die Vertheidigungsmittel, von Sachkundigen werden dieselben meisterhaft genannt; man begegnet zahlreichen Nationalgarden, Studenten, Arbeitern usw. Die Barrikaden sind sehr stark und kunstgerecht, besonders in der Nähe der Universität, aber der Verkehr ist nirgend gehemmt.[746]

Blum blühte auf – noch einmal, mitten im Herbst, schien ihm die Märzsonne zu lachen. Und Wien, das er nicht kannte, war ein Ort, dessen Charme ihn sogleich bezauberte, *prächtig, herrlich, die liebenswürdigste Stadt, die ich je gesehen.*[747] Ihm gefiel die Pastell-Atmosphäre, die sich die Stadt durch das dramatische Jahr hindurch bewahrt hatte, er ließ sich hinreißen von der weichen und lässigen Form, dem beschwingten, doch höflichen Ton, der unangestrengten Eleganz. Ihn faszinierte aber nicht minder als das ewige Wien, das neue, das revolutionäre Wien der Studenten, Arbeiter und Kleinbürger, ihr Selbstbewusstsein, ihre Chuzpe. *Die Leute treiben die Revolution gemütlich, aber gründlich*, schrieb der soeben Angekommene nach Leipzig, *die Verteidigungsanstalten sind furchtbar, die Kampfbegier grenzenlos. Alles wetteifert an Aufopferung, Anstrengung und Heldenmuth.*[748]

Das Frankfurter Quartett hastete durch jene Institutionen, die nun hier das Sagen hatten: Rumpfreichstag, Gemeinderat, Studentenausschuss, Akademische Legion. »Blum war unser Sprecher«, erinnerte sich Fröbel später, und er habe sich seiner Aufgabe »mit seiner gewohnten Virtuosität in Gelegenheitsreden« gestellt.[749] In der Reichstagspermanenz, *wo die Abg[eordneten] freudig und feierlich begrüßt wurden,*[750] hielt Blum als Einziger eine Ansprache. Im Anschluss verfolgten sie von der Diplomatentribüne aus die Sitzung des Reichstags, auf der Franz Schuselka, der Wiener Liberale und Deutsch-Katholik, die Grußadresse der Frankfurter verlas. Mittags ging es in den »Roten Igel«, ein Gasthaus, in dem sich die Demokraten regelmäßig zu Strategiegesprächen trafen. »Alles drängte sich um Robert Blum«, beobachtete der Schriftsteller und Zeitzeuge Berthold Auerbach.[751] Dann begaben sich die Vier zum Permanenten Ausschuss der studentisch dominierten Akademischen Legion, der »Aula« genannt wurde, weil er sich dort, in der Aula der Akademie, einst zusammengefunden hatte. Auch hier wurden die Frankfurter *mit wahrer Begeisterung aufgenommen und vom Vorsitzenden festlich begrüßt.*[752] Blum, Fröbel und Trampusch erwiderten, priesen den Ruhm und den Ruf, den sich die »Aula« in Deutschland erworben habe. Sogleich wurden sie zu Ehrenmitgliedern der Legion ernannt; feierlich überreichte man ihnen Schwerter. Am folgenden Tag besuchten sie den Gemeinderat, wo sie, »durch ihren Redner Blum die Wiener mit vollen Phrasen der Bewunderung und des innigsten Dankes« überschütteten.[753] *Wien scheint die hohe Aufgabe zu haben, an seinen Namen einen Wendepunkt deutscher Geschichte zu knüpfen*, rief Blum den Repräsentanten der Stadt zu.[754]

So vieles war ihm neu in der Wiener Welt des Jahres 1848, dieser kleinen Miniaturrepublik, umzingelt von einem Militärkaisertum. Und doch agierte er nicht anders als in Leipzig oder Frankfurt. Er redete, er predigte, er debattierte. Bisweilen schien es, als hätten lediglich die Kulissen gewechselt. Statt in den »Deutschen Hof« ging er nun in den »Roten Igel«, statt in der Nationalversammlung sprach er nun in der »Aula«, statt für die »Reichstagszeitung« schrieb er nun für den »Radikalen«, ein demokratisches Wiener Blatt. Auch alte Freunde traf er wieder: Albert Lortzing etwa,[755] der seit 1846 hier lebte, oder Franz Schuselka, den er von der deutsch-katholischen Bewegung und von der Paulskirche her kannte.

Blum und Fröbel, die im selben Hotel wohnten, sahen nach ihrer Prozession durch die Wiener Institutionen zunächst ihre Mission als erfüllt an. Am 17. Oktober schrieb Blum an seine Frau nach Leipzig, dass er in einigen Tagen abreise,[756] am 20. Oktober, schrieb er etwas widersprüchlich, er sei *fest eingeschlossen*, werde aber *irgendwo durchkommen [...] Hoffentlich sehen wir uns wieder und bald! Sollte es nicht sein, ertragen wir unser Schicksal.*[757] Am selben Tag hatte er den sächsischen Gesandten Rudolf von Könneritz um Passpapiere gebeten. Auch Fröbel hatte Probleme, seine Dokumente zu bekommen, und so rangen sich beide nun dazu durch auszuharren – gleich, wie das Ende sein würde.

Um diese Zeit, um den 20. Oktober herum, wurde die Stimmung trüber. Ziel der kaiserlichen Truppen war die Einkesselung der Stadt; der Oberbefehlshaber Alfred Fürst zu Windischgrätz, dessen Truppen bereits im Juni das aufmüpfige Prag brutal zusammengeschossen hatten, glaubte so die Revolution aushungern zu können. Ängstlich errechnete man in Wien, wie lange die Lebensmittel reichen würden. Die Märkte leerten sich. Von Dächern und Türmen aus tasteten die Eingeschlossenen die Umgebung der Stadt ab, suchten die Zeichen zu lesen, die Zukunft zu deuten: »Auf dem Glacis weiden Heerden grauer Ochsen mit den großen spitzen Hörnern, wir sind also doch noch wohl versorgt, wenn wir bald eingeschlossen werden«, notierte Auerbach am 19. Oktober.[758] *Wenn nur der Magen nicht wäre! [...] Zwar ist Brod und Fleisch für 3 Wochen hier, aber die Preise steigen enorm und die Angst der Leute in demselben Verhältniß*, berichtete Blum an Jenny am folgenden Tag.[759]

Der Hunger – oder die Ungarn. Die Ungarn waren die große Hoffnung Wiens. Sie hatten es fast geschafft, so schien es, die Habsburger Herrschaft abzuschütteln und waren demzufolge die natürlichen Verbündeten der Wiener Revolution. Im Vorfeld Wiens, sozusagen im Rücken der kaiserlichen Truppen, operierte eine ungarische Freiheitsarmee. Gebannt beobachtete man vom Turm des Stefansdoms aus den Rhythmus des Drängens und Weichens der magyarischen Helden, gleich einem Schauspiel von Ebbe und Flut.

Allen Beteiligten war klar, dass der Kampf unausweichlich war. Es begann mit den obligaten Drohungen. Am 22. Oktober wurden in Wien harsche Worte des Fürsten Windischgrätz bekannt. In seiner »Lundenburger Proklamation« stellte er fest, Wien sei »preisgegeben der Willkür einer Handvoll Verbrecher«. Er erklärte den Belagerungszustand und die Unterordnung der Zivilbehörden unter seine »Militärautorität«. Reichstag und Gemeinderat konterten, indem sie die Proklamation für ungesetzlich erklärten. Die Atmosphäre in der Stadt wurde hitziger, der Widerstandsgeist durch die fürstliche Proklamation merklich belebt. Blum antwortete im »Radikalen«. Seine brillante Replik bestätigt, dass er Windischgrätz als gesetzlosen Rebell, die Wiener Revolutionäre dagegen als Wahrer des Rechts sah: *Lebten wir im Karneval, wir würden dieses Placat für die tolle Ausgeburt eines Witzboldes halten [...]. Aber die Sache hat auch eine sehr ernste Seite [...] Leider ist es wahr, dass »Leben und Eigenthum der Willkür einer Handvoll Verbrecher preisgegeben ist«. Eine Handvoll bewaffneter Bürger Österreichs, theilweise Verbrecher, zum größten Theil aber Verführte, an ihrer Spitze der Fürst zu Windischgrätz, lagern vor den Thoren der Stadt und vernichten dadurch den Wohlstand Tausender [...] Will der Fürst Windischgrätz wirklich »Ruhe und Ordnung wieder herstellen«, so entferne er sich möglichst bald mit seiner Schaar [...] Stellt er die Ruhe und Ordnung des Gesetzes, welches er allein und schwer verletzt, nicht bald her, so möchte leicht das neunzehnte Jahrhundert ihn lehren, was ihn die Geschichte der frühern nicht gelehrt zu haben scheint: Daß es nicht nur der Sinn für Gesetz und Ordnung, sondern auch der starke bewaffnete Arm des freien Bürgertums war, welcher die adeligen Raufbolde des Mittelalters mit blutigen Köpfen heimschickte und ihre Macht für immer brach! Das Bürgertum braucht sich seiner Ahnen nicht zu schämen und kann mit Stolz auf deren Thun zurück blicken; aber es wird auch wissen, ihrem Beispiele zu folgen und ihrer wert zu sein.*[760]

Die »Lundenburger Proklamation« weckte Blums Kampflust. Zunächst beschränkte er sich noch auf das Wort, bald aber kämpfte er, der seit seinen preußischen Rekrutentagen kein Gewehr mehr getragen hatte, mit der Waffe in der

Hand. Weiterhin gab er sich offensiv wie nie zuvor, äußerte sich markig und aggressiv. Es ist nicht zu verkennen, dass er nun, da die Fluchtwege nach Leipzig und Frankfurt versperrt waren, eine neue Radikalität entwickelte. Und eine neue Arbeitswut. Am 23. Oktober verfasste er sein Pamphlet »Was tut not?« und den Artikel für den »Radikalen«, der am folgenden Tag erschien. Ebenfalls am 23. schrieb er ausführlich an Carl Vogt und etwas kürzer an einen weiteren Vertrauten. Zudem sprach er am selben Tag noch in der Aula.

In Ansätzen hat er so etwas wie eine militärische Strategie entwickelt, die er in den verschiedenen Schriften des 23. Oktober ausführte. Der Feind, das war seine These, werde in den Straßen der Stadt keine Chance haben. Daher werde er diese Auseinandersetzung vermeiden, dem Kampf aus dem Weg gehen und ganz auf das Aushungern und das Zermürben setzen. Um die kaiserlichen Truppen doch in die Stadt zu ziehen, in die Falle, müsse die Attacke gewagt werden. Wien *muss angreifen, Ausfälle machen, Bahn brechen für Lebensmittel und die Feinde ermüden, dann erst wird es siegen.*[761]

Blums Rede in der Aula am 23. Oktober war sein berühmtester Auftritt in Wien. Sie war bald Stadtgespräch – später sollte sie ihm zum Verhängnis werden. Selten zuvor hatte er zu ähnlich radikalen Worten gegriffen. Freilich weichen die Aussagen der Ohrenzeugen stark voneinander ab; der Text ist nicht erhalten. Er begann wohl mit einer Charmeattacke auf die Wiener: »Ganz Deutschland blicke in bewundernder Sympathie auf Wien«, so zitiert ihn die »Wiener Zeitung«, »von welchem das große Umwälzungswerk unserer Zeit ausgegangen. Denn während in Berlin, der Stadt speculirender Philosopheme und kalter Theorien, der Worte viel, der Handlungen wenige gebothen werden, habe das gemüthliche, als phäakisch verschrieene Wien, eine Willens- und Thatkraft, sowie einen Geist der Aufopferung gezeigt, die hinreißend auf das übrige Deutschland wirken müssen.« Dann kommt er, laut »Wiener Zeitung«, zu seiner Botschaft: »*Keine halbe Revolution! [...] Fort-*

schreiten, wenn auch blutiges, auf der eingeschlagenen Bahn, vor Allem, keine Schonung gegen die Anhänger des alten Systems, die Ruhe aus selbstsüchtigen Absichten begehren, gegen diese werde *ein Vernichtungskampf ohne Erbarmen geführt!*« Er schloss mit der düsteren Prophezeiung: »*Wenn Wien den Tod im Kampfe für die Freiheit sterben sollte, so würde aus seiner Asche ein zermalmender Rachegott über Deutschland sich erheben!*«[762] Während dieser letzten Worte waren in der Ferne bereits Gewehrschüsse und Kanonendonner hören.

Ein wüstes Wort: *Vernichtungskampf.* Die »Ostdeutsche Post«, ein anderes Wiener Blatt, zitiert es ebenfalls. Viele Wiener zeigten sich schockiert über den blutrünstigen Blum. Die Wiener »Presse« schrieb: »Wer hat Herrn Robert Blum das Mandat gegeben, das Volk Wiens zum Wahnsinne des Terrorismus aufzustacheln, damit den Blättern der Geschichte, auf welchen die Ereignisse der letzten Tage verzeichnet stehen, Flecke von Blut und Schmach aufgedrückt werden? Hat Herr Robert Blum diese Worte gesprochen, dann hat er – wir sagen es unumwunden – sich entehrt.«[763]

Mit dem rauen Ton gewann er zwar Sympathien unter den Studenten und kleinen Leuten; die Versammlung bestand in »ihrer größern Hälfte [...] aus Nicht-Akademikern«.[764] Doch er verprellte damit liberal gesinnte Bürger, potenzielle Verbündete. Andererseits ist es mehr als zweifelhaft, dass er, wie etwa von Heinrich Laube behauptet,[765] vom »Latourisieren« gesprochen hat, das notwendig sei. Österreichs Kriegsminister Theodor Baillet von Latour war am 6. Oktober von einer aufgebrachten Menge ermordet, sein Leichnam an einer Laterne aufgeknüpft und verstümmelt worden. Es finden sich ohnehin genügend Berichterstatter, die Blums Rede weniger martialisch empfanden. So artikuliert die »Wiener Zeitung« eher ihr Unbehagen darüber, dass sich Blum »auf allgemeine Redensarten« beschränkt habe, »wie wir sie auch hier von Eingebornen öfters und vielleicht drastischer ausgesprochen hörten.«[766] Ignaz Kuranda und Eduard Wessel, die für die »Ostdeutsche

Post« schrieben, sagten später im Prozess gegen Blum aus, die Passage über das Vorgehen gegen den inneren Feind sei sehr »verworren« gewesen, so dass Blum möglicherweise auch vom äußeren Feind gesprochen habe.[767] Und der Schriftsteller Berthold Auerbach erinnerte sich: »Einen Terrorismus, den man gegen die inneren Feinde üben müsse, deutete er nur leise an und ließ es unentschieden, ob die inneren Feinde bloß die Stimmungen im eigenen Herzen oder Personen seien.« Auerbach glaubte sogar zu erkennen, dass dem Demokraten aus Leipzig die aufgepeitschte Atmosphäre unheimlich war: »Beim Weggehen drängte sich Alles um Robert Blum, der den Calabreser mit wallender Feder auf dem Haupte und ein Schwert an der Seite hatte. Einige drängten sich an ihn und fassten ihn sogleich hüben und drüben unter'm Arme. Mir schien, als ob Robert Blum doch nicht recht wohl wäre in dieser Umgebung, er ist zu klug, und hat eine zu lange politische Bildung, um nicht bald einzusehen: das sind keine Menschen, die ein Volk zu führen, noch weit weniger es zu regieren verstehen.«[768]

Am 24. Oktober goss Windischgrätz mit einer zweiten Proklamation noch Öl ins Feuer. Darin stellte er neue zusätzliche Forderungen, unter anderem die Unterwerfung der Stadt binnen 18 Stunden, die Auflösung aller bewaffneten Einheiten, die Stellung von Studenten als Geiseln und die Auslieferung weiterer von Windischgrätz noch zu bestimmender Individuen. Jeder, der eine Waffe bei sich trage, verfalle der »standrechtlichen Behandlung«. Ganz Wien war entsetzt. Offensichtlich wollte Windischgrätz die Forderungen so hoch schrauben, dass ein Kampf unausweichlich war. »Die Erbitterung über die Strenge dieser Forderung war zu groß, als dass an irgend einem Orte mit der nötigen Ruhe darüber gesprochen worden wäre«, notierte der in Wien lebende schweizerische Gelehrte Johann Jakob von Tschudi in seiner Chronik jener Tage.[769] Auerbach nannte die Forderungen einen »Hohn ohne Gleichen in der Geschichte der civilisirten Welt«. Am Abend verwarf Franz Schuselka im Reichstag die Windischgrätzsche Proklamation;

Auerbach bezeichnete Schuselkas Rede als eine einzige »Empörung der Humanität gegen einen kaum für möglich zu haltenden Kannibalismus«.[770]

Bei Blum, Fröbel und Hartmann reifte der Gedanke, selbst die Waffe zu ergreifen. Niemand in Wien konnte zum damaligen Zeitpunkt abschätzen, wie die militärischen Chancen der Revolution standen. Die Revolutionäre verfügten über eine Vielzahl von Einheiten unterschiedlicher Qualität. Traditionsreichster Teil war die Nationalgarde, in der auch das Bürgerkorps aufgegangen war. Viele Bürger hatten sie allerdings verlassen, so dass die Garde nicht mehr, wie vordem, der feste Hort eines selbstbewussten, politisch moderaten Stadtbürgergeistes war. Genausowenig durfte man sie aber einen radikalrevolutionären Kader nennen. 14 000 Mann gehörten ihr an; Kommandant war Cäsar Wenzel Messenhauser, ein Schriftsteller und vormaliger Offizier der österreichischen Armee, der sich vor allem durch ungezählte wohlformulierte, zum Teil widersprüchliche Aufrufe auszeichnete. Sein weiches und schwankendes Wesen war der ihm zugedachten Rolle kaum gewachsen. Anders der polnischstämmige Józef Bem, der faktisch die militärischen Operationen leitete. Der Warschauer Kadettenzögling war in jungen Jahren mit Napoleons Truppen nach Moskau marschiert und hatte im polnischen Aufstand von 1830/31 den Truppen des Zaren getrotzt. Blum war begeistert, vor ihm erstand der Geist von 1830, der ihn ihm einst den Politiker geweckt hatte: *Gen[eral] Bem, der Vertheidiger von Warschau 1831, befehligt die Artillerie.*[771] Wie Blum – und im Gegensatz zu Messenhauser – drängte Bem zur Offensive.

Der Nationalgarde zur Seite standen die 1500 Studenten in der Akademischen Legion, die im März 1848 aus den Burschenschaften gebildet worden war, um die Ordnung im revolutionären Wien zu wahren. Nach der Flucht des Kaiserhofs am 7. Oktober war dazu noch die Mobilgarde unter Bems Kommando eingerichtet worden, eine von der Gemeinde besoldete Truppe, welche die ehrenamtlichen Soldaten der Nationalgarde und der Akademischen Legion unterstützen sollte. In der Mobilgarde fanden sich überwiegend Arbeiter ein, die teils aus revolutionärer Gesinnung heraus, teils aus Geldnot dienten. Diese recht unübersichtliche Truppe umfasste weitere 10 000 Mann. Darüber hinaus kämpften Tausende von Arbeitern außerhalb der regulären Truppe.

Etwas vereinfacht lässt sich bilanzieren: Je besser die militärische Ausbildung, desto fraglicher die revolutionäre Gesinnung, oder anders gewendet: die wenig erfahrenen Truppenteile glichen ihr Manko mit Kampfeswillen und Mut aus. Bei großzügiger Rechnung kommt man auf 30 000 bis 40 000 Verteidiger, denen Windischgrätz eine Armee von mindestens 70 000 ausgebildeten Soldaten gegenüber stellen konnte.

Die topografische Lage war für die Verteidiger nicht ungünstig. Wien war 1848 noch befestigt – zu einem Zeitpunkt, als in Mitteleuropa allerorts die Bastionen bereits niedergerissen waren. Die Kaiserstadt wurde von gleich zwei Wallanlagen geschützt. Um die Innere Stadt schmiegten sich wuchtige Festungswerke, die noch aus der ersten Hälfte des 16. Jahrhunderts stammten. Davor befand sich das unbebaute Vorfeld, das für einen Angreifer tückische Glacis, durchzogen von Alleen. Darum reihte sich der Kranz der Vorstädte, der wiederum von einem Linienwall umgeben war. Dieser 13 Kilometer lange Wall war zu Beginn des 18. Jahrhunderts errichtet worden und zog sich – entlang des heutigen Gürtels – in einem großen Bogen von Norden über Westen nach Süden hin, im Osten wurde er vom Donaukanal begrenzt. Nun sollte diese noch niemals genutzte Wehr die äußere Verteidigungslinie bilden. Sie bestand aus einer rund vier Meter hohen und vier Meter dicken Erdaufschüttung, die von innen durch Mauern gestützt war. Außen schloss sich ein Graben an.

Am 25. Oktober war der Moment gekommen. Blum und Fröbel traten in das sogenannte Corps d'Elite ein, das soeben als Teil der Nationalgarde neu gegründet worden war. Blum musste sich also neu erfinden, noch einmal, ein letztes Mal, der Gelbgießergeselle aus Köln, der Laternenverkäufer, der Theaterkassierer, der Dramatiker und Dichter, Journalist und Publizist, der Redner und Vereinsgründer, der Priester, Volkstribun, Stadtverordnete, Verleger, Parlamentarier, Parteiführer – er wurde nun Soldat. Am folgenden Tag wurde Hauptmann Blum ein Kommando übertragen: Er sollte mit seiner Kompanie die Sophienbrücke verteidigen. Sie überquerte den Donaukanal, der im Osten den äußeren Verteidigungsring ersetzte. Dieser Kanal rückte im Nordosten gefährlich nahe an Wien heran, direkt bis an die Innere Stadt. An just dieser Stelle gab es nur Bastion und Kanal, kein Glacis und keinen zweiten Wall. Ein entscheidender strategischer Punkt war hier der von den Verteidigern stark befestigte Praterstern östlich des Kanals. Aber auch südlich davon, wo der Kanal wieder nach Osten vorsprang, sollte es zu heftigen Kämpfen kommen.

Hier befand sich die Sophienbrücke, die von Hauptmann Blum verteidigt werden sollte. Sie war zweifach mit Barrikaden verriegelt. Blums Truppe gegenüber stand das Erste Armeekorps des kroatischen Banus Josip Jellačić. Das zu diesem Korps gehörende Bataillon Szluiner sollte die Sophienbrücke einnehmen und begann den Angriff am 26. Oktober. Trotz massivem Beschuss durch eine sechspfündige Batterie konnte die zweite, innere Barrikade auch noch am 27. Oktober von den schwarz-gelben Angreifern nicht genommen werden.

Blum ging ganz in der neuen Rolle auf, suchte die Offensive, wollte kämpfen. Nachdem er die Brücke auch über Nacht verteidigt hatte, forderte er Verstärkung an, die aber ausblieb. Darauf wollte er seine fünf Geschütze einsetzen, um eine Dampfmühle am anderen Ufer auszuschalten, von der aus die Kompanie beschossen wurde. Messenhauser verbot die Aktion.

Aus dieser Zeit gibt es ein schlichtes und zugleich ungemein fesselndes Dokument. Es sind Kritzeleien, die Blum auf die Rückseite eines Briefs geschmiert hat, vielleicht inmitten des Pulverdampfs, in einer ruhigen Minute, vielleicht auf dem Weg zum »Roten Igel«, zu einer Strategiebesprechung. Auf der

Vorderseite des Papiers findet sich das Entschuldigungsschreiben eines seiner Soldaten, er hieß della Torre. Wohl entmutigt vom Kampf, begründet er sein Fernbleiben mit Unpässlichkeit, nicht ohne Blum die Ehre zu erweisen: »Und es wird mir zum unvergesslichen Andenken bleiben, unter dem Commando eines so berühmten, freien deutschen Mannes vor dem Feinde gestanden zu haben.« Auf der Rückseite des gefalteten Zettels hat Blum seinem Zorn über die Messenhausersche Führung freien Lauf gelassen: Von *Commando Redensarten* schreibt er und notiert dazu als Stichpunkte: *Dampfmühle. Gasanstalt. Croaten dort hinein* – wohl ein Hinweis darauf, dass nicht entschieden genug die Offensive gegen diese strategischen Punkte erfolgte. Er verrechnet die verbrauchte Munition mit den Beständen, wohl um das Argument fehlenden Materials zu entkräften: *2 ½ Mill[ionen] Patronen – 600.000 verbraucht – 6000 Kanonenpatronen gemacht – 1500 verschossen.* Er beobachtet, dass Soldaten nach innen statt nach außen positioniert werden: *Wehr Front gegen die innere Stadt gekehrt,* ferner, dass das *Burgthor ohne Kanonen* wie nackt dasteht. Er sieht die Ungarn in Budapest auf der Siegerspur und demzufolge Rettung von außen: *Pesth. Ungarische Fahne.* Und er bilanziert mit einem Satz, wie das einfache Volk aus seiner Sicht von der Führung ausgebeutet wurde: *Arbeiter entmuthigen, nachdem sie geopfert.*[772]

Die Wiener, seit Jahrzehnten verschont von Schlachtenlärm und Kriegsgräueln, hatten wüste Tage zu durchleiden. Ein Zeitzeuge erinnert sich an die Kämpfe des 28. Oktober: »Blitz um Blitz blendete das erstarrende Auge des Zuschauers. Knall um Knall betäubte das Ohr des Horchenden (wir zählten über hundert Kanonenschüsse in dem Zeitraume von fünf Minuten!). Dazu noch der alle Straßen und Gassen durchtosende Wirbel der Allarmtrommel, der dumpfe wehklagende Sturm auf den Glocken vom St. Stephansturme, das Geschrei und der Lärm der an ihre bestimmten Posten vor und auf der Bastei eilenden Bewaffneten, die mit Sturmeseile durch die

Stadt und Vorstädte hin und wieder sprengenden Adjutanten, Ordonnanzen und polnischen Lanzenreiter – das Laufen und Wehklagen der flüchtenden Familien, meist Frauen und Kinder, da die Männer unter Waffen standen. Das Alles bildete eine Scene voll Graus und Entsetzen [...]«.[773]

An diesem Tag, dem 28. Oktober, wurde Blum mit seiner Truppe dann im Norden eingesetzt, an der Nußdorfer Linie, dem nördlichsten Abschnitt des Linienwalls. Einmal durchlöcherte ein Streifschuss seinen Rock. Nach seinem Tod wurden diese heroischen Momente, dramatisch ausgeschmückt, zum untrennbaren Bestandteil der Blumschen Märtyrerlegende. (Hans Blum schrieb übrigens später, der Rock sei erhalten geblieben, und es grenzt an ein Wunder, dass das Kleidungsstück im 19. Jahrhundert nicht eine ähnliche Verehrung gefunden hat wie der Heilige Rock oder wenigstens Schillers Weste.) Einem zur Vorsicht mahnenden Hauptmannskameraden soll er gesagt haben, er wolle *nicht bloß reden, sondern das Wort durch die Tat bekräftigen*.[774] Hat er selbst schon ein wenig an seinem Mythos gefeilt?

Es blieb ihm nicht erspart, das Zerbröseln des Widerstands mit eigenen Augen erleben zu müssen. Noch am Nachmittag des 28. Oktober forderte er die Ablösung für eine *Compagniegarde*; die Leute würden nach 72 Stunden auf den Beinen *fast umfallen*. Er brauche Munition, *VIEL Munition*, es sei ein *Sturm zu befürchten*. Allerdings, ganz Blum: *Verstärkung brauchen wir nicht, wir sind uns selbst genug*. Doch statt Patronen sandte Messenhauser – »Wein und Brod«.[775]

Die Stadt war gegen die Übermacht nicht zu halten. Viele warfen die Waffen hin, Windischgrätz' Truppen rückten rasch vor. Auch Robert Blum gab nun auf, gemeinsam mit Fröbel, am Abend des 28. Oktober. Eine Abstimmung unter den Kompanieführern erbrachte schon am 29. Oktober eine Mehrheit für die Übergabe. Der Gemeinderat bat Windischgrätz um die Besetzung. Blum selbst plädierte am Abend im Gasthaus »Roter Igel« nochmals für die Kapitulation. Doch zugleich war er wütend, weil er Verrat witterte. *Die Schlacht ist verloren, das boshafte Glück hat uns geäfft. Nein, das Glück nicht; der schmachvollste Verrat, den jemals die Weltgeschichte gesehen hat.*[776] Das Gerücht lief um, Messenhauer habe von Beginn an auf eine ehrenhafte Übergabe hin gearbeitet.

In dieser bedrückten Lage glomm noch einmal Hoffnung auf. Die Ungarn rückten vor und lieferten sich am 30. Oktober eine Schlacht mit den kaisertreuen Kroaten. Viele hoben die weggeworfene Waffe wieder auf. Auch Blum und Fröbel sollen sich jetzt gegen eine Kapitulation ausgesprochen haben, nachdem sie vom Turm des Stefansdoms am 30. Oktober die Lage sondiert hatten. So jedenfalls hat es Messenhauser später vor dem Standgericht bezeugt.[777] Doch das Hoffen war umsonst, die Ungarn drangen nicht durch und Windischgrätz besetzte am 31. Oktober endgültig die Stadt.

Hätte man Blum am 1. November in seinem Hotel aufgesucht und ihm mitgeteilt, er habe nur noch acht Tage zu leben, er hätte wohl nur gelacht. Am 2. November schrieb er Jenny, dass er wohl demnächst nach Hause komme.[778] Allerdings hielt er es für ratsam, vorerst im Gasthof zu bleiben.

Es folgte eine Tragödie, deren genauer Verlauf bis heute nicht zur Gänze geklärt ist, deren grausiges Resultat aber am trefflichsten ein Wort Veit Valentins fasst: eine »Verbindung von Menschenverachtung, Staatsräson, Intrige und Schlamperei«.[779] Es war das schlechteste Schmierenstück der 48er-Revolution, abstoßend, billig-banal, wurstig, doch mit fatalem Ausgang. Als Hauptakteure fungierten ein intriganter Höfling, ein fauler Gesandter, ein verknöcherter Militär und ein hybrider Ministerpräsident.

Es begann damit, dass Blum und Fröbel auf sich aufmerksam machten. Am 3. November sandten sie gemeinsam mit Hartmann und Trampusch eine Bitte um Ausreise an den »Vorstand der k.k. Central-Commission der Stadt-Commandantur« Generalmajor Freiherr von Cordon. Dieser beschloss sofort, beide zu verhaften, denn die Namen Blum und Fröbel befanden sich auf einer Liste »gefährlicher Individuen«, die Windischgrätz an Cordon übersandt hatte.[780]

Was Terror bedeutete – jetzt sollten es die Wiener erfahren. Es wurde ohne Pause durchsucht, verhaftet, vernommen, bald sollte auch abgeurteilt und getötet werden. Manchmal wurde auch, um das Maß der Willkür vollzumachen, der Verhaftete ganz einfach wieder freigelassen. Bereits am nächsten Tag hatte man Blum und Fröbel in ihrem Hotel festgenommen und ins Stabsstockhaus gebracht. Laut Fröbel erhielten sie den besten Raum des Hauses, sie durften nach Belieben essen, trinken und rauchen, lesen und schreiben.[781]

Alles weitere war nun die Folge von allerlei Zufällen, von politischem Kalkül, Bösartigkeit und Ungeschick. So verschlungen die Entscheidungspfade hin zur Tötung des bekanntesten Manns der Paulskirche auch waren, es ist doch unbestritten, dass das Gespann Windischgrätz–Schwarzenberg die Verantwortung trug. Der Oberbefehlshaber und der designierte Ministerpräsident waren nicht nur verwandt, als Schwager, sondern auch – bei manchem Unterschied – seelenverwandt. Windischgrätz war ein etwas einfältiger Soldat, der im Dienst der schwarz-gelben Staatsräson das herzustellen suchte, was er unter »Ordnung« verstand. Von seinen Gegnern wurde er nicht einmal als Militär ernst genommen, wie etwa ein Artikel in der demokratischen »Volks-Zeitung« in Graz von 1849 zeigt: »Die Verleihung des Herzogtitels an Fürst Windischgrätz mit dem Prädicate Herzog von Friedland [einst Wallensteins Titel] wird hier sehr belächelt, wenn man bedenkt, was der neue Friedländer sich für Lorbeerkronen gesammelt hat. Man gebe einem tüchtigen Unterofficier 200 Kanonen und 100 000 disciplinirte Truppen, und lasse ihn rastlos gegen die Mauern feuern, so wird auch dem Unterofficier gewiß derselbe Lorbeerkranz.«[782]

Felix Fürst zu Schwarzenberg dagegen war ein politischer Kopf, beweglicher, jünger, moderner, ihm ging es nicht nur um die Gegenwart, auch um die Zukunft, um die Rolle der Habsburgermonarchie in Mitteleuropa. Man kann sich gut vorstellen, aus welch unterschiedlichen Perspektiven beide, Windischgrätz und Schwarzenberg, die Festnahme Blums als fetten Fang betrachteten. Windischgrätz wollte die Anarchie bekämpfen, Schwarzenberg die öffentliche Meinung gewinnen. Windischgrätz dachte wohl zunächst eher an Ausweisung, womit dem Ziel, die Ruhe am Ort wieder herzustellen, Genüge getan wäre. Für Schwarzenberg kam eine Verurteilung und die Hinrichtung Blums dagegen einer notwendigen Demonstration gleich: Österreich handelt wie es will, es kennt keine Paulskirche und kein Frankfurt und kein Deutschland.

Am 7. November alarmierte Windischgrätz seinen Schwager: »Wenn Robert Blum standrechtlich zu behandeln war, so muß es heute entschieden seyn, ich erwarte Bericht darüber«.[783] Am selben Tag, möglicherweise noch gar nicht in Kenntnis dieser drängenden Anfrage, schrieb ihm Schwarzenberg: »Blum bleibt Dir zur freiesten Disposition und verdient Alles«[784] – schlichte Worte mit schrecklicher Wirkung. Ebenfalls an diesem Tag und einen Tag zuvor war Messenhauser vernommen worden. Er versuchte seinen Kopf aus der Schlinge zu ziehen, indem er sich als Opfer radikaler Kräfte schilderte, die gegen sein Friedenswerk agitiert hätten. Er war sich nicht zu schade, hierfür auch Namen zu nennen, etwa Fröbel und Blum, den »Wühler und Agitator«. Blum habe ihm, Messenhauser, die Präsidentschaft einer Republik angeboten, was er ausdrücklich zurückgewiesen habe. »Aus den sämtlichen Reden Blums entnahm ich, dass mein [...] auf Unterwerfung gerichtetes System seinen Beifall nicht habe.«[785]

Eine dubiose Rolle spielte auch der Schwarzenberg-Berater Alexander Hübner, der von 1844 bis Anfang 1848 in Leipzig Generalkonsul gewesen war. In einer Mischung aus Achtung und Verachtung hatte er über Blum nach Wien berichtet; 1845, anlässlich der Augustereignisse etwa meldete er: »Aus der Hefe des Volkes entsprungen, allmälig zum Theaterbilleteur in eine bürgerliche Stellung, und auf dem politischen Felde, zum Literaten, Pasquillanten, endlich zum religiösen Apostel sich emporschwingend, gelang es ihm jetzt, ohne Mühe, sich an die Spitze der Bewegung zu stellen, die von diesem Augenblicke an den Karackter eines Strassenauflaufs verlor: Durch Blum ward die Revolte zur Revolution.« Blum vereinige »mit allen Vortheilen der äußeren Stellung auch alle Gaben eines Volkstribuns in hohem Grade«.[786] Seine »ganze Erscheinung« sei »die des Volksaufwieglers« gewesen, schrieb Hübner später.[787] Im Oktober 1848 war Hübner an den kaiserlichen Hof beordert worden; er hatte die kaiserliche Familie von Schönbrunn nach Olmütz begleitet und beriet seither Schwarzenberg. Sollte dieser ihn um Auskunft angegangen sein, dürfte er von Hübner, dem Blum-Feind und gestandenen Reaktionär, drastische »Empfehlungen« bekommen haben.

An Rettungsversuchen indes fehlte es nicht. Bereits kurz vor ihrer Festnahme im Hotel »Stadt London« am Alten Fleischmarkt hatte der wackere Wirt Blum und Fröbel noch gewarnt, doch die beiden wollten nicht den Ernst der Lage sehen. Bald darauf wurde der sächsische Gesandte in Wien, Rudolf von Könneritz, informiert. Doch dieser bemühte sich in einer Mischung aus Bequemlichkeit und Antipathie nicht wirklich, er sprach pro forma ein bisschen im Außenministerium herum, das noch gar nicht richtig arbeitsfähig war. Die eigentlichen Machthaber in der Militärverwaltung besuchte er nicht. Später schrieb er nach Dresden, dass er, hätte er bei Windischgrätz vorgesprochen, damit »das äußerste Mittel erschöpft« haben würde – als ob es in dieser Situation irgendeinen Trumpf gegeben hätte, geschweige denn die Zeit ihn ganz zuletzt noch auszuspielen. Ihm ist bestenfalls zugute zu halten, dass seine Fantasie nicht ausreichte, die Exekution vorherzusehen. Wahrscheinlich aber war ihm der drohende Tod Blums ziemlich gleichgültig.[788]

Die Blum-Freunde kämpften weiter, Schlimmes ahnend. Doch Franz Schuselka, dem profiliertesten Kopf der österreichischen Liberalen, wurde von Minister Krauss beschieden, dass Blum über die Grenze gebracht werde. Bereits am 5. November hatten die beiden Gefangenen Blum und Fröbel selbst schriftlich protestiert; am 8. November legten sie nochmals *feierlichen Protest* gegen die Verhaftung ein und beriefen sich auf ihre Immunität als Paulskirchenabgeordnete.[789] Am selben Tag schrieb der sächsische Minister Ludwig Freiherr von der Pfordten an Könneritz, er müsse Blum seinen Schutz angedeihen lassen.[790] Die Dresdner Regierung könne angesichts der Lage in Österreich ihre Staatsangehörigen »nicht sofort einer rein militärischen Prozedur überlassen«.[791] An diesem Abend wurde Blum vors Standgericht gerufen.

Die Tage im Gefängnis, vom 4. bis 9. November, spiegelten das Auf und Ab seines Lebens. Waren Blum und Fröbel zu Beginn noch zuversichtlich, beschlichen sie im Lauf der Tage immer häufiger Zweifel. Würde ihre Immunität als Paulskirchenparlamentarier respektiert werden? Oder war dieser Status aus Sicht der neuen Machthaber nur Tand? Blum ist bald in eine Stimmung düsterer Vorahnungen verfallen. Oft genug hatte er davon gesprochen, dass er der Freiheit sein Leben opfern werde. Jenny kannte diesen halb scherzenden, halb ernsten Ton. »Lass Dich nur nicht todt schießen!«, hatte sie in ihrer burschikosen Art, seine Rede imitierend, am Hochzeitstag des Jahres 1848, Ende April, an ihren »Herzens-Robert« geschrieben.[792] *Denke Dir [...] nichts Schreckliches*, schrieb er ihr nun, da es wirklich ernst wurde.[793]

Fröbel, der davon kommen sollte, beobachtete den Freund, sein Schwanken, sein Hoffen, sein Zweifeln. »Er saß zuweilen stumm am Fenster [...] Sein Gesicht röthete sich, seine Augen wurden trübe, und seine Hand zitterte.« Er habe von der Familie gesprochen, von Zukunftsplänen – und dann wieder vom Tod. »Bei dem Gedanken an das Sterben schien sich ihm die ganze Geschichte seines Lebens vor dem Blick zu entrollen, und er fing an, mir nicht ohne Bitterkeit die traurigen Verhältnisse seiner Jugend zu erzählen. [...] Der Mann des gemüthlichen Wesens, des klaren Denkens und der ruhigen

Rede, war im Innern ein Vulkan bitterer Empfindungen und glühender Leidenschaften.«[794]

Am 6. November geschah dann etwas Merkwürdiges. Blum und Fröbel bekamen Gesellschaft: ein angeblicher Häftling namens Matteo Padovani wurde zu ihnen in die Zelle gelegt. Fröbel hielt ihn für einen Spitzel. Bis heute bleibt Padovanis Rolle im Dunkeln.

Am 8. November musste alles plötzlich ganz schnell gehen. Am frühen Abend gegen sechs Uhr wird Blum vors Standgericht gerufen. Der Prozess ist eine Farce, die Entscheidung zwischen Schwarzenberg und Windischgrätz längst gefallen. Man hat einige Anklagepunkte zusammengeschludert, es ist ohnehin gleichgültig. Zeugenaussagen eines Händlers, vom Wirt und den Kellnern im »Roten Igel« sowie von Mitarbeitern der »Ostdeutschen Post« sind mehr als dünn, teilweise sogar entlastend. Blum selbst äußert sich zur Aularede, *deren Sinn dahin ging, dass man an die Stelle des früheren Bundes der Gewalt [...] den Bund der gemeinsamen Freiheit und der Anerkennung der gleichen Berechtigung aller Nationalitäten setzen müsse.* Ob er Messenhauser die Präsidentschaft einer Republik Österreich angeboten habe? *Darauf kann ich mich nicht erinnern, und wenn dieses gesprochen worden ist, so ist es nur im Scherze ausgesprochen worden.* Später ergänzt er, er habe diesen Scherz nicht an der Sophienbrücke gemacht, wie von Messenhauser angegeben, sondern im Kaffeehaus.[795] Unwichtiges, Banales, Verworrenes: Anzeichen seiner Nervosität, gewiss, aber vor allem doch Ergebnis der bizarren Prozessführung.

Von der Großmut des Siegers ist nichts zu spüren. Blum hat einmal in der Paulskirche gesagt: *Die widerstrebende Kraft ehrt man durch Kampf, die überwundene durch Schonung.*[796] Solche Weisheit ist dem Terrorregime von Windischgrätz fremd. Hier herrscht das Recht der Rache. Neben der Präsidenten-Anekdote und der Aularede wird Blum noch der bewaffnete Kampf als solcher vorgehalten – mithin das, was Zehntausende ebenfalls gemacht haben, denen kein Haar gekrümmt wird.

Nach zwei Stunden ist die Sitzung beendet. Blum geht noch einmal kurz in die Zelle zu Fröbel und Padovani. Er ahnt, dass es nicht gut steht. Padovani beobachtet, dass Blum »ganz bleich« ist und sich an Fröbel wendet: *Weißt du, was man mir im Verhör vorwirft?* Er meint das Angebot der »Präsidentschaft« an Messenhauser, er kann es nicht glauben, es war ein Scherz.[797] Dann bringt man ihn wieder hinaus. Der Abschied von Fröbel. »›Auf Wiedersehen!‹ – sagte ich ihm, indem ich ihm die Hand reichte. ›Auf – Wiedersehen –‹ antwortete er zögernd und in zweifelhaftem Ton.«[798] Blum wird in eine andere Zelle geführt, mit drei ihm unbekannten Gefangenen. Einer von ihnen ist Pole, einer Schriftsteller. Ideale Zellengenossen für Blum, er beruhigt sich, es soll heiter zugegangen sein.[799]

Es beginnen jene letzten Stunden im Leben des Robert Blum, die von Mythen umrankt sind. Man kann aber auch sagen: zum Ende hin wird der Mythos die eigentliche Wahrheit. Für einen kurzen Moment scheint der Geist über die Geschichte zu triumphieren.

Am Morgen des 9. November wird er gegen 5 Uhr geweckt. Man liest das Urteil. »Herr Robert Blum ... Vater von vier Kindern ... Thatbestande ... Geständnis ... Reden ... bewaffneten Aufruhr ... thätigen Antheil ... Bestimmung ... Proclamation ... Gerichts-Ordnung ... Tode durch den Strang«. Blum zweifelt. Er sei Abgeordneter, immun. Der Hauptmann bestätigt ihm das Urteil. »Ist ... in augenblicklicher Ermangelung eines Freimannes mit Pulver und Blei durch Erschießen zu vollziehen.«[800] Er spricht mit einem katholischen Geistlichen, lehnt die Beichte ab, zeigt sich aber dankbar für den Beistand. Er schenkt ihm – eine Haarbürste, zum Andenken, er hat sonst nichts.

Er schreibt Briefe, die letzten. An Carl Vogt, er möge sich um die Familie sorgen. An Carl Cramer, den Schriftsteller und guten Freund, er möge Jenny die Wahrheit schonend mitteilen. An Jenny. Der Brief wird berühmt, eine Reliquie, vielfach kopiert als Faksimile, so perfekt, dass mancher bis in die

Gegenwart hinein glaubt, er besitze das Original.[801] Gänzlich schmucklose Zeilen, ohne irgendein nennenswertes Detail, doch einer der großen Prosatexte der deutschen Geschichte:

Mein theures gutes liebes Weib, lebe wohl! wohl für die Zeit, die man ewig nennt, die es aber nicht seyn wird. Erziehe unsere – jetzt nur Deine Kinder zu edlen Menschen, dann werden sie ihrem Vater nimmer Schande machen. Unser kleines Vermögen verkaufe mit Hilfe unserer Freunde. Gott und Gute Menschen werden Euch ja helfen. Alles, was ich empfinde, rinnt in Thränen dahin, daher nur nochmals: leb' wohl, theures Weib! Betrachte unsere Kinder als theures Vermächtniß, mit dem Du wuchern mußt, und ehre so Deinen treuen Gatten. Leb' wohl, leb' wohl! Tausend, tausend, die letzten Küsse von Deinem Robert.

Wien, den 9. Nov. 1848 Morgens 5 Uhr, um 6 Uhr habe ich vollendet.

Die Ringe hatte ich vergessen; ich drücke Dir den letzten Kuß auf den Trauring. Mein Siegelring ist für Hans, die Uhr für Richard, der Diamantknopf für Ida, die Kette für Alfred, als Andenken. Alle sonstigen Andenken vertheile Du nach Deinem Ermessen. Man kommt! Lebe wohl! wohl!

Er besteigt den Wagen, es ist nun etwa 6 Uhr, gemeinsam mit einem Pater des Schottenklosters und mit einem Leutnant. Es geht zur Hinrichtungsstätte in der Brigittenau. Der Weg ist lang und er ist mit Anekdoten gepflastert. Sie sind mit Vorsicht zu genießen, spielen ins Märchen- und Legendenhafte und konturieren doch zugleich jene höhere Wahrheit, die den Mythos nährte, den Mythos vom braven und tapferen Blum, vom Helden und vom Heiligen. Stationen eines Kreuzwegs. Als ihm die Tränen kommen, soll er gerufen haben: *Nicht der Abgeordnete Blum weint, nur der Gatte und Vater!* Man will ihm Ketten anlegen. Er soll gesagt haben: *Ich will als freier deut-*

scher Mann sterben. Während der langen Fahrt soll er mehrfach gefragt haben, ob dies wirklich der Weg zur Brigittenau sei.

Die Brigittenau. Ein Wiener Vorort im Norden. Keine zwei Wochen ist es her, da hat er hier in der Nähe gekämpft, an der Nußdorfer Linie. Einfahrt auf den Schießplatz. Am Ort soll er gefragt haben, wer ihn erschieße, und auf die Antwort des Offiziers, es seien Jäger, soll er erwidert haben: *Nun das ist mir lieb, die Jäger sollen gut schießen, hätte mich doch einer derselben hier schon beinahe getroffen.* Spricht's und zeigt auf den Einschuss im Rock.

Das Urteil wird verlesen, ein zweites Mal. Als man ihm die Augen verbinden will, lehnt er ab: *Ich möchte dem Tode frei ins Auge sehen.* Der Offizier beharrt auf der Binde, wegen der Schützen, Blum legt sie nun selbst an. Die letzten Worte, fraglich, ob sie so gefallen sind, aber ganz Deutschland wird sie wenig später schon ehrfürchtig nachsprechen: *Ich sterbe für die Freiheit, möge das Vaterland meiner eingedenk sein.*

Dann das Kommando. Drei Schüsse. Das Blut. Die Nacht.

»Es ist nicht möglich, es wäre entsetzlich, das kann, das darf nicht sein, es wird so viel gelogen, man darf nichts mehr glauben!«, so reagierten die Wiener auf die düstere Kunde.[802] Berthold Auerbach hielt die Ungewissheit nicht aus, er eilte am 9. November zum Militärhospital, dem Josephinum, das Gebäude war von Soldaten besetzt. Ein Student belehrte ihn, er könne nicht hinein, es sei nichts dort als die Leiche Robert Blums. »So ist es doch wahr!«[803] Offensichtlich wurde er noch am 9. November, möglicherweise nachts, auf dem Währinger Friedhof beerdigt. Dem Unglauben folgten Entsetzen, Wut und Trauer. Die Erschießung erschien allen als eine Tat, die zivilisatorisch einer anderen Epoche entstammte.

Am 13. November traf die Nachricht in Leipzig ein. Noch am 9. hatte hier eine große Menge im Odeon die Freilassung Blums verlangt, nicht ahnend, dass er bereits tot war. Die Wut über die Erschießung führte zu einem Gewaltausbruch. Nach einer Versammlung in der Thomaskirche stürzte eine Menge zum österreichischen Konsulat, ging »vor allem auf das k.k. Wappen los, riß es heraus und zerschlug es in zwei Theile und zog damit im Triumphe vor das Rathaus, wo es an einem Laternenpfahl aufgehängt wurde«. Der Konsul hatte sich bei einem Freund versteckt, schäumend suchte ihn die Masse und wollte ihn hängen sehen.[804] Blums ältester Sohn, der siebenjährige Hans, sollte diese Nacht nie vergessen: »Schlaflos hörte ich, wie vor dem Hause, vor dem ein Vierteljahr zuvor Tausende im Fackelzug, Blum zujubelnd, vorübergezogen waren, in der tiefen dunklen Nacht viele, viele Männer nun abermals vorüberzogen […] ›Blum ist todt! Blum ist todt!‹ riefen sie in allen Tönen des Schmerzes und der Rache.«[805] Sechs Tage später berichtete Konsul Grünne, »die Aufregung ist seither im Steigen begriffen«.[806]

Lyrische Totenklagen hallten durch das Land. Wild wurden die Henker angeklagt, selig der Tote gepriesen, der Witwe Mut zugesprochen wie der 64-jährigen Mutter. Immer wieder auch der Ruf nach Rache. Ferdinand Freiligrath trompetete: »Ein Requiem ist Rache nicht, ein Requiem nicht Sühne / Bald aber steht die Rächerin auf schwarzbehangner Bühne! / Die dunkelrote Rächerin! Mit Blut bespritzt und Zähren, / Wird sie und soll und muß sie sich in Permanenz erklären!«[807] Friedlicher ist das schlichte »Lied vom Robert Blum«, ein Gedicht des Schwaben Ludwig Pfau, neben dem Freiligrathschen das populärste: »Euch Soldaten sei vergeben / Mein Mord und eure Schand'; / Für die Freiheit darf ich sterben, / Ade mein deutsches Land!«[808] Hermann Semmig, der noch im Frühjahr Blum von links attackiert hatte – »Was thut Noth und was thut Blum?« – verkündete in »Robert Blum«, einem »Epischen Gedicht in vier Gesängen« und 131 vierzeiligen Strophen die Ankunft eines neuen Propheten: »Der wird den Kreuzzug pred'gen rings dem gedrückten Volke, / Es braust heran die Rache in dunkler Heereswolke. / Dann wird der Schlachtruf tönen: ›Hie Kirch' und Königthum‹ / Und donnernd schallt's entgegen: ›Hie Volk und Robert Blum!‹«[809] Ohnmächtige Rufe. Denn es gab keine Rache, es blieb bei der Trauer und beim Schmerz.

Blum, um den es ja schon zu Lebzeiten manchen Kult gegeben hatte, wurde nun endgültig zum Heiligen, zu »Sachsens Freiheitsheiland«, wie es in einer Dresdener Wochenzeitung hieß.[810] Ein deutscher Held. Er war der Märtyrer, der Samariter, hier war von Egmont die Rede, dort von Danton, hier vom klagenden Jeremias, dort vom kämpferischen Mirabeau, aber alle wurden überhöht in der einen Figur: der Figur des Heilands. Blum war der Erlöser. Er hatte sein Blut vergossen, er, der Gerechte, hatte das Unrecht durch den Windischgrätzschen Pontius Pilatus erduldet, und was waren seine letzten Worte *Möge das Vaterland meiner eingedenk sein* anderes als das jesuanische »Tut dies zu meinem Gedächtnis«? So musste er irgendwann auferstehen. Moritz Hartmann, der Gefährte Blums auf der Reise nach Wien, dichtete: »Und eine neue Sage / Ein Mythus geht: der Robert lebt, / Der Robert Blum, den sie erschossen, / Und jedes deutsche Herz erbebt«.

Tatsächlich ging das Gerücht um, er sei nicht tot. Man kann sich lebhaft vorstellen, wie in Gasthäusern und Versammlungen Legenden gestrickt wurden, dass Blum seinen Häschern entwichen sei und irgendwo verborgen lebe, um seine Rückkehr vorzubereiten. »Das Volk wünscht es«, schrieb Jenny und musste sogar gegenüber Blums Halbschwester Agnes klarstellen: »Das Gerücht er lebe noch ist ungegründet«.[811]

Der Mythos und der Kult spendeten Trost. Die Niederlage, Blums Scheitern wurden so überhöht und in Siege verwandelt.[812] Bis in die zweite Hälfte des 20. Jahrhunderts hinein sollten noch allerlei mystische Nebel sein Ende umwabern; dieses und jenes wurde geflüstert und geraunt. Lange glaubte man, die Leiche sei gar nicht auf dem Währinger Friedhof beerdigt, sondern an Ort und Stelle verscharrt worden, dann wieder wurde kolportiert, er sei nicht in der Brigittenau, sondern andernorts in Wien erschossen worden. Und mehr dergleichen. Nie bewiesen werden konnte auch die Behauptung, das Todesurteil sei noch am Morgen des 9. November kassiert worden, oft angereichert mit dem Detail, der rettende Bote habe den Richtplatz zu spät erreicht. Indiz für diese Annahme ist eine Anordnung Schwarzenbergs vom 8. November, die Reichstagsabgeordneten seien nicht standrechtlich zu behandeln.[813] Es erscheint aber wenig glaubwürdig, dass hier neben den Wiener Abgeordneten auch die Frankfurter gemeint waren, zumal Fröbels Prozess am 10. November ungehindert begann. Auch er wurde zum Tode verurteilt, jedoch später begnadigt. Nicht auszuschließen ist allerdings, dass Windischgrätz und Schwarzenberg ihre Worte bewusst unklar und mehrdeutig wählten, um Verantwortung von sich zu schieben.[814]

Am 26. November fand in Leipzig die Totenfeier statt. Es war ein Sonntag, man versammelte sich nach dem Gottesdienst auf dem Roßplatz. Die Obrigkeit war zugegen, Stadträte und Stadtverordnete, sie trafen sich im Saal des Hotel de Prusse, direkt am Platz gelegen. Während die Glocken läuteten, setzte sich der Zug in Bewegung. Fahnen mit Trauerflor wurden mitgetragen, die Banner der Stadt, der Universität, der Zünfte und Vereine. Der Zug wollte kein Ende nehmen. Rund zwölftausend Menschen marschierten »zu vier Mann und in zwei Abteilungen geschieden« über den Augustusplatz durch die Goethestraße, die Hallesche Straße, den Brühl und die Katharinenstraße zum Markt, jenem Platz, auf dem Blum im August 1845 und im März 1848 als Redner Tausende in seinen Bann geschlagen hatte. Dort teilte sich der Zug, da für die große Zahl an Menschen beide Hauptkirchen, Sankt Thomas und Sankt Nikolai, nötig waren. Um elf Uhr begann die Feier in den Gotteshäusern: einer musikalischen Einstimmung folgten geistliche Reden, Gesang, Nekrolog, geistlicher Segensspruch, Musik.

Ähnliches gab es im ganzen Land, allein für das Großherzogtum Baden sind Feiern in über dreißig Orten überliefert, darunter alle großen Städte.[815] Von der Dresdener Feier berichtete der österreichische Gesandte empört nach Wien, der Zug sei so »zahlreich und feierlich« gewesen, als habe er »dem größten Wohlthäter des Menschengeschlechts gegolten«, man habe »leider viele Militärs« unter den Trauernden gesichtet.[816] Auch der sächsische Minister von der Pfordten war zugegen. »Keinem Helden, keinem Genius irgendwelcher Art, der für Deutschlands Ruhm verblutet, keinem Könige und Fürsten hat noch je deutsches Volk so im Tode gehuldigt«, bilanzierte Gustav Kühne, der Freund des Toten.[817]

Etwas nüchterner, aber doch von Verehrung und Respekt getragen, war das Vorgehen der Parlamente in Dresden und Frankfurt. Am 14. November gelangte die Todesnachricht in eine Sitzung der Nationalversammlung hinein.[818] Zunächst ging man zur Tagesordnung über, mancher zweifelte noch an der Wahrheit des Unglaublichen, die Ratlosigkeit war zu spüren. Später, noch am selben Tag, kündigte Justizminister Robert von Mohl die Entsendung einer Delegation nach Wien an.

Am 16. November lieferte der »Ausschuss für die österreichischen Angelegenheiten« dann einen Bericht ab. Fast ohne Gegenstimme wurde »gegen die [...] Tödtung [...] feierlich Verwahrung« eingelegt und das Reichsministerium aufgefordert, die »unmittelbaren und mittelbaren Schuldtragenden« zu bestrafen.[819] Auf den Ausdruck Mord verzichtete man. Ein Beschluss von symbolischer Bedeutung, wie vieles um Blum und seinen Tod nun Symbol wurde. Es wurden zwei Reichskommissare nach Wien geschickt, zwei Botschafter der Ohnmacht. Ähnlich ergebnislos blieb die Aufforderung des sächsischen Landtags an die Regierung, den Gesandten in Wien, Rudolf von Könneritz, wegen seiner Untätigkeit zur Rechenschaft zu ziehen.

Blum wurde nicht nur ins Heilige entrückt – auch ins Riesenhaft-Historische. Einer seiner Frankfurter Freunde erzählt, wie er das Ende Blums erahnte, als er von dessen Gefangenschaft erfuhr. »Ich konnte die Todesgedanken nicht loswerden, während ich in finsterer Nacht durch die öden Straßen wanderte. An der Paulskirche, wo ich Blum so oft gesehen und gehört hatte, stand ich still. Nun – sagte ich vor mich hin – Du warst ein Mann! Haben sie Dich ermordet, so haben sie einen Riesen aus Dir gemacht.«[820]

Den Verantwortlichen in Österreich wurde der Blumkult unheimlich, unfassbar, skandalös. Hatte man sich verrechnet? Sollte das »Märtyrer«-Blut zu einer neuen Revolutionswelle führen? »Es war dem Wahnwitz der Jetztzeit vorbehalten, [...] dass dieser Mann [...] nach seinem Tode kanonisirt wird«, berichtet der österreichische Gesandte in Sachsen. Man widme dem Andenken Blums »einen Cultus, welcher keinem Wohlthäter des Menschengeschlechtes je ward.«[821] Später, im Dezember, muss er konstatieren, dass die Verehrung Blums »von dem Gebiet des Excentrischen auf jenes der Blasphemie übergegangen« sei: »Geistliche vergleichen ihn auf der Kanzel mit

Jesus Christus, und das Volk sagt, er sitze zur linken Hand Gottes wie Jesus zur rechten.«[822] Kuefstein fordert eine gelenkte Revision des Blum-Bildes. »Es ist höchste Zeit, diesen Wahnsinn zu steuern, damit dies aber von Grund aus geschehe, ist es nothwendig, dass das ganze Treiben dieses Mannes in Wien aufgedeckt werde, damit er auch als moralisch, nicht allein legal, verdammenswert erscheine.« Man solle eine »authentische Darstellung« den Gesandtschaften zusenden.[823] Bald waren konservative Geschichtsbücher auf dem Markt, die nicht nur den Wiener Oktober, sondern auch Blums Verhalten ins »rechte« Licht rückten.[824] Auch in die deutschen Zeitungen gelangten (einige wenige) Artikel, in denen die Tötung gerechtfertigt wurde. So war etwa in der Naumburger Zeitung »Der deutsche Bürger« zu lesen, wer wie Blum seinen Posten verlasse, »um in den Reihen der Aufrührer zu kämpfen, der [...] darf keinen Schutz erwarten von einem Gesetze, welches nur Abgeordnete schützt.«[825]

Am Morgen des 13. November war Carl Cramer bei Jenny Blum erschienen, mit der undankbarsten aller Aufgaben, sie war ihm noch von Blum selbst erteilt worden. Sohn Hans erinnert sich: »Die furchtbare Scene wird mir stets unvergesslich sein. Ich begriff eher wie meine arme Mutter, was Cramer sagen wollte, als er auf ihren Vorschlag, sie wolle selbst nach Wien reisen, zögernd erwiderte: ›Ich fürchte – Sie kommen zu spät.‹«[826] Jenny fügte sich ganz in ihre neue Rolle als Witwe. Bisweilen unterschrieb sie nun mit »Eugenie Robert Blum«, gleichsam als Sachwalterin des Vermächtnisses. Tausende kondolierten ihr, schickten Blumen und Gedichte, schwärmten von Blums »schönem Tod« und vom »größten Manne unserer Zeit«.[827] Jenny Blum ertrug auch dies. Etwas irritierender war wohl ein Wunsch, der nicht selten an sie herangetragen wurde: Ob nicht etwas aus seiner Hinterlassenschaft entbehrlich sei, »etwas Wertloses« wie eine »Pfeife oder Dose«, ein anderer bat gleich um »eine kleine Reliquie«.[828] Bald wurde der Markt überschwemmt mit Devotionalien.

So sehr es sie getröstet haben mag, dass ganz Deutschland mit trauerte – ihren sehnlichsten Wunsch bekam Jenny Blum nicht erfüllt: die Überführung des Toten. Die sächsische Regierung hatte über ihren Gesandten bereits wegen einer Übergabe beim Wiener Außenministerium anfragen lassen – vergeblich. Man könne »bei der Leiche eines Verbrechers« nicht zugestehen, was »nur ausnahmensweise bei hochgestellten Personen« möglich sei.[829] Man hatte in Wien Angst vor einem sich noch weiter steigernden Kult um den Toten.

1923 wurde der Währinger Friedhof in einen Park umgewandelt und ein Felsblock mit Inschrifttafel aufgestellt, der an Blum erinnert und an drei andere Oktoberkämpfer, die erschossen und bei ihm beerdigt wurden: Cäsar Wenzel Messenhauser, Julius Becher und Hermann Jellinek. Die Inschrifttafel ist seit 1948 wieder zu sehen, nachdem sie in den dreißiger Jahren entfernt worden war.

Eine seltsame, fast tragikomische Pointe wurde durch die deutschlandweiten Geldsammlungen für Jenny und die Kinder gesetzt: Blums Tod machte die Familie vermögend. »Ich soll nun keine Sorgen mehr haben«, wunderte sich die Witwe, »während Er, Einer der Edelsten der Menschen, so viele Mühen und Sorgen des Lebens hatte, um sich und die Seinen endlich durchzukriegen!«[830] Bereits im Februar 1849 hatte der Zentralverein, der die Sammlungen koordinierte, 20 000 Taler (gut eine halbe Million Euro) auf dem Konto für die Blums angehäuft. Eine wichtige Einnahmequelle war der Verkauf von Nachbildungen des Abschiedsbriefs. Als Vormund wurde der Notar Gustav Haubold bestellt, ein guter Freund aus dem Schillerverein. Haubold und Jenny wollten die Kinder nach Seefeld bei Zürich geben, in die Fröbelsche Erziehungsanstalt, die Friedrich Fröbel gegründet hatte, ein Onkel Julius Fröbels. Blum hatte einst von diesem Institut geschwärmt.[831] Das Stadtgericht lehnte dies wegen der Kosten ab, und der Zentralverein für die Blum-Sammlungen machte es zur Auflage, dass die Kinder in ein anderes schweizerisches

Institut, das Gladbachsche in Wabern bei Bern gebracht wurden. Blums scherzende Prophezeiung übrigens, sein Ältester werde sich zum *Revolutionair* entwickeln, sollte sich allerdings nicht bewahrheiten. Hans Blum – Rechtsanwalt, Politiker und Schriftsteller – wurde ein überzeugter Bismarckianer, und niemand war ihm verhasster als die Sozialdemokraten.

Kategorien wie »Märtyrer«, gar »Heiliger«, ja selbst »Freiheitskämpfer« sind der Gegenwart entflohen, auch tut sie sich schwer mit historischer Größe. Doch selbst das nüchterne Urteil wird das Symbolhafte zugestehen, das in Blums Tod liegt. Der 9. November 1848 markiert den Wendepunkt der Revolution, das alte Deutschland fasste wieder Mut, und die Mehrheit der Paulskirche wollte sich nun mit dem preußischen König arrangieren, der dazu gar keine Lust hatte. Die Niederlage der Demokratie war nahezu vollständig. So markiert das Ende Blums zwei Hälften eines Jahrhunderts. Die Freiheitshoffnung des jungen Deutschland verlor sich im Machtrausch der späten Nation.

ANHANG

Lebensdaten im Überblick

KÖLN

1807 10. November: Geboren in Köln, Eltern: Engelbert Blum und Maria Katharina Blum, geb. Brabender
1815 24. Juni: Tod des Vaters
1. November: Katharina Blum heiratet Kaspar Schilder
1818 Messdiener in Sankt Martin, Unterricht in der Pfarrschule
1819 Eintritt in das Jesuitenkollegium (Marzellengymnasium)
1820 27. August: Abschluss der Quinta
Lehre als Goldschmied und Gürtler (bis 1821, dann abgebrochen)
1822 Beginn der Lehre als Gelbgießer bei Peter Räder
1826 Beginn eines halbjährigen Aufenthalts in Elberfeld
1827 (schon 1825/26?): Eintritt als Angestellter beim Laternenfabrikanten Johann Wilhelm Schmitz; für Schmitz ein halbes Jahr in München
1828 Für Schmitz anderthalb Jahre in Berlin
1830 April/Mai: Sechs Wochen Militärdienst
15. Mai: Vom Militärdienst befreit
August: Entlassung durch Schmitz
1. Oktober: Eintritt als Theaterdiener ins Stadttheater Köln (Direktor Friedrich Sebald Ringelhardt)

LEIPZIG

1832 Juli: Ankunft in Leipzig, Theaterassistent im Stadttheater (Direktor Ringelhardt)
1835 Juni: Reise in die Sächsische Schweiz
1836 Jahresbeginn: Eintritt in die Freimaurerloge Balduin zur Linde
»Die Befreiung von Candia« (einziges gedrucktes Drama Blums)
1837 6. November: Gustav-Adolf-Feier in Lützen, Trinkspruch Blums
20. Dezember: Empfang Friedrich Christoph Dahlmanns
1838 21. Mai: Heirat mit Adelheid Mey
30. August: Tod von Adelheid Blum
1839 Theaterlexikon, Band 1 und 2
Mai bis Dezember: Brautbriefe mit Eugenie Günther
Oktober: Erste Teilnahme am Hallgarten-Kreis
1840 Januar: Erstes Treffen des Literatenvereins
29. April: Heirat mit Eugenie Günther
9./10. November: Erste Schillerfeier

Regelmäßige Arbeit für die »Vaterlandsblätter«, Artikel zur Rheinkrise

1841 8. Juni: Geburt des Sohnes Hans

10./11. November: Zweite Schillerfeier; Gedenktafel an Schillers Häuschen in Gohlis

1842 29. August: Geburt des Sohnes Richard

24. Oktober: Gründung des Schillervereins

1. November: Georg Günther übernimmt die »Sächsischen Vaterlandsblätter«

1843 Erste Ausgabe des »Vorwärts!«

Juni: Plan zur Gründung einer Theateragentur

10. Juni: Tod des Stiefvaters Kaspar Schilder

5. September: Artikel Louise Ottos in den »Vaterlandsblättern« auf Blums Anregung

22. November: Carl Christian Schmidt neuer Theaterdirektor

1844 29. April: Geburt des Sohnes Johann Robert Alfred († 1845)

20. Mai: Kauf des Hauses in der Eisenbahnstraße

13. Oktober: Aufruf Johannes Ronges in den »Vaterlandsblättern«

26. Oktober: Antritt einer Haftstrafe wegen falscher Angaben in einem Artikel

8. Dezember: Entlassung aus der Haft

1845 23.–26. März: Deutsch-katholisches Konzil in Leipzig, geleitet von Blum und Ronge

13.–16. August: Blum leitet Volkskundgebungen und dominiert die Stadtpolitik

7. September: Geburt der Tochter Ida

10.–12. November: Gemeinde-Urwahlen, Blum erhält die meisten Stimmen

23. Dezember: Verbot der »Sächsischen Vaterlandsblätter«

1846 Jahresbeginn: Stadtverordneter in Leipzig

1. Mai: Rudolf Rüder wird Redakteur der »Constitutionellen Staatsbürgerzeitung«

1847 1. Mai: Kündigung am Theater

Juli: Gründung der Verlagsbuchhandlung Robert Blum & Co.

27. Oktober: Wahl zum Stadtrat, Innenministerium interveniert

22. Dezember: Geburt des Sohnes Alfred

1848 1. März: Adresse der Leipziger Stadtverordneten an den König

3. März: Rede auf dem Rathausbalkon

12. März: Blum lehnt das Leipziger Mandat für das Vorparlament ab

19. März: Blum als Vertreter Zwickaus für das Vorparlament nominiert

FRANKFURT AM MAIN

1848 31. März –3. April: Im Vorparlament, Vizepräsident
4. April-18. Mai: Im Fünfzigerausschuss, Vizepräsident, Dienstreise nach Köln
6./7. Mai: Wahlmännerversammlung in Leipzig wählt Blum in Nationalversammlung
18. Mai: Mitglied der Nationalversammlung, Blum versammelt Abgeordnete der Linken im »Holländischen Hof«
21. Mai: Gründung der »Reichstagszeitung«
26. Mai: Erste Rede in der Nationalversammlung (Mainzer Vorfälle)
10.–13. Juni: Pfalzreise der Linken
20. u. 24. Juni: Reden zur Zentralgewalt
24. Juli: Rede zur Polenfrage
16. August: Rede im Leipziger Schützenhaus
18. September: Rede zum Waffenstillstand von Malmö

WIEN

1848 13. Oktober: Abreise nach Wien (über Leipzig und Breslau)
17. Oktober: Ankunft in Wien
23. Oktober: Rede in der »Aula«
25. Oktober : Eintritt in das »Corps d'Elite«
26./27. Oktober: Kampf an der Sophienbrücke
28. Oktober : Kampf an der Nußdorfer Linie
4. November: Verhaftung im Hotel
8. November: Prozess vor dem Standgericht
9. November: Erschießung

Anmerkungen

1 *Steger*, Verfassungswesen, 3.
2 *Hardenberg*, »Über die Reorganisation des Preußischen Staats, verfasst auf höchsten Befehl Sr. Majestät des Königs« v. 12. September 1807 (sogenannte Rigaer Denkschrift), abgedr. in: Georg Winter (Hrsg.), Die Reorganisation des Preußischen Staates unter Stein und Hardenberg. T. 1: Allgemeine Verwaltungs- und Behördenreform. Bd. 1. Leipzig 1931, 302–363.
3 *Blum*, Was feiern wir am Schillerfeste?, in: Gedenkbuch, 52–59, hier 53.
4 Die Äußerung stammt vom Münchner Schriftsteller Lorenz von Westenrieder (1748–1829), zit. n. *August Kluckhohn*, Aus dem handschriftlichen Nachlasse L. Westenrieders, in: Abhandlungen der Historischen Classe der Kgl. Bayerischen Akademie der Wissenschaften (17/2), München 1882, S. 1–111, hier 46.
5 *Blum*, Art. Bildung, in: Handbuch, Bd. 1, 150.
6 *Goethe*, Aus meinem Leben, in: Hamburger Ausgabe, Bd. 9, 201.
7 *Mettele*, Bürgertum, 64 f.
8 *Ayçoberry*, Köln, 29 f.
9 *Hans Blum*, Robert Blum, 5 f.
10 *Hans Blum*, Robert Blum, 7.
11 Robert Blum an Carl Theodor Winkler v. 13. Dezember 1843, in: SLUB Dresden, Mscr. Dresd., App. 130.
12 Robert Blum, Gruß an die Heimath, in: StB Berlin, Nachlass Robert Blum, Kasten 3, Nr. 1.
13 Damals waren lediglich zwei der vier Ecktürme erhalten geblieben; die beiden westlichen wurden Mitte des Jahrhunderts restauriert.
14 Robert Blum, Gruß an die Heimath, in: StB Berlin, Nachlass Robert Blum, Kasten 3, Nr. 1.
15 *Frey*, Blum, 7.
16 *Blum*, Selbstbiographie, 4.
17 *Hans Blum*, Robert Blum, 13.
18 *Blum*, Selbstbiographie, 4.
19 *Henning*, Industrialisierung, 58; *Wehler*, Gesellschaftsgeschichte, Bd. 2, 29.
20 Blum, Selbstbiographie, 4.
21 *Mettele*, Bürgertum, 133.
22 Margarete Selbach an Hans Blum v. 11. Juni 1878, in: BA Berlin, N 2029, Nr. 210.
23 *Blum*, Selbstbiographie, 4 f.
24 Ebd., 5.

25 *Wehler*, Gesellschaftsgeschichte, Bd. 2, 485.

26 *Blum*, Selbstbiographie, 4.

27 Ebd., 5.

28 Die Zeitangaben sind hier widersprüchlich. Blum schreibt, nach Ende der Notzeit im Frühjahr 1817 sei er in die Pfarrschule gekommen. Nach »wenigen Jahren« habe er das Rechnen so beherrscht, dass er selbst Unterricht gegeben habe. Nach anderen Angaben hat er diesen Unterricht aber bereits im selben Jahr 1817 erteilt. Hans Blum behauptet, dass bereits der Vater ihm Rechnen beigebracht habe.

29 Vgl. *Hirsch*, Märtyrer, o.P.

30 *Blum*, Selbstbiographie, 6.

31 Ebd., 7.

32 *Hans Blum*, Robert Blum, 30.

33 BA Berlin, N 2029, Nr. 1.

34 Allgemein: *Lenger*, Sozialgeschichte, 13 ff.

35 *Mechthild Wiswe*, Gürtler und Gelbgießer, in: *Reith*, Lexikon, 110–113.

36 Ebd., 113.

37 *Blum*, Selbstbiographie, 7.

38 BA Berlin, N 2029, Nr. 1.

39 Vgl. *Lenger*, Sozialgeschichte, 33. Eine Studie zum Wandern der Gesellen mit zahlreichen lebensweltlichen Details: *Wadauer*, Tour.

40 StB Berlin, Nachlass Robert Blum, Kasten 4, Nr. 3. Der Sohn Hans Blum nimmt in seiner Blum-Biografie dieses »Reisejournal« zum Ausgangspunkt für die Wanderzeit – eineinhalb Jahre nach dem Zeugnis von Räder. Er behauptet, sein Vater habe vier Jahre Lehre absolviert und sei 1826 entlassen worden. Diese Angaben lassen sich mit denen der drei genannten Zeugnisse nicht vereinbaren.

41 BA Berlin, N 2029, Nr. 1.

42 Robert Blum, Reisejournal, in: StB Berlin, Nachlass Robert Blum, Kasten 4, Nr. 3.

43 Robert Blum, Reisejournal, Eintrag v. 12. Dezember 1826, in: StB Berlin, Nachlass Robert Blum, Kasten 4, Nr. 3.

44 *Blum*, Art. Elberfeld, in: Theater-Lexikon, Bd. 3, 133 f., hier 133.

45 *Treue*, Gesellschaft, 202.

46 *Goethe*, Hamburger Ausgabe, Bd. 12, 357.

47 »Sächsische Vaterlandsblätter« Nr. 136 v. 16. September 1841, 596.

48 Robert Blum, Reisejournal, Eintrag v. 28. November 1826, in: StB Berlin, Nachlass Robert Blum, Kasten 4, Nr. 3.

49 *Hans Blum*, Robert Blum, 39 ff.

50 Ebd., 41.

51 Vgl. *Wehler*, Gesellschaftsgeschichte, Bd. 2, 54 ff.

52 *Schivelbusch*, Lichtblicke, 18 ff.

53 *Blum*, Kurze Abhandlung, 8.
54 Ebd.
55 *Börne*, Schilderungen aus Paris, in: Sämtliche Schriften, Bd. 2, 177.
56 *Hans Blum,* Robert Blum, 42 f.
57 *Blum*, Kurze Abhandlung, 12.
58 Zit. n. *Hans Blum*, Robert Blum, 42.
59 StadtA Naumburg, Mag 1977, fol. 82.
60 *Blum*, Kurze Abhandlung, 5 f.
61 Ebd., 14.
62 Ebd.
63 Vgl. Robert Blum, Rezension von J.W. Schmitz, »Gemeinnützige Andeutungen im Gebiete der Gewerbthätigkeit und der Wissenschaften«, in: StB Berlin, Autogr. I/1654.
64 Robert Blum, Reisejournal, Eintrag v. 12. Juni 1827, in: StB Berlin, Nachlass Robert Blum, Kasten 4, Nr. 3.
65 Ebd.
66 Ebd.
67 Robert Blum an Eugenie Blum v. 4. Oktober 1848, in: BA Berlin, N 2029, Nr. 140.
68 Vgl. *Nerdinger* (Hrsg.), Romantik, 209–216.
69 *Heine*, Briefe aus Berlin, in: Sämtliche Schriften, Bd. 2, 43.
70 *Saß*, Berlin, 148.
71 *Ribbe*, Geschichte, Bd. 1, 496 f.
72 Robert Blum, Reisejournal, Eintrag v. 23. Dezember 1828, in: StB Berlin, Nachlass Robert Blum, Kasten 4, Nr. 3.
73 *Maurer*, Elend, 88.
74 *Saß*, Berlin.
75 Robert Blum an Carl Theodor Winkler v. 26. Juni 1838, in: UB Leipzig, Sondersammlungen, Ms 01249.
76 StB Berlin, Nachlass Robert Blum, Kasten 3, Nr. 1.
77 Robert Blum, Reisejournal, Eintrag v. 23. Dezember 1828, in: StB Berlin, Nachlass Robert Blum, Kasten 4, Nr. 3.
78 *Heine*, Briefe aus Berlin, in: Sämtliche Schriften, Bd. 2, 25 ff.
79 Robert Blum, Reisejournal, Eintrag v. 2. Juni 1829, in: StB Berlin, Nachlass Robert Blum, Kasten 4, Nr. 3.
80 Zit. n. *Huber*, Verfassungsgeschichte, Bd. 1, 242.
81 Vgl. *Schmidt*, Blum, 14.
82 *Lux*, Beleuchtung, 4.
83 Zit. ebd. 5.
84 StadtA Naumburg, Mag 1977, fol. 126–129.
85 StadtA Naumburg, Mag 1977, fol. 179.
86 *Hans Blum*, Robert Blum, 61.

87 Einige Hinweise zu Schmitz' weiterem Lebensweg in: *Burmeister* (Hrsg.), Fränkel, 7.
88 Robert Blum an Johann Wilhelm Schmitz v. 20. Juli 1830, in: BA Berlin, N 2029, Nr. 165.
89 Johann Wilhelm Schmitz an Robert Blum v. 13. August 1830, in: BA Berlin, N 2029, Nr. 165.
90 Quittung v. 9. August 1830, in: BA Berlin, N 2029, Nr. 165.
91 Johann Wilhelm Schmitz an Robert Blum v. 22. Januar 1831, in: BA Berlin, N 2029, Nr. 165.
92 Robert Blum an Johann Wilhelm Schmitz (Konzept, undat.), in: BA Berlin, N 2029, Nr. 165.
93 *Stendhal*, Rot und Schwarz, München 1977, 57.
94 *Heine*, Einleitung zu: Kahldorf über den Adel, in: Sämtliche Schriften, Bd. 2, 653.
95 *Heine*, Ludwig Börne, in: Sämtliche Schriften, Bd. 4, 54.
96 *Gutzkow*, Ausgewählte Werke, Bd. 12, 52 ff.
97 *Wagner*, Mein Leben, 47.
98 *Laube*, Erinnerungen, Teil 1, 132.
99 StB Berlin, Nachlass Robert Blum, Kasten 3, Nr. 1.
100 Ebd.
101 *Eckermann*, Eintragung vom 2. August 1830, in: Gespräche, 749 f.
102 Ausführliche Darstellung: *Foerster*, Preß- und Vaterlandsverein.
103 Zu Wirth allgemein vgl. die Biografie: *Hüls*, Wirth; zu seiner Aktivität in Hambach: ebd., 269 ff.
104 StB Berlin, Nachlass Robert Blum, Kasten 3, Nr. 1.
105 *Heine*, Ludwig Börne, in: Sämtliche Schriften, Bd. 4, 58.
106 *Börne*, Briefe aus Paris, in: Sämtliche Schriften, Bd. 3, 5.
107 *Gutzkow*, Vorrede, 143.
108 *Mundt*, Moderne Lebenswirren, Leipzig 1834, 11 f.
109 StB Berlin, Nachlass Robert Blum, Kasten 3, Nr. 1.
110 Ebd.
111 *Blum*, Selbstbiographie, 8.
112 Zit. n. *Hans Blum*, Robert Blum, 64.
113 *Weddigen*, Geschichte, Bd. 2, 746. Zu Ringelhardt: *Hennenberg*, 300 Jahre, 39 ff. u. *Schulze*, Hundert Jahre, 86 ff.
114 Vgl. *Gall*, Bürgertum, 215.
115 Vgl. *Reinhart Meyer*, Theaterpraxis, in: *Sautermeister/Schmid* (Hrsg.), Restauration, 366–377, hier 367.
116 Vgl. *Mettele*, Bürgertum, 217 ff.
117 *Blum*, Art. Köln, in: Theater-Lexikon, Bd. 5, 25 f., hier 26.
118 Robert Blum an Carl Theodor Winkler v. 12. April 1833, in: DLA Marbach, B: Blum, Robert.

119 Zu dieser Bedeutung vgl. *Möller*, Theater.

120 August von Kotzebue an Graf Brühl v. 15. Oktober 1815, zit. n. *Curt Müller* (Hrsg.), Ifflands Briefwechsel mit Schiller, Goethe, Kleist, Tieck und anderen Dramatikern. Leipzig o.J. [1910], 246–249, hier 247.

121 *Börne*, Theaterkritiken, Vorrede, in: Sämtliche Schriften, Bd. 1, 209.

122 Robert Blum an Unbekannt v. 20. April 1836, in: UB Leipzig, Sondersammlungen, Sammlung Roemer.

123 Robert Blum an Carl Theodor Winkler v. 14. November 1836, in: UB Leipzig, Sondersammlungen, Ms 01249.

124 *Brockhaus*, Tagebucheintrag v. 28. Aug. 1829, in: Tagebücher, 88.

125 *Brockhaus*, Tagebucheintrag v. 17. Jan. 1841, in: Tagebücher, 215.

126 *Ringelhardt*, Einige Worte über das hiesige Theater an das Leipziger Publicum, Extra-Beilage zu Nr. 334 des »Leipziger Tageblattes und Anzeigers« v. 30. November 1835, 4.

127 *Devrient*, Geschichte, Bd. 2 , 241.

128 Viktorine Ringelhardt an Robert Blum v. 10. Juli 1836, in: BA Berlin, N 2029, Nr. 158.

129 Robert Blum an J.B. Baison v. 16. September 1839, in: Biblioteka Jagiellona Kraków, Berol. Varnhagen Sammlung, 31.

130 *Hans Blum*, Robert Blum, 64 f.

131 *Blum*, Selbstbiographie, 9.

132 *Blum*, Art. Actien, in: Theater-Lexikon, Bd. 1, 26.

133 Zit. n. *Mettele*, Bürgertum, 223.

134 *Blum*, Art. Köln, in: Theater-Lexikon, Bd. 5, 25 f., hier 26.

135 *Hans Blum*, Robert Blum, 70.

136 Viktorine Ringelhardt an Robert Blum v. 7. Oktober 1832, in: BA Berlin, N 2029, Nr. 158.

137 Friedrich Sebald Ringelhardt an Robert Blum v. 24. Mai 1832, in: SML, Inv.-Nr. A/3606/2006.

138 Robert Blum an Margarete Blum v. 9. Januar 1842, in: BA Berlin, N 2029, Nr. 164.

139 SML, Inv.-Nr. A/3617/2006.

140 Friedrich Sebald Ringelhardt an Robert Blum v. 24. Mai 1832, u. v. 25. Juni 1832, in: SML, Inv.-Nrn. A/3606/2006 u. A/3607/2006; Gehälter nach *Schulze*, Hundert Jahre, 89 f.

141 *Brockhaus*, Tagebucheintrag v. 3. Sept. 1831, in: Tagebücher, 106 f.

142 Friedrich Sebald Ringelhardt an Robert Blum v. 25. Juni 1832, in: SML, Inv.-Nr. A/3607/2006.

143 Zit. n. *Engel-Janosi*, Freiherr von Hübner, 32.

144 Zit. n. *Herzog* (Hrsg.), Das Literarische Leipzig, 148.

145 Vgl. *Hartung*, Geutebrück, 33 ff.

146 *Heise*, Lampenfieber, 36 ff.

147 Zur kulturgeschichtlichen Bedeutung der Eisenbahn im 19. Jahrhundert: *Roth*, Jahrhundert, speziell zu Leipzig: ebd., 58 ff.
148 *Große*, Geschichte, Bd. 2, 651.
149 Ebd., 653.
150 *Brockhaus*, Tagebucheinträge v. 24. April 1837 u. v. 7. April 1839, in: Tagebücher, 165 u. 190.
151 *Große*, Geschichte, Bd. 2, 641.
152 Ebd., 704.
153 *Lippold*, Von Nachtwächtern, 43.
154 *Wittmann*, Geschichte, 220.
155 *Herzog* (Hrsg.), Das Literarische Leipzig, 167.
156 Zit. n. *Engel-Janosi*, Freiherr von Hübner, 33.
157 Alexander von Hübner an Fürst Metternich v. 26. August 1845, in: HHStA Wien, Staatskanzlei Konsulate, Leipzig, Nr. 26.
158 *Schulze*, Hundert Jahre, 87.
159 *Blum*, Art. Leipzig, in: Theater-Lexikon, Bd. 5, 116.
160 *Schulze*, Hundert Jahre, 88.
161 Robert Blum an Carl Theodor Winkler v. 26. Oktober 1843, in: SML, Inv.-Nr. A/1713/2006.
162 *Schulze*, Hundert Jahre, 99.
163 Robert Blum an Unbekannt v. 23. Februar 1839, in: Biblioteka Jagiellona Kraków, Berol. Varnhagen Sammlung, 31.
164 Robert Blum an Carl Theodor Winkler v. 11. Februar 1837, in: StB Berlin, Autogr. I/1874.
165 Robert Blum an Unbekannt (vmtl. Carl Theodor Winkler) v. 15. Dezember 1836, in: UB Leipzig, Sondersammlungen, Rep. 25 z 9.
166 Zit. n. *Schulze*, Hundert Jahre, 101.
167 Robert Blum an Carl Theodor Winkler v. 14. November 1836, in: UB Leipzig, Sondersammlungen, Ms 01249.
168 Friedrich Wilhem Porth an Robert Blum v. 14. März 1836, in: BA Berlin, N 2029, Nr. 156.
169 *Liebknecht*, Blum, 29.
170 Friedrich Wilhem Porth an Robert Blum v. 14. März 1836, in: BA Berlin, N 2029, Nr. 156.
171 *Blum*, Art. Leipzig, in: Theater-Lexikon, Bd. 5, 107–116, hier 115.
172 *Devrient*, Geschichte, Bd. 2, 375.
173 *Ringelhardt*, Einige Worte über das hiesige Theater an das Leipziger Publicum, in: Extra-Beilage zu Nr. 334 des »Leipziger Tageblattes und Anzeigers« v. 30. November 1835.
174 Vgl. *Hans Blum*, Robert Blum, 86.
175 Robert Blum an Unbekannt vom 8. März 1845, in: SML, Inv.-Nr. A/1717/2006.

176 Robert Blum an Robert Friese v. 29. August 1834, in: StB Berlin, Autogr. I/1653.
177 *Hauser*, Anfänge, 111f., zeigt, dass die Bewegung seit Ende der 1820er Jahre ihren opponierenden Schwung zu verlieren begann.
178 Fallstudie für Südwestdeutschland: *Hauser*, Anfänge.
179 Robert Blum an Robert Friese v. 29. August 1834, in: StB Berlin, Autogr. I/1653.
180 *Blum*, Befreiung, 158.
181 Robert Blum, An Germania, in: StB Berlin, Nachlass Robert Blum, Kasten 3, Nr. 1.
182 *Blum*, Art. Constantinopel, in: Theater-Lexikon, Bd. 2, S. 205.
183 Robert Blum, Kosciouszko, Erster Teil, Fünfter Akt, in: StB Berlin, Nachlass Robert Blum, Kasten 1.
184 Ebd.
185 *Blum*, Carbonari, in: Politische Schriften, Bd. 1, 184–243, hier 185.
186 *Willkomm*, Die Europamüden, 1.
187 *Alexis de Toqueville*, De la démocratie en Amérique. 1835.
188 Robert Blum, Kosciouszko, Erster Teil, Zweiter Akt, in: StB Berlin, Nachlass Robert Blum, Kasten 1.
189 *Blum*, Kosciouszko, Zweiter Teil, in: Politische Schriften, Bd. 1, 160.
190 Robert Blum, Litterarische Anzeige, in: StB Berlin, Nachlass Robert Blum, Kasten 3, Nr. 1.
191 Robert Blum, An den Mond, in: StB Berlin, Nachlass Robert Blum, Kasten 3, Nr. 1.
192 Robert Blum, Die Schatzkammer des Ynka, in: StB Berlin, Nachlass Robert Blum, Kasten 2.
193 Zit. n. *Schirmag*, Lortzing, 126.
194 Robert Blum, Die Schatzkammer des Ynka, 75, in: StB Berlin, Nachlass Robert Blum, Kasten 2.
195 Robert Blum, Bolivar, in: StB Berlin, Nachlass Robert Blum, Kasten 3, Nr. 1.
196 *Blum*, Selbstbiographie, 9.
197 Robert Blum an Carl Theodor Winkler v. 21. Juni 1838, in: UB Leipzig, Sondersammlungen, Ms 01249.
198 Wiener Ereignisse, 24.
199 *Ludwig Bamberger*, Vorwort, in: *Hartmann*, Reimchronik, V-XXXVI, hier XXV.
200 Robert Blum an Eugenie Günther v. 7. Juni 1839, in BA Berlin, N 2029, Nr. 140.
201 Margarete Selbach an Hans Blum v. 11. Juni 1878, in: BA Berlin, N 2029, Nr. 210.
202 Robert Blum, Biographische Skizze, in: BA Berlin, N 2029, Nr. 3.

203 Art. Freimaurer, in: Handbuch, Bd. 1, 369 f.
204 BA Berlin, N 2029, Nr. 3.
205 Robert Blum an Carl Todt v. 19. November 1842, in: BA Berlin, N 2029, Nr. 250.
206 Robert Blum an Carl Theodor Winkler v. 5. September 1832, in: UB Leipzig, Sondersammlungen, Ms 01249.
207 Briefe in: UB Leipzig, Sondersammlungen, Ms 01249.
208 Vgl. *Herzog* (Hrsg.), Das Literarische Leipzig, 180.
209 Robert Blum, Kosciuszko, Erster Teil, Erster Akt, in: StB Berlin, Nachlass Robert Blum, Kasten 1.
210 »Zeitung für die elegante Welt« v. 13., 14. u. 16. November 1837, zit. n. *Hans Blum*, Robert Blum, 96 ff.
211 *Brockhaus*, Tagebucheintrag v. 28. September 1837, in: Tagebücher, 172 f., hier 173.
212 *Jäger*, Liberale, 40.
213 Ebd., 48; *Hans Blum*, Robert Blum, 103.
214 *Jäger*, Liberale, 48 f.
215 Friedrich Wilhem Gieseler an Robert Blum v. 5. Dezember 1832, in: BA Berlin, N 2029, Nr. 145.
216 Julius Stein an Robert Blum v. 24. April 1837, in: BA Berlin, N 2029, Nr. 168.
217 Friedrich Wilhelm Porth an Robert Blum v. 16. November 1837, in: BA Berlin, N 2029, Nr. 156.
218 *Hans Blum*, Robert Blum, 289.
219 *Hübner*, Ein Jahr meines Lebens, 290.
220 »Leipziger Reibeisen!« Nr. 13. v. 13. September 1848.
221 *Gottschall*, Aus meiner Jugend, 150.
222 *Wesendonck*, Erinnerungen, 14 f.
223 Robert Blum an eine Freundin v. 25. Juli 1833, in: BA Berlin, N 2029, Nr. 141.
224 Robert Blum an Eugenie Günther v. 14. Juni 1839, in: BA Berlin, N 2029, Nr. 140.
225 Das folgende nach: Robert Blum, Meine Reise, in: StB Berlin, Nachlass Robert Blum, Kasten 4, Nr. 2.
226 StB Berlin, Nachlass Robert Blum, Kasten 3, Nr. 5a.
227 *Hans Blum*, Robert Blum, 86 ff.
228 StB Berlin, Nachlass Robert Blum, Kasten 3, Nr. 5a.
229 Ebd.
230 Friedrich Wilhelm Porth an Robert Blum v. 16. November 1837, in: BA Berlin, N 2029, Nr. 156.
231 Robert Blum an seine Eltern v. 9. September 1838, in: BA Berlin, N 2029, Nr. 164.

232 Robert Blum an Carl Theodor Winkler v. 12. September 1838, in: BA Berlin, N 2029, Nr. 252.
233 Robert Blum an Carl Theodor Winkler v. 28. Mai 1838, in: SLUB Dresden, Aut. 1170, t 222.
234 Dokumente hierzu: BA Berlin, N 2029, Nr. 5.
235 Robert Blum an Eugenie Günther v. 22. Juni 1839, in: BA Berlin, N 2029, Nr. 140.
236 Robert Blum an seine Eltern v. 9. September 1838, in: BA Berlin, N 2029, Nr. 164.
237 Ebd.
238 Daten nach: ebd.
239 StB Berlin, Nachlass Robert Blum, Kasten 3, Nr. 5a.
240 Robert Blum an seine Eltern v. 9. September 1838, in: BA Berlin, N 2029, Nr. 164.
241 Robert Blum, Aufzeichnungen v. 11./12. November 1838, in: BA Berlin, N 2029, Nr. 7.
242 Robert Blum an seine Eltern v. 9. September 1838, in: BA Berlin, N 2029, Nr. 164.
243 Eugenie Günther an Robert Blum v. 25. Juni 1839, in: BA Berlin, N 2029, Nr. 138.
244 *Hans Blum*, Robert Blum, 118.
245 Eugenie Blum, Blicke im Spiegel, in: StB Berlin, Nachlass Robert Blum, Kasten 3.
246 J. Rosine Mey an Robert Blum v. 1839, in: BA Berlin, N 2029, Nr. 155.
247 Vgl. Robert Blum an Eugenie Günther v. 16. Juni 1839, in: BA Berlin, N 2029, Nr. 140.
248 Eugenie Günther an Robert Blum v. 10. Juni 1839, in: BA Berlin, N 2029, Nr. 139
249 Robert Blum an Eugenie Günther v. 14. Juni 1839, in: BA Berlin, N 2029, Nr. 140.
250 Eugenie Günther an Robert Blum v. 15. Juni 1839, in: BA Berlin, N 2029, Nr. 139.
251 Robert Blum an Eugenie Günther v. 5. August 1839, in: BA Berlin, N 2029, Nr. 140.
252 Robert Blum an Eugenie Günther v. 6. Juli 1839, in: BA Berlin, N 2029, Nr. 140.
253 Robert Blum an Eugenie Günther v. 9. November 1839, in: BA Berlin, N 2029, Nr. 140.
254 Eugenie Günther an Robert Blum v. 16. November 1839, in: BA Berlin, N 2029, Nr. 139.
255 Robert Blum an Eugenie Günther v. 14. Juli 1839, in: BA Berlin, N 2029, Nr. 140.

256 Robert Blum an Eugenie Günther v. 7. Juni 1839, in: BA Berlin, N 2029, Nr. 140.
257 Robert Blum an Eugenie Günther v. 16. Juni 1839, in: BA Berlin, N 2029, Nr. 140.
258 Robert Blum an Eugenie Günther v. 5. September 1839, in: BA Berlin, N 2029, Nr. 140.
259 Robert Blum an Elisa Schilder v. 13. Juli 1842, in: BA Berlin, N 2029, Nr. 163.
260 Robert Blum an Eugenie Günther v. 14. Juni 1839, in: BA Berlin, N 2029, Nr. 140.
261 Eugenie Günther an Robert Blum v. 15. Juni 1839, in: BA Berlin, N 2029, Nr. 139.
262 Robert Blum an Eugenie Günther v. 13. August 1839, in: BA Berlin, N 2029, Nr. 140.
263 Neue Bahnen, IX (1874), Nr. 8, S. 59.
264 Robert Blum an Eugenie Günther v. 13. August 1839, in: BA Berlin, N 2029, Nr. 140.
265 Robert Blum an Eugenie Günther v. 13. August 1839, in: BA Berlin, N 2029, Nr. 140.
266 Stenographischer Bericht, Bd. 2, Nr. 46, 45. Sitzung v. 22. Juli 1848, 1108.
267 *Blum*, Prospekt zum Handbuch der Staatswissenschaften (1847), zit. in: ebd., T. 2. Leipzig 1851, VII.
268 *Blum*, Art. Adel, in Handbuch, Bd. 1, 33–37, hier 36.
269 *Blum*, Art. Census, in: Handbuch, Bd. 1, 216–218, hier 216.
270 Vorrede, in: Vorwärts! 1843, IV.
271 Stenographischer Bericht, Bd. 2, Nr. 46, 45. Sitzung v. 22. Juli 1848, 1109.
272 *Blum*, Art. Einheit, in: Handbuch, Bd. 1, 306f., hier 307.
273 »Sächsische Vaterlandsblätter« Nr. 29 v. 8. März 1842, 120.
274 *Blum*, Kosciouszko, Zweiter Teil, in: Politische Schriften, Bd. 1, 11.
275 Stenographischer Bericht, Bd. 1, Nr. 20, 19. Sitzung v. 20. Juni 1848, 402.
276 *Blum*, Art. Gesellschaft, Wissenschaft von der, in: Handbuch, Bd. 1, 421–428, hier 421.
277 »Sächsische Vaterlandsblätter« Nr. 18 v. 1. Februar 1845, 72.
278 »Sächsische Vaterlandsblätter« Nr. 64 v. 22. April 1845, 288.
279 Ebd.
280 Robert Blum an Eugenie Blum v. 4. Oktober 1848, in: BA Berlin, N 2029, Nr. 140.
281 »Sächsische Vaterlandsblätter« Nr. 145 v. 29. November 1842, 601.
282 *Blum*, Kosciouszko, Zweiter Teil, in: Politische Schriften, Bd. 1, 173.

283 *Blum*, Art. Gleichheit, in: Handbuch, Bd. 1, 447 f.
284 *Blum*, Art. Gesellschaft, Wissenschaft von der, in: Handbuch, Bd. 1, 421–428, hier 427.
285 *Blum*, Art. Gleichheit, in: Handbuch, Bd. 1, 447 f.
286 *Blum*, Was ist radical?, in: Vorwärts! 1847, 208–221, hier 215.
287 *Blum*, Art. Anarchie, in: Handbuch, Bd. 1, 62.
288 *Blum*, Art. Bewegungspartei, in: Handbuch, Bd. 1, 146.
289 *Blum*, Was ist radical?, in: Vorwärts! 1847, 208–221, hier 216.
290 Ebd., 216 f.
291 Ebd., 219.
292 Ebd., 221.
293 Vorwärts! 1845, 87.
294 Vgl. *Wende*, Radikalismus, 15.
295 Engelshofen an Fürst Metternich v. 28. März 1845, in: HHStA Wien, IB Kart. 16 StK, MZP, Korresp. 1845 I-VI, n. 782–836.
296 »Sächsische Vaterlandsblätter« Nr. 1. v. 1. Januar 1843, 1.
297 *Blum*, Art. Jacobiner, in: Handbuch, Bd. 1, 489 f.
298 Robert Blum an Eugenie Günther v. 3. November 1839, in: BA Berlin, N 2029, Nr. 140.
299 *Schmidt*, Hallgarten-Kreis, 223. Zwei Vogtländer hätten ihn in Frankfurt abgeholt, schrieb Blum an Jenny: Robert Blum an Eugenie Günther v. 3. November 1839, in: BA Berlin, N 2029, Nr. 140.
300 Robert Blum an Eugenie Günther v. 3. November 1839, in: BA Berlin, N 2029, Nr. 140.
301 Verhandlungen der Ständeversammlung des Großherzogthums Baden v. 2. Dezember 1831. Karlsruhe, o.J., 334.
302 Johann Adam von Itzstein an Franz Peter Buhl v. 26. April 1845, in: *Klötzer*, Freiheit, 144 f., hier 144.
303 Robert Blum an Eugenie Günther v. 3. November 1839, in: BA Berlin, N 2029, Nr. 140.
304 Johann Adam von Itzstein an Robert Blum v. 5. Juni 1841, in: *Klötzer*, Freiheit, 140.
305 Friedrich Daniel Bassermann, zit. n. *Rosskopf*, Hallgarten, 14.
306 Nach *Schmidt*, Hallgarten-Kreis, 223.
307 *Blum*, Art. Demonstration, in: Handbuch, Bd. 1, 266.
308 »Sächsische Vaterlandsblätter« Nr. 146 v. 9. Oktober 1841, S. 635.
309 Robert Blum an Karl Theodor Welcker v. 16. Februar 1843, in: UB Heidelberg, Heid. Hs. 1919.
310 Robert Blum an Eugenie Günther v. 14. Mai 1839, in: BA Berlin, N 2029, Nr. 140.
311 Hierzu *Zwahr*, Entstehung.
312 Vertrauliche Mittheilung an die Schriftsteller Leipzigs v. 28. Januar

1840, in: StadtA Leipzig, Tit. XLVII, 40a. Zu Geschichte und Entwicklung des Vereins vgl. *Stegers*, Literatenverein, und *Dannenberg*, Publizistik, 212 ff.

313 StB Berlin, Nachlass Robert Blum, Kasten 3, Nr. 5b.

314 Robert Blum an Carl Theodor Winkler v. 6. Juni 1840, in: StB Berlin, Nachlass 141 (Slg. Adam), K. 17.

315 *Adler*, Geheimberichte, Bd. 1, 63.

316 Otto Elben, zit. n. *Noltenius*, Dichterfeiern, 71.

317 *Noltenius*, Dichterfeiern, 73.

318 *Glossy*, Geheimberichte, Bd. 1, 177 f.

319 »Rosen« Nr. 190 v. 18. September 1840, Sp. 1518 f.

320 Robert Blum an Unbekannt v. 27. Oktober 1840, in SML, Inv.-Nr. A/1708/2006.

321 *Glossy*, Geheimberichte, Bd. 1, 178.

322 *Adler*, Geheimberichte, Bd. 1, 66.

323 Rede abgedruckt in: Gedenkbuch, 1–9.

324 *Adler*, Geheimberichte, Bd. 1, 66.

325 Robert Blum an Unbekannt v. 12. November 1840, in: StB Berlin, Autogr. I/2766.

326 Robert Blum an Unbekannt v. 12. November 1840, in: BA Berlin, N 2029, Nr. 258.

327 »Sächsische Vaterlandsblätter« Nr. 161 v. 13. November 1841, 651 f.

328 »Sächsische Vaterlandsblätter« Nr. 162 v. 16. November 1841, 699 f.

329 Ebd.

330 *Brockhaus*, Tagebucheintrag v. 11. November 1841, in: Tagebücher, 231 f.

331 Zit. n. *Rodekamp*, Schillerhaus, 53.

332 *Fontane*, Von Zwanzig, 80 f.

333 Rede abgedruckt in: Gedenkbuch, 52–59.

334 »Leipziger Allgemeine Zeitung« Nr. 347 v. 13. Dezember 1842.

335 Maximilian Emanuel von Lerchenfeld an König Ludwig I. v. 10. September 1842, in: HStA München, MA 1959.

336 Robert Blum an Karl Theodor Welcker v. 16. Februar 1843, in: UB Heidelberg, Heid. Hs. 1919.

337 *Blum*, Feste! Feste!, in: »Sächsische Vaterlandsblätter« Nr. 133 v. 20. August 1843, 587 f.

338 *Pretzsch*, Art. Deutsches Reich, in: Handbuch, Bd. 1, 272–275, hier 275.

339 *Blum*, Feste! Feste!, in: »Sächsische Vaterlandsblätter« Nr. 133 v. 20. August 1843, 587 f.

340 Hierzu umfassend *Winterstein*, Schillerverein.

341 Protokoll des Schillervereins v. 27. Oktober 1840, in: StadtA Leipzig, Schillerverein Nr. 14.

342 Vgl. unten, Abschnitt Eine deutsche Religion, 188.
343 Vgl. zur weiteren Entwicklung *Stegers*, Literatenverein.
344 *Glossy*, Geheimberichte, Bd. 1, 191.
345 Zit. n. *Goetzinger*, Situation, 57.
346 Statuten des Vereins von 1843, abgedruckt in: *Stegers*, Literatenverein, 350–356.
347 Vgl. *Karl Biedermann*, Die neuesten Erscheinungen und Vorgänge auf dem Gebiete des deutschen Assoziationswesens, in: Deutsche Monatsschrift 1845, 540–566, zur Schriftstellerversammlung: 557 ff.
348 *Adler*, Geheimberichte, Bd. 1, 238.
349 *Adler*, Geheimberichte, Bd. 2, 106.
350 *Adler*, Geheimberichte, Bd. 1, 221.
351 Ebd., 76.
352 *Dannenberg*, Publizistik, 91 f.
353 Vereine nach *Dannenberg*, Publizistik, 59–63.
354 *Adler*, Geheimberichte, Bd. 1, 83. Vgl. auch *Dannenberg*, Publizistik, 99.
355 *Brockhaus*, Tagebucheintrag v. 7. November 1829, in: Tagebücher, 92.
356 *Wehler*, Gesellschaftsgeschichte, Bd. 2, 485.
357 Robert Blum an Carl Theodor Winkler v. 26. Oktober 1843, in: SML, Inv.-Nr. A/1713/2006.
358 Robert Blum an Sicherheitsbehörde v. 13. Februar 1838, in: StadtA Leipzig, Aufnahmeakten Nr. 2189.
359 Robert Blum an Sicherheits-Deputation v. 3. März 1838, in: StadtA Leipzig, Aufnahmeakten Nr. 2189.
360 Robert Blum an Kaspar Georg Schilder v. 6. Januar 1843, in: BA Berlin, N 2029, Nr. 164.
361 Bericht an die Kreisdirektion v. März 1838, in: StadtA Leipzig, Aufnahmeakten Nr. 2189.
362 Graf von Kuefstein an Fürst Metternich v. 14. Mai 1846 (zwei Berichte), in: HHStA Wien, Staatskanzlei Sachsen, Nr. 60: Pol. Berichte 1846.
363 *Adler*, Geheimberichte, Bd. 1, 145.
364 Robert Blum an Adam von Itzstein v. 3. Juli 1844, in: BA Koblenz, FSg1/17.
365 Robert Blum an Margarete Selbach v. 9. Januar 1842, in: BA Berlin, N 2029, Nr. 166. Zu diesem Zusammenhang auch: *Stein*, Operative Literatur, 489.
366 Vorwärts! 1847, 210 (Fußnote).
367 »Sächsische Vaterlandsblätter« Nr. 13 v. 1. Dezember 1840, 76.
368 *Heine*, Sämtliche Schriften, Bd. 4, 494.
369 »Sächsische Vaterlandsblätter« Nr. 13 v. 1. Dezember 1840, 76.
370 »Sächsische Vaterlandsblätter« Nr. 53 v. 4. März 1841, 254.

371 Artikel in: »Zeitung für die elegante Welt« v. 13., 14. u. 16. November 1837, abgedruckt in: *Hans Blum*, Robert Blum, 96–101, hier 98.
372 *Adler*, Geheimberichte, Bd. 1, 69.
373 Ebd., 65.
374 Extrabeilage zu »Sächsische Vaterlandsblätter« Nr. 27 v. 2. Januar 1841.
375 Vorwärts! 1843, 213 ff.
376 Zit. n. *Meyer*, Freiheit, 206 f.
377 Robert Blum an Carl Theodor Winkler v. 24. Mai 1843, in: UB Leipzig, Sondersammlungen, Ms 01249.
378 *Obenaus*, Zeitschriften, 59 ff.
379 *Adler*, Geheimberichte, Bd. 1, 122.
380 Ebd., 89.
381 *Wehler*, Gesellschaftsgeschichte, Bd. 2, 528.
382 Robert Blum an Carl Theodor Winkler v. 10. Dezember 1842, in: UB Leipzig, Sondersammlungen, Ms 01249.
383 *Dannenberg*, Publizistik, 56 ff.
384 *Adler*, Geheimberichte, Bd. 1, 95.
385 Ebd., 116.
386 Ebd., 90 f.
387 Eduard Singer, Bericht v. 21. März 1845, in HHStA Wien, IB, Kart. 16 StK, MZP, Korresp. 1845 I–VI, n. 782–836.
388 Robert Blum an Adolf Rutenberg v. 13. Juli 1842, in: StadtA Hannover, Culemann 508.
389 *Dannenberg*, Publizistik, 69.
390 Robert Blum an Robert Prutz v. 22. September 1842, in: SLUB Dresden, Sondersammlungen, Mscr. Dresd., App. 497 III.
391 *Adler*, Geheimberichte, Bd. 1, 143.
392 *Dannenberg*, Publizistik, 97.
393 *Braun*, Wirken, 360–362.
394 Der Artikel wurde in vier Teilen veröffentlicht: *Blum*, Der Tod des Pfarrers Dr. Friedr. Ludw. Weidig, in: »Sächsische Vaterlandsblätter« Nr. 192 v. 2. Dezember 1843, 831–833, Nr. 193 v. 3. Dezember 1843, 835 f., Nr. 194 v. 5. Dezember 1843, 839–841, u. Nr. 195 v. 7. Dezember 1843, 843–845.
395 Vgl. *Adler*, Geheimberichte, Bd. 1, 181 f.
396 »Sächsische Vaterlandsblätter« Nr. 82 v. 24. Mai 1845, 360.
397 Eduard Singer v. 31. Januar 1845, als Anlage zu: Engelshofen an Fürst Metternich v. 1. Februar 1845, in: HHStA Wien, IB, Kart. 16 StK, MZP, Korresp. 1845 I-VI, n. 782–836.
398 Robert Blum an Unbekannt v. 8. Juli 1845, in: UB Leipzig, Sondersammlungen, Slg. Autografen Blum.

399 *Glossy*, Geheimberichte, Bd. 3, 137.

400 Zur Geschichte der »Constitutionellen Staatsbürgerzeitung« und ihrer Übernahme durch Rüder und Blum vgl. *Dannenberg*, Publizistik, 116ff.

401 Vorwärts! 1843, IXf.

402 Ebd., IIIf.

403 Robert Blum an Heinrich Hoffmann von Fallersleben v. 2. Dezember 1842, in: StB Berlin, Nachlass Hoffmann von Fallersleben.

404 Vgl. *Dannenberg*, Publizistik, 81.

405 Vorwärts! 1843, IX.

406 Robert Blum an Carl Todt o.D. (1843), in: BA Berlin, N 2029, Nr. 250.

407 Robert Blum an Unbekannt v. 3. September 1847, in: ÖNB Wien, Blum 90/27–1.

408 Darauf deutet ein Hinweis Hans Blums hin, wonach 1846 die »Chicanen und Confiscationen [...] die Rentabilität aufgehoben« hätten. *Hans Blum*, Robert Blum, 214, Anm.**).

409 Robert Blum an Johann Jacoby v. 28. Oktober 1843, in: *Silberner* (Hrsg.), Jacoby, Briefwechsel, 220.

410 Luwig Uhland an Robert Blum v. 31. Januar 1843, in: DLA Marbach, A: Uhland.

411 *Heine*, Schwabenspiegel, in: Sämtliche Schriften, Bd. 5, 56–69, hier 68.

412 Robert Blum an Heinrich Hoffmann von Fallersleben v. 16. Juni 1843, in: StB Berlin, Nachlass Hoffmann von Fallersleben.

413 Ebd.

414 Robert Blum an Unbekannt v. 24. Juli 1843, in: UB Leipzig, Sondersammlungen, Slg. Taut Gelehrte.

415 Robert Blum an Heinrich Hoffmann von Fallersleben v. 20. Dezember 1843, in: StB Berlin, Nachlass Hoffmann von Fallersleben.

416 Zu Louise Otto und Blum vgl. *Ludwig*, Louise Otto-Peters.

417 »Sächsische Vaterlandsblätter« Nr. 134 v. 22. August 1843, 591f.

418 »Sächsische Vaterlandsblätter« Nr. 142 v. 5. September 1843, 633f.

419 »Sächsische Vaterlandsblätter« Nr. 187 v. 23. November 1843, 811–813, u. Nr. 188 v. 25. November 1843, 815f.

420 Zit. n. *Boetcher Joeres*, Louise Otto-Peters, 64.

421 Vgl. etwa den Artikel: Die Allgemeine Zeitung über die kirchliche Bewegung, in: »Sächsische Vaterlandsblätter« Nr. 56 v. 8. April 1845, S. 251f..

422 *Otto*, Erklärung und Geständnis, in: Der Wandelstern Nr. 34 v. August 1845, 715f., abgedruckt in: *Boetcher Joeres*, Louise Otto-Peters, 85f.

423 *Otto*, Über Robert Blum, in: Frauenzeitung 2, Nr. 21 v. 25. Mai 1850, 259–261, hier 261.
424 Zit. n. *Boetcher Joeres*, Louise Otto-Peters, 63.
425 *Otto*, Über Robert Blum, in: Frauenzeitung 2, Nr. 21 v. 25. Mai 1850, 259–261, hier 260.
426 S. unten Abschnitt Bürger Blum, 156.
427 Neue Bahnen, IX (1874), Nr. 8, 59.
428 Robert Blum an Carl Theodor Winkler v. 27. August 1841, in: UB Leipzig Sondersammlungen, Ms 01249.
429 Robert Blum an Heinrich Hoffmann von Fallersleben v. 9. Juni 1841, in: StB Berlin, Nachlass Hoffmann von Fallersleben.
430 *Hans Blum* (Bearb.), Lebens-Erinnerungen.
431 Zu Julius Koffka vgl. *Mundus*, Robert Blum, 77, Anm. 67.
432 Robert Blum an den Rat der Stadt Leipzig v. 25. Juni 1843, in: StadtA Leipzig, Aufnahmeakten Nr. 2189.
433 StA Leipzig, Amtsgericht Leipzig, Nr. 6680/1.
434 Ebd., u. StadtA Leipzig, Ratsbuch 1844, Bd. 3.
435 Robert Blum an Eugenie Günther v. 5. Mai 1839, in: BA Berlin, N 2029, Nr. 140.
436 Robert Blum an seine Mutter v. 8. Juli 1846, in: BA Berlin, N 2029, Nr. 164.
437 *Wolfgang Reihlen*, Wo wohnte Robert Blum in Leipzig?, Manuskript in: StadtA Leipzig, Bibl. 803.
438 Robert Blum an seine Mutter v. 14. März 1846, in: BA Berlin, N 2029, Nr. 164.
439 Ebd.
440 StadtA Leipzig, Tit. XXIV A (K), u. Ratsleichenbuch 1841–1844, 541.
441 *Laube*, Parlament, Bd. 1, 48.
442 *Fontane*, Von Zwanzig, 87.
443 *Otto*, Über Robert Blum, in: Frauenzeitung 2, Nr. 21 v. 25. Mai 1850, 259–261, hier 259.
444 Robert Blum an Ferdinand Mey v. 2. Oktober 1837, in: BA Berlin, N 2029, Nr. 141.
445 Robert Blum an Louis Schneider v. 12. Juli 1838, in UB Leipzig, Sondersammlungen, Slg. Roemer.
446 *Hartmann*, Bruchstücke, 47.
447 *Wesendonck*, Erinnerungen, 15.
448 Robert Blum an seine Mutter v. 8. Juli 1846, in: BA Berlin, N 2029, Nr. 164.
449 *Hübner*, Ein Jahr, 290.
450 Robert Blum an Johannes Ronge v. 1. März 1845, in: *Liebknecht*, Blum, 111–113, hier 112.

451 *Adler*, Geheimberichte, Bd. 1, 66.

452 Vgl. *Hennenberg*, 300 Jahre, 40.

453 Robert Blum an Carl Theodor Winkler v. 7. März 1843, in: UB Leipzig, Sondersammlungen, Ms 01249.

454 Ebd.

455 *Schulze*, Hundert Jahre, 115.

456 Robert Blum an Kaspar Georg Schilder v. 6. Januar 1843, in: BA Berlin, N 2029, Nr. 164.

457 Robert Blum an Carl Theodor Winkler v. 24. September 1843, in: UB Leipzig, Sondersammlungen, Ms 01249.

458 Vgl. Schmidts Ankündigung »An Leipzigs Bewohner«, in: »Leipziger Tageblatt und Anzeiger«, Nr. 223 v. 10. August 1844, 2035 f.

459 *Schulze*, Hundert Jahre, 119.

460 Robert Blum an Heinrich Jäde v. 4. Januar 1847, in: StUB Bremen, Aut X, 10.

461 Robert Blum an Heinrich Hof v. 19. Dezember 1846, in: StadtA Mannheim, Kleine Erwerbungen, Nr. 70.

462 Zit. n. *Muhs*, Konferenzbeschlüsse, 327.

463 Zit. n. ebd., 328.

464 Robert Blum an J. G. Compes v. 8. Juni 1843, in: StB Berlin, Autogr. I/1968.

465 Spitzelbericht v. 6. Januar 1844, in: *Glossy*, Geheimberichte, Bd. 2, 148.

466 Vom Lande. Eine Thatsache zur Empfehlung des geheimen Gerichtsverfahrens, in: »Sächsische Vaterlandsblätter« Nr. 2. v. 3. Jan. 1843, 7 f.

467 »Sächsische Vaterlandsblätter« Nr. 152 v. 23. September 1843.

468 Robert Blum an Kriminalamt v. 27. Oktober 1843, in: StadtA Leipzig, Vereinigtes Kriminalamt Rep. I, Nr. 6664.

469 Robert Blum an Kriminalamt v. 16. Juni 1844, in: StadtA Leipzig, Vereinigtes Kriminalamt Rep. I, Nr. 6664.

470 Gesamtministerium an Kriminalamt v. 11. Juli 1844, in: StadtA Leipzig, Vereinigtes Kriminalamt Rep. I, Nr. 6664.

471 Carl Christian Schmidt an Kriminalamt v. 16. Oktober 1844, in: StadtA Leipzig, Vereinigtes Kriminalamt Rep. I, Nr. 6664.

472 Robert Blum an Adam von Itzstein v. 3. Juli 1844, in: BA Koblenz, FSg1/17.

473 Direktorium des Schillervereins an Kriminalamt v. 9. November 1844, in: StadtA Leipzig, Vereinigtes Kriminalamt Rep. I, Nr. 6664.

474 Robert Blum an Margarete Selbach v. 23. November 1844, in: BA Berlin, N 2029, Nr. 166.

475 Robert Blum an Ludwig Walesrode v. 28. Oktober 1844, in: Biblioteka Jagiellona Kraków, Berol. Varnhagen Sammlung, 31.

476 Robert Blum an Franz Wigard v. 24. April 1845 (Eingangsdatum), in:

HStA Dresden, Deutschkatholische Gemeinde zu Dresden, Nr. 72.
477 *Herwegh*, Aufruf, in: Werke, Bd. 1, 38 f., hier 39.
478 Erklärung von Angehörigen der deutsch-katholischen Gemeinde v. 12. Februar 1845, in: StadtA Leipzig, II. Sektion (Kap) K. 1576.
479 Vgl. auch *Paletschek,* Frauen, 40 f.
480 *Blum*, Die Wunder des heiligen Rocks, in: »Sächsische Vaterlandsblätter« Nr. 13 v. 23. Januar 1845, S. 49–52, hier 49.
481 *Brockhaus*, Tagebucheintrag v. 5. Dezember 1844, in: Tagebücher, 277.
482 »Sächsische Vaterlandsblätter« Nr. 164 v. 13. Oktober 1844, 667 f.
483 *Blum*, Art. Deutschkatholiken, in: Handbuch, Bd. 1, S. 276 f., hier 277.
484 *Brockhaus*, Tagebucheintrag v. 23. Dezember 1844, in: Tagebücher, 277.
485 Robert Blum an Unbekannt v. 8. März 1845, in: SML, Inv.-Nr. A/1717/2006.
486 *Heine*, Sämtliche Schriften, Bd. 3, 547.
487 *Günther*, Die Ereignisse des Jahres 1845, in: Vorwärts! 1846, I-XXXII u. 1–31, hier IX.
488 Robert Blum an Johannes Ronge v. 11. Februar 1845, in: UB Frankfurt am Main, Handschriftenabt., Autografen Robert Blum.
489 Albert Dulk an Johann Jacoby v. 13. Februar 1845, abgedruckt in: *Silberner* (Hrsg.), Jacoby, Briefwechsel, 274.
490 Robert Blum an Johannes Ronge v. 11. Februar 1845, in: UB Frankfurt am Main, Handschriftenabt., Autografen Robert Blum.
491 Eduard Singer v. 11. April 1845, in: HHStA Wien, IB, Kart 16 StK, MZP, Korresp. 1845, I-VI, n. 782–836.
492 Robert Blum an Johannes Ronge v. 11. Februar 1845, in: UB Frankfurt am Main, Handschriftenabt., Autografen Robert Blum.
493 Engelshofen an Fürst Metternich v. 3. April 1845, in: HHStA Wien, IB Kart. 16 StK, MZP, Korresp. 1845 I-VI, n. 782–836.
494 Robert Bum an Stadtschreiber v. 12. Mai 1845, in: StadtA Leipzig, Cap. 42D Nr. 1 Bd. 1.
495 Stadtrat an Vorstand des deutsch-katholischen Vereins v. 17. Oktober 1846, in: StadtA Leipzig, II. Sektion (Kap) S 4250.
496 Abgedruckt in: *Blum*, Politische Schriften, Bd. 6, 156–159, hier 158 f.
497 Robert Blum an Hermann Domrich v. 10. April 1845, in: BA Berlin, N 2029, Nr. 141.
498 Engelshofen an Fürst Metternich v. 28. März 1845, darin: Bericht Fricker/Ebner, Über die kirchliche Bewegung in Deutschland, vornehmlich unter den Katholiken, in: HHStA Wien, IB, Kart. 16 StK, MZP, Korresp. 1845 I-VI, n. 782–836.
499 *Brockhaus*, Tagebucheintrag v. 5. April 1845, in: Tagebücher, 283 f.
500 Robert Blum an Heinrich Hoffmann von Fallersleben v. 24. Mai 1845, in: SML, Inv.-Nr. A /1741/ 2006..

501 StadtA Leipzig, Cap. 42D Nr. 1 Bd. 1.
502 *Fröbel*, Briefe, 57.
503 Robert Blum an Adolf Rutenberg v. 22. Mai 1847, in: Stadtbibliothek Dortmund, Nr. 3835.
504 Robert Blum an W. Kletke v. 5. Juni 1847, in: BSB München, Autogr. Robert Blum.
505 Engelshofen an Fürst Metternich v. 16. Mai 1845, anbei: Bericht Singers v. 9. Mai 1845, in: HHStA Wien, IB Kart. 16 StK, MZP, Korresp. 1845 I-VI, n. 782–836.
506 *Blum*, Karl Zittel, seine Motion und die kirchliche Bewegung in Baden, in: Der Leuchthurm, April 1846, 29–33.
507 *Brockhaus*, Tagebucheintrag v. 30. März 1848, in: Tagebücher, 335.
508 Robert Blum an Eugenie Blum v. 21. oder 22. April 1848, in: BA Berlin, N 2029, Nr. 140.
509 *Blum*, Art. Deutschkatholiken, in: Handbuch, S. 276f.
510 Joseph Frhr. von Werner an Fürst Metternich v. 26. September 1845 (mit Marginalien Metternichs), in: HHStA Wien, Staatskanzlei, Deutsche Akten 140a.
511 Vgl. *Czok* (Hrsg.), Geschichte, 332ff., *Keller*, Landesgeschichte, 253ff., *Kötzschke/Kretzschmar*, Sächsische Geschichte, 320ff., zur Revolution von 1830/31: *Hammer*, Volksbewegung.
512 *Krause*, August, 7.
513 Emmerich an Fürst Metternich v. 14. August 1845; inliegend Bericht Grünnes v. der Nacht 12./13. August 1848, in: HHStA Wien, Staatskanzlei Sachsen, Nr. 59.
514 Zu den Vorfällen vgl. den Bericht der von der Zweiten Kammer des sächsischen Landtags erwählten außerordentlichen Deputation v. 5. Mai 1846, ferner: Opfer; *Krause*, August.
515 Alexander Hübner an Fürst Metternich v. 21. August 1845, in: HHStA Wien, Staatskanzlei Konsulate, Leipzig 26: 1845 VI–XII.
516 Opfer, 7; *Krause*, August, 8.
517 *Otto*, Über Robert Blum, in: Frauenzeitung 2, Nr. 21 v. 25. Mai 1850, 259–261, hier 259f.
518 Opfer, 7.
519 Ebd.
520 *Biedermann*, Mein Leben, Bd. 1, 238.
521 »Deutsche Allgemeine Zeitung« Nr. 228 v. 16. August 1845, S. 2177.
522 Ebd.
523 Ebd.
524 Eduard Singer v. 16. August 1845, in: HHStA Wien, IB Kart. 17 StK, MZP, Korresp. 1845 VII–XII, n. 837–895.
525 Abgedruckt in: »Leipziger Tageblatt und Anzeiger« v. 16. August 1845.

526 Eduard Singer v. 18. September 1845, in: HHStA Wien, IB Kart. 17 StK, MZP, Korresp. 1845 VII–XII, n. 837–895.
527 Robert Blum an Johann Jacoby v. 3. November 1845, in: *Silberner* (Hrsg.), Jacoby, Briefwechsel, 321–323, hier 322.
528 Eduard Singer v. 18. September 1845, in: HHStA Wien, IB Kart. 17 StK, MZP, Korresp. 1845 VII–XII, n. 837–895.
529 Eduard Singer v. 16. August 1845, in: HHStA Wien, IB Kart. 17 StK, MZP, Korresp. 1845 VII–XII, n. 837–895.
530 Emmerich an Fürst Metternich v. 17. August 1845, darin Bericht des k.k. Generalkonsulats in Leipzig, HHStA Wien, Staatskanzlei Sachsen, Nr. 59: Pol. Berichte 1845.
531 Ebd.
532 *Hans Blum,* Robert Blum, 213.
533 Robert Blum an Johann Jacoby v. 3. November 1845, in: *Silberner* (Hrsg.), Jacoby, Briefwechsel, 321–323, hier 321.
534 Vgl. *Dannenberg*, Publizistik, 232.
535 Vgl. *Zwahr*, Konstituierung, 246.
536 *Otto*, Über Robert Blum, in: Frauenzeitung 2, Nr. 21 v. 25. Mai 1850, 259–261, hier 260.
537 Robert Blum an Johann Jacoby v. 3. November 1845, in: *Silberner* (Hrsg.), Jacoby, Briefwechsel, 321–323, hier 322.
538 »Sächsische Vaterlandsblätter« Nr. 181 v. 13. November 1845.
539 »Sächsische Vaterlandsblätter« Nr. 182 v. 15. November 1845.
540 *Brockhaus*, Tagebucheintrag v. 26. November 1845, in: Tagebücher, 296.
541 Robert Blum an Johann Jacoby v. 3. November 1845, in: *Silberner* (Hrsg.), Jacoby, Briefwechsel, 321–323, hier 322.
542 Vereinigtes Kriminalamt der Stadt Leipzig an Kgl. Hohe Kreisdirektion v. 18. Dezember 1845, in: StadtA Leipzig, Tit. VIII (Kap.) Nr. 165.
543 Graf von Kuefstein an Fürst Metternich v. 29. November 1845, in: HHStA Wien, Staatskanzlei Sachsen 59: Pol. Berichte 1845.
544 Abschrift des Artikels in: StadtA Leipzig, Vereinigtes Kriminalamt Rep. I, Nr. 9336.
545 Protokoll über die Plenarverhandlungen der Stadtverordneten zu Leipzig 1846, Sitzung vom 11. September 1846, in: StadtA Leipzig, Stadtverordnetenakten P 25, Bd. 13.
546 Vgl. seine Aufzeichnungen aus dem Sommer 1844, in: SLUB Dresden, Handschrift h 34, fol. 2.
547 Robert Blum, Notiz v. 29. August 1844, in: SLUB Dresden, Handschrift Nr. h 34.
548 *Schirmag*, Lortzing, 223 f.

549 Zit. n. *Lodemann*, Lortzing, 339.

550 Robert Blum, Materialien zur Geschichte des Leipziger Stadttheaters, in: SLUB Dresden, Handschrift Nr. h 34.

551 Robert Blum an Carl Christian Schmidt v. 31. Juli 1845 (Konzept), in: SLUB Dresden, Handschrift Nr. h 34.

552 Ebd.

553 *Hennenberg*, 300 Jahre, 51.

554 »Leipziger General-Anzeiger« v. 26. Juni 1846.

555 »Leipziger Tageblatt« v. 16. Juni 1846.

556 Robert Blum, Vergleich der Zahl der »Neuigkeiten«, in: SLUB Dresden, Handschrift Nr. h 34.

557 »Leipziger Tageblatt« v. 16. Juni 1846.

558 Robert Blum, Notiz v. 17. September 1846, in: SLUB Dresden, Handschrift Nr. h 34.

559 Robert Blum, Notiz v. 11. September 1846, in: SLUB Dresden, Handschrift Nr. h 34.

560 Robert Blum an seine Mutter v. 8. Juli 1846, in: BA Berlin, N 2029, Nr. 164.

561 Robert Blum, Notiz v. 16. Oktober 1848, in: SLUB Dresden, Handschrift Nr. h 34.

562 Vgl. *Hans Blum*, Robert Blum, 238; *Schmidt*, Blum, 104f., *Dannenberg*, Publizistik, 166.

563 Expl. z.B. in: ÖNB, 1284/44–1.

564 *Hans Blum*, Robert Blum, 235. Vgl. auch *Schmidt*, Blum, 106ff.

565 Vgl. *Schmidt*, Blum, 104.

566 Zum Vereinigten Landtag allgemein: *Obenaus*, Anfänge, 649ff., speziell zur Haltung der Opposition: ebd., 668ff.

567 Robert Blum an Adolf Rutenberg v. 22. Mai 1847, in: StadtA Dortmund, Nr. 3835.

568 Robert Blum an Heinrich von Gagern v. 12. März 1847, abgedruckt in: *Wentzcke/Klötzer*, Deutscher Liberalismus, 382f., hier 383.

569 Brief an Gagern ebd., Brief an Welcker v. 13. März 1847, in: UB Heidelberg, Heid. Hs. 1919.

570 Heinrich von Gagern im hessen-darmstädtischen Landtag v. 9. April 1847, abgedruckt in: *Wentzcke/Klötzer*, Deutscher Liberalismus, 384–387.

571 *Blum*, Art. Adel, in: Handbuch, 33–37, hier 37.

572 Robert Blum an Heinrich von Gagern v. 12. März 1847, abgedruckt in: *Wentzcke/Klötzer*, Deutscher Liberalismus, 382f., hier 382.

573 Adam von Itzstein an Robert Blum v. 11. November 1847, zit. n. *Klötzer*, Versammlungen, 58; zur Überwachung der Treffen vgl. *Hoede*, Geschichte, 35.

574 Vgl. *Dannenberg*, Publizistik, 185 f.
575 Robert Blum an Karl Theodor Welcker v. 16. Februar 1843, in: UB Heidelberg, Heid. Hs. 1919.
576 Robert Blum an Heinrich Hoffmann von Fallersleben v. 22. Dezember 1845, in: StB Berlin, Nachlass Hoffmann von Fallersleben.
577 *Schmidt*, Hallgarten-Kreis, 224; vgl. Eduard Singer v. 28. Janur 1842, in: *Glossy*, Geheimberichte, Bd. 1, 244.
578 Robert Blum an Johann Jacoby v. 17. Juni 1846, in: *Silberner* (Hrsg.), Jacoby, Briefwechsel, 341 f.
579 *Gall*, Bürgertum, 259.
580 *Robert Prutz*, Das Engelchen. Leipzig 1851, ND Göttingen 1970, T. 1, 196.
581 Zit. ebd., Nachwort, 3.
582 *Blum*, Ein Blick, 8.
583 Ebd. 18.
584 *Hoffmann von Fallersleben*, Mein Leben, 243.
585 Robert Blum an Franz Jacob Wigard v. 30. April 1847, in: SML, Inv.-Nr. A/1748/2006.
586 Robert Blum an Carl Christian Schmidt v. 1. Mai 1847, abgedruckt in: *Hans Blum*, Robert Blum, 241–243.
587 Faksimile Robert Blum v. August 1847, Expl. in: StB Berlin, Autogr. I/2298.
588 Robert Blum an Unbekannt v. 25. November 1847, in: SLUB Dresden, Mscr. Dresd. App. 190, 3.
589 *Hans Blum*, Robert Blum, 232 ff.
590 Prospekt zum Staatslexikon vom August 1847, abgedruckt in: Handbuch, Bd. 2, IV–VII.
591 Robert Blum an Rudolf Rüder v. 13. November 1847 (Abschrift), in: StA Leipzig, Amtsgericht Leipzig, Nr. 6680.
592 Robert Blum an Unbekannt v. 23. März 1848, in: Biblioteka Jagiellona Kraków, Berol. Varnhagen Sammlung, 31; ähnlich: Robert Blum an Hermann Domrich v. 29. März 1848, in: BA Berlin, N 2029, Nr. 141.
593 Zit. n. *Weber* (Hrsg.), Leipzig, 279.
594 Verhandlungen, Erste Lieferung (Vorparlament), 111.
595 Robert Blum an Eugenie Blum v. 27. Mai 1848, in: BA Berlin, N 2029, Nr. 140.
596 Zur Revolution von 1848/49 gibt es eine Fülle von Literatur. Überblicke liefern *Hachtmann*, Epochenschwelle, *Hein*, Revolution, *Müller*, Revolution, und *Siemann*, Revolution; Ausstellungskatalog: *Gall* (Hrsg.), 1848; Ausstellungskatalog mit Schwerpunkt Leipzig: *Rodekamp* (Hrsg.), Laß Recht; zum Schauplatz Berlin: *Hachtmann*, Berlin; Chronik: *Speck*, 1848; immer noch unverzichtbar: *Valentin*, Geschichte.

597 Vgl. *Schmidt*, Blum, 131.
598 Protokoll der Sitzung vom 1. März: StadtA Leipzig, P 25, Bd. 15, fol. 24ff.; »Leipziger Tageblatt und Anzeiger« Nr. 62 v. 2. März 1848.
599 Das Gedicht von unbekannter Hand befindet sich in: BA Berlin, N 2029, 130. Es lehnt sich an »Es war einmal ein König« aus Goethes »Faust I« an.
600 Abgedruckt in: »Leipziger Tageblatt und Anzeiger« Nr. 63 v. 3. März 1848, 601f.
601 *Biedermann*, Mein Leben, Bd. 1, 252.
602 »Leipziger Tageblatt und Anzeiger« Nr. 62 v. 2. März 1848, 593.
603 »Deutsche Allgemeine Zeitung« Nr. 64 v. 4. März 1848.
604 *Biedermann*, Mein Leben, Bd. 1, 254.
605 Ebd., 254f.
606 »Leipziger Tageblatt und Anzeiger« Nr. 65 v. 5. März 1848, 621.
607 Zweite Extra-Beilage zu Nr. 65 des »General-Anzeigers« v. 5. März 1848, 515.
608 Ebd., 516.
609 Vgl. *Herzog* (Hrsg.), Das Literarische Leipzig, 177, u. Zweite Extra-Beilage zu Nr. 65 des »General-Anzeigers« v. 5. März 1848, 516.
610 Auszug der Rede in: Art. Militär, in: Handbuch, Bd. 2, 75–77.
611 Art. Militär, in: Handbuch, Bd. 2, 76.
612 Zit. n. *Hans Blum*, Robert Blum, 98.
613 Bekanntmachung des Rats der Stadt Leipzig v. 11. März 1848 (gedruckt), u. Stadt-Polizei-Deputation der Stadt Dresden an das Polizeiamt der Stadt Leipzig v. 9. März 1848, in: StadtA Leipzig, Tit. LXI (Kap) Nr. 37 Bd. 1.
614 Zit. n. *Weber*, Leipzig, 280f.
615 Vgl. *Füssler*, Blum, 9.
616 Grünne an Fürst Metternich v. 14. März 1848, in: HHStA Wien, Staatskanzlei Konsulate, Leipzig Nr. 29, 1848–1860.
617 Vgl. *Schmidt*, Blum, 141, u. *Weber*, Revolution, 18.
618 *Weber*, Revolution 18, u. *Stengel*, Blum, 19.
619 Zit. n. *Schmidt*, Blum, 143.
620 Eine umfassende Darstellung des Schauplatzes Berlin liefert *Hachtmann*, Berlin.
621 Adresse einer Bürgerversammlung in Zwickau an Robert Blum v. 13. November 1845, in: BA Berlin, N 2029, Nr. 50.
622 *Clemen*, Blum, 50.
623 »Zwickauer Wochenblatt« v. 21. März 1848, zit. n. *Füssler*, Blum, 9.
624 *Clemen*, Blum, 52.
625 Vorstand der Israelitischen Religionsgemeinde zu Leipzig, Mandat an Robert Blum, in: BA Koblenz, DB 50/4.

626 *Kühne*, Tagebuch, 176.
627 Ebd., 178.
628 Ebd., 179.
629 Ebd., 180.
630 Kloben, zum Befestigen der (schwarz-rot-goldenen) Fahne.
631 Devisen, 8 u. 11.
632 Robert Blum an Eugenie Blum v. 3. April 1848, in: BA Berlin, N 2029, Nr. 140.
633 Robert Blum an Eugenie Blum v. 5. Juli 1848, in: BA Berlin, N 2029, Nr. 140.
634 Stenographischer Bericht, Bd. 1, Nr. 24, 23. Sitzung v. 24. Juni 1848, 503: »Unsere Zustände werden von Tag zu Tag denen von 1789 ähnlicher.«
635 *Blum*, Art. Alleinherrschaft, in: Handbuch, Bd. 1, 52 f., hier 53.
636 Zum Kaisergedanken der Liberalen vgl. *Möller*, Erinnerung.
637 Robert Blum an den Deutschen Vaterlandsverein in Dresden v. 6. Juli 1848, zit. n. *Hans Blum*, Robert Blum, 389.
638 Verhandlungen, Erste Lieferung (Vorparlament), 5 ff.
639 Ebd., 85.
640 Ebd., 104.
641 Ebd., 84.
642 Stenographischer Bericht, Bd. 1, Nr. 20, 19. Sitzung v. 20. Juni 1848, 404.
643 Robert Blum, Gedicht »Frage«, aus: Dummheiten, Malicen und Xenien, in: StB Berlin, Nachlass Robert Blum, Kasten 3.
644 Verhandlungen, Erste Lieferung (Vorparlament), 65.
645 *Bassermann*, Denkwürdigkeiten, 111 f.
646 Verhandlungen, Erste Lieferung (Vorparlament), 161 f.
647 Robert Blum an Eugenie Blum v. 3. April 1848, in: BA Berlin, N 2029, Nr. 140.
648 *Biedermann*, Mein Leben, Bd. 1, 325.
649 Verhandlungen, Erste Lieferung (Vorparlament), 25.
650 *Johanna Schopenhauer*, Ausflug an den Niederrhein und nach Belgien 1828, Kapitel »Das Dampfschiff«.
651 Robert Blum an Eugenie Blum v. 21. oder 22. April 1848, in: BA Berlin, N 2029, Nr. 140.
652 Verhandlungen, Zweite Lieferung (Fünfziger-Ausschuss), 262.
653 Robert Blum an Eugenie Blum v. 7. Mai 1848, in: BA Berlin, N 2029, Nr. 140.
654 Robert Blum an Eugenie Blum v. 3. Mai 1848, in: BA Berlin, N 2029, Nr. 140.
655 Ebd.

656 Robert Blum an Eugenie Blum v. 21. oder 22. April 1848, in: BA Berlin, N 2029, Nr. 140.
657 Robert Blum an Eugenie Blum v. 19. Mai 1848, in: BA Berlin, N 2029, Nr. 140.
658 Vgl. hierzu *Biedermann*, Mein Leben, Bd. 1, 354 f.
659 Ebd., 356.
660 Robert Blum an Eugenie Blum v. 9. Mai 1848, in: BA Berlin, N 2029, Nr. 140.
661 Ebd.
662 Robert Blum an Margarete Selbach v. 2. Mai 1848, abgedruckt in: Bergsträßer, Parlament, 411–413, hier 413.
663 Vgl. *Stengel*, Blum, 64.
664 StB Berlin, Nachlass Robert Blum, Kasten 3, Nr. 5.
665 Robert Blum an Rudolf Rüder v. 22. Juni 1848, in: Biblioteka Jagiellona Kraków, Berol. Autographen Sammlung, Blum.
666 *Wesendonck*, Erinnerungen, 14.
667 *Hartmann*, Bruchstücke, 46.
668 Vgl. hierzu *Biedermann*, Erinnerungen, 398.
669 Robert Blum an Carl Vogt v. 23. Oktober 1848 (Abschrift), in: BA Berlin, N 2029, Nr. 141.
670 So ein Abgeordneter des Vorparlaments: Verhandlungen, Erste Lieferung (Vorparlament), 110.
671 *Blum / Herloßsohn / Marggraff*, Prospectus, in: Theater-Lexikon (1839), Bd. 1, IX–XII, hier IX.
672 *Wesendonck*, Erinnerungen, 14 f.
673 Stenograph. Bericht, Bd. 1, Nr. 24, 23. Sitzung v. 24. Juni 1848, 504.
674 Stenographischer Bericht, Bd. 1, Nr. 8, 7. Sitzung v. 26. Mai 1848, 105.
675 Stenographischer Bericht, Bd. 1, Nr. 9, 8. Sitzung v. 27. Mai 1848, 150.
676 Vgl. *Dannenberg*, Publizistik, 133 ff.
677 Robert Blum an Eugenie Blum v. 29. Juni 1848, in: BA Berlin, N 2029, Nr. 140.
678 Robert Blum an Eugenie Blum v. 27. Mai 1848, in: BA Berlin, N 2029, Nr. 140.
679 Die Reise der Linken in die Pfalz, in: »Vaterlandsblätter« Nr. 83, 84, u. 85 v. 24., 26. u. 27. Juni 1848.
680 Clotilde Koch an Josefine Buhl v. 20. Juni 1848, in: *Klötzer* (Bearb.), Koch-Gontard, 63–66, hier 65.
681 Robert Blum an Eugenie Blum v. 25. Juni 1848, in: BA Berlin, N 2029, Nr. 140.
682 Eugenie Blum an Robert Blum v. 18. Juni 1848, in: BA Berlin, N 2029, Nr. 139.
683 *Biedermann*, Mein Leben, Bd. 1, 374.

684 *Bamberger*, Erinnerungen, 84.
685 Robert Blum an Eugenie Blum v. 29. Juni 1848, in: BA Berlin, N 2029, Nr. 140.
686 Robert Blum an Eugenie Blum v. 18. Juni 1848, in: BA Berlin, N 2029, Nr. 140.
687 Stenographischer Bericht, Bd. 1, Nr. 20, 19. Sitzung v. 20. Juni 1848, 403.
688 Ebd., 402.
689 Ebd.
690 Stenographischer Bericht, Bd. 1, Nr. 24, 23. Sitzung v. 24. Juni 1848, 502.
691 Ebd., 504.
692 Robert Blum an Eugenie Blum v. 12. Juli 1848, in: BA Berlin, N 2029, Nr. 140.
693 Robert Blum an Eugenie Blum v. 28. Juni 1848, in: BA Berlin, N 2029, Nr. 140.
694 Robert Blum an Eugenie Blum v. 29. Juni 1848, in: BA Berlin, N 2029, Nr. 140.
695 Robert Blum an Eugenie Blum v. 15./16. Juli 1848, in: BA Berlin, N 2029, Nr. 140.
696 Robert Blum an Eugenie Blum v. 29. Juni 1848, in: BA Berlin, N 2029, Nr. 140.
697 Robert Blum an Eugenie Blum v. 2. August 1848, in: BA Berlin, N 2029, Nr. 140.
698 *W. Pretzsch*, Art. Krieg, in: Handbuch, Bd. 1, 526–527.
699 Stenographischer Bericht, Bd. 2, Nr. 47, 46. Sitzung v. 24. Juli 1848, 1141.
700 Ebd., 1142.
701 Stenographischer Bericht, Bd. 2, Nr. 61, 60. Sitzung v. 12. August 1848, 1556.
702 Stenographischer Bericht, Bd. 2, Nr. 47, 46. Sitzung v. 24. Juli 1848, 1141.
703 Robert Blum an Carl Vogt v. 23. Oktober 1848 (Abschrift), in: BA Berlin, N 2029, Nr. 141.
704 Zit. n. *Hüls*, Wirth, 537, Fußnote 4.
705 Zit. ebd., 537.
706 Zur Bedeutung der Polenfrage für die Trennung von Liberalen und Demokraten in Sachsen vgl. *Weber*, Revolution, 136 ff.
707 Robert Blum an Heinrich Wuttke v. 21. März 1848, in: UB Frankfurt am Main, Handschriftenabteilung, Autografen Robert Blum.
708 Heinrich Wuttke, Aufzeichnungen zum 50er-Ausschuss, in: StadtA Dresden, Nachlass Heinrich Wuttke, Bestand 16.1.5, Nr. 13.
709 Robert Blum an Eugenie Blum o.D. [12. August 1848], in: BA Berlin, N 2029, Nr. 140.

710 Robert Blum an Mutter, Schwestern und Schwäger v. 29. August 1848, in: BA Berlin, N 2029, Nr. 166.

711 »Leipziger Tageblatt und Anzeiger« Nr. 226 v. 13. August 1848, 3463.

712 *Kühne*, Tagebuch, 431.

713 *Blum*, Rede über die deutschen Grundrechte, abgedruckt in: Politische Schriften, Bd. 6, 1–16.

714 *Robert Blum*, Offener Brief v. 25. Augsut 1848, abgedruckt in: »Leipziger Reibeisen!« Nr. 11 v. 6. September 1848.

715 Robert Blum an Eugenie Blum v. 24. August 1848, in: BA Berlin, N 2029, Nr. 140.

716 Aufruf des Stettiner Comités für den Bau von Kriegsfahrzeugen zur deutschen Flotte v. 27. Mai 1848 (gedr.), in: StadtA Leipzig, Tit. LXI (Kap) Nr. 37 Bd. 1.

717 *Hans Blum*, Robert Blum, 415.

718 Robert Blum an Eugenie Blum v. 9. September 1848, in: BA Berlin, N 2029, Nr. 140.

719 Ebd.

720 »Deutsche Zeitung« Nr. 246 v. 8. September 1848, Beilage, 1.

721 Robert Blum an Eugenie Blum v. 13 September 1848, in: BA Berlin, N 2029, Nr. 140.

722 Stenographischer Bericht, Bd. 3, Nr. 80, 79. Sitzung v. 18. September 1848, 2115.

723 Ebd., 2118.

724 Ebd., 2116.

725 Ebd., 2118.

726 Ebd.

727 Ebd., 2119.

728 Ebd.

729 Ebd.

730 *Valentin*, Geschichte, Bd. 2, 157.

731 Robert Blum an Eugenie Blum v. 13. September 1848, in: BA Berlin, N 2029, Nr. 140.

732 Zum Septemberaufstand in Frankfurt: *Wettengel*, Revolution, 269 ff., *Valentin*, Frankfurt, 315 ff., aus zeitgenössischer Sicht der Linken in der Nationalversammlung: *Vogt*, September.

733 Robert Blum an Eugenie Blum v. 24. September 1848 (Abschrift), in: BA Berlin, N 2029, Nr. 140.

734 Robert Blum an Eugenie Blum v. 4. Oktober 1848, in: BA Berlin, N 2029, Nr. 140.

735 *Wesendonck*, Erinnerungen, 15.

736 Albert Dulk an Johann Jacoby v. 13. Februar 1845, in: *Silberner* (Hrsg.), Jacoby 274.

737 Von unserm Robert Blum, in: »Deutsche Reichstagszeitung« Nr. 167 v. 1. Dezember 1848, 705 f.
738 *Laube*, Parlament, Bd. 1, 50.
739 Robert Blum an Eugenie Blum v. 20. Oktober 1848, in: BA Berlin, N 2029, Nr. 140.
740 *Hartmann*, Bruckstücke, 39 f.
741 *Hans Blum*, Robert Blum, 466.
742 Robert Blum an Eugenie Blum v. 17. Oktober 1848, in: BA Berlin, N 2029, Nr. 140.
743 *Tschudi*, Oktobertage, 334.
744 Robert Blum an die Parteifreunde in Frankfurt v. 17. Oktober 1848, in: BA Berlin, N 2029, Nr. 255.
745 *Hartmann*, Bruchstücke, 47.
746 Robert Blum an die Parteifreunde in Frankfurt v. 17. Oktober 1848, in: BA Berlin, N 2029, Nr. 255.
747 Ebd.
748 Ebd.
749 *Fröbel*, Briefe, 19.
750 Robert Blum an die Parteifreunde in Frankfurt v. 17. Oktober 1848, in: BA Berlin, N 2029, Nr. 255.
751 *Auerbach*, Tagebuch, 117.
752 Robert Blum an die Parteifreunde in Frankfurt v. 17. Oktober 1848, in: BA Berlin, N 2029, Nr. 255.
753 Schilderungen über die Haltung des Wiener Gemeinderaths Oktober 1848 (aus dessen Permamenzprotokollen und Akten entnommen), in: Kriegsarchiv Wien, Gouvernement Wien, Politische Erhebungskommission, Post Nr. 2.
754 Auszug aus dem Protokoll des Gemeinderats v. 18. Oktober 1848, in: Kriegsarchiv Wien, KA III Gouvernement Wien, Akten, Karton 65, Robert Blum.
755 Vgl. *Schirmag*, Lortzing, 278.
756 Robert Blum an Eugenie Blum v. 17. Oktober 1848, in: BA Berlin, N 2029, Nr. 140.
757 Robert Blum an Eugenie Blum v. 20. Oktober 1848, in: BA Berlin, N 2029, Nr. 140.
758 *Auerbach*, Tagebuch, 125.
759 Robert Blum an Eugenie Blum v. 20. Oktober 1848, in: BA Berlin, N 2029, Nr. 140.
760 *Blum*, Aufruf, in: »Der Radikale« v. 24. Oktober 1848, abgedruckt in: *Schmidt* (Hrsg.) Blum, Briefe, 119 ff.
761 Robert Blum an einen Freund in Frankfurt v. 23. Oktober 1848, abgedruckt in: *Sparfeld*, Buch, 72–75, hier 73.

762 Abend-Beilage der »Wiener Zeitung« v. 24. Oktober 1848.
763 »Die Presse« Nr. 103 v. 25. Oktober 1848.
764 Abend-Beilage der »Wiener Zeitung« v. 24. Oktober 1848.
765 *Laube*, Parlament, Bd. 3, 160.
766 Abend-Beilage der »Wiener Zeitung« v. 24. Oktober 1848.
767 Zeugenverhör Ignaz Kuranda und Eduard Wessel, in: Kriegsarchiv Wien, KA III Gouvernement Wien, Akten, Karton 65, Robert Blum.
768 *Auerbach*, Tagebuch, 167.
769 *Tschudi*, Oktobertage, 186.
770 *Auerbach*, Tagebuch, 170.
771 Robert Blum an Eugenie Blum v. 20. Oktober 1848, in: BA Berlin, N 2029, Nr. 140.
772 Ad. Della Torre an Robert Blum, undatiert, in: Kriegsarchiv Wien, KA III Gouvernement Wien, Akten, Karton 65, Robert Blum.
773 Tagebuch der letzten Oktober- und ersten November-Tage Wiens. Hrsg. von einem Redakteur des Wiener-Postillons. [Wien] 1848, 17 f.
774 »Dresdner Zeitung« v. 28. November 1848, zit. n. *Schmidt,* Blum, 246.
775 Robert Blum an das Oberkommando v. 28. Oktober 1848 (mit Notizen Messenhausers), in: DHM Berlin, Inv.-Nr. Do 56/446.
776 Robert Blum an Eugenie Blum v. 30. Oktober 1848, in: BA Berlin, N 2029, Nr. 140.
777 Verhör Wenzel Cäsar Messenhauser v. 6. November 1848, in: Kriegsarchiv Wien, KA III Gouvernement Wien, Akten, Karton 65, Wenzel Cäsar Messenhauser.
778 Robert Blum an Eugenie Blum v. 2. November 1848, abgedruckt in: *Sparfeld*, Buch, 81.
779 *Valentin*, Geschichte, Bd. 2, 213.
780 *Brügel*, Geschichte, Dokumente-Anhang, 6.
781 *Fröbel*, Briefe, 48.
782 »Volks-Zeitung für demokratische Interessen« v. 1. Februar 1849.
783 Fürst Windischgrätz an Fürst Schwarzenberg v. 7. November 1848, in: HHStA Wien, Pol. Arch. I, Acta Secreta, Nr. 582.
784 Zit. n. *Müller*, Windischgrätz, 157.
785 Verhör Wenzel Cäsar Messenhauser v. 6. November 1848, in: Kriegsarchiv Wien, KA III Gouvernement Wien, Akten, Karton 65, Wenzel Cäsar Messenhauser.
786 Alexander Hübner an Fürst Metternich v. 20. August 1845, in: HHStA Wien, Staatskanzlei Konsulate, Leipzig Nr. 26: 1845 VI–XII.
787 *Hübner*, Ein Jahr, 290.
788 Eingehend zum Verhalten des sächsischen Gesandten: *Hans Blum*, Robert Blum, 524 ff.
789 Konzept in: BA Berlin, N 2029, Nr. 79.

790 *Hans Blum*, Robert Blum, 527.
791 Ludwig von der Pfordten an Rudolf von Könneritz v. 8. November 1848, abgedruckt in: *Brügel*, Geschichte, Dokumenten-Anhang. 29.
792 Eugenie Blum an Robert Blum v. 29 April 1848, in: BA Berlin, N 2029, Nr. 139.
793 Robert Blum an Eugenie Blum v. 6. November 1848, abgedruckt in: *Sparfeld*, Buch, 82.
794 *Fröbel*, Briefe, 53 f.
795 Protokoll Robert Blum, in: Kriegsarchiv Wien, KA III Gouvernement Wien, Akten, Karton 65, Robert Blum.
796 Stenographischer Bericht, Bd. 1, Nr. 24, 23. Sitzung v. 24. Juni 1848, 503.
797 Zit. n. *Brügel*, Geschichte, Dokumente-Anhang, 43.
798 *Fröbel*, Briefe, 64.
799 Vgl. *Fröbel*, Briefe, 51 u. 56 f.
800 Urtheil auf Befehl des hohen k.k. Militair Stadtkommando, in: Kriegsarchiv Wien, KA III Gouvernement Wien, Akten, Karton 65, Robert Blum.
801 Das Original befindet sich in Familienbesitz.
802 *Auerbach*, Tagebuch, 222 f.
803 Ebd.
804 Grünne an Wessenberg v. 13. November 1848 nachts, in: HHStA Wien, Staatskanzlei Konsulate, Leipzig Nr. 29.
805 *Hans Blum*, Robert Blum, 574.
806 Grünne an Wessenberg v. 19. November 1848, in: HHStA Wien, Staatskanzlei Konsulate, Leipzig Nr. 29.
807 *Freiligrath*, Blum, in: Werke, Bd. 2, 134–136, hier 135.
808 *Pfau*, Lied vom Robert Blum, in: Gedichte, 354 f., hier 355.
809 *Hermann Semmig*, Robert Blum. Episches Gedicht in vier Gesängen. Leipzig 1848.
810 Robert Blum, in: »Volksblätter« Nr. 13 v. 18. November 1848, 49–53, hier 51.
811 Eugenie Blum an Agnes geb. Schilder v. 1. März 1849, in: SML, Inv.-Nr. A/1802/2006.
812 Zur Funktion des Totenkults vgl. *Hettling*, Wehmütig, *ders.*, Revolution, u. *Hachtmann*, Totenkulte.
813 Vgl. *Hans Blum*, Robert Blum, 536. Übernommen wurde diese Behauptung unter anderem von *Valentin*, Geschichte, Bd. 2, 213, dem hier viele vertrauten.
814 Plausibel hierzu *Lippert*, Schwarzenberg, 171.
815 *Wien*, Feste, 367 ff.
816 Graf Kuefstein an Frhr. v. Wessenberg v. 20. November 1848, in:

HHStA Wien, Staatskanzlei Sachsen Nr. 62: Politische Berichte 1848.
817 *Kühne*, Tagebuch, 544.
818 Stenographischer Bericht, Bd. 5, Nr. 116, 115. Sitzung v. 14. November 1848, 503.
819 Stenographischer Bericht, Bd. 5, Nr. 117, 116. Sitzung v. 16. November 1848, 3323 ff.
820 Von unserm Robert Blum, in: »Deutsche Reichstags-Zeitung« Nr. 167 v. 1. Dezember 1848, 705–708, hier 707 f.
821 Graf Kuefstein an Frhr. v. Wessenberg v. 18. November 1848, in: HHStA Wien, Staatskanzlei Sachsen Nr. 62: Politische Berichte 1848.
822 Graf Kuefstein an Fürst Schwarzenberg v. 15. Dezember 1848, abgedruckt in: *Brügel*, Geschichte, Dokumenten-Anhang, 30.
823 Graf Kuefstein an Frhr. v. Wessenberg v. 18. November 1848, in: HHStA Wien, Staatskanzlei Sachsen Nr. 62: Politische Berichte 1848.
824 Die einflussreichste historische Darstellung dieser Richtung war *Helfert*, Geschichte Österreichs.
825 »Der deutsche Bürger« Nr. 56 v. 15. November 1848, 254.
826 *Hans Blum*, Robert Blum, 569.
827 Einige Briefe in: BA Berlin, N 2029, Nr. 226.
828 Aussagen und Zitate aus Briefen in: BA Berlin, N 2029, Nr. 226.
829 Ministerium des Äußeren an die Wiener Stadtkommandantur v. 25. November 1848, abgedruckt in: *Brügel*, Geschichte, Dokumenten-Anhang, 27.
830 Eugenie Blum an Agnes geb. Schilder v. 1. März 1849, in: SML, Inv.-Nr. A/1802/2006.
831 Gustav Haubold an Stadtgericht Leipzig v. 12. Januar 1849, in: StA Leipzig, Amtsgericht Leipzig, Nr. 6680.

Quellen- und Literaturverzeichnis

1. UNGEDRUCKTE QUELLEN

Bundesarchiv Berlin (BA Berlin)
N 2029 [= Nachlass Robert Blum], Nr. 1, 3, 5, 7, 50, 79, 130, 138, 139, 140, 141, 145, 155, 156, 158, 163, 164, 165, 166, 168, 210, 226, 250, 252, 255, 258
Deutsches Historisches Museum Berlin (DHM Berlin)
Inv.-Nr. Do 56/446
Staatsbibliothek zu Berlin (StB Berlin)
Autogr. I/1653,
Autogr. I/1654
Autogr. I/1874
Autogr. I/1968
Autogr. I/2298
Autogr. I/2766
Nachlass 141 (Slg. Adam), K. 17
Nachlass Hoffmann von Fallersleben
Nachlass Robert Blum, Kasten 1–5
Staats- und Universitätsbibliothek Bremen (StUB Bremen)
Aut X, 10
Stadtbibliothek Dortmund
Nr. 3835
Sächsisches Hauptstaatsarchiv Dresden (HStA Dresden)
Deutschkatholische Gemeinde zu Dresden, Nr. 72
Sächsische Landesbibliothek – Staats- und Universitätsbibliothek Dresden (SLUB Dresden)
Aut. 1170, t 222
Handschrift h 34, fol. 2
Mscr. Dresd., App. 130
Mscr. Dresd., App. 190, 3
Mscr. Dresd., App. 497 III
Stadtarchiv Dresden (StadtA Dresden)
Nachlass Heinrich Wuttke, Bestand 16.1.5, Nr. 13
Universitätsbibliothek Frankfurt am Main (UB Frankfurt am Main)
Autografen Robert Blum
Stadtarchiv Hannover (StadtA Hannover)
Culemann 508
Universitätsbibliothek Heidelberg (UB Heidelberg)
Heid. Hs. 1919

Bundesarchiv Koblenz (BA Koblenz)
DB 50/4
FSg1/17
Biblioteka Jagoiellona Kraków
Berol. Autographen Sammlung, Blum
Berol. Varnhagen Sammlung, 31
Sächsisches Staatsarchiv Leipzig (StA Leipzig)
Amtsgericht Leipzig, Nr. 6680/1
Stadtarchiv Leipzig (StadtA Leipzig)
II. Sektion (Kap) K 1567
II. Sektion (Kap) S 4250
Aufnahmeakten Nr. 2189
Bibl. 803
Cap. 42D Nr. 1 Bd. 1
Ratsbuch 1844, Bd. 3
Ratsleichenbuch 1841–1844
Schillerverein Nr. 14
Stadtverordnetenakten P 25, Bd. 13
Stadtverordnetenakten P 25, Bd. 15
Tit. VIII (Kap.) Nr. 165.
Tit. XXIV A (K)
Tit. XLVII, 40a
Tit. LXI (Kap.) Nr. 37 Bd. 1
Vereinigtes Kriminalamt Rep. I, Nr. 6664
Vereinigtes Kriminalamt Rep. I, Nr. 9336
Stadtgeschichtliches Museum Leipzig (SML)
Inv.-Nr. A /1708/2006
Inv.-Nr. A /1713/2006
Inv.-Nr. A /1717/2006
Inv.-Nr. A /1741/2006
Inv.-Nr. A /1748/2006
Inv.-Nr. A /1802/2006
Inv.-Nr. A /3606/2006
Inv.-Nr. A /3607/2006
Inv.-Nr. A /3617/2006
Universitätsbibliothek Leipzig (UB Leipzig)
Ms 01249
Rep. 25 z 9
Sammlung Roemer
Slg. Taut Gelehrte
Stadtarchiv Mannheim
Kleine Erwerbungen Nr. 70

Deutsches Literaturarchiv Marbach (DLA Marbach)
B: Blum, Robert
Bayerische Staatsbibliothek München (BSB München)
Autogr. Robert Blum
Bayerisches Hauptstaatsarchiv München (HStA München)
MA 1959
Stadtarchiv Naumburg (StadtA Naumburg)
Mag 1977
Haus-, Hof- und Staatsarchiv Wien (HHStA Wien)
IB Kart. 16 StK, MZP, Korresp. 1845 I–VI, n. 782-836
IB Kart. 17 StK, MZP, Korresp. 1845 VII–XII, n. 837-895
Pol. Arch. I, Acta Secreta, Nr. 582
Staatskanzlei, Deutsche Akten 140a
Staatskanzlei Konsulate, Leipzig Nr. 26: 1845 VI–XII
Staatskanzlei Konsulate, Leipzig Nr. 29: 1848-1860
Staatskanzlei Sachsen, Nr. 59: Politische Berichte 1845
Staatskanzlei Sachsen, Nr. 60: Politische Berichte 1846
Staatskanzlei Sachsen, Nr. 62: Politische Berichte 1848
Kriegsarchiv Wien
Gouvernement Wien, Politische Erhebungskommission, Post Nr. 2
KA III Gouvernement Wien, Akten, Karton 65, Robert Blum
KA III Gouvernement Wien, Akten, Karton 65, Wenzel Cäsar Messenhauser
Österreichische Nationalbibliothek Wien (ÖNB Wien)
1284/44–1
Blum 90/27–1

2. GEDRUCKTE QUELLEN UND LITERATUR BIS 1848

Constitutionelle Staatsbürgerzeitung.
Deutsche Allgemeine Zeitung.
Der deutsche Bürger.
Deutsche Reichstagszeitung.
Deutsche Zeitung.
Frauenzeitung.
General-Anzeiger.
Leipziger Allgemeine Zeitung.
Leipziger Reibeisen!

Leipziger Tageblatt und Anzeiger.
Rosen.
Sächsische Vaterlandsblätter.
Vaterlandsblätter. Constitutionelle Staatsbürgerzeitung.
Volksblätter.
Volks-Zeitung für demokratische Interessen.
Vorwärts! Volkstaschenbuch. Hrsg. von Robert Blum u. Friedrich Steger. 1843–1845. Herausgegeben von Robert Blum. 1846 und 1847.
Wiener Zeitung.
Zeitung für die elegante Welt.

Adler, Hans (Hrsg.), Literarische Geheimberichte. Protokolle der Metternich-Agenten. 2 Bde. Köln 1977/1981.
Angermann, Erich, Robert Blum, in: Neue Deutsche Biografie, Bd. 2, Berlin 1955, 322–324.
Anschütz, Heinrich, Erinnerungen aus dessen Leben und Wirken. Nach eigenh. Aufzeichnungen und mündlichen Mitteilungen. Wien 1866.
Auerbach, Berthold, Tagebuch aus Wien. Von Latour bis auf Windischgrätz. Breslau 1849.
Bamberger, Ludwig, Erinnerungen. Hrsg. v. Paul Nathan. Berlin 1899.
Bassermann, Friedrich Daniel, Denkwürdigkeiten. Frankfurt am Main 1926.
Bergsträsser, Ludwig (Hrsg.), Das Frankfurter Parlament in Briefen und Tagebüchern. Frankfurt am Main 1929.
Biedermann, Karl, Erinnerungen aus der Paulskirche. Leipzig 1849.
Biedermann, Karl, Mein Leben und ein Stück Zeitgeschichte. 2 Bde. Breslau o.J.
Blum, Robert, Die Befreiung von Candia. Schauspiel in fünf Akten. Leipzig 1836.
Blum, Robert, Ein Blick in das Leben des Erzgebirges, in: Album für's Erzgebirge. Leipzig 1847, 8–18.
Blum, Robert (Hrsg.), Die Fortschrittsmänner der Gegenwart. Eine Weihnachtsgabe für Deutschlands freisinnige Männer und Frauen. Leipzig 1847.
Blum, Robert, Gebet- und Gesangbuch für deutsch-katholische Christen. Leipzig 1845.
Blum, Robert (Hrsg.), Handbuch der Staatswissenschaften und Politik. Ein Staatslexicon für das Volk. 2 Bde. Leipzig 1848/1851.
Blum, Robert, Politische Schriften. Hrsg. von Sander L. Gilman. 6 Bde. Nendeln 1979.
Selbstbiographie von Robert Blum und dessen Ermordung in Wien am 9. November 1848. Hrsg. von einem seiner Freunde. Leipzig/Meißen [1848].

Börne, Ludwig, Sämtliche Schriften. Neu bearbeitet und herausgegeben von Inge und Peter Rippmann, Bd. 1–3, Düsseldorf 1964.
Brockhaus, Heinrich, Tagebücher. Deutschland 1821 bis 1874. Hrsg. von Volker Titel. Erlangen 2004.
Burmeister, Helmut (Hrsg.), Hirsch Fränkel (1818–1907). Kasseler Jude, deutscher Demokrat. Seine Lebenserinnerungen. Hofgeismar / Kassel 1996.
Devisen der Transparente, welche bei der festlichen Illumination Frankfurts am 1. April 1848 zu Ehren der deutschen Volksmänner ausgestellt waren. Frankfurt am Main o. J. (1848).
Dreschke, Rede bei der Todtenfeier Robert Blum's am 17ten December 1848 in der Stadtkirche zu Meißen, gehalten von Dr. Dreschke. Auf Verlangen in den Druck gegeben. Meißen (1848).
Eckermann, Johann Peter, Gespräche mit Goethe. München 1999.
Fontane, Theodor, Zwischen Zwanzig und Dreißig, in: Sämtliche Werke. Hrsg. v. Edgar Groß, Kurt Schreiner u.a., Bd. 15, München 1959–1975.
Freiligrath, Ferdinand, Werke. Hrsg. v. Julius Schwering. Berlin u.a. [1909].
Frey, Arthur, Robert Blum. Ein Charakterbild für Freunde und Gegner. 7. Aufl. Mannheim 1848.
Fröbel, Julius, Briefe über die Oktober-Revolution, mit Notizen über die letzten Tage Robert Blums. Frankfurt am Main 1849.
Fröbel, Julius, Lebensschicksale eines Achtundvierzigers in der Alten und Neuen Welt. Heidenheim a.d. Brenz 1971.
Gedenkbuch an Friedrich Schiller. Hrsg. vom Schiller-Verein zu Leipzig. Leipzig 1855.
Glossy, Karl, Literarische Geheimberichte aus dem Vormärz. 3 Bde. (= Jahrbuch der Grillparzer-Gesellschaft 21–23). Wien 1912.
Goethe, Johann Wolfgang von, Werke. (Hamburger Ausgabe.) 15. Aufl. München 1993.
Gottschall, Rudolf von, Aus meiner Jugend. Erinnerungen. Berlin 1898.
Günther, Johann (Hrsg.), Zeitgenossen in Biographien und Porträts. Jena 1849.
Gutzkow, Karl, Ausgewählte Werke in 12 Bänden. Hrsg. v. Heinrich Hubert Houben. Leipzig [1908].
Gutzkow, Karl, Vorrede von 1852, in: Wally die Zweiflerin. Hrsg. v. Günter Heintz. Stuttgart 1978.
Hartmann, Moritz, Bruchstücke revolutionärer Erinnerungen, in: Ders., Gesammelte Werke. Bd. 10. Stuttgart 1874, 1–72.
Hartmann, Moritz, Reimchronik des Pfaffen Maurizius. Stuttgart 1874.
Heine, Heinrich, Sämtliche Schriften. Hrsg. v. Klaus Briegleb. 6 Bde. München 1997.
Herwegh, Georg, Werke in drei Teilen. Hrsg. v. Hermann Tardel. Berlin, Leipzig, Wien, Stuttgart [1909].

Hoffmann von Fallersleben, Heinrich, Mein Leben, in: Ders., Auswahl in 3 Teilen. Hrsg. von Augusta Weldler-Steinberg. Berlin, Leipzig, Wien, Stuttgart o.J. T. 3.

Hübner, Alexander Graf von, Ein Jahr meines Lebens. 1848–1849. Leipzig 1891.

Klötzer, Wolfgang (Bearb.), Clotilde Koch-Gontard an ihre Freunde. Briefe und Erinnerungen aus der Zeit der deutschen Einheitsbewegung 1843–1869. Frankfurt am Main 1969.

Krause, Karl, Der 12., 13., 14. u. 15. August in Leipzig. 6. Aufl. Leipzig 1845.

Kühne, Gustav, Mein Tagebuch in bewegter Zeit. Leipzig 1863.

Laube, Heinrich, Das erste deutsche Parlament. 3 Bde. Leipzig 1849.

Laube, Heinrich, Erinnerungen, in: Ders., Gesammelte Werke in fünfzig Bänden. Leipzig 1909, Teil 1: Bd. 39, Teil 2: Bd. 41.

Lippold, Adolf, Von Nachtwächtern, Trödeljuden und Harfenmädchen. Erinnerungen eines alten Leipzigers. Hrsg. von Katrin Sohl. Leipzig 2004.

Maurer, Friedrich, Elend und Aufstieg in den Tagen des Biedermeier. Erinnerungen und Tagebuchblätter. (1812–1906). Hrsg. von Walter Meyer. Stuttgart 1969.

Mohl, Robert von, Lebenserinnerungen. 1799–1875. 2 Bde. Stuttgart, Leipzig 1902.

Mundt, Theodor, Moderne Lebenswirren. Briefe und Zeitabenteuer eines Salzschreibers. Leipzig 1834.

Nebel, Hermann (Hrsg.), Ausgewählte Reden und Schriften von Robert Blum (10 Hefte). Leipzig [1878]–1881.

Die Opfer des zwölften August. Ein Denkmal zur Erinnerung an die in der zweiten Woche des August 1845 in Leipzig vorgefallenen blutigen Ereignisse. Leipzig 1845.

Pfau, Ludwig, Gedichte. 4. Aufl. Stuttgart 1889.

Saß, Friedrich, Berlin in seiner neuesten Zeit und Entwicklung 1846. ND Berlin 1983.

Schmidt, Siegfried (Hrsg.), Robert Blum. Briefe und Dokumente. Leipzig 1981.

Schwed, Fr., Robert Blum, der Kämpfer für Freiheit und Licht. Eine biographische Skizze. Nürnberg 1848.

Semmig, Hermann, Sachsen! Was thut Noth und was thut Blum? Leipzig 1848.

Silberner, Edmund (Hrsg.), Johann Jacoby. Briefwechsel 1816–1849. Hannover 1984.

Steger, Friedrich, Das Verfassungswesen oder das constitutionelle Princip. Leipzig 1843.

Stenographischer Bericht über die Verhandlungen der deutschen constituirenden Nationalversammlung zu Frankfurt a.M. Hrsg. v. Franz Wigard. Bd. 1–9. Frankfurt am Main 1848/49.

Tschudi, Johann Jakob von, Wiens Oktobertage 1848. Schellenberg, Liechtenstein 1998.
Allgemeines Theater-Lexikon oder Encyclopädie alles Wissenswerthes für Bühnenkünstler, Dilettanten und Theaterfreunde unter Mitwirkung der sachkundigen Schriftsteller Deutschlands. Hrsg. v. Robert Blum, Karl Herloßsohn, Hermann Marggraff. 7 Bde. Altenburg, Leipzig 1839–1842. 2. Aufl. Hrsg. v. Karl Herloßsohn, Hermann Marggraff u.a. Altenburg, Leipzig 1846.
Verhandlungen des deutschen Parlaments. Officielle Ausgabe. [Hrsg. v. Friedrich Sigmund Jucho.] Erste Lieferung [= Vorparlament]. Zweite Lieferung [= Fünfzigerausschuss]. Frankfurt am Main 1848.
Vogt, Carl, Aus meinem Leben. Erinnerungen und Rückblicke. Gießen 1997.
Wagner, Richard, Mein Leben. Vorgelegt und mit einem Nachwort von Martin Gregor-Dellin. München 1963.
Wentzcke, Paul / Klötzer, Wolfgang (Bearb.), Deutscher Liberalismus im Vormärz. Heinrich von Gagern. Briefe und Reden 1815–1848. Göttingen 1959.
Wesendonck, Hugo, Erinnerungen aus dem Jahre 1848. New York 1898.
Die Wiener Ereignisse vom 6. Oktober bis 12. November 1848. Geschildert von einem Augenzeugen. Wien 1849.
Willkomm, Ernst, Die Europamüden. Modernes Lebensbild. Leipzig 1838.

3. LITERATUR SEIT 1849

Ayçoberry, Pierre, Köln zwischen Napoleon und Bismarck. Wachstum einer rheinischen Stadt. Köln 1996.
Backes, Uwe, Liberalismus und Demokratie – Antinomie und Synthese. Zum Wechselverhältnis zweier politischer Strömungen im Vormärz. Düsseldorf 2000.
Barclay, David E.: Anarchie und guter Wille. Friedrich Wilhelm IV. und die preußische Monarchie. Berlin 1995.
Bergmann, Edda, Ich darf das Beste, das ich kann, nicht tun. Robert Eduard Prutz (1816–1872) zwischen Literatur und Politik. Würzburg 1997.
Blum, Hans, Robert Blum. Ein Lebens- und Charakterbild für das deutsche Volk. Leipzig 1878.
Blum, Hans, Robert Blum im Tagebuch des Grafen von Hübner, in: Nord und Süd 58, 1891, S. 35–56.
Blum, Hans, Die deutsche Revolution 1848–1849. Eine Jubiläumsgabe für das deutsche Volk. Florenz, Leipzig 1897.
Blum, Hans (Bearb.), Lebens-Erinnerungen von Agnes Wallner. Berlin 1900.

Robert Blum als Schriftsteller. Allerlei Ungedrucktes, in: Die Gegenwart. Wochenschrift für Literatur, Kunst und öffentliches Leben, 54, 1898, 357–359.

Boetcher Joeres, Ruth-Ellen, Die Anfänge der deutschen Frauenbewegung: Louise Otto-Peters. Frankfurt am Main 1983.

Borchert, Fritz (Hrsg.), Die Leipzig-Dresdner Eisenbahn. Anfänge und Gegenwart einer 150jährigen. Berlin 1989.

Botzenhart, Manfred, 1848/49. Europa im Umbruch. Paderborn 1998.

Botzenhart, Manfred, Deutscher Parlamentarismus 1848–1850. Düsseldorf 1977.

Braun, Harald, Das politische und turnerische Wirken von Friedrich Ludwig Weidig. Ein Beitrag zur Geschichte der revolutionären Bestrebungen im deutschen Vormärz. St. Augustin 1983.

Breuer, Dieter, Geschichte der literarischen Zensur in Deutschland. Heidelberg 1982.

Brügel, Ludwig, Geschichte der österreichischen Sozialdemokratie. Bd. 1: Vom Vormärz bis zum Wiener Hochverratsprozeß, Juli 1870. Wien 1922.

Büttner, Georg, Die Anfänge der Schiller-Vereins und der ersten Schiller-Feiern in Leipzig. Festgabe zum 10. November 1910. Leipzig 1910.

Clauswitz, Paul, Die Städteordnung von 1808 und die Stadt Berlin. Festschrift zur 100jährigen Gedenkfeier der Einführung der Städteordnung. Berlin 1908.

Clemen, Otto, Robert Blum und Zwickau, in: Sächsische Heimat 5, November 1921, 50–55.

Cottin, Markus, »Die Preßfreiheit ist noch lange nicht Eigenthum des Volkes ... «. Pressvergehen Leipziger Bürger und Journalisten 1848/49, in: Zeitung Drucken, 89–128.

Csendes, Peter / Opll, Ferdinand, Wien. Geschichte einer Stadt. Bd. 3: Von 1790 bis zur Gegenwart. Wien, Köln, Weimar 2006.

Czok, Karl (Hrsg.), Geschichte Sachsens. Weimar 1989.

Dann, Otto, Robert Blum und die Vereinskultur im Vormärz, in: Freiheit, 40–44.

Dannenberg, Hans-Eckhard, Publizistik und Parteibildung bei Robert Blum. 4 Mikrofiches. Diss. Hannover 1991.

Devrient, Eduard, Geschichte der deutschen Schauspielkunst. Theatergeschichte. 2 Bde. Hrsg. v. Rolf Kabel und Christoph Trilse. Berlin 1967.

Emundts, Herbert, Robert Blum, ein Freimaurer aus Köln. In: Tau, 1995, 29–34.

Engehausen, Frank, Robert Blum in der Nationalversammlung, in: Freiheit, 132–140.

Engel-Janosi, Friedrich, Der Freiherr von Hübner 1811–1892. Eine Gestalt aus dem Österreich Kaiser Franz Josephs. Innsbruck 1933.

Foerster, Cornelia, Der Preß- und Vaterlandsverein von 1832/33. Sozialstruktur und Organisationsformen der bürgerlichen Bewegung in der Zeit des Hambacher Festes. Trier 1981.
Foerster, Cornelia, Der deutsche Preß- und Vaterlandsverein im Rahmen des frühen politischen Vereinswesens, in: Reinalter, Anfänge, 213–228.
Franke, Richard Walter, Zensur und Preßaufsicht in Leipzig 1830–1848, in: Archiv für Geschichte des deutschen Buchhandels 21, 1930, 6.
»Für Freiheit und Fortschritt gab ich alles hin.« Robert Blum (1807–1848). Visionär, Demokrat, Revolutionär. Hrsg. vom Bundesarchiv, bearb. von Martin Jesse und Wolfgang Michalka. Berlin 2006.
Freitag, Sabine (Hrsg.), Die Achtundvierziger. Lebensbilder aus der deutschen Revolution 1848/49. München 1998.
Freitag, Sabine, Friedrich Hecker. Biographie eines Republikaners. Stuttgart 1998.
Füssler, Heinz, Robert Blum. Ein Zeugnis seines Lebens. Zwickau 1948.
Gall, Lothar (Hrsg.), 1848. Aufbruch zur Freiheit. Berlin 1998.
Gall, Lothar, Bürgertum in Deutschland. Berlin 1989.
Geschichte der deutschen Literatur. Bd. 8: Von 1830 bis zum Ausgang des 19. Jahrhunderts. Hrsg. von Hans Günther Thalheim. Halbbd. 1 (1830–1870). Berlin 1975.
Gilman, Sander L., Der literarische Nachlass Robert Blums, in: Archiv für Kulturgeschichte 52, 1970, 114–120.
Gilman, Sander L., The Literary Activities of Robert Blum: Further Observations, in: Archiv für das Studium der Neueren Sprachen und Literaturen 125, 1973, 132–136.
Götz von Olenhusen, Irmtraud, Robert Blum und die deutschkatholische Bewegung: Vom römisch-katholischen Messdiener zum Propheten einer demokratischen Zivilreligion, in: Freiheit, 101–112.
Goetzinger, Germaine, Zur Situation der Autorinnen und Autoren, in: Sautermeister/Schmid, Revolution, 38–59.
Grab, Walter, Ein Mann, der Marx Ideen gab. Wilhelm Schulz, Weggefährte Georg Büchners, Demokrat der Paulskirche. Düsseldorf 1979.
Graf, Friedrich Wilhelm, Die Politisierung des religiösen Bewusstseins. Die bürgerlichen Religionsparteien im Vormärz: Das Beispiel des Deutschkatholizismus. Stuttgart 1978.
Größing, Helmuth, Der Kampf um Wien im Oktober 1848. Wien 1973.
Große, Karl, Geschichte der Stadt Leipzig von der ältesten bis auf die neueste Zeit. Bd. 2. Leipzig 1898.
Hachtmann, Rüdiger, Berlin 1848. Eine Politik- und Gesellschaftsgeschichte der Revolution. Bonn 1997.
Hachtmann, Rüdiger, Epochenschwelle zur Moderne. Einführung in die Revolution von 1848/49. Tübingen 2002.

Hachtmann, Rüdiger, Totenkult und Ikonisierungen: Robert Blum und die anderen Revolutionsheroen in der Erinnerung, in: Freiheit, 169–176.

Häusler, Wolfgang, Von der Massenarmut zur Arbeiterbewegung. Demokratie und soziale Frage in der Wiener Revolution von 1848. Wien 1979.

Häusler, Wolfgang, Ein unbekannter Aufruf Robert Blums aus der Wiener Oktoberrevolution 1848. Robert Blums Wiener Aufenthalt, in: Wiener Geschichtsblätter 33, 1978, 173–187.

Hahn, Hans-Werner / Hein, Dieter (Hrsg.), Bürgerliche Werte um 1800. Entwurf – Vermittlung – Rezeption. Köln 2005.

Hammer, Michael, Volksbewegung und Obrigkeiten. Revolution in Sachsen 1830/31. Weimar, Köln, Wien 1997.

Handbuch literarisch-kultureller Vereine, Gruppen und Bünde. Hrsg. v. Wulf Wülfing, Karin Bruns u. Rolf Parr. Stuttgart, Weimar 1998.

Hank, Peter, Die Rastatter Robert-Blum-Gedenkfeier als exemplarische Politisierung im Vorfeld der Reichsverfassungskamapagne 1849, in: Freiheit, 164–168.

Hartung, Birgit, Albert Geutebrück. Baumeister des Klassizismus in Leipzig. Leipzig 2003.

Hauser, Christoph, Anfänge bürgerlicher Organisation. Philhellenismus und Frühliberalismus in Südwestdeutschland. Göttingen 1990.

Hein, Dieter, Die Revolution von 1848/49. München 1998.

Hein, Dieter / Hildebrand, Klaus / Schulz, Andreas (Hrsg.), Historie und Leben. Der Historiker als Wissenschaftler und Zeitgenosse. Festschrift für Lothar Gall zum 70. Geburtstag. München 2006.

Heise, Ulla, Lampenfieber. Historischer Spaziergang zu den Gaslaternen. Leipzig 2001.

Helfert, Joseph Alexander von, Geschichte Österreichs vom Ausgange des Wiener Oktoberaufstandes von 1848. 4 Bde. Leipzig, Prag 1869–1886.

Hennenberg, Fritz, 300 Jahre Leipziger Oper. Geschichte und Gegenwart. München 1993

Henning, Friedrich-Wilhelm, Die Industrialisierung in Deutschland 1800 bis 1914. 5. Aufl. Paderborn, München, Wien, Zürich 1979.

Herzog, Andreas (Hrsg.), Das literarische Leipzig. Kulturhistorisches Mosaik einer Buchstadt. Leipzig 1995.

Hettling, Manfred, Revolution als kognitive Struktur? Der Totenkult für Robert Blum und der Maiaufstand in Dresden 1849, in: Martina Schattkowsky (Hrsg.), Dresdner Maiaufstand und Reichsverfassung 1849. Revolutionäres Nachbeben oder demokratische politische Kultur? Leipzig 2000, 81–105.

Hettling, Manfred, Wehmütig und freudig. Die Totenfeiern für Robert Blum, in: ders., Totenkult statt Revolution. 1848 und seine Opfer. Frankfurt am Main 1998, 52–75.

Heyne, Erwin, Die öffentliche Meinung über Blums Erschießung, in: Wissenschaftliche Beilage d. Dresdener Anzeigers 9, 1932, 173f.
Hils-Brockhoff, Evelyn / Hock, Sabine, Die Paulskirche. Symbol demokratischer Freiheit und nationaler Einheit. 2. Aufl. Frankfurt am Main 2004.
Hirsch, Helmut, Robert Blum. Märtyrer der Freiheit. Köln 1977.
Hirsch, Helmut (Hrsg.), Robert-Blum-Symposium 1982. Dokumente – Referate – Diskussionen. O.O. 1987.
Hoede, Roland, Die Heppenheimer Versammlung vom 10. Oktober 1847. Frankfurt am Main 1997.
Hoffmann, Detlef, Robert Blum – ein Nationalheld im Wartestand, in: 1848/49. Revolution der deutschen Demokraten in Baden. Baden-Baden 1998, 262f.
Huber, Ernst, Deutsche Verfassungsgeschichte seit 1789. Bd. 1: 2. Aufl. Stuttgart 1990. Bd. 2: 3. Aufl. Stuttgart 1988.
Hüls, Elisabeth, Johann Georg August Wirth (1798–1848). Ein politisches Leben im Vormärz. Düsseldorf 2004.
Itten, Ellen von, Heinrich Laube. Ein jungdeutscher Journalist und Kritiker. Frankfurt am Main 1989.
Jäger, Roland, Deutsche Liberale im hannoverschen Verfassungskampf (1837–1843). Diss. Masch. Leipzig o.J.
Jansen, Christian, Einheit, Macht und Freiheit. Die Paulskirchenlinke und die deutsche Politik in der nachrevolutionären Epoche (1849–1867). Düsseldorf 2000.
Jansen, Christian, Noch ein 9. November ... Die Delegation der Paulskirchenlinken nach Wien und der Tod Robert Blums, in: Freiheit, 154–163.
Jesse, Martina, Robert Blum in der DDR, in: Freiheit, 177–185.
Keller, Katrin (Hrsg.), Feste und Feiern. Zum Wandel städtischer Festkultur in Leipzig. Leipzig 1994.
Keller, Katrin, Landesgeschichte Sachsen. Stuttgart 2002.
Kermann, Joachim / Nestler, Gerhard / Schiffmann, Dieter (Hrsg.), Freiheit, Einheit und Europa. Das Hambacher Fest von 1832. Ursachen, Ziele, Wirkungen. Ludwigshafen 2006.
Kittan, Tomas, Vormärzliche »Pressehauptstadt« Leipzig. Zeitungs- und Zeitschriftenlandschaft zwischen 1830 und 1849, in: Börsenblatt für den deutschen Buchhandel 156, 1989, 231–234.
Kittan, Tomas, Robert Blum (10.11.1807–9.11.1848) – Ein herausragender kleinbürgerlich-demokratischer Publizist Leipzigs, in: Theorie und Praxis des sozialistischen Journalismus 15, 1987, 374–387.
Klötzer, Wolfgang, Um Freiheit und deutsche Einheit. Unbekannte Itzsteinbriefe aus dem Vormärz, in: Darstellungen und Quellen zu Geschichte der deutschen Einheitsbewegung im 19. und 20. Jahrhundert, 1, 1957, 119–155.

Klötzer, Wolfgang, Die Hallgartener Versammlungen. Auf dem Weg zur Frankfurter Nationalversammlung, in: Bernd Heidenreich (Hrsg.), Hessen 1848. Zur Vorgeschichte der Revolution. Wiesbaden o.J. [1998], 52–60.

Kötzschke, Rudolf / Kretzschmar, Hellmut (Hrsg.), Sächsische Geschichte. Werden und Wandlungen eines Deutschen Stammes und seiner Heimat im Rahmen der Deutschen Geschichte. Frankfurt am Main 1965.

Koopmann, Helmut, Das Junge Deutschland. Darmstadt 1993.

Koszyk, Kurt, Deutsche Presse im 19. Jahrhundert. Berlin 1966.

Kraume, Herbert, Fortschrittsmänner und Stillstandsmenschen, in: Freiheit, 122–131.

Lange, Walter, Der Tunnel. 1831 bis 1931. Leipzig 1931.

Langewiesche, Dieter, Europa zwischen Restauration und Revolution 1815–1849. 3. Aufl. München 1993.

Langewiesche, Dieter (Hrsg.), Liberalismus im 19. Jahrhundert. Göttingen 1988.

Langewiesche, Dieter, Vom Scheitern bürgerlicher Nationalhelden. Ludwig Uhland und Friedrich Ludwig Jahn, in: Historische Zeitschrift 278, 2004, 375–397.

Lenger, Friedrich, Sozialgeschichte der deutschen Handwerker seit 1800. Frankfurt am Main 1988.

Liebknecht, Wilhelm, Robert Blum und seine Zeit. 1888. 3. Aufl. 1896.

Lippert, Stefan, Felix Fürst zu Schwarzenberg. Eine politische Biographie. Stuttgart 1998.

Lodemann, Jürgen, Lortzing und seine Spielopern. Deutsche Bürgerlichkeit. Freiburg (masch.) 1962.

Lodemann Jürgen, Lortzing. Gaukler und Musiker. Göttingen 2000.

Lönnecker, Harald, Robert Blum und die Burschenschaft, in: Freiheit, 113–121.

Ludwig, Johanna, Louise Otto-Peters und Robert Blum, in: Freiheit, 95–100.

Ludwig, Johanna / Jorek Rita (Hrsg.), Louise Otto-Peters. Ihr literarisches und publizistisches Werk. Leipzig 1995.

Lux, Heinrich, Die öffentliche Beleuchtung von Berlin. Berlin 1896.

Maentel, Thorsten, Ich sterbe für die Freiheit, möge das Vaterland meiner eingedenk sein!, in: Freitag (Hrsg.), Die Achtundvierziger, 134–145.

Mayer, Manfred, Robert Blum – Ein Porträt, in: Freiheit, 12–17.

Merlo, J.J., Zur Geschichte des Kölner Theaterwesens im 18. und 19. Jahrhundert, in: Annalen des Historischen Vereins für den Niederrhein 50, 1890, 145–219.

Mettele, Gisela, Das Kölner Bürgertum und sein Stadttheater in der ersten Hälfte des 19. Jahrhunderts, in: Geschichte in Köln 38, 1995, 81–95.

Meyer, Manfred, Freiheit und Macht. Studien zum Nationalismus süddeutscher, insbesondere badischer Liberaler 1830–1848. Frankfurt am Main 1994.
Michalka, Wolfgang, Der umstrittene Robert Blum: Forschungswege, 186–195.
Moderow, Hans-Martin, Bildungspolitik und Liberalismus im Vormärz am Beispiel Sachsens, in: Freiheit, 52–59.
Möller, Frank, Das Theater als Vermittlungsinstanz bürgerlicher Werte um 1800, in: Hahn / Hein (Hrsg.), Bürgerliche Werte, 193–210.
Möller, Frank, Historische Erinnerung und politische Vision. Die Idee des Kaisers im deutschen Liberalismus, in: Hein/Hildebrand/Schulz (Hrsg.), Historie, 657–670.
Müller, Frank Lorenz, Die Revolution von 1848/49. Darmstadt 2002.
Müller, Joachim, Das politische Wirken Heinrich Wuttkes (1818–1876). Diss. masch. Leipzig 1960.
Müller, Jürgen, Der Deutsche Bund 1815–1866. München 2006.
Müller, Klaus, Köln von der französischen zur preußischen Herrschaft. 1794 bis 1815. Köln 2005.
Müller, Paul: Feldmarschall Fürst Windischgrätz. Wien / Leipzig 1934.
Muhs, Rudolf, »Wie die geheimen Wiener Konferenzbeschlüsse an das Tageslicht gezogen wurden«. Zur Publikation des Schlußprotokolls von 1834 und zur Rolle des Hallgarten-Kreises für die vormärzliche Opposition, in: Archiv für Sozialgeschichte 26, 1986, 321–343.
Mundus, Doris, Blum in Leipzig, in: Freiheit, 60–77.
Nagelschmidt, Ilse / Ludwig, Johanna (Hrsg.), Louise Otto-Peters. Politische Denkerin und Wegbereiterin der deutschen Frauenbewegung. Dresden 1996.
Nerdinger, Wolfgang (Hrsg.), Romantik und Restauration. Architektur in Bayern zur Zeit Ludwigs I. (Ausstellungskatalog). München 1987.
Newman, Eugen, Restoration radical. Robert Blum and the challenge of German democracy. 1807–48, Boston 1974.
Niessen, Carl, Das Theaterwesen in Köln. Köln 1923.
Nipperdey, Thomas, Deutsche Geschichte 1800–1866. Bürgerwelt und starker Staat, 4. Aufl., München 1987.
Noltenius, Rainer, Dichterfeiern in Deutschland. Rezeptionsgeschichte als Sozialgeschichte am Beispiel der Schiller- und Freiligrath-Feiern. München 1984.
Nordblom, Pia, Robert Blum als Autor und Publizist, in: Freiheit, 78–86.
Obenaus, Herbert, Anfänge des Parlamentarismus in Preußen bis 1848. Düsseldorf 1984.
Obenaus, Sybille, Literarische und politische Zeitschriften 1830–1848. Stuttgart 1986.

Obenland, Roland, Die Bedeutung Friedrich Schillers für Blum, in: Freiheit, 25–33.
Obermair, Wolfgang, Robert Blum und die Polenfrage, in: Freiheit, 87–94.
Paletschek, Sylvia, Frauen und Dissens. Frauen im Deutschkatholizismus und in den Freien Gemeinden 1841–1852. Göttingen 1990.
Reinalter, Helmut (Hrsg.), Die Anfänge des Liberalismus und der Demokratie in Deutschland und Österreich 1830–1848/49. Frankfurt/M. 2002.
Reith, Reinhold, Lexikon des alten Handwerks. Vom späten Mittelalter bis ins 20. Jahrhundert. 2. Aufl. München 1991.
Ribbe, Wolfgang (Hrsg.), Geschichte Berlins. 2 Bde. München 1987.
Rodekamp, Volker (Hrsg.). Laß Recht und Freiheit nicht verderben. Zum 150. Jahrestag der Deutschen Revolution von 1848/49 in Sachsen. (Ausstellungskatalog). Leipzig 1998.
Rodekamp, Volker (Hrsg.), Das Schillerhaus in Leipzig-Gohlis. Leipzig 1998.
Rosskopf, Josef, Hallgarten, in: Rheingau Forum 2, 1993, H. 1, 9–16.
Roth, Ralf, Das Jahrhundert der Eisenbahn. Die Herrschaft über Raum und Zeit 1800–1914. Ostfildern 2005.
Ruttmann, Ulrike, Wunschbild, Schreckbild, Trugbild. Rezeption und Instrumentalisierung Frankreichs in der deutschen Revolution von 1848/1849. Stuttgart 2001.
Sautermeister, Gerd/Schmid, Ulrich, Zwischen Revolution und Restauration. (= Hansers Sozialgeschichte der deutschen Literatur vom 16. Jahrhundert bis zur Gegenwart. Bd. 5). München 1998.
Schalck de la Faverie, M., Robert Blum, in: Revue Rhénane 3, 1923.
Schirmag, Heinz, Albert Lortzing. Glanz und Elend eines Künstlerlebens. Berlin 1995.
Schivelbusch, Wolfgang, Lichtblicke. Zur Geschichte der künstlichen Helligkeit im 19. Jahrhundert. München/Wien 1983.
Schmidt, Hans Jörg, Robert Blums Freiheitsverständnis, in: Freiheit, 18–24.
Schmidt, Klaus, Franz Raveaux. Karnevalist und Pionier des demokratischen Aufbruchs in Deutschland. Köln 2001.
Schmidt, Siegfried, Robert Blum. Vom Leipziger Liberalen zum Märtyrer der deutschen Demokratie. Weimar 1971.
Schmidt, Siegfried, Der Hallgarten-Kreis 1839–47. Zur Genese des bürgerlichen Parteiwesens im deutschen Vormärz, in: Wissenschaftliche Zeitschrift der Friedrich-Schiller-Universität Jena 13, 1964, 221–228.
Schneider, Hans Werner: Robert Blum als Politiker und Freimaurer, in: Quatuor-Coronati-Hefte 10, 1973, S. 113–124.
Schulz, Andreas, Lebenswelt und Kultur des Bürgertums im 19. und 20. Jahrhundert. München 2005.
Schulze, Friedrich, Hundert Jahre Leipziger Stadttheater. Ein geschichtlicher Rückblick. Leipzig 1917.

Sengle, Friedrich, Biedermeierzeit. Deutsche Literatur im Spannungsfeld zwischen Restauration und Revolution. 2 Bde. Stuttgart 1971/72.
Siemann, Wolfram, Die Deutsche Revolution von 1848/49. Darmstadt 1997.
Sparfeld, Eduard, Das Buch von Robert Blum. Ein Denkmal seines Lebens und Wirkens. Leipzig 1849.
Speck, Ulrich, 1848. Chronik einer deutschen Revolution. Frankfurt am Main/Leipzig 1998.
Stadelmann, Rudolf, Soziale und politische Geschichte der Revolution von 1848. 2. Aufl. München 1970.
Stegers, Wolfgang, Der Leipziger Literatenverein von 1840. Die erste berufsständische Schriftstellerorganisation, in: Archiv für Geschichte des Buchwesens 19, 1978, Sp. 225–363.
Stein, Peter, Operative Literatur, in: *Sautermeister/Schmid,* Revolution, 485–504.
Steitz, Heinrich, Robert Blum (1807–1848) und die Volksversammlungen in der Wetterau während der deutschen Revolution von 1848–49, in: Wetterauer Geschichtsblätter 38, 1989, 127–167.
Stengel, Hildegard, Robert Blum und sein Kreis in der Paulskirche. Diss. masch. Erlangen 1948.
Streckfuss, Adolph, Robert Blum. Sein Leben, sein Wirken; ein Buch für das Volk. Berlin 1850.
Tischner, Wolfgang, Sachsen zwischen zwei Revolutionen, in: Freiheit, 45–51.
Treue, Wilhelm, Gesellschaft, Wirtschaft und Technik Deutschlands im 19. Jahrhundert. München 1970.
Valentin, Veit, Ein deutsches Nationaldenkmal für Robert Blum, in: Perspektiven und Profile. Aus Schriften Veit Valentins. Frankfurt am Main 1965, 150–154.
Valentin, Veit, Frankfurt am Main und die Revolution von 1848/49. Stuttgart/Berlin 1908.
Valentin, Veit, Geschichte der deutschen Revolution 1848/49. 2 Bde. Neudruck Köln/Berlin 1977.
Vogts, Hans, Das Kölner Wohnhaus bis zur Mitte des 19. Jahrhunderts. 2 Bde. Neuss 1966.
Wadauer, Sigrid, Die Tour der Gesellen. Mobilität und Biographie im Handwerk vom 18. bis zum 20. Jahrhundert. Frankfurt am Main 2005.
Weber, Rolf, Die Revolution in Sachsen 1848/49. Entwicklung und Analyse ihrer Triebkräfte. Berlin 1970.
Weber, Rolf (Hrsg.), Mein Leipzig lob ich mir. Zeitgenössische Berichte von der Völkerschlacht bis zur Reichsgründung. Berlin 1986.
Weddingen, Otto, Geschichte der Theater Deutschlands. Bd. 2. Berlin 1904.
Wehler, Hans-Ulrich, Deutsche Gesellschaftsgeschichte. Bd. 2. München 1987.

Wende, Peter, Radikalismus im Vormärz. Wiesbaden 1975.
Werner, Eva Maria, Robert Blum – Eine lebendige Karikatur, in: Freiheit, 141–153.
Wien, Bernhard, Politische Feste und Feiern in Baden 1814–1850. Tradition und Transformation: Zur Interdependenz liberaler und revolutionärer Festkultur. Frankfurt am Main 2001.
Winkler, Uwe: »... zu unserer unbedingten Verfügung«. Die Leipziger Zeitungspresse unter der Aufsicht Österreichs im 19. Jahrhundert, in: Zeitung Drucken, 71–87.
Winterstein, Ulrike, Der Leipziger Schillerverein von 1840–1859. Mag.arb. Leipzig 1996.
Winterstein, Ulrike, Die Schillerfeiern und der Schillerverein in Leipzig, in: Freiheit, 34–39.
Wittmann, Reinhard, Geschichte des deutschen Buchhandels. München 1991.
Wollstein, Günter, Das Großdeutschland der Paulskirche. Nationale Ziele in der bürgerlichen Revolution 1848/49. Düsseldorf 1977.
»Zeitung Drucken ist ein wichtiges werck«. 350 Jahre Tagespresse in Leipzig. Hrsg. von der Stadt Leipzig. Leipzig 2000.
Zwahr, Hartmut, Zur Entstehung eines nationalen Gedächtnisses. Die Leipziger Jahrhundertfeiern zum Gedenken an die Erfindung des Buchrucks mit beweglichen Lettern, in: Keller (Hrsg.), Feste, 117–149.
Zwahr, Hartmut, Zur Konstituierung des Proletariats als Klasse. Strukturuntersuchungen über das Leipziger Proletariat während der Industriellen Revolution. Berlin 1978.

4. BILDNACHWEIS

Bundesarchiv Berlin (4, 5, 15), Deutsches Historisches Museum Berlin (47), Staatsbibliothek zu Berlin Preußischer Kulturbesitz (34–39), Stadtgeschichtliches Museum Leipzig (1, 11, 13, 18, 28, 51–53), Privatbesitz (45), Kriegsarchiv Wien (44), Stadtmuseum Wien (41), Verlagsarchiv (alle anderen)

Danksagung

Den Mitarbeiterinnen und Mitarbeitern der Archive, Bibliotheken und Museen danke ich herzlich für Ihren unermüdlichen Einsatz. Viele Hinweise verdanke ich überdies den Freunden, die das Manuskript gelesen haben. Besonders danke ich Regina. Sie hat die wechselhafte Genese des Buches in wunderbarer Harmonie begleitet.

Register

Adam, Adolphe-Charles 59
Althaus, Theodor 209
Alvensleben, Ludwig von 61, 62
Argand, François Ami 29
Arndt, Ernst Moritz 79, 206
Arnoldi, Wilhelm 168, 169
Asthöver, Gereon 23
Atahualpa 71
Auber, Daniel-François-Esprit 51, 59
Auerbach, Berthold 265, 272, 273, 277, 278, 292, 333–335
Auerswald, Hans von 263
Bach, Johann Sebastian 40
Baison, J. B. 310
Bamberger, Ludwig 73, 247, 312, 331
Bassermann, Friedrich Daniel 111, 113, 187, 201, 210, 227, 228, 235, 236, 316, 329
Bauer, Bruno 167
Becher, Julius 298
Beck, Karl 119
Becker, Nikolaus 133–136
Bellini, Vincenzo 59
Bem, Józef 269, 278
Biedermann, Karl 128, 182, 190, 191, 193, 202, 210–212, 215–217, 220, 230, 235, 247, 318, 324, 328–331
Birch-Pfeiffer, Charlotte 60
Blum, Adelheid, geb. Mey 82, 87–92, 152
Blum, Agnes 18, 19, 21
Blum, Alfred 152, 290
Blum, Engelbert 10, 11, 12, 17
Blum, Eugenie (Jenny), geb. Günther 77, 92–97, 103, 147, 150, 155, 156, 216, 222, 229, 234, 246, 247, 250, 254, 256, 258, 263, 269, 272, 273, 283, 287, 289, 293, 294, 297, 298, 308, 312–316, 321, 324, 327, 329, 330–336
Blum, Hans 11, 25, 30, 85, 89, 92, 152, 197, 234, 235, 257, 282, 290, 292, 299, 306–314, 319–321, 326, 327–329, 332, 333, 335, 336
Blum, Heinrich 11
Blum, Ida 152, 290
Blum, Johannes 12, 16
Blum, Johann Robert Alfred 152
Blum, Margarete, verh. Selbach 12, 16, 74, 237, 306, 310, 312, 318, 322, 330
Blum, Maria Katharina, geb. Brabender 11, 12, 14, 15, 16, 20, 21, 23, 76, 293
Blum, Richard 152, 290
Bolivar, Simón 71, 312
Börne, Ludwig 29, 46, 47, 50, 64, 136, 308, 309, 310
Brabender, Maria Katharina s. Blum, Maria Katharina
Breithaupt, Hermann Theodor 219
Brendel, Karl Heinrich Ludwig 154
Brockhaus, Friedrich 256
Brockhaus, Heinrich 51, 54, 56, 81, 123, 127, 129, 160, 169, 170, 174, 176, 179, 190, 191, 310, 311, 313, 317, 318, 323, 324, 325
Büchner, Georg 139
Buhl, Franz Peter 316
Buhl, Josefine 330

Bülau, Friedrich 132, 138
Byron, George Gordon Noel, Lord 64
Campe, Julius 129
Compes, J. G. 322
Congreve, William 31
Cordon, Franz Freiherr von 283, 284
Cotta, Johann Friedrich 129
Cramer, Carl 289, 297
Czerski, Johann 170, 174, 178
Dahlmann, Friedrich Christoph 81, 82, 220, 259
Dickens, Charles 17
Dieskau, Julius von 82, 109, 112
Domrich, Hermann 174, 323, 327
Donizetti, Gaetano 59
Drobisch, Theodor 121
Dulk, Albert 172, 183, 185, 265, 323, 333
Düringer, Philipp 121, 122, 124
Eichendorff, Josef von 32
Emmerich 324, 325
Engels, Friedrich 26
Engelshofen 316, 319, 323, 324
Engler, Christian Friedrich 154
Ernst August, König von Hannover 80, 81
Falkenstein, Johann Paul Freiherr von 213
Feuerbach, Ludwig 167
Fichte, Johann Gottlieb 79
Florencourt, Franz von 128
Fontane, Theodor 40, 123, 124, 156, 317, 321
Forster, Auguste 86, 87
Freiligrath, Ferdinand 185, 293, 335
Friedrich August II., König von Sachsen 177, 184, 210, 212
Friedrich Wilhelm I., König in Preußen 17
Friedrich Wilhelm III., König von Preußen 198
Friedrich Wilhelm IV., König von Preußen 167, 197, 218, 299
Friese, Robert 63, 64, 137, 148, 205, 312
Fröbel, Friedrich 298
Fröbel, Julius 147, 268, 271, 272, 273, 278, 279, 282–289, 294, 298, 324, 333–335
Gagern, Hans Christoph Ernst Freiherr von 252
Gagern, Maximilian Joseph Ludwig Freiherr von 260
Gagern, Wilhelm Heinrich August Freiherr von 111, 136, 198–200, 206, 226, 227, 229, 238, 246, 249, 264, 266, 326
Gauß, Carl Friedrich 177
Georgi, Konrad 139, 140
Gervinus, Georg Gottfried 81
Geutebrück, Albert 55, 310
Gieseler, Friedrich Wilhelm 82, 83, 313
Goethe, Johann Wolfgang von 9, 26, 31, 45, 50, 51, 60, 96, 104, 117, 125, 306, 307, 310, 328
Gottschall, Rudolf 84, 160, 313
Goya, Francisco de 14
Grillparzer, Franz 60
Grimm, Jacob 81, 220
Grimm, Wilhelm 81
Grüner 324
Grünne 216, 292, 328, 335
Günther, Eugenie s. Blum, Eugenie
Günther, Georg 77, 92, 93, 115, 128, 136, 137, 141, 156, 171, 244
Gustav II. Adolf, König von Schweden 78
Gutenberg, Johannes 114, 117
Gutzkow, Karl 45, 47, 129, 160, 309

Halévy, Jaques-Fromental 59
Hardenberg, Karl August von 7, 306
Harkort, Gustav 256
Hartmann, Christian Heinrich Ferdinand 64
Hartmann, Moritz 156, 268, 270, 278, 283, 294, 312, 321, 330, 333
Haubold, Gustav 165, 298, 336
Hebbel, Friedrich 160, 196
Hecker, Friedrich 112, 162, 187, 199, 200, 224, 227–232, 234, 266
Hegel, Georg Wilhelm Friedrich 8, 39, 54
Heicke, Karl 203
Heine, Heinrich 35, 36, 40, 45, 46, 47, 64, 85, 134, 145, 171, 268, 308, 309, 319, 320, 323
Heinroth, August 115
Heller, Robert 115
Hergenhahn, August 112
Herloßsohn, Karl 72, 77, 115, 202, 330
Hérold, Loius-Joseph-Ferdinand 59
Herwegh, Georg 141, 145, 146, 168, 323
Heymann, Carl 72
Heyner, Karl 178, 190, 191
Hof, Heinrich 322
Hoffmann von Fallersleben, Heinrich 118, 138, 144, 145, 152, 203, 320, 321, 324, 327
Hölderlin, Friedrich 6
Hoß, Pauline 155
Hübner, Alexander, eigtl. Alexander Hasenbredl 54, 57, 83, 157, 285, 286, 310, 311, 313, 322, 324, 334, 335
Humboldt, Alexander von 39
Humboldt, Wihelm von 8
Iffland, August Wilhelm 51, 60
Itzstein, Johann Adam von 109, 110, 111, 113, 118, 137, 144, 162, 182, 187, 197, 199, 200, 206, 217, 226, 228, 229, 250, 316, 318, 322, 327
Jacoby, Johann 112, 145, 151, 161, 187, 199, 201, 206, 217, 226, 233, 320, 323, 325, 327, 333
Jäde, Heinrich 161, 322
Jahn, Friedrich Ludwig 79, 80, 135, 214, 219
Jäkel, Eduard Theodor 254
Jellai von Bužim, Josip 280
Jellinek, Hermann 298
Johann, König von Sachsen 178, 180
Johann, österr. Erzherzog, Reichsverweser 250, 258, 267
Jordan, Wilhelm 126, 183, 185, 252, 253
Joseph, Hermann 154, 244
Kapp, Christian 226
Karl X., König von Frankreich 44, 45
Keil, Ernst 115
Kleist, Heinrich von 51, 60, 310
Kletke, W. 324
Koch-Gontard, Clotilde 246, 330
Koffka, Julius 153, 321
Könneritz, Julius Traugott von 143, 163
Könneritz, Rudolf von 273, 286, 287, 296, 335
Kosciuszko, Tadeusz 66, 69, 79, 247, 251, 313
Kotzebue, August von 50, 51, 310
Krauss, Philipp von 267, 286
Krummacher, Friedrich Wilhelm 26

Kuefstein, Franz Seraphicus Graf von 132, 296, 297, 318, 325, 336
Kühne, Gustav 115, 202, 219, 220, 255, 295, 336
Kühne, Rudolf 191
Kuranda, Ignaz 276, 334
Küstner, Karl Theodor 57
Lafayette, Marie Joseph de Motier, Marquis de 68
Langenn, Friedrich Albert von 184
Latour, Theodor Graf Baillet de 276
Laube, Heinrich 45, 55, 128, 129, 156, 157, 159, 160, 202, 266, 276, 309, 321, 333, 334
Leiningen, Karl Fürst zu 258, 259
Leisler, Emil 200
Lerchenfeld, Maximilian Emanuel von 317
Lessing, Gotthold Ephraim 51, 60, 76
Lichnowsky, Felix Fürst von 243, 263
Lindenau, Bernhard August von 132, 177
Lortzing, Albert 59, 60, 65, 70, 71, 74, 77, 115, 121, 158, 160, 193, 272, 326, 333
Ludwig I., König von Bayern 34, 35, 317
Ludwig XVI., König von Frankreich 44
Luther, Martin 79, 94, 114, 171, 220
Marbach, Gotthard Oswald 115, 213
Marggraff, Hermann 72, 77, 115, 127, 330
Maria Theresia, deutsche Kaiserin 9
Mathy, Karl 111, 112, 187
Mayer, Heinrich 191
Mendelssohn Bartholdy, Felix 40, 58
Messenhauser, Cäsar Wenzel 278, 280, 281, 282, 283, 285, 288, 298, 334
Metternich-Winneburg, Klemens Wenzel Nepomuk Lothar Fürst von 46, 57, 82, 108, 110, 113, 116, 118, 128, 131, 132, 136, 161, 169, 173, 174, 177, 217, 269, 311, 316, 318, 319, 323, 324, 325, 328, 334
Mey, Ferdinand 321
Mey, J. Rosine 93, 314
Mittermaier, Karl Joseph 221, 226, 229
Mohl, Robert von 296
Moller, Georg 33
Montesquieu, Charles de Secondat, Baron de la Brède et de 98
Mörike, Eduard 13
Moser, Johann Jakob 98
Mosle, Johann Ludwig 267
Mozart, Wolfgang Amadeus 59
Mundt, Theodor 47, 115, 309
Musset, Alfred de 134
Napoleon I., Kaiser der Franzosen 9, 12, 14, 34, 79, 278
Nestroy, Johann Nepomuk 51
Nordmann, Gottheld Heinrich 180
Oberländer, Martin Gotthard 217, 218
Otto, Louise, verh. Otto-Peters 97, 147, 148, 149, 156, 181, 188, 246, 320, 321, 324, 325
Padovani, Matteo 288, 289
Pfau, Ludwig 293
Pfordten, Ludwig Freiherr von der 287, 295, 335
Philippi, Carl Ferdinand 142

Pierer, Heinrich August 72
Pizarro, Francisco 71
Poppe, Karl 185
Porth, Friedrich Wilhelm 60, 61, 83, 87, 311, 313
Prutz, Robert 106, 135, 145, 160, 201, 319, 327
Räder, Peter 24, 307
Raupach, Ernst 60
Raveaux, Franz 232, 233, 243
Reger, Philipp 121
Reichenbach, Eduard Graf von 112
Reimer, Karl 82
Ringelhardt, Friedrich Sebald 49, 51–54, 57–63, 73, 157–160, 163, 193–195, 206, 309–311
Ringelhardt, Viktorine 52, 53, 310
Robespierre, Maximilien de 246
Rollett, Hermann 210
Romberg, Andreas 122
Ronge, Johannes 157, 168–170, 172, 174, 176, 178, 322, 323
Rotteck, Karl von 107, 109, 111, 199, 207
Rüder, Rudolf 142, 197, 320, 327, 330
Ruge, Arnold 147, 160, 208, 209, 213, 241
Rutenberg, Adolf 138, 175, 319, 324, 326
Saint-Simon, Claude Henri de Rouvroy 83
Saphir, Moritz Gottlieb 38
Saß, Friedrich 36
Schäfer, Adolph 136, 137
Schaffrath, Wilhelm Michael 244
Schilder, Agnes 294, 335, 336
Schilder, Elisa 315
Schilder, Kaspar Georg 14, 15, 17, 21, 159, 233, 318, 322
Schiller, Friedrich 33, 50, 51, 60, 64, 74, 94, 99, 113, 114, 117, 118–124, 126–128, 150, 178, 187, 189, 190, 253, 310
Schinkel, Karl Friedrich 39, 55, 78
Schmidt, Carl Christian 159, 160, 161, 163, 164, 193, 194, 195, 196, 204, 205, 322, 326, 327
Schmitz, Johann Wilhelm 25, 30–36, 41–43, 73, 308, 309
Schneckenburger, Max 134
Schneider, Louis 321
Schön, Theodor von 144
Schopenhauer, Johanna 232, 329
Schröter, Corona 122
Schubart, Christian Friedrich Daniel 33
Schumann, Robert 115, 133
Schuselka, Franz 201, 271, 272, 277, 286
Schwarzenberg, Felix Fürst zu 284, 285, 286, 288, 294, 334, 336
Scribe, Eugène 60
Seeburg, Moritz 122, 212
Selbach, Margarete s. Blum, Margarete
Semmig, Hermann 215, 293, 335
Siebenpfeiffer, Philipp Jakob 46
Simon, Heinrich 207
Singer, Eduard 116, 118, 128, 132, 141, 142, 173, 183, 186, 319, 323, 324, 325, 327
Smidt, Johann 221
Soiron, Alexander von 231
Spontini, Gaspare 39
Staël, Anne Louise Germaine de 39
Steger, Friedrich 143, 306
Stein, Julius 83, 313
Stendhal, eigtl. Henri Beyle 44, 309
Stinnes, Matthias 232
Stolle, Ferdinand 115, 118

Struve, Gustav von 187, 223, 224, 226–231, 234
Thorvaldsen, Bertel 117
Tieck, Ludwig 310
Tocqueville, Alexis de 68, 312
Todt, Carl 77, 82, 109, 137, 144, 216, 220, 245, 313, 320
Torre, Ad. della 281, 334
Trampusch, Albert 268, 272, 283
Trützschler, Wilhelm Adolph von 154
Uhland, Ludwig 145, 209, 320
Uhlich, Leberecht 207
Veit, Philipp 238
Viktoria, Königin von Großbritannien und Irland 80
Vincke, Friedrich Ludwig Freiherr von 40
Vogt, Carl 252, 275, 289, 330, 331
Voigt, H.L. 165
Wachsmann, Carl Adolph 71
Wagner, Richard 45, 115, 309
Walesrode, Ludwig 112, 161, 165, 323
Wallenstein, Albrecht von 78
Wallner, Agnes, geb. Kretzschmar 152, 165
Washington, George 66, 68, 101, 104, 105
Watzdorf, Otto von 112, 137, 197
Weber, Carl Maria von 40
Weidig, Friedrich Ludwig 138, 139, 140, 142, 144, 319
Weinbrenner, Friedrich 33
Welcker, Karl Theodor 111, 114, 125, 136, 144, 145, 147, 187, 198, 207, 267, 316, 317, 326, 327
Weller, Emil Ottokar 215
Werner, Johann Peter 243
Werner, Joseph Freiherr von 324
Wesendonck, Hugo 84, 156, 240, 263, 313, 321, 330, 333
Wessel, Eduard 276, 334
Wessenberg, Freiherr von 335, 336
Westenrieder, Lorenz von 306
Wieck, Clara 115
Wigand, Georg 191
Wigand, Otto 190, 191, 211
Wigard, Franz Jacob 171, 204, 323, 327
Willkomm, Ernst 115, 130, 202
Windischgrätz, Alfred Fürst zu 273, 274, 277, 279, 282–286, 288, 293, 294, 334
Winkler, Karl Gottlieb Theodor, alias Theodor Hell 59, 72, 77, 78, 116, 137, 306, 308, 309, 310–314, 317–319, 321, 322
Wirsing, Bernhard Rudolph 160
Wirth, Johann Georg August 46, 253, 309
Wülcknitz, Baron Otto von 37
Wuttke, Heinrich 202, 213, 253, 254, 331, 332
Zach, Franz Xaver von 177
Zittel, Karl 324
Zitz, Franz Heinrich 226, 227, 228
Züllig, Ludwig 136

INHALT

Er und wir 5

Im Schatten (1807–1830) 7
Hunger 9
Bildungsbrosamen 17
Der steinige Boden des Handwerks 21
Mehr Licht 28
Berlin 36

Theatermann, Künstler, Bonvivant (1830–1840) 44
Die Generation Juli 44
Theater 48
Leipzig 53
Der Dichter 63
Geselligkeit und Politik 73
»Glück mit Weibern« – Unglück mit Adelheid 82
»Nach Amerika gehen wir nicht« – Jenny Günther ... 92

Politiker und Publizist (1840–1844) 98
Blums politisches Programm – Hallgarten 98
Mit Schiller für die Freiheit 113
Der Journalist 129

Bürger, Priester, Volkstribun (1844–1847) 151
Bürger Blum 151
Eine deutsche Religion 167
August 1845 176
Stadtverordneter und Verleger 189

Sisyphus (1848) 209
Leipziger Frühling 209
Frankfurt 220
Deutscher Sommer 237
Zwischen Posen und Malmö 250

Wiener Blut (1848) 265

Danach 292

ANHANG

Zeittafel 303
Anmerkungen 306
Quellen- und Literaturverzeichnis 337
Bildnachweis 352
Register 355

Michael Maul

Bach

Eine Bildbiografie / A Pictorial Biography

288 Seiten mit 144 farbigen Abbildungen, Festeinband
27,0 x 24,0 cm, ISBN 978-3-95797-101-2, € 38,00

Michael Maul, der international renommierte Bachforscher und Intendant des Leipziger Bachfestes, lässt in 141 jeweils ganzseitig illustrierten Episoden Bachs Leben Revue passieren. Einfühlsam und anregend berichtet er über die wechselhafte Lebensgeschichte jenes unvergleichlichen Komponisten, der laut Beethoven eigentlich »Meer« heißen müsste. Auf der Grundlage einer intimen Kenntnis von Bachs Leben und Werk wendet sich Maul an ein breites Publikum, das er mit seiner Begeisterung für den bedeutendsten Thomaskantor aller Zeiten anstecken und letztlich zum Hören der Musik bringen möchte.

*

Ein Musiker kommt in den Himmel und freut sich schon darauf, endlich eine Antwort auf die Frage zu bekommen, ob Gott lieber Mozart oder Bach höre. Als er vor dem Thron Gottes steht, vernimmt er eine Mozart-Melodie. Er sagt zum Herrn: »Auf der Erde denken viele Menschen, Du würdest am liebsten Bach hören, aber jetzt hörst Du Mozart.« Da blickt der Schöpfer der Welt ihn gütig an und antwortet: »Ich bin Bach.«

LEHMSTEDT VERLAG

Reinhard Wittmann

Von Ladenhütern und Paukenschlägern

Beiträge zur deutschen Buchgeschichte 1600–1900
Reihe Buchgeschichte(n), Band 1

488 Seiten, Festeinband, Fadenheftung
24,0 x 16,5 cm, ISBN 978-3-95797-140-1, € 64,00

Seit mehr als fünf Jahrzehnten publiziert Reinhard Wittmann, der führende Buchhistoriker Deutschlands, nicht nur grundlegende Überblicksdarstellungen wie die »Geschichte des deutschen Buchhandels«, sondern bietet mit seinen Aufsätzen immer wieder überraschende Einblicke in die Geschichte von Herstellung, Verbreitung und Lektüre von Büchern. Ursprünglich weit verstreut erschienen, bietet der Band rund zwei Dutzend seiner wichtigsten Beiträge in gesammelter Form. Das Spektrum reicht vom frühen Druck- und Verlagswesen der Jesuiten im 17. Jahrhundert über Verleger, Buchhändler und Leser der Goethezeit bis zur bayerischen Zensur der Prinzregentenära und zu den Münchner jüdischen Antiquaren des 20. Jahrhunderts. Seine stets mit munterer Feder geschriebenen, Polemik nicht scheuenden Texte sind frisch wie zum Zeitpunkt ihrer ersten Veröffentlichung. Wittmann war seiner Zeit immer mindestens einen Schritt voraus – viele von ihm einst beklagte Desiderate der Forschung sind es immer noch. Desto anregender ist die Lektüre seiner Aufsätze.

LEHMSTEDT VERLAG

Clara Licht

Tagebücher 1882–1912

Herausgegeben und kommentiert
von Mark Lehmstedt

650 Seiten, Festeinband, Fadenheftung
20,3 x 12,5 cm, ISBN 978-3-95797-139-5, € 38,00

Wohl keine zweite Gattung von historischen Dokumenten führt so dicht an ein individuelles Leben heran wie das Tagebuch. In den Aufzeichnungen von Clara Licht (1848 bis 1913) spiegelt sich das alltägliche Leben einer bürgerlichen Frau in der Zeit des deutschen Kaiserreichs über einen Zeitraum von vier Jahrzehnten – einer Frau, die drei Kinder großzog und einen komplexen Haushalt bewirtschaftete, die aufmerksam alle neuen Entwicklungen in Politik, Literatur, Kunst und Musik reflektierte und die als Gattin des bedeutendsten Leipziger Architekten seiner Zeit, Hugo Licht (1841–1923), aus einer ganz besonderen Perspektive auf die städtebauliche Entwicklung ihrer Zeit blickte. Clara Lichts Tagebücher, die hier erstmals im Druck erscheinen, sind eine exzeptionelle Quelle für Frauen- und Sozialgeschichte, Kunst- und Architekturgeschichte – und sie sind ein großes Lesevergnügen, von der ersten bis zur letzten Zeile.